सचित्र
हिन्दी बाल कोश

सम्पादक

डॉ. कुसुम खेमानी

वाणी प्रकाशन

प्रकाशन के उत्कृष्टतम 62 वर्ष

पेपरबैक पहला संस्करण : 2020
पेपरबैक दूसरा संस्करण : 2025

vaniprakashan.com

वाणी प्रकाशन

4695, 21-ए, दरियागंज, नयी दिल्ली-110 002

फ़ोन : + 91 11 23273167, 23275710

शाखाएँ

अशोक राजपथ, पटना-800 004, बिहार

कॉफ़ी हाउस कैम्पस, महात्मा गांधी मार्ग, प्रयागराज-211 001, उत्तर प्रदेश

महात्मा गांधी अन्तरराष्ट्रीय हिन्दी विश्वविद्यालय, वर्धा-442 001, महाराष्ट्र

sales@vaniprakashan.in
vaniprakashan@gmail.com

SACHITRA HINDI BAAL KOSH
Edited by Dr. Kusum Khemani

ISBN : 978-93-8733-056-6
Kosh

मूल्य : ₹ 425

आर.के. ऑफ़सेट, दिल्ली-110 032 में मुद्रित

वाणी प्रकाशन का लोगो मक़बूल फ़िदा हुसैन की कूची से

आमुख

हिंदी में बाल शब्दकोशों की बहुत कमी है। जो कोश उपलब्ध हैं वे किसी वैज्ञानिक पद्धति से कभी नहीं लिखे गए। न तो शब्दों के चयन में और न ही अर्थों के निश्चयन में कोई नियमितता है। शब्दावली का स्तरण करने के कई प्रयास किए गए हैं। परंतु उन कोशकारों को कदाचित् ऐसी सामग्री का ज्ञान नहीं है। उनकी इच्छा यही रही है कि कोश छोटा हो जाए भले ही उसमें ऐसे शब्द जुटा दिए जाएँ जिनका प्रयोग बच्चे कभी नहीं करते और न ही उनकी किसी पुस्तक में ऐसे शब्द मिलते हैं। अर्थों के बारे में भी यही बात है। किसी अनेकार्थक शब्द के सभी अर्थ बच्चों को नहीं चाहिए। ऐसा भी देखा गया है कि उन कोशों में ऐसे शब्द और अर्थ नहीं हैं जो बच्चों के लिए आवश्यक हो सकते हैं।

हिंदी में दर्जेवार शब्दकोश हैं ही नहीं। अंग्रेजी में हर दर्जे के विद्यार्थी के लिए बढ़िया से बढ़िया कोश उपलब्ध है।

यह हर्ष और गर्व का विषय है कि डा. (श्रीमती) कुसुम खेमानी ने हिंदी में इस अभाव को पूरा करने के लिए फिलहाल पाँचवें दर्जे तक के विद्यार्थियों के लिए एक शब्दकोश तैयार करने की परियोजना बनाई और उसे कड़े परिश्रम के बाद संपन्न भी कर दिया। प्रस्तुत कोश कई दृष्टियों से महत्वपूर्ण हैं। इसके लिए हिंदी प्रदेश में निर्धारित पाँचवें दर्जे तक की सभी पाठ्य पुस्तकें मँगवाई गईं और उनमें से शब्दों को संग्रह करवाया गया। बारंबारता की पद्धति से तैयार की हुई शब्दावलियों को भी हस्तगत किया गया। इस प्रकार शब्दावली का एक स्तर निश्चित हुआ। इस शब्दकोश में लगभग छह हजार शब्द हैं जो प्राथमिक कक्षाओं के विद्यार्थियों के लिए उपयोगी और आवश्यक हैं। अर्थों का चुनाव भी इसी दृष्टि से किया गया है। सबसे बड़ी बात यह है कि प्रत्येक शब्द का प्रयोग जैसा कि शिष्ट हिंदी में होता है अत्यंत सटीक उदाहरणों द्वारा समझाया गया है। एक अन्यतम विशेषता यह भी है कि विद्यार्थियों के काम का यह पहला सचित्र कोश है। अर्थ समझाने के तीन उपाय बताए गए हैं—एक तो, पर्यायवाची शब्द देकर, जैसे—जल (पानी), दशा (अवस्था, हालत); दूसरे, व्याख्या या वर्णन देकर, जैसे—अरवी (सूरन जैसा एक छोटा कंद), अस्पताल (इलाज करने-कराने की जगह); और तीसरे, परिभाषा देकर, जैसे—अंकगणित (गणित की वह शाखा जिसमें अंकों का जोड़ना, घटाना, गुणा करना और भाग देना आदि अनेक क्रियाओं का अध्ययन किया जाता है।) परंतु, यह सब कुछ पाने के बाद भी विद्यार्थी के मन में वस्तु का ठीक-ठीक ज्ञान नहीं हो पाता। उपयुक्त

ज्ञान कराने में चित्र बहुत सहायक होते हैं। हिंदी में ऐसे सचित्र कोश नहीं है। प्रस्तुत कोश इस दृष्टि से बेजोड़ है।

हिंदी क़ोश-कला के इतिहास में इस कोश का महत्त्वपूर्ण अवदान सदा माना जाता रहेगा। मुझे पूर्ण विश्वास है कि बच्चों के माता-पिता, उनके अध्यापक और बच्चे स्वयं इस शब्दकोश का आदर करेंगे।

मैं कुसुम खेमानी और उसके सहयोगियों के लिए मंगल कामनाएँ करता हूँ।

–हरदेव बाहरी

भूमिका

''हिंदी में बच्चों के लिए कोई कोश नहीं, जब कि विदेशों में नित नए लुभावने बाल-कोश छपते रहते हैं। कोई संस्था, व्यक्ति या सरकार इस दिशा में कुछ क्यों नहीं करते ?'' प्रख्यात कोशकार डॉ. हरदेव बाहरी के ये उद्‌गार मेरे मर्म को छू गए। क्योंकि स्कूली बच्चों के संपर्क में रहने के कारण मुझे भी यह कमी अखरती थी। बच्चों के मन में शब्दों के सही अर्थ जानने की ललक पैदा हो और वे संदर्भ और कोश देख कर स्वयं को शिक्षित करने का प्रयत्न करें यह शिक्षण की एक स्वस्थ परंपरा है, यह सोच कर हम लोगों ने इस दिशा में यह प्रयत्न किया।

इसके कोश के लिए हमने शब्दों का चयन विभिन्न राज्यों की हिंदी भाषा की पाठ्‌य पुस्तकों से ही नहीं, सभी विषयों की पाठ्‌य पुस्तकों और बाल पत्र-पत्रिकाओं से किया है। इसमें लगभग 6,000 शब्द हैं। शब्दों के अर्थ सरल हों, इसके लिए हमने अनेक विद्यालयों के बच्चों से मिल कर उनके स्तर को ध्यान में रखकर शब्दों के अर्थ और परिभाषाएँ देने की कोशिश की है ताकि भाषा के मानक और बच्चों के मानस का तादात्म्य हो सके। हमने शब्दों के अर्थों के साथ उनके व्याकरण, वाक्य, मुहावरे, विलोम आदि भी दिए हैं, ताकि बच्चे सही शब्दों का प्रयोग सहजता के साथ करना सीखें।

हिंदी में पहला बाल-कोश होने के कारण हो सकता है इसमें अनेक त्रुटियाँ रह गई हों। संभव है हिन्दी की बोलियों तथा व्यवहार में आने वाले ऐसे शब्द छूट गए हों जिन्हें इस कोश में होना चाहिए। मेरा व्यक्तिगत आग्रह है कि आपके ध्यान में यदि ऐसे शब्द हों तो कृपया सुझाएँ, ताकि उन्हें अगले संस्करण में शामिल कर इस कोश को और अधिक उपयोगी बनाया जा सके। क्योंकि भाषा एक निरन्तर विकसित होने वाली प्रक्रिया है इसलिए इसमें हमेशा ही ऐसे प्रयासों की आवश्यकता होती है।

आपके रचनात्मक सुझावों का स्वागत है।

–कुसुम खेमानी

कोश कैसे देखें

1. इस कोश के सारे चित्र दाईं ओर हैं, इसलिए बायें पृष्ठके शब्दों के चित्र भी दाईं ओर देखें। उदाहरण के लिए, यदि 'क़फ' शब्द के साथ लिखा है दे. चित्र 'कमीज़', तो कमीज़ का चित्र देखें, उसमें कफ के बारे में बताया गया है।
2. कई शब्दों के साथ कोष्ठक (ब्रैकेट) में जो शब्द दियेगए हैं, वे उन्हीं शब्दों के प्रचलित रूप हैं।
3. एक ही शब्द के अलग-अलग व्याकरण के लिए, I,II,III (रोमन अंकों) का व्यवहार किया गया है। किसी-किसी शब्द के आगे दो व्याकरण रूप एक साथ (सर्व., वि.) भी लिखे गए हैं क्योंकि उस शब्द का अर्थ दोनों रूपों में एक ही रहता है।
4. एक ही शब्द के अलग-अलग अर्थों के लिए 1,2,3, का व्यवहार किया गया है।
5. शब्द का अर्थ बताते समय अर्धविराम (,कॉमा) का प्रयोग नहीं किया गया है। सिर्फ शब्द के पर्यायवाची के लिए ही अर्धविराम (,) का प्रयोग किया गया है।
6. जहाँ किसी शब्द में एक से ज्यादा उदाहरण दिए गए हैं, वहाँ बीच में (;) सेमीकोलन का प्रयोग किया गया है। जैसे—गारंटी में लिखा है, उ.—मेरी गारंटी पर आप हलकू को नौकरी दे दें; इस पंखे की गारंटी दो साल है। अधिकांश उदाहरण संवाद की शैली में हैं।
7. कोश में 'क' में 'क्ष', 'त' में 'त्र' और 'ज' में 'ज्ञ' शामिल किये गए हैं क्योंकि ये तीनों इन अक्षरों के संयुक्ताक्षर हैं।
8. कोशका आरंभ 'अ' से नहीं, 'अं' से किया जाता है, क्योंकि हिन्दी के सभी कोशों में यह प्रथा चली हुई है।
9. इस कोश में पुल्लिंग के लिए पु. नहीं 'पुं.' का प्रयोग किया गया है, क्योंकि शुद्ध शब्द 'पुंस्', (अर्थात् पुरुष) है।
10. जब किसी शब्द के आगे लिखा हो—दे. फलाँ शब्द, तो उसका अर्थ यह है कि वहाँ आपको उस शब्द के अर्थ, उदाहरण आदि मिलेंगे। जैसे, 'अंखुआ' में लिखी है दे. 'अंकुर'।

संकेत-सूची

स्त्री.	स्त्रीलिंग
पुं.	पुल्लिंग
सर्व.	सर्वनाम
वि.	विशेषण
अ.	अव्यय
स. क्रि.	सकर्मक क्रिया
अ. क्रि.	अकर्मक क्रिया
उ.	उदाहरण
मु.	मुहावरा
दे.	देखिए

अ

अंक पुं. 1 संख्या; जैसे–1,2,3। **2.** नंबर; उ.–हिंदी में मुझे 63 अंक मिले हैं। **3.** नाटक का एक भाग; जैसे– इस नाटक में तीन अंक हैं। **4.** गोद। मु. **अंक में भरना** गले लगाना; उ.–राम ने भरत को अंक में भर लिया।

अंकगणित पुं. जोड़ने-घटाने और गुणा-भाग आदि करने की विद्या; जैसे–अंकगणित की पुस्तक, अंकगणित की परीक्षा।

अंकुर पुं. बीज से फूटा हुआ पौधे का शुरू का रूप, अँखुआ।

अंकुरित वि. उगा हुआ, अँखुआ निकला हुआ; उ.–गेहूँ, चने, मोठ, मूँग आदि के अंकुरित दाने पौष्टिक होते हैं।

अंकुश पुं. **1.** हाथी को वश में करने का एक औजार; उ.–महावत के पास हमेशा अंकुश रहता है। **2.** रोक, नियंत्रण; उ.–पिता की मृत्यु के बाद उस पर किसी का अंकुश नहीं रहा।

अँखुआ पुं. दे. 'अंकुर'।

अंग पुं. **1.** शरीर के हिस्से, अवयव; जैसे–हाथ, पैर, नाक आदि अंग हैं। **2.** भाग; जैसे–ज्ञान-विज्ञान के अंग, समाज के अंग।

अँगड़ाई स्त्री. आलस्य दूर करने के लिए शरीर को तानने की क्रिया।

अँगरेज (अंग्रेज) पुं. इंग्लैंड का निवासी; उ.–14 अगस्त, 1947 तक हमारे देश में अँगरेजों क़ा राज था।

अँगरेजी (अंग्रेजी) **(I)** स्त्री. अँगरेजों की भाषा, इंग्लिश; उ.–शेक्सपियर अँगरेजी के प्रसिद्ध नाटककार थे। **(II)** वि. इंग्लैंड का; जैसे–अँगरेजी माल।

अँगिया स्त्री. चोली; उ.–स्त्रियाँ अँगिया पहनती हैं।

अँगीठी स्त्री. छोटा चूल्हा, बोरसी, सिगड़ी।

अंगुल पुं. एक नाप जो उँगली की चौड़ाई के बराबर होती है।

अँगुली स्त्री. उँगली।

अँगूठा पु. पाँच उँगलियों में पहली मोटी नाटी उँगली। मु. **अँगूठा दिखाना** धता बताना, साफ इनकार करना; उ. –मैंने उससे अपने रुपए माँगे तो उसने अँगूठा दिखा दिया।

अँगूठी स्त्री. उँगली में पहनने का एक गहना।

अंगूर पू. गुच्छों में लगनेवाला एक रसदार छोटा फल; उ.–चमन के अंगूर बढ़िया होते हैं (दे. चित्र)।

अंगूर

अँगोछा पुं. शरीर पोंछने

का कपड़ा, गमछा।

अंजन पुं. काजल, सुरमा; उ.—अंजन लगाने से आँखें सुन्दर लगती हैं।

अंजर-पंजर पुं. ढाँचा, हड्डी-पसली; जैसे—शरीर, गाड़ी, मोटर या साइकिल आदि का अंजर-पंजर। मु. **अंजर-पंजर ढीला होना** मशीन के पुर्जों का इस्तेमाल से या शरीर के अंगों का थकान से ढीला होना।

अंजीर पुं. महीन बीजों का एक गूदेदार फल।

अँटना अ. क्रि. समाना; उ.—इस बोरे में चालीस किलो आटा अँटता है।

अंटशंट (I) पुं. बेसिर पैर की बात; उ. —राम की बातों पर ध्यान मत दो, वह अंटशंट बकता रहता है। (II) वि. ऊटपटाँग, अर्थहीन; जैसे—अंटशंट बात, अंटशंट काम।

अंटी स्त्री. 1. कमर पर धोती की लपेट; उ.—उसने अपनी अंटी में पाँच रुपए खोंस रखे हैं। **2.** लच्छी; जैसे सूत की अंटी।

अंडबंड पु., वि. दे. 'अंटशंट'।

अंडा पुं. लंब गोल-सी चीज जिसमें से पक्षियों, मछलियों और रेंगनेवाले जीवों के बच्चे निकलते हैं; जैसे—मुर्गी का अंडा, साँप का अंडा।

अंडाकार वि. अंडे के आकार का; उ. —सूर्य के चारों ओर पृथ्वी के चक्कर काटने का घेरा अंडाकार है।

अंडी स्त्री. **1.** एरंड का बीज, रेड़ी। **2.** एक प्रकार का रेशमी कपड़ा।

अंत पु. **1.** समाप्ति, खात्मा; जैसे—काम का अंत, दिन का अंत, (विलोम : आदि, प्रारंभ)। **2.** छोर; जैसे—सड़क या रस्सी का अंत।

अंत में अ. आखिर; उ.—अंत में राम ने श्याम की बात मान ली।

अंतकाल पुं. अंतिम समय, मृत्यु का समय।

अँतड़ी स्त्री. पेट के भीतर के निचले हिस्से की नली, आँत; उ.—छोटी अँतड़ी भोजन से सार-तत्त्व ले लेती है और बड़ी अँतड़ी बेकार पदार्थ को बाहर निकाल देती है (दे. चित्र)।

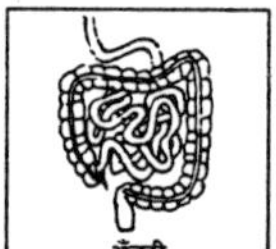
अँतड़ी

अंतरंग वि. भीतरी, मन का, दिली; जैसे—अंतरंग बात, अंतरंग मित्र।

अंतर पुं. फर्क, फासला, दूरी; उ.—गाँवों और शहरों के जीवन में बड़ा अंतर है।

अंतरिक्षयात्री

अंतरिक्ष पुं. पृथ्वी और अन्य ग्रहों के बीच का स्थान, आकाश; उ.—रॉकेट अंतरिक्ष में उड़ता है।

अंतरिक्षयात्री पुं. अंतरिक्ष की यात्रा करने वाला (दे. चित्र)।

अंतरिक्षयान पुं. वह वाहन जो अंतरिक्ष में जाए।

अंतरीप पुं. भूमि का वह पतला सँकरा हिस्सा जो दूर तक समुद्र में चला गया हो; उ.—भारत के दक्षिणी छोर पर कन्याकुमारी अंतरीप है।

अंतर्देशीय वि. जो देश के भीतर चलता हो, जिसका देश के भीतर इस्तेमाल होता हो; जैसे—अंतर्देशीय पत्र, अंतर्देशीय व्यापार।

अंतिम वि. आखिरी; उ.– स्कूल में यह हमारा अंतिम वर्ष है (विलोम : प्रारंभिक)।

अंत्याक्षरी स्त्री. याददाश्त और तुरन्त सूझ का एक मनोरंजक खेल जिसमें किसी पद्य के अंतिम अक्षर से नया पद्य बोलना पड़ता है; उ.– हमारी कक्षा अंत्याक्षरी प्रतियोगिता में जीत गई।

अंदर (I) अ. भीतर; उ.–कमरे के अंदर चलो। **(II)** पुं. दिल, मन; उ.– सच मानिए, मैंने अपने अंदर कोई बात नहीं छिपा रखी है।

अंदाज पुं. अटकल, अनुमान; उ.–अंदाज से नहीं, तौल कर वजन बताओ।

अंधकार पुं. रोशनी का न होना, अँधेरा; उ.–बिजली चले जाने से पूरे शहर में अंधकार छा गया (विलोम : प्रकाश)।

अंधड़ पुं. आँधी, तूफान; उ.–कल के अंधड़ में कई पेड़ गिर गए।

अंधविश्वास पुं. सोचे-समझे बिना किसी बात या मत में पक्का विश्वास।

अंधा वि. जिसे दिखाई न देता हो, नेत्रहीन।

अंधाधुंध अ. बिना सोचे-समझे जोर-शोर से किया जानेवाला, बेहिसाब; उ. –पुलिस भीड़ पर अंधाधुंध लाठियाँ बरसा रही थी।

अँधेरा (I) पुं. दे. 'अंधकार'। **(II)** वि. जहाँ रोशनी न हो; जैसे–अँधेरा कमरा, अँधेरा रास्ता।

अंश पुं. हिस्सा, भाग।

अकड़ स्त्री. ऐंठ, शेखी, घमंड; उ.–वह हर वक्त अपने पैसों की अकड़ दिखाता रहता है।

अकड़ना अ. क्रि. **1.** घमंड दिखाना; उ. –मानीटर होने के कारण वह बहुत अकड़ता फिरता है। **2.** ऐंठना, कड़ा हो जाना; उ.–सूख जाने के कारण रोटी अकड़ गई है।

अकस्मात् अ. दे. 'अचानक'।

अकाल (I) पुं. भुखमरी, दुर्भिक्ष; उ. –बंगाल का 1943 का अकाल बहुत भयंकर था। **(II)** वि. समय से पहले, असमय; उ.–पच्चीस वर्ष की उम्र में उसकी अकाल मृत्यु हो गई।

अकेला वि. जिसके साथ कोई न हो, एक ही; उ.–घर में वह अकेला है।

अकेलापन पुं. अकेला होने की हालत।

अकेले अ. बिना किसी साथी के, खुद ही; उ.–सीता अकेले ही स्कूल जाती है।

अक्खड़ वि. उजड्ड, असभ्य, जिद्दी।

अक्तूबर पुं. ईसवी साल का दसवाँ महीना।

अक्ल स्त्री. बुद्धि, समझ; उ.–अक्ल से काम लो।

अक्लमंद वि. समझदार, बुद्धिमान।

अक्षर पुं. वर्ण, हर्फ; जैसे–अ, आ, इ, ई. ..क, ख, ग, घ आदि।

अक्षांश पुं. भूगोल की वे काल्पनिक रेखाएँ जो किसी स्थान के भूमध्य रेखा से उत्तर में या दक्षिण में होने का परिचय देती हैं। (दे. चित्र 'पृथ्वी' पृ. 123)

अक्सर अ. बहुत बार, प्रायः; उ.–करीम अक्सर मेरे घर आता है।

अखबार पुं. समाचार पत्र; उ.–अखबारों

में सारी दुनिया की खबर रहती है।

अखरना अ. क्रि. बुरा लगना; उ.—मुझे तुम्हारी गाली देने की आदत बहुत अखरती है।

अखरोट पुं. एक सूखा मेवा जिसके ऊपर कड़ा खोल और भीतर गिरी रहती है (दे. चित्र)।

अखाड़ा पुं. कुश्ती लड़ने की जगह; उ.—दोनों पहलवान अखाड़े में उतर गए हैं।

अखिल वि. पूरा, संपूर्ण, समूचा, सारा; जैसे—अखिल भारतीय संगीत सम्मेलन। **अखिलेश्वर** (अखिल + ईश्वर) पुं. सबका स्वामी, भगवान।

अगर अ. यदि; उ.—अगर तुम पास हो गए तो मैं तुम्हें मिठाई खिलाऊँगा।

अगरबत्ती स्त्री. एक प्रकार की सुगंधित सींक; उ.—मंदिर में अगरबत्ती जल रही है।

अगल-बगल पुं. आस-पास, अड़ोस-पड़ोस।

अगला वि. **1.** इसके बाद का, आनेवाला; उ.—इस यात्रा में मेरा अगला पड़ाव धनबाद है। **2.** आगेवाला, सामने का; उ.—बस की अगली सीट पर बैठो।

अगस्त पुं. ईसवी साल का आठवाँ महीना।

अगाड़ी स्त्री. **1.** किसी चीज के सामने या आगे का भाग; जैसे—मकान की अगाड़ी। **2.** पशु के अगले पैरों में बाँधी जानेवाली रस्सी।

अगाध वि. जिसकी गहराई का पता न चले; जैसे—अगाध समुद्र, अगाध प्रेम।

अगुआ पुं. नेता, सरदार।

अग्नि स्त्री. दे. 'आग'।

अग्निकांड पुं. आग लगने की घटना; उ.—कल के अग्निकांड में बहुत सारी दुकानें जल गईं।

अघाना अ. क्रि. **1.** छकना, पेट भर खाना। **2.** तंग आना; उ.—उसकी बक-बक सुनते-सुनते मैं तो अघा गया हूँ।

अचंभा पुं. दे. 'अचरज'।

अचरज पुं. आश्चर्य, अचंभा; उ.—इस छोटे-से बच्चे की साहस भरी बातें सुन कर मैं तो अचरज में पड़ गया।

अचल वि. एक जगह पर स्थित; जैसे—अचल पर्वत, अचल संपत्ति।

अचानक अ. एकदम, सहसा; उ.—कल अचानक वह मेरे यहाँ आ गया।

अचार पुं. फलों से बनी हुई मसालेदार और चटपटी एक खट्टी-मीठी चीज उ.—वह अचार के साथ पूड़ी खा रहा है।

अचूक वि. न चूकनेवाले, सटीक; जैसे—अचूक निशाना, अचूक दवा।

अचेत वि. बेहोश; उ.—मरीज अचेत पड़ा है।

अच्छा **(I)** वि. बढ़िया, भला, ठीक; जैसे—अच्छा नाम, अच्छा मकान। **(II)** अ. **1.** हाँ, ठीक; उ.—'अच्छा, आगे बोलो।' **2.** अहो (आश्चर्य सूचक); उ.—'अच्छा ! ऐसा हुआ ?'

अछूत पुं. जिसे छुआ न जाए, अस्पृश्य; उ.—किसी को अछूत मानना पाप है।

अजगर

अजगर पुं. बहुत लम्बा मोटा और सुस्त साँप

(दे. चित्र)।

अजनबी वि. जिससे जान-पहचान न हो, अनजान, अपरिचित; जैसे—अजनबी मुसाफिर।

अजब वि. अनोखा, विचित्र, अजीब।

अजान वि. 1. अनजान; अजान आदमी 2. नासमझ उ.—वह इन बातों से अजान है। उ.—अजान आदमी के साथ मत जाना।

अजान स्त्री. नमाज के लिए पुकार; उ. —मुल्ला सुबह-सुबह मसजिद से अजान देता है।

अजायबघर पुं. वह स्थान जहाँ विचित्र दुर्लभ और ज्ञानवर्धक वस्तुओं का संग्रह और प्रदर्शन किया जाता है, म्युजियम; उ.— कलकत्ते के अजायबघर में दुर्लभ मूर्तियाँ और चित्र हैं।

अजीब वि. निराला, विचित्र, अनोखा; जैसे—अजीब चीज, अजीब घटना, अजीब आदमी।

अज्ञात वि. जिसका पता न हो।

अज्ञातवास पुं. छिप कर रहना; उ. —पांडवों ने राजा विराट के यहाँ अज्ञातवास किया था।

अज्ञान पुं. जानकारी की कमी, नासमझी।

अटकना अ. क्रि. रुकावट आ जाना; उ. —गाड़ी भीड़ में अटक गई है।

अटकल स्त्री. दे. 'अंदाज'।

अटकाना स. क्रि. रोकना, अड़ंगा लगाना।

अटपटा वि. बेढ़ंगा, अजीब-सा, ऊटपटांग; जैसे—अटपटा आदमी, अटपटा काम।

अटल वि. न टलनेवाला, स्थिर, दृढ; उ. —हरिश्चंद्र सदा अपने वचन पर अटल रहे।

अटूट वि. **1.** जो टूट न सके, बहुत मजबूत; उ.—माँ और बेटे का संबंध अटूट होता है। **2.** लगातार उ. —बारिश की अटूट लड़ी झर रही है।

अट्ठाईस वि. बीस और आठ का जोड़, 28।

अठानवे वि. नब्बे और आठ का जोड़, 98।

अठावन वि. पचास और आठ का जोड़, 58।

अठन्नी स्त्री. पहले का आठ आने का और अब का पचास पैसे का सिक्का।

अठहत्तर वि. सत्तर और आठ का जोड़, 78।

अठारह वि. दस और आठ का जोड़, 18।

अठासी वि. अस्सी और आठ का जोड़, 88।

अड़ंगा पुं. दूसरे के द्वारा जान-बूझ कर पैदा की गई अड़चन, रुकावट, बाधा; उ.—कई लोगों की आदत होती है कि वे हर काम में अड़ंगा डाल देते हैं।

अड़चन स्त्री. बाधा, रुकावट; उ.—मेरे आगे पढ़ने में सबसे बड़ी अड़चन यह थी, कि गाँव के आसपास कोई स्कूल नहीं था।

अड़तालीस वि. चालीस और आठ का जोड़, 48।

अड़तीस वि. तीस और आठ का जोड़, 38।

अड़ना अ. क्रि. **1.** किसी बात के लिए जिद करना; जैसे—बच्चे का खिलौने के लिए अड़ना। **2.** चलते-चलते रुक जाना; जैसे—'घोड़े का अड़ना।'

अड़सठ वि. साठ और आठ का जोड़, 68।

अड़ियल वि. अड़ जानेवाला, जिद्दी; जैसे—अड़ियल घोड़ा, अड़ियल बच्चा।

अड़ोस-पड़ोस पुं. आस-पास, पास- पड़ोस।

अड्डा पुं. **1.** उठने-बैठने मिलने आदि की जगह; जैसे—दोस्तों का अड्डा, गुंडो या जुआरियों का अड्डा। **2.** ताँगा, बस, हवाई जहाज आदि के पहुँचने और रवाना होने का स्थान; जैसे—बस अड्डा, हवाई अड्डा।

अतः अ. इसलिए; उ.—मास्टर जी बीमार हैं, अतः आज पढ़ाई नहीं होगी।

अतएव अ. इसीलिए, इसी वास्ते।

अति (I) वि. बहुत, ज्यादा; उ.—अति सुंदर, अति भयानक [विलोम : अल्प] स्त्री. ज्यादती अधिकता, बर्दाशत से बाहर।

अतिथि पुं. मेहमान, पाहुनाः उ.—अतिथि का सत्कार करना हमारा धर्म है।

अतिरिक्त (I) वि. आवश्यकता से अधिक; उ.—इस दफ्तर में कई अतिरिक्त कर्मचारी हैं। **(II)** अ. **1.** अलावा (को लेकर); उ.—राम के अतिरिक्त मैं भी वहाँ था। **2.** सिवा (को छोड़कर); उ.— राम के अतिरिक्त सभी वहाँ थे।

अत्यन्त वि. बहुत अधिक; जैसे अत्यन्त मीठा, अत्यन्त कष्टदायी।

अत्याचार पुं. जुल्म, अन्याय; उ.— कंस के अत्याचार से लोग दुःखी थे।

अत्याचारी पुं. जालिम, जुल्म करनेवाला।

अथवा अ. यह नहीं तो वह, या; उ.—राम अथवा श्याम कोई तो आएगी ही।

अथाह वि. जिसकी गहराई का पता न चले, अगाध; जैसे—अथाह समुद्र, अथाह ज्ञान।

अदरक

अदरक पुं. तीखी और चरपरी एक गाँठदार जड़, कच्ची सोंठ (दे. चित्र)।

अदल-बदल पुं. **1.** एक चीज की जगह दूसरी चीज रखना, हेर-फेर; उ.—मंत्रिमंडल में अदल-बदल होनेवाला है। **2.** किसी चीज के बदले में कोई चीज देना और लेना; उ. —किशन और राम ने आपस में नोट्स की कॉपियाँ अदल-बदल ली हैं।

अदवाइन स्त्री. चारपाई के पैताने की मजबूत रस्सी।

अदालत स्त्री. कचहरी, न्यायालय; उ. —अदालत ने मोहन को निर्दोष मान कर बरी कर दिया।

अद्भुत वि. अनोखा, अजीब; जैसे—अद्भुत दृश्य, अद्भुत विचार।

अधखिला वि. जो पूरी तरह खिला न हो, आधा खिला हुआ; उ. —अधखिले फूल मत तोड़ो (दे. चित्र)।

अधखिला

अधमरा वि. आधा मरा हुआ, मरे के समान; उ.—पुलिस ने कैदी को मार-मार कर अधमरा कर दिया।

अधर पुं. **1.** ओंठ, होंठ। **2.** आकाश और पृथ्वी के बीच का स्थान। **3.** पृथ्वी के वायुमंडल के बाहर का स्थान, अंतरिक्ष; उ.—सौर मंडल के

ग्रह अधर में घूम रहे हैं।

अधिक वि. ज्यादा; उ.–दाल में नमक अधिक है [विलोम : कम]।

अधिक कोण पुं. 90° (डिग्री) से बड़ा और 180° (डिग्री) से छोटा कोण।

अधिकतर वि. गिनती में ज्यादा, तुलना में ज्यादा; उ.–तुम्हारे दल के अधिकतर लोग राम के पक्ष में थे।

अधिकता स्त्री. ज्यादा होना; जैसे–धन की अधिकता, काम की अधिकता।

अधिकांश (अधिक'अंश) वि. मात्रा से अधिकः जैसे-अधिकांश भाग।

अधिकाधिक (अधिक + अधिक) वि. ज्यादा से ज्यादा; उ.–दिन पर दिन तुम अधिकाधिक बदमाश होते जा रहे हो।

अधिकार पुं. **1.** हक; उ.–स्वतंत्रता हमारा जन्म-सिद्ध अधिकार है। **2.** कब्जा; उ.–पिता की सारी संपत्ति पर बड़े बेटे ने अधिकार कर रखा है।

अधिकारी (I) पुं. **1.** अफसर; जैसे–किसी विभाग का अधिकारी। **2.** हकदार; जैसे–संपत्ति का अधिकारी, सम्मान का अधिकारी। **(II)** वि. किसी विषय में पारंगत पूरा जानकार; जैसे–संस्कृत के अधिकारी विद्वान।

अधीन वि. **1.** जो किसी के अधिकार या शासन में हो; उ.–आजादी के पहले हम अँगरेजों के अधीन थे [विलोम : स्वाधीन]। **2.** जिसे किसी बड़े अधिकारी की आज्ञा के अनुसार चलना पड़ता हो, मातहत; उ.–उस अफसर के अधीन 100 कर्मचारी हैं।

अधीर वि. जिसे धीरज न हो, उतावला; उ.–बच्चे चिड़ियाघर जाने को अधीर हो रहे हैं।

अधूरा वि. जो पूरा न हो, आधा [विलोम : पूरा]।

अध्यक्ष पुं. **1.** सभा या समिति का प्रधान, सभापति; जैसे–कांग्रेस का अध्यक्ष **2.** किसी विभाग का प्रधान; जैसे–हिंदी विभाग का अध्यक्ष।

अध्ययन पु. गौर से पढ़ना, गहराई के साथ किसी विषय की जानकारी प्राप्त करना; जैसे–पुस्तक का अध्ययन, विज्ञान का अध्ययन।

अध्यापक पुं. पढ़ाने वाला, शिक्षक; उ. –अध्यापक की बात ध्यान से सुना करो [स्त्री. अध्यापिका]।

अध्याय पुं. किताब का एक हिस्सा जिसमें किसी विषय के एक अंग की पूरी बात कही जाती है; उ.–गीता में अठारह अध्याय हैं।

अनंत वि. जिसका कोई अंत या ओर-छोर नहीं।

अनगिनत वि. जो गिने न जा सकें, बहुत सारे; उ.–आसमान में अनगिनत तारे हैं।

अनजान वि. **1.** नासमझ; उ.–यह अनजान है, इसे माफ कर दो। **2.** न जाना हुआ, अपरिचित; जैसे– अनजान जगह, अनजान आदमी।

अनन्नास

अनन्नास पुं. एक खटमिट्ठा फल जिसके कड़े छिलके पर खाने बने रहते हैं (दे. चित्र)।

अनपच पुं. खाना न पचना, बदहज़मी; उ. –ज्यादा खाने से अनपच हो जाता

है।

अनपढ़ वि. जो पढ़ा-लिखा न हो; उ. —कई अनपढ़ आदमी पढ़े-लिखों से भी ज्यादा समझदार होते हैं।

अनबन स्त्री. आपस में बिगाड़, मनमुटाव, उ.—भाइयों की अनबन के कारण परिवार की सारी खेती चौपट हो गई।

अनमना वि. उचाट, उखड़ा-उखड़ा; उ. —अनमने मन से किया गया काम ठीक नहीं होता।

अनमेल वि. जिसका मेल न हो, बेमेल; जैसे—अनमेल जोड़ा।

अनमोल वि. अमूल्य, बहुत कीमती।

अनशन पुं. किसी उद्देश्य की पूर्त्ति के लिए भोजन छोड़ देना; उ.—गाँधी जी का अंतिम अनशन हिंदू-मुस्लिम एकता के लिए था।

अनसुनी वि. न सुनी हुई।

अनहोनी (I) स्त्री. साधारणतया न होनेवाली, अंसभव-सी बात; उ.—क्या तुमने यह अनहोनी सुनी कि एक परिवार ने शेर के बच्चों को अपने बच्चों की तरह पाला है ? (II) वि. न होनेवाला; जैसे— अनहोनी घटना, अनहोनी बात।

अनाज पुं. अन्न; जैसे—गेहूँ, चावल, बाजरा, ज्वार।

अनाड़ी (I) पुं. ऐसा आदमी जो किसी काम में होशियार न हो। (II) वि. जो काम करने में कुशल न हो।

अनाथ (I) पुं. बिना माँ-बाप का बच्चाः उ.—यह आश्रम अनाथों के लिए है [विलोम सनाथ]। (II) वि. बेसहारा; उ.—बाढ़ के कारण बहुत सारे लोग अनाथ हो गए हैं।

अनादि वि. जिसके आरंभ के बारे में कुछ न जाना जा सके; उ.—ईश्वर अनादि और अनंत माना जाता है।

अनार पुं. **1.** कड़े छिलके का छोटे-छोटे दानोंवाला एक फल (दे. चित्र)। **2.** एक प्रकार की आतिशबाजी; उ. —अनार से फूटती झड़ियाँ मकान की दूसरी मंजिल को छूने लगीं।

अनारदाना पुं. खट्टे अनार के दोनों का सुखाया हुआ रूप; उ.— अनारदाने का चूरन बच्चे शौक से खाते हैं।

अनावश्यक वि. जिसकी आवश्यकता न हो, गैरजरूरी।

अनावृष्टि स्त्री. वर्षा का न होना, सूखा; उ.—इस साल अनावृष्टि के कारण फसल बहुत खराब हुई है।

अनाहार पुं. भोजन न मिलना या भोजन छोड़ देना।

अनिच्छा स्त्री. इच्छा का न होना, अरुचि।

अनियंत्रित वि. बिना रोक-टोक का, मनमाना।

अनिवार्य वि. जो टाला न जा सके, अटल, बहुत जरूरी उ.—आज की बैठक में तुम्हारी उपस्थिति अनिवार्य है।

अनिश्चित वि. जो तय न हुआ हो, जिसके बारे में शक हो, कच्चा; उ.— श्याम का अमेरिका जाना अभी अनिश्चित है।

अनिष्ट वि. बुरा, अमंगल।

अनुकरण पुं. नकल।

अनुचित वि. जो उचित न हो, गैरवाजिब; उ.—तुम्हारा कक्षा में लगातार उपस्थित न रहना अनुचित है [विलोम : उचित]।

अनुच्छेद पुं. आपस में संबंधित वाक्यों का समूह, पैराग्राफ; उ.—इस पृष्ठ का तीसरा अनुच्छेद पढ़ो।

अनुत्तीर्ण वि. जो पास न हुआ हो, असफल, फेल; उ.—शशिकांत परीक्षा में अनुत्तीर्ण रहा।

अनुपस्थित वि. गैरहाजिर।

अनुभव पुं. **1.** देखने सुनने या करने से प्राप्त किया गया ज्ञान, तजुरबा। **2.** एहसास; उ.—संगी-साथियों से बातचीत करते रहने के कारण इस चढ़ाई में जरा भी थकान का अनुभव नहीं हुआ।

अनुभवी वि. जिसे अनुभव हो, तजुरबेकार; जैसे—अनुभवी शिक्षक।

अनुभूति स्त्री. महसूस करने का भाव, बोध।

अनुमान पुं. अंदाज, अटकल; उ.— मेरे अनुमान से इस कमीज़ की कीमत बीस रुपए होगी।

अनुवाद पुं. एक भाषा से दूसरी भाषा में लिखना या बोलना, उल्था, तरजुमा।

अनुशासन पुं. नियमों का पालन, नियमों के अनुसार आचरण।

अनुसार अ. मुताबिक; जैसे—आज्ञा या इच्छा के अनुसार।

अनूठा वि. अनोखा, असाधारण।

अनेक वि. एक से अधिक, बहुत।

अनोखा वि. अनूठा, अजीब, विचित्र।

अन्न पुं. अनाज।

अन्य वि. कोई और, दूसरा, भिन्न।

अन्याय पुं. बेइंसाफी।

अन्यायी वि. न्याय न करनेवाला; जैसे—अन्यायी राजा, अन्यायी मालिक।

अपच पुं दे. 'अनपच'।

अपढ़ वि. दे. 'अनपढ़'।

अपना सर्व. निज का, खुद का; जैसे—अपना घर, अपनी किताब।

अपने-आप सर्व. खुद ही, स्वतः; उ.—यह पाठ तुम अपने-आप पढ़ लेना।

अपनाना स. क्रि. अपना बनाना, ग्रहण करना; उ.—किसी को ठुकराना आसान है, अपनाना कठिन।

अपनापन पुं. अपना होने का भाव, अपनापा; उ.—वे मुझसे बहुत अपनेपन से मिले।

अपमान पुं. बेइज्जती; उ.— किसी का अपमान नहीं करना चाहिए [विलोम : सम्मान]।

अपयश पुं. बदनामी; उ.—गलत काम करने से अपयश मिलता है [विलोम : यश]।

अपराध पुं. **1.** दंडनीय काम, जुर्म; उ.—हत्या और चोरी अपराध हैं। **2.** दोष कसूर; उ.—'इसमें मेरा क्या अपराध है ?'

अपराधी पुं. अपराध करनेवाला, दोषी; उ.—अदालत ने अपराधी को पाँच साल की कैद की सजा दी।

अपरिचित वि. जिसे जानते न हों, अजनबी, अनजान; जैसे—अपरिचित व्यक्ति, अपरिचित स्थान।

अपशकुन पुं. अशुभ लक्षण, असगुन।

अपार वि. जिसका पार न पाया जा सके, बहुत अधिक।

अपील स्त्री. प्रार्थना, दरख्वास्त; जैसे—किसी निर्णय के विरुद्ध अपील करना।

अप्रैल पुं. ईसवी साल का चौथा महीना।

अफरना अ. क्रि. (पेट) फूलना; उ.—उसका पेट वायु (गैस) से अफरा हुआ है।

अफवाह स्त्री. झूठी या गलत खबर; उ.—अफवाहों पर ध्यान मत दो।

अफसर पुं. अधिकारी।

अफसोस पुं. पछतावा, खेद; उ.—मुझे अफसोस है कि मैं कल नहीं आ सका।

अब अ. इस समय।

अबीर पुं. एक लाल चूरा जिसे होली में लोग एक-दूसरे के चेहरे पर मलते हैं।

अब्बा पुं. बाप, पिता; जैसे—सलमा के अब्बा।

अभागा वि. भाग्यहीन, बदकिस्मत; उ. —राम बहुत ही अभागा है, सिर्फ दो नंबर से फेल हो गया।

अभिनंदन पुं. प्रशंसापूर्ण सम्मान; उ. —सभा में कवि का अभिनंदन किया गया।

अभिनय पुं. हावभाव के साथ की गई नकल, नाटक करना; उ.—रामलीला में सुरेश ने हनुमान का अभिनय किया।

अभिनेता पुं. अभिनय करनेवाला।

अभिनेत्री स्त्री. अभिनय करनेवाली।

अभिभावक पुं. देखभाल करनेवाला, संरक्षक; उ.—राम के चाचा उसके अभिभावक हैं।

अभिमान पुं. घमंड, अहंकार।

अभिमानी वि. घमंड़ी, अहंकारी।

अभी (अब + ही) अ. इसी समय; उ.—यह काम तुम्हें अभी करना है।

अभ्यास पुं. **1.** किसी काम को बार-बार करना; उ.—अभ्यास करते रहोगे तो तैरना आ जाएगा। **2.** आदत; उ.—उसे देर तक काम करने का अभ्यास है।

अमचूर पुं. सुखाए हुए कच्चे आम का चूरा।

अमर वि. कभी न मरनेवाला, जिसका नाम युग-युग तक बना रहे [विलोम : मर्त्य]।

अमरस पुं. पके आम का रस।

अमरूद पुं. गोल पीला और गूदेदार एक फल; उ.—इलाहाबाद के अमरूद मशहूर हैं।

अमल वि. मलरहित, स्वच्छ।

अमल पुं. पालन; उ.—अच्छी बातों पर तुरंत अमल करना चाहिए।

अमावस (अमावस्या) स्त्री. कृष्णपक्ष का अंतिम दिन, जिस रात चाँद दिखाई नहीं देता। (विलोम : पूर्णिमा)।

अमीबा पुं. पानी में रहने वाला एककोशीय जीव; उ.—पेट में अमीबा होने से पेचिश हो जाती है।

अमीर (I) पुं. **1.** सरदार। **2.** कई अरब मुल्कों में राजा की उपाधि। **(II)** वि. धनी, पैसेवाला (विलोम : गरीब)।

अमुक वि. फलाँ, फलाना; जैसे—अमुक चीज, अमुक आदमी, अमुक जगह।

अमूल्य वि. जिसकी कोई कीमत न लगाई जा सके, बहुत कीमती, अनमोल।

अमृत पुं. पुराणों में वर्णित वह पदार्थ

जिसे पीने से अमरता प्राप्त होती है, सुधा; उ.—पुराणों की कथा के अनुसार समुद्रमंथन से अमृत निकला था (विलोम : विष)।

अम्मा स्त्री. माँ, माता; उ.—जमीला की अम्मा खाना पका रही है।

अम्ल पुं. **1.** तेजाब, एसिड। **2.** खटाई।

अरथी स्त्री. मरे हुए आदमी को ले जाने के लिए बनाई हुई बाँस की सीढ़ी जैसी चीज, टिकठी।

अरना भैंसा पुं. जंगली भैंसा; उ.—इस अभयारण्य में बहुत सारे अरने भैंसे हैं।

अरबी (I) स्त्री. अरब देशों की भाषा; उ. —कुरान-शरीफ अरबी में है। **(II)** वि. अरब देशों का; जैसे—अरबी घोड़ा, अरबी पोशाक।

अरवी स्त्री. सूरन जैसा एक छोटा कंद, घुइयाँ, बंडा।

अरहर स्त्री. एक दलहन, तुअर; उ.—मुझे सारी दालों में अरहर सबसे ज्यादा पसंद है।

अरे अ. **1.** अचरज का भाव प्रकट करनेवाला शब्द; उ.—'अरे ! तुम यहाँ ?' **2.** किसी को बुलाने के लिए कहा जानेवाला शब्द; उ.— 'अरे, जरा सुनना तो।'

अर्जी स्त्री. प्रार्थना-पत्र, दरख्वास्त; उ.—मैंने छुट्टी के लिए अर्जी दी है।

अर्थ पुं. **1.** मतलब, माने; जैसे—शब्दार्थ (शब्द + अर्थ = शब्द का मतलब)। (विलोम : अनर्थ)। **2.** धन, पैसा; जैसे—अर्थाभाव (अर्थ + अभाव = पैसों की कमी)।

अर्थात् अ. मतलब यह है, यानि कि; उ. —सोमू अर्थात् रमा का छोटा बेटा यहाँ आया था।

अर्ध वि. आधा; उ.—इंद्रधनुष अर्ध गोलाकार होता है।

अलख (I) वि. जो देखा न जा सके, अगोचर। **(II)** पुं. ईश्वर। मु.

अलख जगाना साधु अलख जागकर भजन गा रहा है।

अलग (I) वि. जो किसी से जुड़ा न हो, न्यारा; उ.—इस किताब के कई पन्ने अलग हो गए हैं **(II)** अ. हट कर; उ.—वह अलग जा बैठा।

अलबम पुं. किताब जैसी एक चीज जिसमें फोटो टिकट चित्र आदि लगाए जाते हैं।

अलमारी स्त्री. काठ या लोहे का कई खानोंवाला खड़ा संदूक।

अलसाना अ. क्रि. सुस्ती मालूम होना; उ.—आज अलसाए हुए-से कैसे लग रहे हो ?

अलसी स्त्री. तीसी; उ.—अलसी से तेल निकाला जाता है।

अलारम (अलामी) पुं. **1.** घड़ी में निश्चित किए हुए समय पर बजनेवाली घंटी; उ.—घड़ी में चार बजे का अलारम लगा दो। **2.** खतरे की घंटी; जैसे-दमकल का अलारम।

अलाव पुं. तापने के लिए आग का ढेर; उ.—गाँव के लोग अलाव के चारों ओर जमा हैं (दे. चित्र)।

अलाव

अलावा अ. **1.** सिवा; उ.— कल तुम्हारे अलावा मेरे सभी

दोस्त आए थे। **2.** अतिरिक्त; उ.—हेडमास्टर ने डाँटने-फटकारने के अलावा हम पर दस रुपए जुर्माना भी लगाया।

अल्प वि. थोड़ा, कम; जैसे—अल्प ज्ञान, अल्प संख्या (विलोम : बहु, अधिक)।

अल्प विराम पुं. एक चिह्न जो वाक्य के भीतर शब्दों या उपवाक्यों के बीच के अलगाव और ठहराव को बताने के काम में आता है, कॉमा (,); उ.—कलकत्ता, बंबई, मद्रास और दिल्ली भारत के प्रमुख शहर हैं।

अल्लाह पुं. भगवान, खुदा।

अवकाश पुं. **1.** छुट्टी; उ.—मई और जून में ग्रीष्मावकाश (ग्रीष्म + अवकाश) के कारण स्कूल बंद रहेगा। **2.** फुरसत; उ.—तुम्हें अवकाश मिले तो आना।

अवतार पुं. देवता का मनुष्य के रूप में जन्म; उ.—राम और कृष्ण विष्णु के अवतार माने जाते हैं।

अवधि स्त्री. समय की सीमा, मियाद; उ.—इस नाटक की अवधि दो घंटे हैं।

अवश्य अ. जरूर; उ.—तुम्हें मेरे विवाह में अवश्य आना होगा।

अवसर पुं. मौका; उ.—शाहिद ने गोल करने के दो अवसर गँवा दिए।

अवस्था स्त्री. **1.** हालत, दशा; उ.—आजकल हमारी आर्थिक अवस्था ठीक नहीं है। **2.** उम्र; उ.—पाँच साल की अवस्था में ही यह बच्चा संस्कृत बोलने लगा था।

अशुद्ध वि. **1.** गलत; जैसे—अशुद्ध भाषा, अशुद्ध उच्चारण। **2.** अपवित्र; जैसे—अशुद्ध जल।

अशुद्धि स्त्री. गलती; उ.—इस वाक्य में कई अशुद्धियाँ हैं।

अश्रु पुं. दे. 'आँसू'।

अष्टमी स्त्री. पखवारे की आठवीं तिथि; उ.—भादों के कृष्ण पक्ष की अष्टमी को श्रीकृष्ण का जन्म हुआ था।

असंख्य वि. जो गिना न जा सके, अनगिनत; उ.—अलीबाबा ने गुफा में असंख्य मोहरें देखीं।

असबाब पुं. सामान।

असर पुं. प्रभाव; उ.—भोपाल में जहरीली गैस के असर से हजारों लोग मर गए।

असली वि. बिना मिलावट का, खरा, शुद्ध; जैसे—असली घी, असली सोना।

असुविधा स्त्री. सुविधा का न होना, दिक्कत; उ.—बूढ़ी काकी को इस खटिया पर सोने में बहुत असुविधा होती है।

असेंबली स्त्री. विधान सभा; उ.— पश्चिम बंगाल की असेंबली कलकत्ते में है।

अस्त वि. **1.** डूबा हुआ; उ.—सूर्य अस्त हो गया। **2.** जिसका पतन या नाश हो गया हो; उ.—बहादुरशाह जफर के बाद मुगल साम्राज्य अस्त हो गया।

अस्तबल पुं. घोड़ों को रखने की जगह, तबेला।

अस्तर पुं. सिले कपड़े की भीतरी तह; उ.—इस कोट का अस्तर रेशमी कपड़े का है।

अस्त्र पुं. हाथ से फेंक कर चलाया जानेवाला हथियार; जैसे—बाण, हथगोला।

अस्त्र-शस्त्र पुं. सब तरह के हथियार; उ. –हमारी सेना नवीनतम अस्त्र-शस्त्रों से लैस है।

अस्पताल पुं. इलाज के लिए रोगियों के रहने की जगह, चिकित्सालय।

अस्वस्थ वि. बीमार; उ.–श्याम एक महीने से अस्वस्थ है (विलोम : स्वस्थ)।

अस्सी वि. सत्तर और दस का जोड़, 80।

अहंकार पुं. घमंड, गर्व; उ.–परीक्षा में प्रथम आने से कमला को इतना अहंकार हो गया है कि किसी से सीधे मुँह बात नहीं करती।

अहा अ. खुशी और अचरज प्रकट करनेवाला शब्द; उ.–अहा ! यह कितना सुन्दर फूल है।

अहाता पुं. घेरा, घिरी हुई जगह; उ.–स्कूल के अहाते में बच्चे खेल रहे हैं।

अहिंसा स्त्री. **1.** जीव-हत्या न करने की भावना। **2.** किसी को कोई भी कष्ट न देने का भाव; उ.–बुद्ध, महावीर और गाँधी तीनों ने ही अहिंसा को परम धर्म माना है (विलोम : हिंसा)।

आ

आँकड़ा पुं. तथ्यों की जानकारी देनेवाली संख्याएँ; जैसे–आबादी के आँकड़े, आमदनी या खर्च के आँकड़े।

आँख स्त्री. देखने का अंग, नेत्र, नयन। मु. **आँखें खोलना** सावधान करना: उ.–तुमने उसके कारनामे बताकर मेरी आँखें खोल दीं। मु. **आँख चुराना** किसी के सामने आने से बचना, कतराना; उ.–उधार न चुकाने के कारण वह मुझसे आँख चुराता है। मु. **आँखें भर आना** आँसू छलछलाना; उ.–बेटी को विदा करते समय माँ की आँखें भर आईं। मु. **आँखों का तारा** बहुत प्यारा; उ.–सोनू अपनी माँ की आँखों का तारा है। मु. **आँखों में धूल झोंकना** चकमा देना, धोखा देना; उ.– कैदी पहरेदार की आँखों में धूल झोंक कर भाग गया।

आँखमिचौनी (मिचौली) स्त्री. आँखों पर पट्टी बाँध कर खेला जानेवाला बच्चों का एक खेल, लुकाछिपी।

आँगन पुं. घर के भीतर की खुली जगह, सहन।

आँच स्त्री. आग, ताप। मु. **आँच आना** बुरा असर पड़ना, नुकसान पहुँचना; उ.–महाराणा प्रताप ने घास की रोटी खाना मंजूर किया, पर अपनी इज्जत पर आँच नहीं आने दी।

आँचल पुं. साड़ी या ओढ़नी का पल्ला; उ.–बच्चे ने माँ के आँचल में अपना मुँह छिपा लिया। मु. **आँचल पसारना** भीख माँगना; उ.–वह जीवन भर कष्ट पाती रही, पर उसने कभी किसी के सामने आँचल नहीं पसारा।

आँत स्त्री. दे. 'अँतड़ी।

आंदोलन पुं. 1. किसी माँग या उद्देश्य के लिए की जानेवाली सामूहिक कार्रवाई; जैसे—स्वाधीनता आंदोलन, मजदूरों और छात्रों का आंदोलन। **2.** हलचल, उथल-पुथल; जैसे—समुद्र में लहरों का आंदोलन।

आँधी स्त्री. धूल भरी तेज हवा, अंधड़।

आँवा

आँवला पुं. एक कसैला फल; उ.—आँवले में विटामिन 'सी' खूब होता है।

आँवा पुं. मिट्टी के बरतन पकाने की भट्ठी (दे. चित्र)।

आँसू पुं. खुशी या दुख होने पर आँखों से निकलनेवाला पानी, अश्रु। मु. **आँसू बहाना** दुःख करना; उ.—बीती बातों पर आँसू बहाना बेकार है।

आइंदा अ. आनेवाले समय में, आगे से, भविष्य में; उ.—आइंदा ऐसी गलती मत करना।

आइसक्रीम स्त्री. दूध, चीनी और क्रीम को फेंटकर जमाई हुई बर्फ, मलाई बर्फ।

आईना पुं. चेहरा देखने का शीशा, दर्पण।

आकर्षक वि. दिल को लुभानेवाला, सुंदर; उ.—राधा की हँसी बहुत आकर्षक है।

आकर्षण पुं. मोहित करने की शक्ति, खींचने की शक्ति, खिंचाव (विलोम : विकर्षण)।

आकार पुं. रूप, शक्ल; उ.— पृथ्वी का आकार नारंगी जैसा है।

आकारांत वि. जिस शब्द के अंत में 'आ' हो; जैसे—लड़का, बुरा, आया।

आकाश पुं. ऊपर की ओर देखने पर दिखाई देनेवाला वह स्थान जिसमें सूरज, चाँद और तारे चमकते नजर आते हैं, आसमान; उ.—आकाश में पक्षी उड़ रहे हैं। मु. **आकाश गूँज उठना** बहुत अधिक शोर होना; उ.—वीर सेनापति की जयजयकार से आकाश गूँज उठा।

आक्रमण पुं. हमला, धावा; उ.—शत्रु ने रात के अँधेरे में आक्रमण कर दिया।

आक्रमणकारी वि. आक्रमण करने वाला, धावा बोलनेवाला।

आखिर **(I)** पुं. अंत, समाप्ति। **(II)** अ. अंत में, उ.—आखिर तुम चाहते क्या हो ?

आखिरी वि. सबसे अंत का, अंतिम; उ —आज जून की आखिरी तारीख है।

आग स्त्री. जलने और जलानेवाली वह शक्ति जिससे ताप और प्रकाश उत्पन्न होता है। मु. **आग-बबूला होना** बहुत ज्यादा गुस्सा होना; उ.—छात्रों का ऊधम देख कर मास्टर जी आग-बबूला हो गए। मु. **आग भड़क उठना** किसी दबी हुई बात का उभड़ना; उ.—जरा-सी बात पर फिर से दंगे की आग भड़क उठी।

आगमन पुं. आना; जैसे—प्रधानमंत्री का नगर में आगमन, वर्षा का आगमन।

आगा-पीछा पुं. सोच, विचार, उ.—उसने बिना आगा-पीछा विचारे नौकरी छोड़ दी।

आगामी वि. आनेवाला, अगला, भावी;

उ.—आगामी सोमवार से हमारे इम्तहान शुरू होंगे।

आगाह वि. सावधान; जैसे—खतरे से आगाह करना।

आगे अ. **1.** सामने; जैसे—आगे बढ़ना, आगे की पंक्ति में बैठना। **2.** भविष्य में; उ.—आगे क्या होगा, यह कौन जानता है (विलोम : पीछे)।

आग्रह पुं. बार-बार कहना, जोर देना, अनुरोध; उ.—'तुम्हारे आग्रह के कारण ही मुझे आना पड़ा।'

आचरण पुं. व्यवहार, चाल-चलन।

आचार पुं. आचरण के नियम और उसको काम में लेने का ढंग; जैसे—सदाचार (सत् + आचार)।

आचार्य पुं. **1.** किसी विषय का विशेष जानकार। **2.** किसी महाविद्यालय का प्रधानाध्यापक। **3.** गुरु।

आज अ. इसी दिन, वर्तमान। **आजकल** अ. इन दिनों, कुछ दिनों से; उ.—आजकल वह दिखाई नहीं देता।

आजन्म अ. **1.** जन्म से, पैदाइशी **2.** जिंदगी भर; उ.—मैं आपका यह उपकार आजन्म नहीं भूलूँगा।

आजाद वि. जो किसी के अधीन न हो, स्वतंत्र (विलोम : गुलाम)।

आजादी स्त्री. स्वाधीनता, स्वतंत्रता; उ.—15 अगस्त भारत की आजादी का दिन है (विलोम : गुलामी)।

आजीवन अ. जीवन भर, जीवन पर्यंत, जिंदगी भर; उ.—हत्या के जुर्म में उसे आजीवन कैद की सजा मिली है।

आज्ञा स्त्री. **1.** हुक्म, आदेश; उ.—बड़ों की आज्ञा माननी चाहिए। **2.** अनुमति, इजाजत; उ.—अब मुझे जाने की आज्ञा दें।

आज्ञाकारी वि. आज्ञा माननेवाला; जैसे—आज्ञाकारी विद्यार्थी, आज्ञाकारी पुत्र।

आटा पुं. पिसा हुआ अनाज जिससे रोटी पूड़ी परांठा आदि बनाए जाते हैं।

आठ वि. सात और एक का जोड़, 8।

आड़ स्त्री. जिसके पीछे छिपा जा सके, परदा, ओट; उ.—शेर झाड़ी की आड़ में छिपा हुआ था।

आड़ा वि. एक तरफ झुका हुआ, तिरछा; उ.—यह चित्र आड़ा टँगा हुआ है।

आड़ा-तिरछा वि. टेढ़ा-बाँका; जैसे—आड़ी-तिरछी लकीरें।

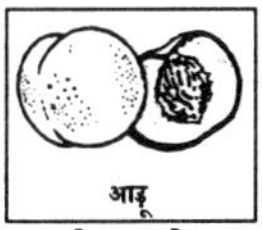
आड़ू

आड़ू पुं. एक खटमिट्ठा फल (दे. चित्र)।

आतिशबाजी स्त्री. बारूद से बने अनार, फिरकी, फुलझड़ी, पटाखे, बम आदि; उ.—हमने दीवाली पर खूब आतिशबाजी छोड़ी।

आत्म वि. अपना।

आत्मविश्वास पुं. अपने पर भरोसा।

आत्महत्या स्त्री. अपने हाथों अपनी हत्या, खुदकुशी।

आत्मकथा स्त्री. अपने द्वारा कही या लिखी गई अपनी ही कहानी।

आत्मनिग्रह पुं. अपने आप पर वश रखना।

आत्मनिर्भर वि. जो दूसरे पर निर्भर न हो, स्वावलंबी।

आत्मबलिदान वि. स्वयं को किसी अच्छे लक्ष्य के लिए न्योछावर कर देना।

आत्मरक्षा स्त्री. अपनी रक्षा, अपना बचाव।

आत्मा स्त्री. प्राणियों के अंदर का चेतन तत्व, चेतना, जीव।

आदत स्त्री. अभ्यास, बान, उ.—समय पर काम करना अच्छी आदत है।

आदमी पुं. मनुष्य।

आदर पुं. इज्जत, सम्मान; उ.—मैंने उन्हें आदर के साथ प्रणाम किया।

आदरणीय वि. सम्मान के योग्य; उ.—हम बड़ों को आदरणीय मानते हैं।

आदर्श पुं. **1.** जीवन को उन्नत बनानेवाले सिद्धांत; उ.—हमें अपने आदर्शों पर अडिग रहना चाहिए। **2.** अनुकरणीय वस्तु या व्यक्ति; उ.—गांधी जी हमारे आदर्श हैं।

आदि (I) पुं. **1.** आरंभ, शुरू; उ.— यह कहानी आदि से अंत तक मजेदार थी। **(II)** वि. पहला; उ.—वाल्मीकि को आदि कवि माना जाता है। **(III)** अ. वगैरह; जैसे—अशोक, शशि, संजय आदि।

आदिवासी पुं. किसी स्थान के मूल निवासी; उ.—भारत में गोंड़, मुंडा, संथाल आदि जातियाँ आदिवासी है।

आदी वि. जिसे किसी चीज की आदत पड़ गई हो, अभ्यस्त; उ.—वह सुबह-सुबह चाय पीने का आदी है।

आदेश पुं. आज्ञा, हुक्म; उ.—प्रधानाध्यापक का आदेश है कि कल स्कूल बद रहेगा।

आधा वि. किसी चीज के दो बराबर हिस्सों में से एक; उ.—मुझे आधा अमरूद दो।

आधार पुं. जिस पर कोई चीज टिकी हो, सहारा; उ.—लखनऊ के इमामबाड़े की छत बिना खंभों का आधार लिए बनाई गई है।

आधुनिक वि. नए जमाने का, नया; जैसे—आधुनिक युग, आधुनिक पोशाक, आधुनिक विचार (विलोम : प्राचीन)।

आनंद पुं. खुशी, मजा; उ.—प्रभा को पहेलियाँ बुझाने में बड़ा आनंद आता है।

आनंद-मंगल पुं. सुख-चैन; उ.—रामकृपाल ने चिट्ठी में लिखा है कि उसके घर में आनंद-मंगल है।

आनंदित वि. खुश, प्रसन्न; उ.—गुब्बारा पा कर नन्ही वहीदा आनंदित हो उठी।

आन स्त्री. इज्जत, शान; उ.—राजपूत अपनी आन के लिए अंत तक लड़ते रहे।

आना अ. क्रि. **1.** उपस्थित होना; उ.—वह कल यहाँ आनेवाला है। **2.** जानना; उ.—मुझे हिसाब करना नहीं आता।

आना पुं. ब्रिटिश जमाने का एक सिक्का जो अब नहीं चलता; उ.—पहले सोलह आने का एक रुपया होता था।

आना-कानी स्त्री. टालमटोल; उ.—श्याम मेरे पैसे लौटाने में आना-कानी कर रहा है।

आप सर्व. **1.** खुद, स्वयं, उ.—अपना काम आप ही करना चाहिए। **2.** 'तुम' के बदले आदरसूचक शब्द, उ.—'आप कहाँ जा रहे हैं ?'

आपत्ति स्त्री. एतराज; उ.—मुझे राम के साथ जाने में कोई आपत्ति नहीं है।

आपबीती स्त्री. अपने साथ घटी हुई घटना, अपना अनुभव; उ.—उसकी आपबीती सुन कर मुझे बहुत दुःख हुआ।

ऑपरेटर पुं. मशीन चलानेवाला।

ऑपरेशन पुं. चीर-फाड़, शल्य चिकित्सा; उ.—कल मेरे फोड़े का ऑपरेशन होगा (दे. चित्र)।

आपस अ. दो या कई आदमियों के बीच, परस्पर; उ.—इन दोनों भाइयों का आपस में बहुत प्रेम है।

आपसी वि. आपस का।

आपातकाल पुं. संकट का समय।

आफत स्त्री. मुसीबत, संकट; उ.—पिता की गंभीर बीमारी से मोहन बहुत आफत में फँस गया।

ऑफिस पुं. कार्यालय, दफ्तर।

आबहवा स्त्री. जलवायु; उ.—डाक्टर ने आबहवा बदलने के लिए श्याम को पहाड़ पर जाने की सलाह दी है।

आबाद वि. **1.** बसना; उ.—यह शहर नया आबाद हुआ है। **2.** खुशहाल; उ.—वह उजाड़ शहर अब आबाद हो गया है।

आबादी स्त्री. **1.** जनसंख्या; उ.—हमारे देश की आबादी बढ़ती ही जा रही है। **2.** बस्ती; उ.—इस सुनसान इलाके में अब आबादी हो रही है।

आभा स्त्री. कांति, चमक; उ.—उसके चेहरे पर आभा है।

आभारी वि. एहसानमंद, कृतज्ञ; उ.—विपत्ति के समय मिली इस सहायता के लिए मैं आपका आभारी हूँ।

आभूषण पुं. गहना, जेवर; जैसे—सोने के आभूषण।

आम पुं. एक प्रसिद्ध रसदार फल।

आम वि. **1.** साधारण, सामान्य; जैसे—आम लोग, आम चुनाव। **2.** प्रचलित, फैला हुआ; जैसे—आम बात, आम तरीका।

आमदनी स्त्री. कमाई, आय; उ.—आमदनी के हिसाब से ही खर्च करना चाहिए।

आमना-सामना पुं. टकराव, मुकाबला; उ.—आज गामा और असलम पहलवान का आमना-सामना होगा।

आमने-सामने अ. **1.** एक-दूसरे के सामने; उ.—मेरा और सुरेश का घर आमने-सामने है। **2.** मुकाबले में; उ.—सुरेश और श्याम चुनाव में आमने-सामने खड़े हुए हैं।

आमरण अ. मृत्यु तक, जीवन के अंत तक; जैसे—आमरण अनशन।

आमाशय पुं. पेट की वह थैली जिसमें भोजन पचता है।

आय स्त्री. कमाई, आमदनी (विलोम : व्यय)।

आयत पुं. एक चतुर्भुज जिसके आमने-सामने की भुजाएँ बराबर हों और कोण समकोण हों।

आयत स्त्री. कुरान का वाक्य।

आया स्त्री. बच्चों की देखभाल करनेवाली नौकरानी, दाई।

आयात पुं. बाहर से माल मँगाना; उ.—हमारे देश में पेट्रोल का उत्पादन कम

होने के कारण उसका आयात किया जाता है (विलोम : निर्यात)।

आयु स्त्री. **1.** उम्र वय; उ.—मधु की आयु दस वर्ष है। **2.** पूरी उम्र, जीवन-काल; उ.—वे कम आयु में ही चल बसे।

आरंभ पुं. **1.** शुरू; उ.—हम कल से काम आरंभ करेंगे। **2.** शुरू का हिस्सा; उ. —मुझे यात्रा के आरंभ में ही बुखार हो गया था।

आरक्षण पुं. स्थान सुरक्षित होना, रिजर्वेशन; जैसे—सीट का आरक्षण, स्थान का आरक्षण।

आरती स्त्री. **1.** धूप-दीप आदि से देवता की पूजा; उ.—आरती का समय हो गया है, कपूर, घी, बत्ती आदि लाओ। **2.** इस प्रकार की पूजा के साथ गाया जानेवाला भजन; उ.—'जय जगदीश हरे' बहुत प्रचलित आरती है।

आर-पार अ. एक तरफ से दूसरी तरफ तक; उ.—यह कील लकड़ी के आर-पार चली गई है।

आरा पुं. लड़की चीरने का दाँतेदार औजार।

आरा-मशीन स्त्री. मशीन से चलनेवाला आरा।

आराम पु. **1.** चैन; उ.—बुखार कम होने से रोगी को आराम मिला है। **2.** विश्राम, सुस्ताना; उ.—तुम जरा आराम कर लो।

आरामकुर्सी स्त्री. हाथ-पैर फैला कर बैठने की बड़ी कुर्सी; उ.—बाबा आरामकुर्सी पर अधलेटे-से बैठे हैं।

आरामतलब वि. मेहनत से जी चुराने वाला।

आरी स्त्री. छोटा आरा; उ.—बढ़ई आरी से लकड़ी के टुकड़े काट रहा है।

ऑर्डर पुं. **1.** आदेश, हुक्म। **2.** माल भेजने, खरीदने, या बनाने का आदेश।

आर्य पुं. **1.** अनार्यो से भिन्न भारत की एक प्राचीन सभ्य जाति। **2.** श्रेष्ठ पुरुष (विलोम : अनार्य)।

आर्यपुत्र पुं. पहले के जमाने में पति के लिए प्रयुक्त संबोधन।

आलपीन स्त्री. कागजों को नत्थी करने की एक तरफ नोकवाली काँटी, पिन।

आलमारी स्त्री. दे. 'अलमारी'।

आलस (आलस्य) पुं. काम न करने की इच्छा, सुस्ती; उ.—'अब तुम्हें आलस छोड़ कर इम्तहान की तैयारी में जुट जाना चाहिए।'

आलसी वि. मेहनत न करनेवाला, सुस्त।

आला पुं. **1.** चीजें रखने के लिए दीवार में बनी हुई जगह, ताक; उ.—आले में दीया जल रहा है। **2.** औजार; जैसे—डॉक्टर का आला, राजगीर का आला।

आला वि. बढ़िया, श्रेष्ठ; उ.—'मेरा चना बना है आला जिसको खाते मोटे लाला।'

आलीशान वि. शानदार, भव्य; उ.—दिल्ली में कई आलीशान इमारतें हैं।

आलू पुं. जमीन के भीतर होनेवाला एक प्रसिद्ध कंद जैसे—आलू की सब्जी।

आलूचा पुं. लाल रंग का खटमिट्ठा एक छोटा गोल फल, आलूबुखारा।

आवभगत स्त्री. खातिरदारी, सत्कार; उ. —ससुराल में दामाद की बहुत आवभगत होती है।

आवर्धक लेंस पुं. किसी चीज के आकार

को बड़ा करके दिखानेवाला शीशा, मैग्निफाइंग ग्लास।

आवश्यक वि. जरूरी; उ.—तुम्हारा वहाँ जाना बहुत आवश्यक है।

आवश्यकता स्त्री. जरूरत; उ.—मुझे इस किताब की आवश्यकता है।

आवाज़ स्त्री. ध्वनि, बोली; जैसे—रेलगाड़ी की आवाज, मीठी आवाज।

आवारा वि. बेकार घूमनेवाला; उ.—आवारा लड़कों के साथ रह कर सोहन अपनी पढ़ाई का नुकसान कर रहा है।

आवास पुं. रहने का स्थान, मकान।

आवासीय वि. जहाँ रहने की व्यवस्था हो, रिहायशी; जैसे—आवासीय स्कूल।

आविष्कार पुं. किसी नई चीज की खोज करना या बनाना, ईजाद; उ. —टेलीविजन, कम्प्यूटर आदि का आविष्कार इस शताब्दी में हुआ है।

आविष्कारक पुं. आविष्कार करनेवाला; उ.—जेनर चेचक के टीके के आविष्कारक थे।

आशय पुं. मतलब, अभिप्राय; उ.—मास्टर जी की बात का आशय यह है कि हमें स्कूली किताबों के अलावा दूसरी किताबें भी पढ़नी चाहिएँ।

आशा स्त्री. उम्मीद; उ.—आशा है कि वह कल तक आ जाएगा (विलोम : निराशा)।

आशीर्वाद पुं. मंगल कामना, आशीष; उ. —सास ने बहू को आशीर्वाद दिया।

आश्चर्य पुं. अचरज, अचंभा; उ.—दादी की कहानी में परियों को आकाश में उड़ता सुन कर मुन्ने को बहुत आश्चर्य हुआ।

आश्रम पुं. ब्रह्मचारियों, साधु-संतों आदि के रहने का स्थान; उ.—पहले के जमाने में राजकुमारों को भी पढ़ने के लिए ऋषियों के आश्रम में जाना पड़ता था।

आश्विन पुं. भादों और कार्तिक के बीच का महीना, क्वार; उ.—दुर्गा पूजा आश्विन के महीने में होती है।

आषाढ़ पुं. जेठ के बाद और सावन से पहले का महीना; उ.—आषाढ़ से वर्षा ऋतु शुरू होती है।

आसन पुं. **1.** कुश कपड़े आदि से बनी बैठने की चीज; उ.—पंडितजी आसन पर बैठ कर पूजा कर रहे हैं। **2.** स्थान, सीट; उ.—सभापति जी के आसन ग्रहण करने के बाद सभा की कार्यवाही शुरू हुई।

आस-पास अ. अगल-बगल, इर्द-गिर्द, करीब; उ.—उसके आस-पास हर वक्त चापलूस जमा रहते हैं।

आसमान पुं. आकाश। मु. **आसमान सिर पर उठाना** चीखना-चिल्लाना; उ. —अब चुप भी रहो, क्यों जरा सी बात पर आसमान सिर पर उठा रखा है।

आसमानी वि. आसमान के रंग का, हल्का नीला।

आसरा पुं. आश्रय, भरोसा, सहारा; उ. —पिता की मृत्यु के बाद उसे अपने चाचा का ही आसरा है।

आसान वि. जो मुश्किल न हो, सरल; उ. —हिसाब के परचे में कई सवाल बड़े आसान थे।

आसानी स्त्री. सुगमता, सरलता;

जैसे—आसानी से प्रश्न हल करना।

आस्तीन

आस्तीन स्त्री. कमीज कोट आदि की बाँह (दे. चित्र)।

आह **(I)** अ. दुःख-दर्द को प्रकट करनेवाला शब्द; उ.—'आह ! मेरा सिर दर्द से फटा जा रहा है। **(II)** स्त्री. दुःख-दर्द भरी धीमी कराह; उ.—रोगी दर्द के कारण सारी रात आहें भरता रहा।

आहट स्त्री. किसी के आने की आवाज; उ.—चौकीदार की आहट सुन कर चोर भाग गए।

आहार पुं. खाना, भोजन; उ.—पौष्टिक आहर तंदुरुस्ती के लिए जरूरी है (विलोम : अनाहार)।

आहिस्ता अ. धीरे-से, धीरे-धीरे; उ.—आहिस्ता चलो, नहीं तो थक जाओगे।

इ

इंच पुं. लगभग ढाई सेंटीमीटर की एक नाप; उ.—एक फुट में 12 इंच होते हैं।

इंजन

इंजन पुं. बिजली, तेल या भाप से चलनेवाला यंत्र जो किसी चीज को चलाता है; जैसे-रेल, मोटर-गाड़ी आदि का इंजन (दे. चित्र)।

इंजीनियर पुं. सड़क पुल जहाज भवन मशीन आदि बनाने का जानकार।

इंतजाम पुं. प्रबंध, बंदोबस्त; उ.—मैंने कलकत्ते में आपके ठहरने का इंतजाम कर दिया है।

इंतजार पुं. प्रतीक्षा, राह देखना; उ.—हम एक घंटे से बस का इंतजार कर रहे हैं।

इंद्रजाल पुं. जादू का खेल, तिलस्म; उ. —जादूगर ने इंद्रजाल के जादू से लड़की को गायब कर दिया।

इंद्रधनुष पुं. बारिश के बाद कभी-कभी आकाश में दिखाई देनेवाला किरणों का सतरंगी धनुष (दे. चित्र)।

इंद्रधनुष

इंधन (ईंधन) पुं. वह पदार्थ जो जल कर ताप दे, जलावन; उ.—लकड़ी, कोयला, पेट्रोल, गैस आदि इंधन हैं।

इंसाफ पुं. उचित फैसला, न्याय; उ.—पड़ोसी को अपना खेत हड़पता देख काकी इंसाफ के लिए पंचायत के पास गई।

इंस्पेक्टर पुं. जाँच करने वाला अफसर; जैसे—स्कूल इंस्पेक्टर, पुलिस इंस्पेक्टर।

इक वि. एक।

इकट्ठा **(I)** अ. एकत्र, जमा; उ.—सारा सामान एक जगह इकट्ठा कर लो। **(II)** वि. एक साथ; जैसे-इकट्ठा माल।

इकतालीस वि. चालीस और एक का

जोड़ 41।

इकतीस वि. तीस और एक का जोड़, 31।

इकलौता वि. एकमात्र, अकेला; जैसे—इकलौता बेटा।

इकसठ वि. साठ और एक का जोड़, 61।

इकहत्तर वि. सत्तर और एक का जोड़, 71।

इकहरा वि. **1.** एक परत का; उ.—इकहरे कपड़े से रस छान लो। **2.** जो मोटा न हो, छरहरा; उ.— वह इकहरे बदन का आदमी है।

इकाई स्त्री **1.** दाहिनी ओर से लिखा गया पहला अंक; जैसे—482 में 2 इकाई के स्थान पर है। **2.** अपने आप में एक पूरी चीज जो संपूर्ण का अंग भी हो सकती है, यूनिट; उ.—परिवार समाज की इकाई है और व्यक्ति परिवार की।

इक्का पुं. **1.** एक घोड़े से खींची जानेवाली सवारी; उ.—लखनऊ के इक्के मशहूर हैं (दे. चित्र)। **2.** ताश का एक बूटीवाला पत्ता।

इक्का

इक्कीस वि. बीस और एक का जोड़, 21।

इक्यानबे वि. नब्बे और एक का जोड़, 91।

इक्यावन वि. पचास और एक का जोड़, 51।

इक्यासी वि. अस्सी और एक का जोड़, 81।

इच्छा स्त्री. चाह, अभिलाषा; जैसे—खाने की इच्छा, खेलने की इच्छा।

इच्छुक वि. इच्छा रखनेवाला, उ.—मैं डॉ. बोस से मिलने को इच्छुक हूँ।

इज़ाज़त स्त्री. आज्ञा, अनुमति; उ.—मैंने पिता जी से रवि के घर जाने की इज़ाज़त ले ली है।

इज़्ज़त स्त्री. सम्मान, आदर; उ.—सही सलाह देने के कारण गाँव में भोलू काका की सब इज़्ज़त करते हैं।

इठलाना अ. क्रि. दे. 'इतराना'।

इतना वि. इस तौल का, इस मात्रा या विस्तार का; जैसे—इतना दूध, इतनी गर्मी, इतना बड़ा मकान।

इतना-सा वि. थोड़ा-सा, जरा-सा; जैसे—इतना-सा दूध, इतनी-सी बात।

इतने में अ. इस बीच; उ.—मैं जाने ही वाला था कि इतने में पानी बरसाने लगा।

इतराना अ. क्रि. नखरा करना, इठलाना; जैसे—इतरा-इतरा कर चलना या बोलना।

इतवार पुं. रविवार; उ.—इतवार को स्कूल की छुट्टी रहती है।

इतिहास पुं. बीती हुई घटनाओं का क्रमबद्ध विवरण, उ.—भारतीय इतिहास में गुप्तकाल को स्वर्णयुग कहा जाता है।

इत्यादि अ. यह तथा ऐसे और भी, वगैरह, आदि; जैसे—दिल्ली, कलकत्ता, बनारस इत्यादि।

इत्र पुं. सुगंधित फूल, पत्ती, घास आदि से निकाला हुआ सार द्रव; उ.—कन्नौज का इत्र मशहूर है।

इत्रदान पुं. इत्र रखने का डिब्बा।

इत्रफरोश पुं. इत्र बेचनेवाला।

इधर अ. इस ओर; उ.—ज़रा इधर आना।

इन सर्व. 1. 'इस' का बहुवचन; जैसे—इन आदमियों से, इन जगहों पर। 2. 'इस' का सम्मानसूचक रूप; जैसे—इनको, इनसे, इनका, इनमें।

इनकार (इन्कार) पुं. न मानना, अस्वीकार करना; उ.—उसने मुझे पैसे देने से इनकार कर दिया।

इनसान (इन्सान) पुं. मनुष्य, आदमी; उ. —अच्छा इनसान हमेशा दूसरों का भला चाहता है।

इनसैट पुं. भारत द्वारा अंतरिक्ष में छोड़ा गया मानव-निर्मित उपग्रह; उ.—दूरदर्शन के कार्यक्रम इनसैट के द्वारा दिखाए जाते हैं।

इनाम पुं. पुरस्कार; उ.—डेविड को दौड़ में प्रथम आने पर इनाम मिला।

इने-गिने वि. बहुत कम, थोड़े; उ. —बारिश होने की वजह से सभा में इने-गिने लोग ही आए।

इबादत स्त्री. पूजा।

इमरती स्त्री. जलेबी से मिलती-जुलती एक मिठाई; उ.—इमरती उड़द की दाल से बनती है।

इमली स्त्री. एक खट्टी फली; उ.—चाट में और इमली डालो।

इमारत स्त्री. बड़ा और पक्का मकान; जैसे—स्कूल की इमारत।

इम्तहान पुं. परीक्षा; उ.—हमारा इम्तहान नज़दीक आ गया है।

इरादा पुं. 1. इच्छा, संकल्प; उ.—बड़े हो कर मेरा इरादा डॉक्टर बनने का है। 2. नीयत; उ.—वह चोरी करने के इरादे से ही हमारे घर में घुसा था।

इर्द-गिर्द अ. दे. 'आस-पास।'

इलाका पुं. क्षेत्र; उ.—चंबल घाटी को डाकुओं का इलाका कहा जाता है।

इलाज पुं. 1. चिकित्सा; उ.—तपेदिक रोग अब इलाज से ठीक हो जाता है। 2. उपाय; उ.—'आख़िर इस शैतान हरि की शरारतों का क्या इलाज करें ?'

इलायची स्त्री. छोटे-छोटे ख़ुशबूदार दानों की एक फली।

इशारा पुं. संकेत; उ.—राम ने इशारे से श्याम को अपने पास बुलाया।

इश्तहार पुं. विज्ञापन उ.—इस दीवार पर कई इश्तहार लगे हैं (दे. चित्र विज्ञापन')।

इष्ट **(I)** वि. 1. जिसे पाने की (दृढ़) इच्छा हो, इच्छित; जैसे—इष्ट देवता। 2. प्रिय; जैसे—इष्ट मित्र। **(II)** पुं. इच्छित वस्तु, ध्येय; उ.—देश-सेवा ही मेरा इष्ट है।

इस सर्व. 'यह' का विकारी रूप; जैसे—इसने, इसको, इसका, इससे।

इसी (इस+ही) सर्व. 'इस' पर ज़ोर देने के लिए काम में आनेवाला शब्द।

इसे सर्व. इसको; उ.—इसे ले जाओ।

इस्तरी स्त्री. कपड़े की सिलवट निकालने का उपकरण; उ.—धोबी कपड़ों पर इस्तरी कर रहा है (दे. चित्र)।

इस्तरी

इस्तीफ़ा पुं. पद छोड़ने का पत्र, त्याग-पत्र; जैसे—नौकरी से

इस्तीफ़ा देना, मंत्री-पद से इस्तीफ़ा देना।

इस्तेमाल पुं. काम में लाना, व्यवहार, प्रयोग; उ.—आजकल कलम की जगह बॉल पेन का इस्तेमाल होने लगा है।

इस्पात पुं. मजबूत और लचीला लोहा; उ.—भारत में इस्पात का पहला कारख़ाना जमशेदपुर में बना था।

इस्लाम पुं. हजरत मुहम्मद द्वारा अरब देश में स्थापित धर्म।

ई

ईंगुर पुं. सिंदूर।

ईंट स्त्री. मिट्टी का बना हुआ आयताकार टुकड़ा जो दीवार, छत आदि बनाने के काम आता है।

ईकारांत वि. जिसके अंत में 'ई' स्वर हो; जैसे—भी, गाड़ी, खड़ी आदि शब्द ईकारांत हैं।

ईख पुं. गन्ना, ऊख; उ.—ईख के रस से गुड़, चीनी आदि बनते हैं।

ईद स्त्री. मुसलमानों का त्योहार; जैसे—ईदुल फ़ितर (रोज़े ख़त्म होने पर मनाई जानेवाली ईद), ईदुज़्ज़ुहा (बकरीद)।

ईदगाह स्त्री. ईद की नजाम पढ़ने की जगह।

ईमान पुं. **1.** धर्म में विश्वास। **2.** सच्चाई।

ईमानदार वि. लेन-देन में सच्चा, नेकनीयत, विश्वसनीय (विलोम : बेईमान)।

ईश पुं. स्वामी, मालिक, ईश्वर।

ईश्वर पुं. परमात्मा, भगवान, ख़ुदा।

ईसवी सन् पुं. ईसा के जन्म से चला हुआ वर्ष; उ.—यह बाल-कोश ईस्वी सन् 1988 में छपा था।

उ

उँगली स्त्री. हथेली और पाँव के पंजों से जुड़े हुए, छोटे-छोटे अंग।

उऋण वि. कर्ज़ से मुक्त हो जानेवाला, उ.—'आपके इस उपकार से मैं कभी उऋण नहीं हो पाऊँगा।'

उकडूँ पुं. घुटने मोड़ कर पंजों के बल बैठना; उ.—खो-खो खेल उकडूँ बैठ कर खेला जाता है (दे. चित्र)

उकडूँ

उकताना अ. क्रि. मन

उचटना, ऊबना; उ.—दो घंटे तक रामू का इंतजार करते-करते मैं उकता गया।

उकसाना स. क्रि. किसी को किसी से लड़ने के लिए सिखाना, भड़काना; उ. —संजय के उकसाने पर ही रमेश ने विनोद से झगड़ा मोल लिया।

उखड़ना अ. क्रि. गड़ी हुई चीज़ का बाहर निकल आना; जैसे—कील उखड़ना, खूँटा उखड़ना, पेड़ उखड़ना।

उखाड़ना स. क्रि. किसी गड़ी हुई चीज को बाहर निकालना; जैसे—दाँत उखाड़ना, फालतू घास उखाड़ना।

उगना अ. क्रि. **1.** अंकुरित होना, उपजना; जैसे—खेत में पौधे का उगना **2.** बाहर आना; जैसे— आकाश में सूर्य का उगना।

उगलना स. क्रि. **1.** किसी चीज़ को मुँह से वापस निकालना; उ.—मरीज ने सारी दवा उगल दी। **2.** छिपाई हुई बात बता देना; उ.—मार के डर से उसने सारी बातें उगल दीं।

उगाहना स. क्रि. लोगों से पैसा वसूल करना; जैसे—क़र्ज़, टैक्स, चंदा आदि उगाहना।

उगाही स्त्री. वसूली।

उघड़ना अ. क्रि. परदा हटना या खुलना; जैसे—घूँघट उघड़ना।

उघाड़ना स. क्रि. परदा हटाना, खोलना।

उचकना अ. क्रि. पैर के पंजों पर झटके से ऊँचा होना; उ.—रमा उचक-उचक कर जुलूस को देख रही है।

उचक्का पुं. दूसरे की चीज़ उठा कर भागनेवाला, उठाईगीर; उ.—वह कोई चोर-उचक्का नहीं है, जो तुम्हारी किताब ले जाएगा।

उचटना अ. क्रि. मन उखड़ जाना, मन न लगना, ऊब जाना; उ.—दादाजी का मन अब शहर से उचट गया है।

उचित वि. ठीक, मुनासिब, वाजिब; जैसे—उचित बात, उचित अवसर (विलोम : अनुचित)।

उच्च वि. ऊँचा।

उच्च न्यायालय पुं. किसी राज्य की सबसे बड़ी अदालत, हाईकोर्ट।

उच्चारण पुं. अक्षरों को मुँह से बोलने की क्रिया; उ.—वह श, क्ष और फ़ का उच्चारण ठीक से नहीं कर पाता।

उछलकूद स्त्री. कूद-फाँद।

उछलना अ. क्रि. ऊपर की ओर कूदना।

उछाल स्त्री. ऊपर की ओर उछलना, कुदान; जैसे—बंदर की उछाल, गेंद की उछाल।

उछालना स. क्रि. ऊपर फेंकना; जैसे—गेंद उछालना।

उजड़ना अ. क्रि. नष्ट या बरबाद होना; उ.—बाढ़ के कारण लाखों लोगों के घर उजड़ गए।

उजड्ड वि. असभ्य, गँवार।

उजला वि. सफेद, स्वच्छ, उज्ज्वल; जैसे—उजले कपड़े, उजला रंग।

उजाड़ वि. **1.** सुनसान; जैसे—उजाड़ रास्ता। **2.** टूटा-फूटा, उजड़ा हुआ; जैसे—उजाड़ महल।

उजाड़ना स. क्रि. नष्ट करना, तोड़-फोड़ देना; उ.—हाथियों के झुंड ने कल रात इस बगीचे को उजाड़ दिया।

उजाला पुं. रोशनी, प्रकाश; उ.—गरमी के

दिनों में जल्दी ही उजाला हो जाता हैं (विलोम : अँधेरा)।

उठना अ. क्रि. **1.** ऊपर की ओर जाना; उ.–चिमनी से धुआँ उठ रहा है। **2.** जागना; उ.–मुझे कल जल्दी उठना है।

उठाना स. क्रि. **1.** ऊपर करना; उ.–संदूक़ उठा कर ले आओ। **2.** सोए व्यक्ति को जगाना; उ.–मीतू को उठा दो।

उड़द पुं. एक दलहन; उ.–उड़द की दाल में बहुत प्रोटीन होता है।

उड़नखटोला पुं. उड़नेवाली कल्पित खाट जिसका वर्णन किस्से-कहानियों में आता है (दे. चित्र)।

उड़ना अ. क्रि. हवा में तैरना, हवा में चलना; जैसे–आकाश में पक्षी का उड़ना; पतंग, विमान आदि का उड़ना।

उड़ाऊ वि. पैसा बरबाद करनेवाला; उ.–उसका बेटा उड़ाऊ है, कमाऊ नहीं।

उड़ाका पुं. **1.** हवाई जहाज़ को उड़ानेवाला, पायलट। **2.** उड़नेवाला।

उड़ान स्त्री. उड़ने की क्रिया; जैसे–हवाई जहाज़ की उड़ान, पक्षी की उड़ान।

उड़ाना स. क्रि. ऐसी क्रिया करना जिससे कोई चीज़ उड़े; जैसे–हवाई जहाज़ उड़ाना, पतंग उड़ाना। मु. **पैसा उड़ाना** फ़ज़ूलख़रची करके धन नष्ट करना।

उड़ेलना स. क्रि. तरल पदार्थ को एक बरतन से दूसरे बरतन में डालना, ढालना।

उतना वि. उस मात्रा या तौल का; जैसे–उतना पैसा, उतना समय, उतनी पीड़ा।

उतरन स्त्री. पहन कर छोड़े हुए कपड़े।

उतरना अ. क्रि. ऊपर से नीचे आना; जैसे–सीढ़ियों से उतरना, घोड़े या गाड़ी आदि से उतरना (विलोम : चढ़ाना)।

उतराई स्त्री. **1.** ढलान; जैसे–पहाड़ की उतराई। **2.** नदी के पार उतारने का किराया; उ.–केवट ने राम से गंगा पार कराने की उतराई नहीं ली।

उतार पुं. ऊपर से नीचे आना; उ.–अब तो आपका बुख़ार उतार पर है (विलोम : चढ़ाव)।

उतार-चढ़ाव पुं. **1.** ऊपर-नीचे होना; जैसे–लहरों का उतार-चढ़ाव। **2.** तेज़ी-मंदी; उ.–व्यापार में उतार-चढ़ाव तो लगा ही रहता है।

उतारना स. क्रि. **1.** ऊपर से नीचे लाना; जैसे–सामान उतारना (विलोम : चढ़ाना)। **2.** किसी चीज़ को अलग करना; जैसे–कपड़े उतारना, मैल उतारना।

उतारू वि. जिसने मन में कुछ ठान लिया हो, आमादा, उद्यत; जैसे– झगड़ा करने पर उतारू।

उतावला वि. बेसब्र; उ.–बच्चे छुट्टी के लिए उतावले हो रहे हैं (विलोम : धैर्यवान)।

उत्तम वि. सब से अच्छा, श्रेष्ठ; जैसे–उत्तम दान, उत्तम काम।

उत्तर पुं. जवाब; उ.–आपने मेरे प्रश्न का उत्तर नहीं दिया।

उत्तर पुं. उगते सूर्य के सामने मुँह करने

पर बाएँ हाथ की दिशा; उ.—भारत के उत्तर में हिमालय है (विलोम : दक्षिण)।

उत्तरी वि. उत्तर दिशा में स्थित; जैसे—उत्तरी ध्रुव (दे. चित्र 'पृथ्वी') (विलोम : दक्षिणी)।

उत्तीर्ण वि. पार, पास, सफल; जैसे-परीक्षा उत्तीर्ण करना (विलोम : अनुत्तीर्ण)।

उत्तेजित वि. जोश में आया हुआ, भड़का हुआ; उ.—मोहन की गालियाँ सुन श्याम उत्तेजित हो कर अंटशंट बकने लगा।

उत्पत्ति स्त्री. जन्म, पैदाइश।

उत्पन्न वि. उपजा हुआ, जनमा हुआ; जैसे—अनाज उत्पन्न करना, बेटा उत्पन्न होना।

उत्पात पुं. ऊधम, खुराफ़ात; उ.—अरे बच्चो ! तुमने यह क्या उत्पात मचा रखा है ?

उत्पादन पुं. **1.** पैदावार; जैसे—अन्न का उत्पादन। **2.** तैयार किया हुआ या बनाया हुआ माल (प्रोडक्शन); जैसे—कपड़े का उत्पादन।

उत्सव पुं. खुशी के अवसर पर मनाया जानेवाला समारोह, जलसा; जैसे—जन्मोत्सव (जन्म+उत्सव), वसंतोत्सव (वसंत+उत्सव)।

उत्साह पुं. जोश, उमंग; उ.—पहला गोल करते ही हमारी टीम का उत्साह बढ़ गया।

उत्साही वि. जिसमें उमंग हो, जोशीला; जैसे—उत्साही युवक।

उत्सुक वि. उतावला, व्यग्र; उ.—मैं अपना परीक्षा-फल जानने को बहुत उत्सुक हूँ।

उथल-पुथल स्त्री. हलचल, उलट-पुलट, भारी हेर-फेर; उ.—तूफ़ान आने से समुद्र में उथल-पुथल मच गई।

उथला वि. छिछला, सतही; जैसे—उथला जल, उथले विचारों का आदमी (विलोम : गहरा)।

उदय पुं. निकलना, प्रकट होना; जैसे—सूर्योदय (सूर्य+उदय) (विलोम : अस्त)।

उदार वि. **1.** जिसके विचारों में खुलापन हो; उ.—रमा के पिता जी बहुत उदार विचारों के हैं, वे रमा को डॉक्टर बनाएँगे। **2.** जो दूसरों की सहायता खुले हाथ और खुले मन से करता है; उ.—रामनाथ जी बहुत उदार हैं, हर सेवा-संस्था को खूब चंदा देते हैं।

उदास वि. नाखुश, खिन्न; उ.—फ़ेल हो जाने के कारण मोहन बहुत उदास है।

उदासी स्त्री. मन का सुस्त होना, खिन्नता।

उदाहरण पुं. मिसाल, दृष्टांत; उ.—'राम' और 'श्याम' संज्ञा के और 'अच्छा' तथा 'नीला' विशेषण के उदाहरण हैं।

उद्घाटन पुं. समारोह के साथ किसी चीज़ का आरंभ करना; उ.—कल मंत्री जी ने नए स्कूल का उद्घाटन किया।

उद्देश्य पुं. **1.** लक्ष्य, ध्येय; जैसे—जीवन का उद्देश्य। **2.** मतलब, कारण जैसे—कहीं जाने का उद्देश्य।

उद्धार पुं. **1.** नीचे से ऊपर उठाना; उ. —गाँधी जी ने हरिजनों के उद्धार के लिए बहुत काम किया। **2.** मुसीबत से छुटकारा दिलाना, बचाना; जैसे—डाकुओं से बच्चे का उद्धार।

उद्धारक पुं. बचानेवाला, उद्धार

करनेवाला।

उद्यम पुं. मेहनत, परिश्रम, उद्योग।

उद्यान पुं. बगीचा, बाग; जैसे— बालोद्यान (बाल+उद्यान), पुष्पोद्यान (पुष्प+उद्यान)।

उद्योग पुं. **1.** चेष्टा, प्रयत्न; उ.—'एक बार यदि सफल न हो तो पुनः करो उद्योग।' **2.** कल- कारख़ाने, इंडस्ट्री।

उद्योगपति पुं. कारख़ानों का मालिक।

उधड़ना अ. क्रि. बुनाई या सिलाई का खुलना; उ.—मेरी कमीज का कॉलर उधड़ गया है।

उधर अ. उस ओर, वहाँ; उ.—'तुम उधर क्यों खड़े हो ?' (विलोम : इधर)।

उधार पुं. क़र्ज़, ऋण।

उधेड़ना स. क्रि. बुनाई या सिलाई को खोलना; जैसे—स्वेटर उधेड़ना।

उन सर्व. 'उस' का बहुवचन एवं आदरसूचक शब्द; जैसे—उनको, उनसे, उनका, उनमें।

उनचास वि. चालीस और नौ का जोड़, 49।

उनतालीस वि. तीस और नौ का जोड़, 39।

उनतीस वि. बीस और नौ का जोड़, 29।

उनसठ वि. पचास और नौ का जोड़, 59।

उनहत्तर वि. साठ और नौ का जोड़, 69।

उनासी वि. सत्तर और नौ का जोड़, 79।

उन्नत वि. **1.** ऊपर उठा हुआ; जैसे—उन्नत ललाट। **2.** विकसित; जैसे—उन्नत देश।

उन्नति स्त्री. तरक्की, प्रगति (विलोम : अवनति)।

उन्नीस वि. दस और नौ का जोड़, 19।

उन्होंने वि. सर्व. 'उसने' का बहुवचन या सम्मान-सूचक शब्द।

उपकार पुं. हित, भलाई; उ.—आपने मेरी फ़ीस के पैसे दे कर मेरा बड़ा उपकार किया है।

उपग्रह पुं. वह पिंड जो किसी ग्रह के चारों ओर घूमता है; उ. —चंद्रमा पृथ्वी का उपग्रह है (दे. चित्र)।

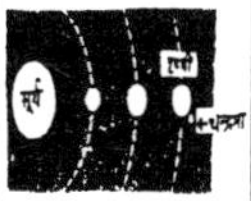

उपग्रह

उपज स्त्री. पैदावार; जैसे—खेत की उपज।

उपजाऊ वि. अधिक उपज देनेवाला, जहाँ अधिक पैदावार हो, उर्वर; उ. —पंजाब के कई इलाक़े बहुत उपजाऊ हैं (विलोम : ऊसर)

उपदेश पुं. सीख, शिक्षा।

उपदेशक पुं. सीख देनेवाला।

उपद्रव पुं. **1.** झगड़ा, फ़साद; उ.—शहर में उपद्रव के कारण करफ्यू लगा है।

उपयोग पुं. काम में लाना, इस्तेमाल; जैसे—दुरुपयोग (दुः+उपयोग), सदुपयोग (सत्+उपयोग)।

उपयोगी वि. काम में आनेवाला, लाभप्रद; जैसे—बालोपयोगी (बाल+उपयोगी) साहित्य।

उपरांत अ. बाद; उ.—रोगी चार दिन के उपरांत आज होश में आया है।

उपलक्ष्य पुं. निमित्त, हेतु; उ.—कल 15 अगस्त के उपलक्ष्य में स्कूल की छुट्टी थी।

उपलब्ध वि. जो मिल सके, प्राप्त; उ.—

इस दुकान में सभी तरह की किताबें उपलब्ध हैं।

उपला पुं. गोबर का कंडा, गोंइठा; उ.—कांता ने उपले थाप लिए हैं।

उपवन पुं. बाग़, बगीचा।

उपवास पुं. खाना न खाना, व्रत; जैसे—एकादशी का उपवास।

उपसर्ग पुं. वह शब्दांश जो शब्द के पहले लग कर उसका अर्थ बदल दे; जैसे—अनुकूल और प्रतिकूल में 'अनु' और 'प्रति' उपसर्ग हैं।

उपस्थित वि. मौजूद, हाजिर; उ.—आज क्लास में सारे बच्चे उपस्थित हैं।

उपस्थिति स्त्री. मौजूदगी, हाजिरी; उ.—आज क्लास में बच्चों की उपस्थिति बहुत कम है।

उपहार पुं. भेंट; उ.—यह पुस्तक मुझे जन्मदिन पर उपहार में मिली है।

उपाय पुं. तरीक़ा, साधन; उ.—परीक्षा में अच्छे नंबर लाने का एकमात्र उपाय मन लगा कर पढ़ना है।

उफ़ **(I)** अ. अफ़सोस या पछतावा ज़ाहिर करनेवाला शब्द; उ.—'उफ़ ! मैंने तुम्हारी बात न मान कर कितनी बड़ी ग़लती कर डाली। **(II)** स्त्री. आह; उ.—रमेश को इतनी चोट आई पर उसने उफ़ तक नहीं की।

उफनना अ. क्रि. **1.** भाप के द्वारा सतह से ऊपर उठना; उ.—दूध उफन रहा है, उतार दो। **2.** जोश में आना, तैश में आना; उ.—वह बात-बात में उफनने लगता है।

उफान पुं. उबाल, ऊपर उठना; जैसे—दूध का उफान।

उबकाई स्त्री. उलटी करने की इच्छा, मतली; उ.—दुर्गंध के कारण मुझे उबकाई आ रही है।

उबटन पुं. सुंदरता बढ़ाने के लिए लगाया जानेवाला लेप; उ.—दुल्हन को उबटन लगा कर भी नहलाया जाता है।

उबलना अ. क्रि. **1.** खौलना। **2.** गुस्सा होना; जैसे—गुस्से से उबलना।

उबारना स. क्रि. **1.** बचाना; जैसे—डूबते को उबारना। **2.** उद्धार करना; उ.—विष्णु ने हाथी की पुकार सुन कर मगरमच्छ के चंगुल से उसे उबार लिया।

उबाल पुं. दे. 'उफान'।

उबालना स. क्रि. खौलाना; जैसे—दूध उबालना, आलू उबालना।

उबासी स्त्री. थकान या नींद या ऊब के कारण मुँह खोल कर ली गई लंबी साँस, जम्हाई, (दे. चित्र)।

उभरना अ. क्रि. ऊपर आना, प्रकट होना; उ.—क़ैदी की पीठ पर बेंत के निशान उभर आए हैं।

उभारना स. क्रि. **1.** ऊपर उठाना, सामने लाना। **2.** उकसाना।

उमंग स्त्री. उत्साह, उल्लास; जैसे—विवाह की उमंग, त्योहार की उमंग।

उमड़ना अ. क्रि. बढ़कर फैलना, भर आना; जैसे—नदी का उमड़ना, आँसुओं का उमड़ना।

उमस स्त्री. हवा न चलने के कारण होनेवाली चिपचिपी गरमी; उ.—बरसात की दोपहर में उमस बढ़ जाती है।

उमेठना स. क्रि. मरोड़ना, ऐंठना; उ.–शरारती राजू पिल्ले के कान उमेठ रहा है।

उम्दा वि. अच्छा, बढ़िया; उ.–पुलाव बहुत उम्दा बना है।

उम्मीद स्त्री. आशा; उ.–अब उसके आने की उम्मीद नहीं है।

उम्मीदवार पुं. **1.** किसी नौकरी या पद की आशा रखनेवाला। **2.** चुनाव में खड़ा हुआ व्यक्ति, प्रत्याशी।

उम्र स्त्री. अवस्था, वय; उ.–कांता की उम्र तेरह साल है।

उर्वरक पुं. रासायनिक खाद।

उलझना अ. क्रि. **1.** फँसना, गुँथ जाना; जैसे–बाल उलझना, धागा उलझना। **2.** झगड़ा करना; उ.–'बिना बात मुझसे क्यों उलझते हो ?'

उलझाना स. क्रि. **1.** किसी बात को और अधिक कठिन बना देना; जैसे–मामले को उलझाना **2.** फँसाना; जैसे–बातों में उलझाना।

उलटना **(I)** अ. क्रि. पलटना, औंधा हो जाना; उ.–नाव उलट गई। **(II)** स. क्रि. पलट देना; उ.–बच्चे ने दवात उलट दी।

उलट-पुलट पुं. दे. 'उथल-पुथल'।

उलटा वि. **1.** विपरीत, विरोधी; जैसे–उलटा काम, उलटी दिशा। **2.** जो सीधा न हो; जैसे–उलटी चाल।

उलटा-पुलटा वि. बिना क्रम का, बेसिरपैर का; उ.–उस पर विश्वास नहीं किया जा सकता, उसका काम हमेशा उलटा-पुलटा होता है।

उलटी स्त्री. कै, वमन; उ.–बदहज़मी के कारण मुझे उलटी हो गई।

उलटे अ. जैसा होना चाहिए उसके विपरीत; उ.–'मेरे पैसे देना तो दूर, उलटे वह गाली बकने लगा।'

उलीचना स. क्रि. पानी भर जाने पर उसे बाहर फेंकना।

उल्लू **(I)** पुं. एक पक्षी जिसे दिन में दिखाई नहीं देता **(II)** वि. मूर्ख, नासमझ; उ.–'बड़े उल्लू हो ! कुछ भी नहीं समझते।'

उषा स्त्री. सूर्य निकलने के ठीक पहले का समय, प्रभात।

उष्ण वि. गरम; जैसे–उष्ण जल, उष्ण प्रदेश।

उष्णता स्त्री. गरमी; उ.–थर्मामीटर से शरीर की उष्णता मापी जाती है।

उस सर्व. 'वह' का एक विकारी रूप; जैसे–उसको, उसमें, उसने, उसका।

उसाँस स्त्री. दुख के कारण ली गई लंबी साँस।

उसी सर्व. (उस+ही) 'उस' सर्वनाम पर बल देने के लिए प्रयुक्त शब्द; जैसे–उसी को, उसी से, उसी का।

उसूल पुं. नियम, सिद्धांत; उ.–यूसुफ़ का उसूल है कि वह अपनी कमाई का दस प्रतिशत दान कर देता है।

उसे सर्व. उसको।

उस्तरा पुं. दाढ़ी मूँछ बाल आदि मूँड़ने या साफ़ करने का एक धारदार औज़ार।

उस्ताद पुं. **1.** गुरु, शिक्षक, **2.** विशेषज्ञ।

ऊ

ऊँघ स्त्री. आधी नींद जैसी हालत, झपकी।

ऊँघना अ. क्रि. झपकी लेना; उ.—देखो, वह पढ़ते-पढ़ते ऊँघने लगा है।

ऊँचा वि. 1. ऊपर की ओर उठा हुआ;

जैसे—ऊँचा मकान, ऊँचा पहाड़ (विलोम : नीचा) (दे. चित्र)। **2.** श्रेष्ठ, बढ़िया; जैसे—ऊँचे विचार। **3.** ज़ोर का; जैसे— ऊँची आवाज में बोलना।

ऊँचा-नीचा वि. जो समतल न हो, ऊबड़-खाबड़; उ.—यह रास्ता बहुत ऊँचा-नीचा है।

ऊँचाई स्त्री. ऊपर की ओर की लंबाई, उच्चता।

ऊँट पुं. एक या दो कूबड़वाला एक ऊँचा

जानवर; उ.—ऊँट रेगिस्तान की मुख्य सवारी है। (दे. चित्र)।

ऊँहूँ अ. इनकार-सूचक शब्द; उ.—ऊँहूँ, मैं नहीं खाऊँगा।

ऊख पुं. दे. 'ईख'।

ऊखल पुं. धान आदि कूटने का काठ का पात्र, ओखली।

ऊटपटाँग वि. बेढ़ंगा, अजीब; जैसे— ऊटपटाँग बातें, ऊटपटाँग काम।

ऊदबिलाव पुं. नेवले जैसा जंतु जो पानी और ज़मीन दोनों पर रहता है।

ऊधम पुं. शरारत, हो-हल्ला; उ.—माँ के न रहने पर बच्चे घर में ऊधम मचा रहे हैं।

ऊधमी वि. शरारती, हो-हल्ला मचाने वाला।

ऊन पुं. भेड़ बकरी दुंबे आदि के रोएँ, जिनसे गरम कपड़े बुने जाते हैं।

ऊनी वि. ऊन से बुना हुआ; जैसे—ऊनी कोट, ऊनी शॉल।

ऊपर अ. ऊँचाई पर; जैसे—ऊपर देखो ऊपर चढ़ जाओ [विलोम : नीचे]।

ऊपरी वि. ऊपर का; जैसे—ऊपरी मंज़िल, ऊपरी सतह। **2.** बाहरी, दिखावटी; उ.—वह ऊपरी मन से हमारे साथ चलने को राज़ी तो हो गया, पर खुश नहीं था।

ऊब स्त्री. किसी स्थिति से मन का उचटना, उकताहट।

ऊबना अ. क्रि. उकताहट होना; उ.—मैं उसकी बकवास सुनते-सुनते ऊब गया।

ऊबड़-खाबड़ वि. दे. 'ऊँचा-नीचा'।

ऊसर वि. जिसमें कुछ पैदा न होता हो, बंजर; जैसे—ऊसर ज़मीन (विलोम : उपजाऊ)।

ऋ

ऋचा स्त्री. वेद मंत्र, वैदिक पद।

ऋण पुं. कर्ज, उधार लिया हुआ पैसा; जैसे—ऋण चुकाना।

ऋणी पुं. क़र्ज़दार, देनदार।

ऋत पुं. सत्य (विलोम : अनृत)।

ऋतु स्त्री. मौसम; जैसे—गरमी, बरसात, जाड़ा आदि ऋतुएँ हैं।

ऋद्धि स्त्री. धन-संपत्ति की अधिकता, संपन्नता।

ऋषभ **(I)** पुं. **1.** बैल। **2.** जैनों के प्रथम तीर्थंकर। **(II)** वि. श्रेष्ठ।

ऋषि पुं. वेदमंत्रों को गहराई से जाननेवाला, मुनि, तपस्वी।

ए

एक वि. सबसे पहली और छोटी संख्या, अंकों में पहला अंक।

एकटक अ. बिना पलक झपकाए, लगातार; उ.—बच्चा चाँद को एकटक देख रहा है।

एकड़ पुं. ज़मीन की एक नाप (एक एकड़-4840 वर्गगज़); जैसे—दस एकड़ का खेत।

एकतारा पुं. एक तारवाला बाजा, इकतारा।

एकत्र अ. इकट्ठा उ.—यहाँ भीड़ एकत्र हो गई है।

एकत्रित वि. इकट्ठा हुआ; उ.—पुलिस ने एकत्रित भीड़ पर लाठियाँ चलाईं।

एकदम अ. **1.** तुरंत; उ.—घर से तार आते ही वह एकदम रवाना हो गया। **2.** बिलकुल; उ.—तुम्हारी बात एकदम सही निकली।

एकमत वि. एक ही राय रखनेवाले, समान विचार रखनेवाले।

एकमात्र वि. केवल एक, अकेला; जैसे—एकमात्र बेटा।

एकवचन पुं. (व्याकरण में) जिससे एक वस्तु का बोध हो; उ.—गाय एकवचन और गाएँ बहुवचन है।

एकाएक अ. अचानक, एकदम, सहसा; उ.—अरे ! तुम एकाएक कैसे आ गए ?

एकदशी स्त्री. हर महीने के कृष्ण और शुक्ल पक्ष की ग्यारहवीं तिथि; उ. —आज एकादशी का व्रत है।

एकाध (एक+आध) वि. इक्का-दुक्का, बिरला; उ.—रात को इधर से कोई एकाध यात्री ही गुज़रता है।

एक्सप्रेस पुं. तेज़ी से आने-जाने

वाला; जैसे—एक्सप्रेस ट्रेन, एक्सप्रेस तार।

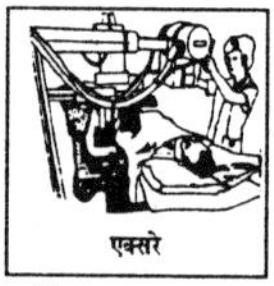

एक्सरे पुं. एक प्रकार की किरण जिससे शरीर के भीतरी अंगों की तस्वीर ली जाती है (दे. चित्र)।

एजेंट पुं. किसी की ओर से काम करनेवाला, प्रतिनिधि; जैसे—बीमा एजेंट।

एड़ी स्त्री. पैर के नीचे का पिछला हिस्सा; उ.—मेरी दाहिनी एड़ी में काँटा चुभ गया है (दे. चित्र 'टखना')।

एतबार पुं. विश्वास, भरोसा; उ.—मुझे तुम पर पूरा एतबार है।

एलान पुं. मुनादी, घोषणा; जैसे—चुनाव का एलान, छुट्टी का एलान।

एवं अ. और, तथा; उ.—पुष्पा एवं लता कल यहाँ आई थीं।

एशियाई वि. एशिया महाद्वीप का, एशिया से संबंधित; उ.—भारत एक एशियाई देश है।

एसिड पुं. **1.** तेज़ाब। **2.** अम्ल।

एस्किमो पुं. उत्तरी ध्रुव में रहनेवाली एक जाति; उ.—एस्किमो बर्फ़ के घरों में रहते हैं जिन्हें ईगलू कहते हैं।

एहसान पुं. दे. 'उपकार'।

ऐ

ऐं अ. अच्छी तरह सुनाई न देने पर फिर से बुलवाने के लिए इस्तेमाल किया जानेवाला शब्द; उ.—'ऐं ! क्या कहा ?'

ऐंठ स्त्री. अकड़, घमंड़; उ.—वह हमेशा अपने पैसों की ऐंठ दिखाता रहता है।

ऐंठन स्त्री. बल, मरोड़; जैसे—रस्सी की ऐंठन।

ऐंठना **(I)** अ. क्रि. बल पड़ना, तनना, अकड़ना; उ.—यह लकड़ी ऐंठ गई है। **(II)** स. क्रि. मरोड़ना; उ.—बदमाशी करने के कारण मास्टर जी ने किशन का कान ऐंठ दिया।

ऐटम पुं. पदार्थ का सबसे छोटा कण, जो और विभाजित न किया जा सके, परमाणु।

ऐतिहासिक वि. इतिहास से संबंधित; जैसे—ऐतिहासिक स्थल, ऐतिहासिक कहानियाँ।

ऐनक स्त्री. चश्मा; उ.—मेरी ऐनक का बायाँ शीशा टूट गया है।

ऐब पुं. दोष, कमी; उ.—हमें दूसरों के ऐब नहीं, गुण देखने चाहिएँ।

ऐश्वर्य पुं. धन, वैभव।

ऐसा वि. इस जैसा; उ.—ऐसा टुकड़ा लाओ।

ऐसा-वैसा वि. मामूली, घटिया; उ.— अच्छा कारीगर ऐसा-वैसा काम नहीं करता।

ऐसे **(I)** अ. इस तरह से; जैसे—ऐसे लिखो। **(II)** वि. इस तरह के; उ.—ऐसे मेहनती लोग ही सफल होते हैं।

ओ

ओंठ (ओठ) पुं. होंठ; उ.—माँ को देख कर बच्चे के होंठों पर मुस्कान आ गई।

ओक पुं. उँगलियों को सटा कर हथेली सहित बनाया हुआ गड्ढा, अंजली; उ.—ओक से पानी पी लो।

ओखली स्त्री. धान जौ आदि कूटने का एक गहरा पात्र, ऊखल।

ओछा वि. छोटा, कमीना, छिछोरा; जैसे—ओछी बहू, ओछा आदमी, ओछी बात।

ओछापन पुं. छिछोरापन, कमीनापन।

ओज पुं. तेज, बल।

ओजस्वी वि. ओज से भरा हुआ, जोशीला; उ.—नेताजी का भाषण बड़ा ओजस्वी था।

ओट स्त्री. दे. 'आड़'।

ओटना स. क्रि. कपास से बिनौले अलग करना।

ओटनी स्त्री. ओटने की चरखी, बेलनी।

ओढ़ना स. क्रि. शरीर को कपड़े से ढँकना; जैसे—दुपट्टा ओढ़ना, कंबल ओढ़ना।

ओढ़नी स्त्री. स्त्रियों के ओढ़ने की छोटी चादर।

ओम् पुं. (ॐ) परब्रह्म या परमेश्वर का वाचक पवित्र शब्द, प्रणव।

ओर स्त्री. तरफ; उ.—ज़रा इस ओर देखो।

ओर-छोर पुं. किनारा, अंत; उ.—'तुम्हारी गप्पों का तो कोई ओर-छोर ही नहीं है।'

ओला पुं. बादल से गिरनेवाला बर्फ़ का छोटा गोला; उ.—'रामू श्यामू दौड़े आएँ, गिरते ओले जल्दी खाएँ।'

ओवरकोट पुं. कपड़ों के ऊपर पहना जानेवाला लंबा कोट; उ.—बहुत ठंड है, ओवरकोट पहन लो।

ओस स्त्री. वायुमंडल में रहनेवाली भाप जो रात को ठंडी सतहों पर जलकणों के रूप में बदल जाती है; उ.—देखो ! फूलों पर ओस चमक रही है।

ओसाना स. क्रि. भूसे से अनाज को अलग करना।

ओसारा पुं. बरामदा; उ.—ओसारे में चारपाई डाल लो।

ओह अ. अचरज या दुख प्रकट करनेवाला शब्द।

ओहदा पुं. पद; उ.—उसे सब-इंस्पेक्टर का ओहदा मिला है।

औ

औंधा वि. उलटा; उ.—घड़ा औंधा पड़ा है।

औज़ार पुं. कुछ बनाने या करने का साधन, उपकरण; उ.—घन लोहार का, बसूला बढ़ई का और करनी राजगीर के औज़ार हैं।

औटाना स. क्रि. आँच दे कर गाढ़ा करना; जैसे—दूध औटाना।

और **(I)** वि. **1.** ज़्यादा, अतिरिक्त; उ.—मुझे और चावल दो। **2.** अलग; उ.—उनकी तो बात ही और है। **(II)** अ. एवं, तथा; जैसे—मैं और वह; राम और अरुण।

औरत स्त्री. **1.** स्त्री, नारी; उ.—यह औरतों का अस्पताल है। **2.** पत्नी; उ.—श्यामा ललित की औरत है।

औलाद स्त्री. बाल-बच्चे, संतान।

औषध (औषधि) स्त्री. दवा, दवाई।

औषधालय पुं. दे. 'दवाख़ाना'।

औसत **(I)** वि. **1.** साधारण; उ.—वह औसत बुद्धि का आदमी है। **(II)** पुं. राशियों के जोड़ को उनकी संख्या से भाग देने पर प्राप्त भागफल; जैसे—4, 8, 12, और 16 चार संख्याएँ हैं, इनके जोड़ 40 को 4 से भाग देने से जो 10 आता है वह इन संख्याओं का औसत है।

क

कंकड़ पुं. पत्थर का एकदम छोटा टुकड़ा, रोड़ा; उ.—बच्चे तालाब में कंकड़ फेंक रहे हैं।

कँकड़ीला (कँकरीला) वि. कंकड़ का, कंकड़ मिला हुआ; जैसे—कँकड़ीला रास्ता।

कंकरीट पुं. कंकड़ सीमेंट आदि से बना हुआ मसाला जो छत सड़क आदि बनाने के काम आता है।

कंकाल पुं. हड्डियों का ढाँचा, ठटरी, पंजर; उ.—डॉक्टरी पढ़ने वाले छात्रों को मनुष्य का कंकाल सामने रख कर शरीर के भीतर के अंगों की जानकारी दी जाती है। (दे. चित्र)।

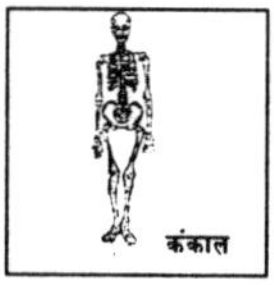
कंकाल

कंगन पुं. कलाई में पहना जानेवाला सोने चाँदी आदि का गोल गहना, कड़ा।

कंगारू पुं. आस्ट्रेलिया में पाया जानेवाला एक जानवर जो अपने बच्चों को पेट

पर बनी एक थैली में रखता है (दे. चित्र)।

कंगाल वि. जिसके पास कुछ न हो, निर्धन, दरिद्र।

कंगूरा पुं. **1.** शिखर, चोटी; जैसे—मंदिर का कंगूरा **2.** क़िले की चहारदीवारी में बने हुए छोटे-छोटे बुर्ज **3.** ऐसी आकृति वाली छपाई बुनाई या नक़्क़ाशी।

कंघा पुं. लंबे पतले दाँतोंवाली बाल सँवारने और काढ़ने वाली चीज।

कंचन पुं. सोना।

कंजूस वि. जरूरी काम के लिए भी ख़र्च न करनेवाला, मक्खीचूस, कृपण।

कँटीला वि. जिसमें काँटे लगे हों, काँटेदार; उ.—खेत के चारों ओर कँटीले तार लगे हैं।

कंठ पुं. गला; उ.—प्यास के कारण मेरा कंठ सूख रहा है।

कंठस्थ वि. रटा हुआ, जबानी याद किया हुआ; उ.—शास्त्री जी को बहुत सी कविताएँ कंठस्थ हैं।

कंठा पुं. बड़े मनकों की माला।

कंठी स्त्री. छोटी माला; उ.—यह सोने की कंठी है।

कंडक्टर पुं. बस में टिकट देनेवाला।

कंडा पुं. गोबर को सुखा कर बनाया हुआ जलावन, गोंइठा, उपला।

कंद पुं. गाँठदार या गूदेदार जड़ जो खाने के काम आती है; जैसे—आलू, प्याज़, शकरकंद आदि कंद हैं।

कंदील (कंडील) स्त्री. **1.** रोशनी के लिए छत से झुलाया जानेवाला फ़ानूस। **2.** मोमबत्ती। **3.** मिट्टी क़ाग़ज या अबरक से बनी लालटेन।

कंधा पुं. गरदन और बाँह के बीच का अंग; उ.—सोनू पिता के कंधे पर बैठ कर भालू का नाच देख रहा है। मु. **कंधे से कंधा मिलाना** एकजुट होना; उ.—बच्चे एक दूसरे के कंधे से कंधा मिला कर अपनी कक्षाओं की सफ़ाई करने में जुटे हुए हैं।

कँपकँपी स्त्री. ठंड या डर से शरीर में कंपन; जैसे—बुख़ार में ठंड से कँपकँपी छूटना; शेर को देख डर से कँपकँपी छूटना।

कंपन पुं. हिलना, काँपना, थरथराहट।

कंबल पुं. मोटी ऊनी चादर।

कई वि. एक से ज़्यादा, कुछ, चंद; जैसे—कई लोग, कई बार।

ककड़ी स्त्री. खीरे से मिलता-जुलता एक पतला और लंबा फल।

ककहरा पुं. क से ह तक की वर्णमाला।

क ख ग पुं. प्रारंभिक ज्ञान; उ.—मुझे संगीत का क ख ग भी नहीं आता।

कक्ष पुं. कमरा, कोठरी।

कक्षा स्त्री. **1.** दरजा, क्लास; उ.—हम दोनों चौथी कक्षा में पढ़ते हैं। **2.** ग्रह पिंड आदि के घूमने का निश्चित रास्ता।

कगार पुं. **1.** कोई ऊँचा ढालुआँ किनारा **2.** नदी का ऊँचा ढालुआँ किनारा। **3.** टीला।

कचरा पुं. कूड़ा-करकट; उ.—इस सड़क पर हमेशा कचरा फैला हुआ रहता है।

कचहरी स्त्री. छोटा न्यायालय, अदालत।

कचूमर पुं. एकदम कुचली हुई चीज़, भुरता; जैसे—बैंगन का कचूमर। मु.

कचूमर निकालना अधमरा कर देना; उ.—गुंडों ने मार-मार कर प्रयाग का कचूमर निकाल दिया।

कचौड़ी स्त्री. पीठी भर कर बनाई गई पूरी; उ.—'माँ गरम-गरम कचौड़ियाँ छान रही है, खाओगे ?'

कच्चा वि. जो पका हुआ न हो; जैसे—कच्चा आम, कच्चा चावल (विलोम : पक्का, पका)।

कच्छा पुं. जाँघिया।

कछार पुं. समुद्र या नदी के किनारे की गीली और नीची जमीन।

कछुआ पुं. ढाल जैसी पीठवाला एक जल-जंतु, कच्छप; उ.—कछुआ बहुत धीरे चलता है (दे. चित्र)।

कजली (कजरी) स्त्री. **1.** वर्षा ऋतु का एक त्योहार। **2.** इस त्योहार पर गाया जानेवाला गीत।

कटखना वि. **1.** जिसे दाँतों से दूसरों को काट खाने की आदत हो; जैसे—कटखना कुत्ता। **2.** ऐसा आदमी जो बात-बात में लड़ाई पर उतारू हो जाए।

कटघरा (कठघरा) पुं. कचहरी में बयान देने के लिए बनाया हुआ काठ का छड़दार घेरा।

कटना अ. क्रि. **1.** किसी धारदार चीज़ से टुकड़े होना; जैसे—सब्ज़ी कटना **2.** किसी धारदार चीज़ से घाव होना; उ.—मेरी उँगली ब्लेड से कट गई है।

कटरा पु. 1. छोटा बाजार। 2. भैंस का नर बच्चा।

कटवाना प्रे. क्रि. काटने का काम करवाना; जैसे—फ़सल कटवाना, बाल कटवाना।

कटहल पुं. कड़े एवं दानेदार छिलकेवाला एक बड़े आकार का फल।

कटार स्त्री. छोटी तलवार, छुरा।

कटाव पुं. नदी द्वारा ज़मीन का काटा जाना; उ.—नदी के कटाव को रोकने के लिए उसके किनारे पेड़ लगाने चाहिएँ।

कटावदार वि. जिसके किनारे सीधे न हों, जिस पर पत्ती झालर आदि के नमूने बनाए गए हों।

कटोरदान पुं. ढक्कनदार कटोरा, टिफिन बॉक्स; उ.—कटोरदान में से रोटियाँ निकाल कर खा लो।

कटोरा पुं. खुले मुँह का एक छोटा गोल बरतन; उ.—मुन्ना कटोरे से दूध पी रहा है।

कट्टर वि. जो अपने मत के सिवाय हर मत को ग़लत मानता हो, दुराग्रही।

कठपुतली स्त्री. **1.** काठ की गुड़िया; उ.—मैंने कठपुतलियों को धागे के सहारे नाचते देखा है। **2.** दूसरे के इशारों पर चलनेवाला; उ.—भोले- भाले मधु को सब कठपुतली की तरह नचाते हैं।

कठफोड़वा पुं. पेड़ के तने में चोंच से छेद करनेवाला एक पक्षी (दे. चित्र)।

कठिन वि. जो आसान न हो, मुश्किल; जैसे—कठिन काम, कठिन प्रश्न (विलोम : सरल)।

कठिनाई स्त्री. दिक़्क़त, मुश्किल;

उ.—मुझे इस तरह के सवाल हल करने में कठिनाई होती है।

कठोर वि. 1. कड़ा, सख़्त; जैसे—कठोर नियम। 2. जिसे दया न आती हो, निष्ठुर; जैसे—कठोर हृदयवाला (विलोम : कोमल)।

कठौता पुं. काठ से बना हुआ कटोरा।

कठौती स्त्री. छोटा कठौता; उ.—'मन चंगा तो कठौती में गंगा'।

कड़क स्त्री. कड़कड़ की आवाज़, गरज; उ.—कल जोरों की कड़क के साथ बिजली उस खेत में गिरी।

कड़वा (कड़ुआ) वि. 1. कसैला; उ.—नीम के पत्ते बहुत कड़वे होते हैं। 2. कटु; जैसे—कड़वी बात।

कड़ा पुं. हाथ या पाँव में पहनने का बड़ा छल्ला; जैसे—सोने या चाँदी का कड़ा।

कड़ा वि. दे. 'कठोर'।

कड़ाई स्त्री. कठोरता, सख़्ती; उ.—नए मास्टर जी बहुत कड़ाई से स्कूल के नियमों का पालन कराते हैं।

कड़ाका पुं. कड़ी चीज़ के टूटने की आवाज़।

कड़ाके (का) बहुत ज़्यादा; जैसे—कड़ाके का जाड़ा।

कड़ाह पुं. बड़ी कड़ाही।

कड़ाही स्त्री. धातु का बना हुआ चौड़े मुँह का एक गहरा गोल बरतन; उ.—माँ कड़ाही में पकौड़ियाँ तल रही है।

कड़ी स्त्री. 1. लगातार जुड़ी हुई चीज का एक अंग, जैसे—ज़ंजीर की कड़ी, गीत की कड़ी, बातों की कड़ी। 2. धातु का छल्ला जिसमें चीज़ें टाँगी या फँसाई या लटकाई जाती हैं।

कढ़ाई स्त्री. बेल-बूटे बनाने का काम, कसीदे का काम; उ. —इस चादर पर मैंने कढ़ाई की है (दे. चित्र)

कढ़ाई

कढ़ी स्त्री. दही और बेसन से बनी दाल जैसी पतली खाने की एक चीज; उ.—मुझे चावल और कढ़ी खाने में बहुत मज़ा आता है।

कण पुं. एकदम छोटा दाना, जर्रा; जैसे—बालू का कण।'

कतरन स्त्री. बचा हुआ टुकड़ा, काटी हुई चीज; जैसे—कपड़े की कतरन, अख़बार की कतरन।

कतरना स. क्रि. कैंची से काटना।

कतरनी स्त्री. कैंची।

कतरा पुं. 1. बूँद; जैसे—ख़ून का कतरा। 2. छोटा टुकड़ा जो किसी चीज़ के टूटने या कटने से निकला हो; जैसे—पत्थर का कतरा, कागज़ का कतरा।

कतराना अ. क्रि. संकोच के कारण किसी से बचना; उ.—उधार के पैसे न चुका पाने के कारण वह मेरे सामने आने से कतराता है।

कताई स्त्री. कातने का काम।

कतार स्त्री. पंक्ति, लाइन; उ.—'बच्चों ! तुम सब कतार बना कर क्लास से बाहर निकलना'।

कत्थई वि. गहरा लाल, कत्थे के रंगवाला।

कत्था पुं. एक ख़ास पेड़ के तने से निकाली हुई गहरे लाल रंग की चीज़ जो पान में खाई जाती है, खैर।

कत्ल पुं. किसी को जान से मारना, हत्या;

उ.–क़त्ल के जुर्म में उसे फाँसी की सज़ा दी गई।

कथन पुं. कही हुई बात, कहना; उ.–राम का यह कथन सही है कि हमें मास्टर जी से माफी माँग लेनी चाहिए।

कथरी स्त्री. चिथड़ों से बनाया हुआ बिछौना, गुदड़ी।

कथा स्त्री. कहानी, क़िस्सा; जैसे–रामायण की कथा।

कदंब पुं. पीले गोल फुंदे जैसा एक फूल; उ.–श्रीकृष्ण कदंब के पेड़ पर बैठ कर बाँसुरी बजाते थे।

कद पुं. शरीर की ऊँचाई; उ.–सौरभ का कद लंबा है।

कदम पुं. चलते वक़्त एक पाँव से दूसरे पाँव के बीच की दूरी, डग; उ.–'कदम-कदम बढ़ाए जा, खुशी के गीत गाए जा'।

कद्दू पुं. लौकी, घिया।

कद्दूकश पुं. फल या सब्ज़ियों के लच्छे निकालने का साँचा।

क़द्र स्त्री. आदर, सम्मान; उ.–हमें अपने से बड़ों की क़द्र करनी चाहिए।

कनकटा वि. जिसका कान कटा हुआ हो।

कनटोप पुं. सिर और कानों को ढँकने की टोपी।

कनस्तर पुं. टीन, पीपा; उ.–इस कनस्तर में तेल है।

क़नात स्त्री. जगह घेरने का मोटा कपड़ा, कपड़े की दीवार; उ.–बारात के ठहरने के लिए कनात लगाई जा रही है।

कन्नी स्त्री. किनारा, कोर जैसे मु. **कन्नी काटना** बच कर निकलना; उ.–मेरा काम न करने के कारण वह मुझसे कन्नी काटता है।

कन्या स्त्री. लकड़ी, पुत्री; उ.–सुजाता मेरी मँझली कन्या है।

कप पुं. प्याला।

कपट पुं. छल, बेईमानी, धोखा।

कपटी वि. धोखेबाज़, झाँसा देनेवाला, फ़रेबी।

कपड़ा पुं. ऊनी सूती रेशमी आदि धागों से बुनी हुई चीज़, वस्त्र।

कपास स्त्री. **1.** एक पौधा जिसके डोंडे से रूई निकलती है। **2.** रूई।

कपूत पुं. नालायक बेटा, कुपुत्र (विलोम : सपूत)।

कपूर पुं. सफ़ेद रंग का तुरंत आग पकड़नेवाला एक सुगंधित पदार्थ जो हवा लगने से उड़ जाता है।

कपोत पुं. दे. 'कबूतर'।

कप्तान पुं. **1.** टीम का मुखिया, जहाज़ का मुखिया। **2.** सेना या पुलिस का एक अफ़सर।

क़फ़ पुं. बलगम; उ.–छाती में जमे क़फ़ के कारण मुन्ना रात भर खाँसता रहा।

कफ़ स्त्री. कमीज़ की आस्तीन की पट्टी (दे. चित्र 'कमीज़')

कफ़न पुं. मुर्दे को ढकने का कपड़ा।

कब अ. किस समय, किस दिन; उ.–'तुम कब आओगे ?'

कबड्डी स्त्री. एक खेल जिसमें दूसरे पक्ष के खिलाड़ी को एक ही साँस में छूकर अपने पाले में पहुँचना पड़ता है।

कबाड़ पुं. रद्दी और फालतू चीजें; उ.–इस कबाड़ को यहाँ से उठाओ।

कबाड़ी पुं. रद्दी और फालतू चीज़े ख़रीदने और बेचनेवाला।

कबाब पुं. भुना हुआ माँस।

क़बीला पुं. कुल, वंश, जाति।

कबूतर पुं. गुटरगूँ बोलनेवाला शांत स्वभाव का एक पक्षी।

क़बूल पुं. स्वीकार, मंजूर।

क़बूलना स. क्रि. स्वीकार करना, मानना; जैसे—अपराध क़बूलना; ग़लती क़बूलना।

क़ब्ज़ स्त्री. ठीक से पाख़ाना न होना, उ. —क़ब्ज़ के कारण मेरे पेट में दर्द है।

क़ब्ज़ा पुं. अधिकार, दखल; उ.—उसने ज़बरदस्ती हमारे मकान पर क़ब्जा कर रखा है।

क़ब्ज़ा पुं. पीतल या लोहे की पट्टी जो पल्ले लगाने के काम आती है।

क़ब्र स्त्री. मुर्दे गाड़ने का गड्ढा।

कभी अ. किसी भी समय; उ.—अब राम ऐसी ग़लती कभी नहीं करेगा।

कभी-कभी अ. किसी-किसी समय, यदा-कदा; उ.—ओमप्रकाश मुझे कभी-कभी पुस्तकालय में मिल जाता है। **कभी का** अ. बहुत पहले, बहुत देर हुए; उ.—अंबिका तो कभी का चला गया। **कभी न कभी** अ. किसी न किसी दिन; उ.—'कभी न कभी तो तुम्हारा भी काम पड़ेगा, तब देखना !'

कमंडल पुं. नारियल या तूंबी से बना हुआ एक बरतन जिसमें साधु पानी रखते हैं।

कम वि. थोड़ा, अल्प; उ.—राजस्थान में वर्षा कम होती है।

कमज़ोर वि. कम ताक़तवाला, दुबला; उ.—बुख़ार के कारण वह बहुत कमज़ोर हो गया है।

कमज़ोरी स्त्री. दुर्बलता; उ.—कमज़ोरी के कारण वह बिस्तर से उठ भी नहीं सकता।

कमर स्त्री. पीठ के नीचे और टाँगों से ऊपर का हिस्सा, कटि; उ.—उसके कंधे चौड़े और कमर पतली है। मु. **कमर कसना** पक्का निश्चय करना; उ.—इस बार उसने इम्तहान में प्रथम आने के लिए कमर कस ली है।

कमरा पुं. वह जगह जिसके चारों ओर दीवार ऊपर छत और दरवाजा हो, बड़ी कोठरी।

कमल पुं. पानी में खिलनेवाला एक फूल, पद्म, पंकज।

कमलगट्टा पुं. कमल का बीज-कोष; उ.—कलम-गट्टे के फलों में गिरी होती है।

कमाई स्त्री. कमाया हुआ पैसा, आमदनी; उ.—पंचानन अपनी कमाई के सारे पैसे माँ को देता है।

कमाऊ वि. कमानेवाला; उ.—नन्दू कमाऊ पूत है।

कमान स्त्री. जिसके द्वारा तीर चलाया जाता है, धनुष; उ.—संथालों का मुख्य अस्त्र तीर-कमान है।

कमान स्त्री. **1.** आदेश, हुक्म;। **2.** सेना की एक इकाई; जैसे—पूर्वी कमान, पश्चिमी कमान।

कमाना ए. क्रि. नौकरी या व्यापार करके आमदनी करना।

कमानी स्त्री. चश्मे छाते आदि की डंडी;

उ.—तुम्हारे चश्मे की कमानी टेढ़ी हो गई है।

कमाल पुं. अनोखा काम, सराहनीय कार्य; उ.—आज तो राम ने खेल में कमाल ही कर दिया।

कमिश्नर पुं. किसी इलाक़े या विभाग का मुख्य अधिकारी, आयुक्त; जैसे—पुलिस कमिश्नर, इनकम-टैक्स कमिश्नर।

कमी स्त्री. कम होना, अभाव; जैसे—अन्न की कमी, पानी की कमी।

कमीज

कमीज स्त्री. कफ़ और कालरवाला कुरते जैसा एक पहनावा, शर्ट।

कमीना वि. नीच, ओछा।

कमीशन पुं. किसी चीज को बचेने पर मिलने वाले पैसे, दलाली, मेहनताना।

कमेंटरी स्त्री. किसी कार्यक्रम या खेल का आँखों-देखा हाल; उ.—रेडियो पर क्रिकेट टेस्ट मैच की कमेंटरी आ रही है।

कंपनी स्त्री. कई लोगों द्वारा साझे में व्यापार करने के लिए बनाया गया संगठन।

कंप्यूटर पुं. याददाश्त और हिसाब की मशीन, संगणक यंत्र; उ.—अंतरिक्ष यानों का संचालन कंप्यूटरों द्वारा होता है।

कर पुं. **1.** हाथ। **2.** टैक्स; जैसे—आय-कर, बिक्री कर।

करघा

करघा पुं. कपड़ा बनुने का यंत्र; उ.—जुलाहा करघे पर कपड़ा बुन रहा है (दे. चित्र)

करछी (करछी) स्त्री. लंबी डंडीवाला गोल बड़ा चम्मच; उ.—करछी से दाल परोस दो।

करतब पुं. **1.** आश्चर्यजनक काम; जैसे—जादूगर के करतब। **2.** करतूत।

करतूत स्त्री. ग़लत काम, निंदनीय कार्य; उ.—बेटे की करतूतों के कारण शर्म के मारे राजाराम को शहर छोड़ना पड़ा।

करधनी स्त्री. कमर में पहनने का गहना, तागड़ी, मेखला।

करना स. क्रि. किसी काम को करने में लगना; उ.—तुम्हें यह काम करना है।

करनी स्त्री. **1.** किया हुआ काम; उ.—कथनी और करनी में अंतर नहीं होना चाहिए। **2.** चिनाई के काम आनेवाला औज़ार।

करफ़्यू (कर्फ़्यू) पुं. ख़तरे के समय लोगों को घर से बाहर न निकलने के लिए दिया गया आदेश; उ.—दंगों के कारण शहर में करफ़्यू लगा हुआ है।

करवट स्त्री. शरीर को बायीं या दायीं ओर फेर कर लेटना; उ.—किशोर बायीं करवट सो रहा है।

करारा वि. **1.** कुरकुरा; उ.—ये बिस्कुट बहुत करारे हैं। **2.** कड़ा, ज़ोरदार; जैसे—करारा तमाचा; करारा जवाब।

कराह स्त्री. दर्द के कारण मुँह से निकलनेवाली आवाज़; उ.—मरीज़ दर्द के मारे सारी रात कराहता रहा।

क़रीब अ. पास, निकट; उ.—मेरा घर स्कूल के बहुत क़रीब है।

क़रीब-क़रीब अ. लगभग; उ.—हमारा काम क़रीब-क़रीब समाप्त हो गया है।

करेंट पु. धारा, प्रवाह; जैसे—बिजली का

करेंट।

करेला पुं. एक हरा लंबोतरा कड़वा फल जिसकी तरकारी बनती है।

करोड़ पुं. सौ लाख, 100,00,000।

करोड़पति पुं. जिसके पास करोड़ों रुपए की संपत्ति हो।

करौंदा पुं. लाल और सफ़ेद रंग के छोटे खट्टे फल जो तरकारी अचार आदि बनाने के काम में आते हैं।

क़र्ज़ पुं. उधार, ऋण; उ.—उसने कई लोगों से क़र्ज़ ले रखा है।

क़र्ज़दार पुं. जिसने क़र्ज़ लिया हो।

कर्तव्य पुं. करने योग्य कार्य, उचित कर्म, ज़िम्मेदारी; उ.—देश की रक्षा करना प्रत्येक नागरिक का कर्तव्य है।

कर्ता पुं. **1.** करनेवाला; जैसे— कार्यकर्ता। **2.** मुखिया; उ.—मेरे पिता घर के कर्ता हैं। **3.** (व्या.) क्रिया को करनेवाला, उ.—'राम पढ़ाता है।' वाक्य में राम 'कर्ता' है।

कर्म पुं. **1.** काम। **2.** (करम) भाग्य। **3.** (व्या.) कारक का एक भेद।

कर्मचारी पुं. वेतन ले कर काम करनेवाला व्यक्ति; उ.—इस दफ़्तर में चार कर्मचारी है।

कर्मठ वि. लगन और मेहनत से काम करनेवाला।

कलंक पुं. **1.** दाग़, धब्बा। **2.** बदनामी।

कलंकित वि. बदनाम।

कल पुं. बीता हुआ या आनेवाला दिन; उ.—'कल तुम कहाँ थे ?' कल मेरे घर आ जाना।

कल स्त्री. मशीन।

कल-कारख़ाना पुं. मशीनी उद्योग; उ.—आजकल ज़ोरों से कल-कारख़ाने बढ़ रहे हैं।

कल-पुरज़ा पुं. मशीन और उसके हिस्से।

क़लई स्त्री. **1.** राँगे का झोल या मुलम्मा; उ.—पीतल की थाली पर क़लई करा लो। **2.** चूने की पुताई; उ.—इस साल कमरों में क़लई नहीं हुई। मु. **क़लई खोलना** भेद बताना, रहस्य खोलना; उ.—ज़्यादा हाँको मत, नहीं तो तुम्हारी सारी कलई खोल दूँगा।

कलकल स्त्री. नदियों या झरनों के बहने की मीठी आवाज़; उ.—नदी कलकल करती हुई बह रही है।

कलक्टर पुं. ज़िले का मुख्य अफ़सर उ.—कलक्टर के दौरे पर आने के कारण चारों ओर सफ़ाई हो रही है।

कलगी (कलंगी) स्त्री. कुछ पक्षियों के सिर के ऊपर बना हुआ परों का गुच्छा, पगड़ी में लगाया जानेवाला तुर्रा या गुच्छा; जैसे—मुर्ग़े की कलगी, दूल्हे की कलगी।

कलफ़ पुं. कपड़ों में कड़ापन लाने के लिए लगाई जानेवाली माँडी; उ.—इन कपड़ों में कलफ़ लगा कर इस्तरी कर देना।

क़लम स्त्री. **1.** जिससे लिखा जाता है, लेखनी। (दे. चित्र) **2.** पेड़ की वह टहनी जो दूसरी जगह रोपी जाए **3.** पुरुष की कनपटी के पास के बाल।

क़लम

कलमा पुं. इस्लाम धर्म का मुख्य मंत्र—'ला इलाह इल्लाह, मुहम्मद उर

रसूलिल्लाह।' मु. **कलमा पढ़ना** मुसलमान बनना, इस्लाम धर्म क़बलू करना।

क़लमी वि. क़लम काट कर लगाया हुआ पेड़ या पौधा; जैसे—क़लमी आम, क़लमी गुलाब।

कलश पुं. घड़ा।

कलसा पुं. पीतल या ताँबे का घड़ा।

कला स्त्री. किसी चीज़ को सुंदर ढंग से करना या बनाना; जैसे—चित्र बनाने की कला को चित्रकला और नाचने की कला को नृत्यकला कहते हैं।

कलाई स्त्री. बाँह और हथेली के जोड़वाला हिस्सा, पहुँचा; उ.—उसकी कलाई पर राखी बँधी हुई है (दे. चित्र)।

कलाई

कलाकंद पुं. खोये की रवेदार बरफ़ी।

कलाकार पुं. किसी कला में निपुण; उ. —संगीतकार, चित्रकार, मूर्तिकार आदि कलाकार हैं।

कली स्त्री. बिना खिला हुआ फूल; उ.—बेले की यह कली आधी रात तक खिल जाएगी (दे. चित्र)

कली

कलेजा पुं. दिल, हृदय। मु. **कलेजा मुँह को आना** घबराहट होना; उ.—शहर में मारकाट की ख़बरें सुन कर माँ का कलेजा मुँह को आने लगा।

कलेवा पुं. जलपान, नाश्ता, अल्पाहार।

कल्पना स्त्री. **1.** किसी चीज़ की अनोखी और नई रूपरेखा बनाना, किसी ऐसी चीज़ के बारे में सोचना जो मौजूद न हो; उ.—तारा कल्पना करने लगी कि वह भी परी के साथ आकाश में उड़ रही है **2.** (गणित में) 'मान लेना'; जैसे—'कल्पना करो कि अ ब स एक त्रिभुज है...'

कल्पित वि. जो असल में न हो, जिसकी कल्पना की गई हो; उ.— इस कहानी के सारे पात्र कल्पित हैं।

कल्याण पुं. भला, उपकार, मंगल; उ.—मुसीबत के वक़्त मदद करके तुमने मेरा बड़ा कल्याण किया।

कल्ला पुं. दे. 'अंकुर'।

कवच पुं. हथियार के वार से शरीर की रक्षा करने के लिए बनाया हुआ लोहे के तारों का एक पहनावा, ज़िरहबख़्तर (दे. चित्र)।

कवच

क़वायद स्त्री. ड्रिल, परेड, चहलकदमी; उ.—फ़ौजियों को रोज़ क़वायद करनी पड़ती है।

कवि पुं. कविता करनेवाला, शायर; उ.—कालिदास महान कवि थे।

कविता स्त्री. ऐसी रचना जो गद्य में न हो और जिसमें लय हो।

कशीदा पुं. सूई-धागे से कपड़े पर बनाए गए बेल-बूटे (दे. चित्र कढ़ाई)।

कशीदाकारी स्त्री. कशीदा बनाने की कला।

कष्ट पुं. दुख, तकलीफ़।

कसना स. क्रि. **1.** मज़बूती से खींच कर बाँधना; जैसे—पलंग की निवार कसना, कमरपेटी कसना। **2.** जाँचना, परखना; जैसे—कसौटी पर कसना।

क़सबा (क़स्बा) पुं. छोटा शहर; उ.—कई क़सबे अब बड़े शहर बन गए हैं।

क़सम स्त्री. शपथ, सौगंध।

क़सर स्त्री. कमी, पूरा न होने का भाव; उ.—चावल पूरे सीझे नहीं, अभी कुछ क़सर है।

कसरत स्त्री. व्यायाम; उ.—कसरत करने से शरीर स्वस्थ रहता है।

कसरती वि. **1.** व्यायाम करनेवाला। **2.** व्यायाम करने से बना हुआ; जैसे—पहलवान का कसरती बदन।

क़साई पुं. पशुओं को मार कर उनका माँस बेचनेवाला।

कसाईखाना पुं. पशुओं को मारने की जगह, बूचड़ख़ाना।

क़सीदा पुं. तारीफ़ में लिखी गई कविता।

क़सूर पुं. अपराध, दोष, गलती; उ.—पुलिस बिना किसी क़सूर के ही सोनू को पकड़ ले गई।

कसैला वि. जिसको खाने से जीभ में तनाव या कसाव होता हो; उ.—आँवले में थोड़ा कसैलापन होता है।

कसौटी स्त्री. **1.** एक काला पत्थर जिस पर रगड़ कर सोने की शुद्धता जाँची जाती है। **2.** जाँचने-परखने का आधार; उ.—'विपत्ति का समय ही मित्रता की कसौटी है।

कस्तूरी स्त्री. एक विशेष प्रकार के हिरन की नाभि में होनेवाला एक सुगंधित पदार्थ।

कहना **(I)** स. क्रि. शब्दों में बताना, बोलना; उ.—कांता से यह बात मत कहना। **(II)** पुं. कथन; जैसे- बड़े-बूढ़ों का कहना।

कहलवाना स. क्रि. किसी दूसरे द्वारा बात पहुँचाना; उ.—श्याम को विवाह में आने के लिए राम से कहलवा दिया है।

कहवा पुं. चाय की तरह गरम-गरम पिया जानेवाला एक पेय।

कहाँ अ. किस जगह; उ.—तुम कहाँ जा रहे हो ?

कहानी स्त्री. **1.** कथा, क़िस्सा; उ.—हमारी नानी हमें रोज़ रात को कहानी सुनाती है। **2.** मनगढ़ंत बात; उ.—यह सच नहीं, तुम्हारी गढ़ी हुई कहानी है।

कहानीकार पुं. कहानी लिखनेवाला; उ. —प्रेमचंद हिंदी के बड़े कहानीकार हैं।

कहार पुं. पालकी और अन्य सामान ढोनेवाला।

कहावत स्त्री. लोगों में प्रचलित कोई चुटीली बात, लोकोक्ति; जैसे—'नाच न जाने आँगन टेढ़ा' इस कहावत का अर्थ है—अपनी ग़लती छिपाने के लिए दूसरों को दोष देना।

कहा-सुनी स्त्री. बातों-बातों में हो जानेवाला झगड़ा, तनातनी, तकरार, उ.—आज मोहन और श्याम में एक किताब को लेकर कहा-सुनी हो गई।

कहीं अ. किसी जगह; उ.—मुझे आज कहीं नहीं जाना है।

कहीं-कहीं अ. किसी-किसी जगह; उ.—इस बगीचे में कहीं-कहीं आम के पेड़ भी हैं।

कहीं-न-कहीं अ. किसी न किसी जगह; उ.—बच्चू, मैं तुम्हें कहीं-न- कहीं तो ढूंढ़ ही लूंगा।

काँख स्त्री. बाँहों के नीचे का हिस्सा;

बगल।

कांग्रेस स्त्री. **1.** भारतीय राष्ट्रीय कांग्रेस; उ.—भारत की आजादी की लड़ाई में कांग्रेस ने बहुत काम किया था। **2.** अमरीकी संसद।

काँच पुं. शीशा।

काँजी स्त्री. राई और नमक मिलाकर बनाया हुआ खट्टा घोल।

काँजी-हाउस पुं. लावारिस जानवरों को बंद रखने का स्थान, जानवरों की जेल; उ.—सड़क पर घूमती कल्लू की गायों को पकड़ कर काँजी-हाउस ले गए हैं।

काँटा पुं. **1.** पेड़-पौधों की टहनियों में उगी हुई सूई की तरह चुभनेवाली एक चीज़, कंटक; उ.—मेरी उँगली में गुलाब का काँटा चुभ गया। **2.** घड़ी की सूई; उ.—घड़ी का काँटा बता रहा है कि चार बजने ही वाले हैं। **3.** तराजू के सिर पर बीचोंबीच बनी हुई सूई।

काँटेदार वि. काँटोंवाला; जैसे—काँटेदार झाड़ी, काँटेदार बाड़।

कांड पुं. **1.** ग्रंथ का विभाग; उ.—गोस्वामी तुलसीदास की रामायण में सात कांड हैं। **2.** करतूत; उ.— 'जरा, इस दुष्ट का कांड तो देखो !' **3.** घटना; जैसे—हत्याकांड अग्नि- कांड।

कांति स्त्री. चमक, आभा; उ.—उसके चेहरे पर अच्छे स्वास्थ्य की कांति है।

काँपना अ. क्रि. ठंड या डर से शरीर का हिलना।

कावँ-काँव स्त्री. **1.** कौवे की आवाज। **2.** बेकार का शोर, बकवास; उ.— 'अच्छा, अब अपनी काँव-काँव बंद करो।'

काँवर स्त्री. कंधे पर रखी जानेवाली बाँस की एक लचीली पट्टी जिसके दोनों सिरों पर सामान लटका कर ढोया जाता है, बहँगी (दे. चित्र)।

काँवर

काँसा पुं. तांबे और जस्ते के मेल से बनी धातु, कांस्य; जैसे—काँसे का कलश।

कांस्टेबल पुं. पुलिस का सिपाही।

कांस्य पुं. दे. 'काँसा'।

काइयाँ वि. चालाक, धूर्त।

काई स्त्री. **1.** मैल मिट्टी आदि के जमाव से पैदा हुई फिसलन; उ.— 'सँभल कर चलो, यहाँ काई जमी है।' **2.** तालाब पोखर आदि के पानी की सतह पर जमनेवाली बारीक रेशे जैसी घास।

काग पुं. **1.** कौआ। **2.** शीशी या बोतल की डाट, कॉर्क।

काग़ज़ पुं. वह चीज़ जिस पर लिखा या छापा जाता है; उ.—इस किताब का काग़ज़ चिकना और सफ़ेद है।

काजल पुं. आँख में लगाने की एक काली चीज़, अंजन।

काजू पुं. स्वाद में बादाम से मिलता-जुलता एक सफेद मेवा।

काटना स. क्रि. **1.** चाकू कैंची मशीन आदि से किसी चीज़ के टुकड़े करना। **2.** अलग करना। **3.** क़त्ल करना।

काठ पुं. लकड़ी; जैसे-काठ का बक्सा, काठ की आलमारी।

काढ़ना स. क्रि. कपड़े पर बेल-बूटे बनाना, कशीदा करना (दे. चित्र कशीदा)।

काढ़ा पुं. जड़ी-बूटियों को औटा कर बनाया गया एक पेय; उ.—मैं ज़ुकाम होने पर काढ़ा पीता हूँ।

कातना स. क्रि. ऊन रेशम रूई आदि से धागा बनाना।

कान पुं. चेहरे के दोनों तरफ़ बने हुए सुनने के दो अंग। मु. **कान खड़े होना** सचेत होना; उ.—थोड़ी-सी आहट होते ही चौकीदार के कान खड़े हो गए।

काना (I) वि. जिसे एक आँख से दिखाई न दे। **(II)** पुं. एक आँखवाला आदमी।

कानाफूसी स्त्री. इस तरह बात करना कि कोई दूसरा सुन न सके, गुपचुप बात।

कानून पुं. विधान, नियम, आईन; उ. —संसद कानून बनाती है।

कॉपी स्त्री. **1.** सादे कागज की पुस्तिका, अभ्यास-पुस्तिका। **2.** नकल; उ.—राम इम्तहान में कॉपी करते हुए पकड़ा गया।

काफ़िला पुं. यात्रियों का दल, कारवाँ; उ. —इस काफ़िले में दस ऊँट और बीस आदमी हैं (दे. चित्र)।

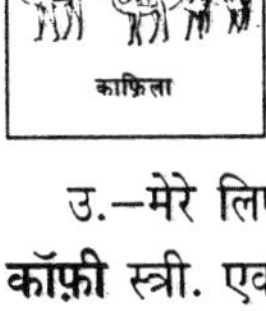

काफ़िला

काफ़ी वि. पर्याप्त; उ.—मेरे लिए दो रोटियाँ काफ़ी हैं।

कॉफ़ी स्त्री. एक ख़ास तरह के बीजों से बनाया जाने वाला पेय।

क़ाबू पुं. वश, नियंत्रण; उ.—पुलिस दंगों पर क़ाबू पाने की कोशिश कर रही है।

काम पुं. जो किया जाए, कार्य, कर्म; उ.—मन लगा कर काम करने से सफलता मिलती है। मुं. **काम तमाम करना** मार डालना; उ.—गुंडों ने सोनू को अकेला पा कर उसका काम तमाम कर दिया।

काम-काज पुं. धंधा, कारबार; उ.—राम का काम-काज आजकल ठीक नहीं चल रहा है।

कामचलाऊ वि. जो बहुत अच्छा न हो पर जिससे किसी तरह काम निकल जाए, जैसे-तैसे काम चलाने लायक।

कामचोर वि. काम से जी चुरानेवाला।

कामधेनु स्त्री. पुराणों के अनुसार एक ऐसी गाय जो मनचाहा वर देती है।

कामयाब वि. सफल।

कामयाबी स्त्री. सफलता।

क़ायदा पुं. **1.** नियम, तरीक़ा **2.** उर्दू की पहली पोथी।

क़ायम वि. टिका हुआ, स्थिर, स्थापित।

कायर वि. डरपोक, बुजदिल; उ.—कायर आदमी कुछ नहीं कर पाता।

काया स्त्री. शरीर, देह। मु. **कायापलट होना** पूरी तरह बदल जाना; उ. —साधु के प्रभाव से डाकू वाल्मीकि का कायापलट हो गया और वह ऋषि बन गया।

कार स्त्री. मोटरगाड़ी।

कारख़ाना पुं. वह स्थान जहाँ मशीनों और औज़ारों से माल बनाया जाता है।

कारटून पुं. मज़ाकिया तस्वीर, व्यंग्य चित्र।

कारण पुं. वजह; उ.—बाढ़ के कारण उसका घर बह गया।

कारतूस पुं. एक खोल जिसमें छर्रे भरे हुए होते हैं; उ.—'इस बंदूक में कारतूस भर लो' (दे. चित्र)।

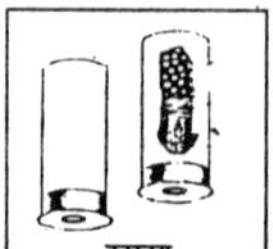

कारबन पुं. 1. एक तत्व जो कोयला पेट्रोल आदि में पाया जाता है। 2. नीली काली या लाल स्याही लगा पतला काग़ज़ जिसे रख कर नकल तैयार की जाती है; उ.— कारबन लगा कर इस चिट्ठी की चार कॉपियाँ तैयार कर दो।'

कारबार (कारोबार) पुं. रोज़गार, व्यापार; उ.—वह पढ़ाई छोड़ कर कारबार करने लगा है।

कारीगर पुं. हस्तकला में कुशल व्यक्ति, शिल्पी; उ.—ढाका के कारीगर महीन मलमल बुनने के लिए मशहूर थे।

कार्ड पुं. मोटे काग़ज़ का टुकड़ा; जैसे—पोस्टकार्ड, बधाई का कार्ड।

कार्डबोर्ड पुं. दफ़्ती, गत्ता; उ.—इस कार्डबोर्ड के बक्से में सामान भरा है।

कार्तिक पुं. आश्विन के बाद और मार्गशीर्ष के पहले का महीना; उ. —कार्तिक अमावस्या को दीवाली मनाई जाती है।

कार्य पुं. दे. 'काम'।

कार्यकर्त्ता पुं. काम करनेवाला; जैसे—संस्था का कार्यकर्त्ता, सामाजिक कार्यकर्त्ता।

कार्यक्रम पुं. 1. प्रस्तुत किए जानेवाले कार्यों का क्रम; जैसे—सभा का कार्यक्रम। 2. कामों का सिलसिला; उ.—कल तुम्हारा क्या कार्यक्रम है।

कार्यालय पुं. काम करने का स्थान, दफ़्तर; उ.—मोहन का कार्यालय उसके घर से बहुत दूर है।

काल पुं. 1. समय; जैसे—भूतकाल, वर्तमानकाल। 2. मृत्यु; उ.—हैजे के कारण वे असमय ही काल के मुँह में चले गए।

कॉलर पुं. कोट या कमीज़ के गले पर लगी हुई पट्टी (दे. चित्र 'कमीज़')।

काला वि. कोयले के रंग का, सियाह।

कालिख स्त्री. 1. कालापन; उ.—इस बरतन के पेंदे पर कालिख जमी है। 2. बदनामी, उ.—मोहन ने अपने बुरे कामों से खानदान के नाम पर कालिख पोत दी।

कालिमा स्त्री. कालापन, अंधकार; जैसे—रात की कालिमा।

क़ालीन पुं. रेशम या ऊन की बनी बढ़िया दरी, गलीचा; उ.—ईरान के क़ालीन मशहूर हैं।

कॉलेज पुं. महाविद्यालय; जैसे—ट्रेनिंग कॉलेज, महिला कॉलेज।

काव्य पुं. 1. पद्य में की हुई रचना। 2. कविता की पुस्तक।

काश्तकार पुं. खेती करनेवाला, किसान।

काष्ठ पुं. काठ, लकड़ी।

किंकर्तव्यविमूढ़ वि. कुछ न कर पाने की हालत में, भौंचक्का, हक्का- बक्का।

किचकिच स्त्री. बेकार का वाद-विवाद, टोका-टाकी, बार-बार टोकना उ.—

'आपकी रोज़मर्रा की किचकिच से तंग आ कर मैं काम छोड़ रही हूँ।'

किटकिटाना अ. क्रि. दाँतों को पीसते हुए किटकिट आवाज़ करना; उ. —काले बंदर का दाँत किटकिटाना देख कर मुन्ना डर रहा है।

कितना वि. संख्या, वजन या आकार जानने के लिए पूछा जानेवाला शब्द; जैसे—कितने लोग ? कितना दूध ? कितना बड़ा ?

किताब स्त्री. पुस्तक, पोथी।

किताबी वि. पुस्तकों से संबंधित, पुस्तकों का। मु. **किताबी कीड़ा** जिसका ज्ञान सिर्फ किताबों तक सीमित हो; उ.—'श्याम तो किताबी कीड़ा है, उसे दुनियादारी का क्या पता ?'

किधर अ. किस ओर; जैसे—'किधर जा रहे हो ?' 'किधर से आ रहे हो ?'

किन सर्व. 'किस' का बहुवचन एवं आदरसूचक शब्द।

किनारा पुं. **1.** तट, तीर; जैसे—नदी का किनारा। **2.** छोर, सिरा।

किनारी स्त्री. साड़ी या किसी कपड़े के किनारे की पट्टी।

किरकिरा वि. जिसमें रेत के महीन कण हों; जैसे—किरकिरा आटा। मु. **मज़ा किरकिरा होना** किसी बढ़िया चीज़ का बिगड़ जाना, आनंद का ख़त्म हो जाना; उ.—अचानक बारिश हो जाने से पिकनिक का सारा मज़ा किरकिरा हो गया।

किरकिरी स्त्री. रेत का महीन कण। मु. **किरकिरी होना** हेठी होना; उ.—घमंडी गोपाल बहुत डींग मार रहा था, लेकिन सच्चाई सामने आ जाने पर उसकी बड़ी किरकिरी हुई।

किरण स्त्री. प्रकाश की रेखा; जैसे—सूरज की किरणें, चाँद की किरणें।

किरमिच पुं. एक मोटा कपड़ा जिससे परदे जूते थैले आदि बनाए जाते हैं, कैनवस।

किराना पुं. मसाला मेवा आदि चीज़ें जो पंसारी की दुकान में मिलती हैं।

किरानी पुं. दफ्तर का बाबू, मुंशी, क्लर्क।

किराया पुं. किसी चीज़ को इस्तेमाल करने के लिए उसके मालिक को दिया जानेवाला पैसा, भाड़ा; उ.—इस कमरे का किराया डेढ़ सौ रुपए है।

किरायेदार पुं. किराये पर लेनेवाला; उ.— राम के मकान में दो किरायेदार हैं।

किरासन पुं. मिट्टी का तेल।

किलकारी स्त्री. खुशी में बच्चे के मुँह से निकलनेवाली आवाज; उ.—बच्चे ने माँ को देख कर किलकारी मारी और दोनों हाथ उसकी ओर बढ़ा दिए।

क़िला पुं. वह लंबी-चौड़ी इमारत जिसके भीतर से लड़ाई लड़ी जाए और जिसमें सैनिक रहें, गढ़, दुर्ग; जैसे— चित्तौड़ का किला, लाल किला (दे. चित्र)।

क़िला

किलाबंदी स्त्री. किसी स्थान की रक्षा के लिए सेना द्वारा की जानेवाली घेराबंदी, रक्षा का इंतजाम।

किलोमीटर पुं. दूरी की एक नाप जो लगभग 5/8 मील होती है।

क़िल्लत स्त्री. तंगी, कमी; उ.—आजकल

मिट्टी के तेल की बड़ी किल्लत है।

किवाड़ पुं. दरवाजे का पल्ला, कपाट (दे. चित्र)।

किशमिश स्त्री. सुखाया हुआ अंगूर।

किशलय (किसलय) पुं. कोंपल, नया पत्ता।

किशोर पुं. ग्यारह से सोलह-सतरह वर्ष की उम्र का लड़का।

किश्ती (कश्ती) स्त्री. नाव, डोंगी (दे. चित्र)।

किसान पुं. खेतिहर, काश्तकार, कृषक; उ.—किसान ही हमारा अन्नदाता है।

किसानी स्त्री. खेती का काम।

किसी सर्व. 'कोई' का विकारी रूप; जैसे—किसी ने, किसी को, किसी से।

क़िस्त स्त्री. ऋण को कई हिस्सों में चुकाने के लिए निश्चित समय पर दी जाने वाली निश्चित रक़म; उ.—मैं सौ रुपए महीने की क़िस्त पर यह रेडियो लाया हूँ।

क़िस्म स्त्री. प्रकार, तरह।

किस्मत स्त्री. भाग्य, तकदीर।

क़िस्सा पुं. कहानी, वृत्तांत।

कीकर पुं. बबूल का पेड़; उ.—ऊँट कीकर के पत्ते खा कर पेट भर लेता है।

कीच पुं. कीचड़।

कीचड़ पुं. **1.** पैरों में चिपकनेवाली गीली गंदी मिट्टी, कर्दम; उ.—बरसात के कारण इस गली में कीचड़ ही कीचड़ हो गया है। **2.** आँख से निकलनेवाली कफ़ जैसी चीज़; उ.—'आँखों में कीचड़ जमी हुई है, जाओ साफ कर आओ।'

कीट पुं. दे. 'कीड़ा'

कीटनाशक पुं. कीड़ों और कीटाणुओं को मारनेवाली दवा।

कीटाणु पुं. रोग पैदा करनेवाले ऐसे बारीक और छोटे कीड़े जिन्हें बिना यंत्र से देखा नहीं जा सकता।

कीड़ा पुं. रेंगने या उड़नेवाला छोटा जंतु, कीट।

कीप स्त्री. तंग मुँह के बरतन में तरल पदार्थ ढालते समय लगाई जानेवाली चोंगी, कुप्पी।

क़ीमत स्त्री. मूल्य, दाम।

क़ीमत स्त्री. ज्यादा दाम का, बहुमूल्य; उ. —यह अँगूठी बहुत कीमती है।

क़ीमा पुं. मांस के महीन-महीन टुकड़े। उ.—क़ीमे से ही कबाब बनता है।

कीर्तन पुं. कई लोगों द्वारा मिल कर एक स्वर में भजन गाना।

कीर्ति स्त्री. नाम, यश।

कील पुं. **1.** नुकीली काँटी, उ.—'दीवार में कील ठोंक दो।' **2.** कड़ी पीब; जैसे—मुँहासे की कील।

कीला पुं. बड़ी और मोटी कील।

कुँअर (कुँवर) पुं. राजकुमार, बेटा।

कुँआ पुं. पानी के लिए खोदा गया गहरा गड्ढा।

कुँआरा वि. जिसका ब्याह न हुआ हो, अविवाहित।

कुंकुम पुं. एक लाल चूरा, रोली।

कुँजड़ा पुं. सब्ज़ी बेचनेवाला।

कुंजी स्त्री. **1.** चाबी, ताली; उ.—इस ताले की कुंजी खो गई है। **2.** पाठ्य पुस्तक को समझाने के लिए लिखी

गई सरल किताब; उ.—बाज़ार में बिकनेवाली ज़्यादातर कुंजियाँ पैसे कमाने के लिए लिखी जाती हैं।

कुंड पुं. 1. छोटो-सा तालाब; उ.—कई पहाड़ों में गरम पानी के कुंड होते हैं। 2. छोटा गड्ढा; जैसे—हवन-कुंड। 3. कम पानीवाले इलाक़ों में बरसात के पानी को इकट्ठा करने के लिए बनाया हुआ चहबच्चा।

कुंडल पुं. घुमावदार गोल चीज; उ.—साँप कुंडल मारे बैठा है। कृष्णा के कानों के कुंडल हिल रहे हैं।

कुंडा पुं. 1. चौड़े मुँह का बड़ा बरतन। 2. दरवाज़े को साँकल।

कुंदा पुं. लकड़ी का मोटा टुकड़ा; उ. —बढ़ई कुंदे पर रख कर लकड़ी काटता है।

कुकुर पुं. कुत्ता।

कुकुरखाँसी स्त्री. लगातार आनेवाली खांसी 'काली खाँसी'।

कुकुरमुत्ता

कुकुरमुत्ता पुं. छतरीनुमा छोटा पौधा जिसे मेंढक का छत्ता भी कहा जाता है (दे. चित्र)

कुचलना स. क्रि. 1. दबा कर मसलना; जैसे—लॉरी से कुचलना। 2. पूरी तरह नष्ट करना; जैसे—बगावत कुचलना।

कुचालक वि. ताप और बिजली के प्रवाह को रोकनेवाला, इंसुलेटर; उ.—रबड़ कुचालक होता है।

कुछ (I) वि. थोड़ा; जैसे कुछ लोग आए थे; कुछ पैसे दोगे ? (II) सर्व. 1. कोई चीज; उ.—'इसे कुछ दिया था क्या ?' 2. कोई बड़ा काम; उ. —'कुछ करके दिखाओ तो जानें ?' 3. कोई ग़लत काम; उ.—'सम्हाल रखना, वह कहीं कुछ कर न ले ?'

कुटाई स्त्री. 1. कूटने का काम; जैसे—धान की कुटाई। 2. कूटने की मजदूरी। 3. पिटाई; उ.—उमेश और सुरेश ने मिल कर राजेश की खूब कुटाई की।

कुटिया स्त्री. घास-फूस का छोटा घर, कुटी; उ.—यह किसी साधु की कुटिया है।

कुटी स्त्री. दे. 'कुटिया'।

कुटुंब पुं. परिवार

कुटुंबी पुं. एक ही परिवार के लोग।

कुट्टी स्त्री. 1. जानवरों का चारा; उ. —'कुट्टी तैयार करके नाद में भर दो।' 2. बच्चों में दोस्ती तोड़ने का एक तरीका; उ.—रमेश ने ठोड़ी के नीचे अँगूठा लगा कर उमेश से कहा, 'जाओ, तुमसे कुट्टी।'

कुढ़ना अ. क्रि. अंदर ही अंदर जलना या खीझना; उ.—वह हमेशा अपने रिश्तेदारों से कुढ़ती रहती है।

कुतरना स. क्रि. दाँतों से किसी चीज़ का कुछ अंश काटना; उ.—चूहा रोटी कुतर कर ले गया।

कुतूहल (कौतूहल) पुं. देखने-जानने की इच्छा, उत्सुकता; उ.—मुन्ना कुतूहल से बंदर का नाच देख रहा है।

कुत्ता पुं. भौंकनेवाला एक जानवर।

कुदकना अ. क्रि. छोटी-छोटी कुदानें मारना, कूदना; उ.—बच्चे इधर-उधर कुदक रहे हैं।

कुदरत स्त्री. दे. 'प्रकृति'।

कुदरती वि. प्राकृतिक।

कुदाल पुं. मिट्टी खोदने का एक औज़ार; उ.—भोला कुदाल से गोड़ाई कर रहा है।

कुनकुना (गुनगुना) वि. हलका गर्म; उ.—मुझे नहाने के लिए कुनकुना पानी चाहिए।

कुनबा पुं. कुटुंब, घर के लोग, परिवार।

कुनैन स्त्री. मलेरिया बुख़ार की दवा; उ.—कुनैन सिनकोना के पौधे से बनाई जाती है।

कुप्पा पुं. मोटे पेट और छोटे मुँहवाला चमड़े का एक बरतन; उ.—कुप्पे में तेल भरा है।

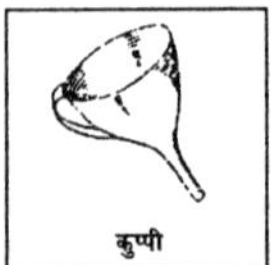
कुप्पी

कुप्पी स्त्री. **1.** छोटा कुप्पा **2.** दवात जैसी बत्ती। **3.** कल-पुर्ज़ों मशीन आदि में तेल डालने की एक नालीदार चीज़ (दे. चित्र)।

कुबड़ा **(I)** वि. जिसकी पीठ आगे झुकी हो। **(II)** पुं. ऐसा आदमी जिसकी पीठ पर कूबड़ हो।

कुबेर पुं. धन का देवता।

कुमार **(I)** पुं. बेटा, लड़का। **(II)** वि. अविवाहित, कुँआरा।

कुम्हड़ा पुं. बेल में फलनेवाला एक पीला गोल फल, काशीफल।

कुम्हलाना अ. क्रि. मुरझाना; उ.—ये फूल कुम्हला गए हैं।

कुम्हार

कुम्हार पुं. मिट्टी के बरतन बनानेवाला (दे. चित्र)।

कुरकुरा वि. जिसे खाने पर कुरकुर की आवाज़ हो, करारा; जैसे— कुरकुरा बिस्कुट, कुरकुरा पापड़।

कुरता पुं. कमीज़ की तरह का बिना कॉलर का एक ढीला पहनावा; उ.—श्याम के पिता हमेशा कुरता-धोती पहनते हैं।

कुरबान पुं. बलिहारी, न्यौछावर; उ.—देश की आज़ादी के लिए अनगिनत लोगों ने अपनी जान क़ुरबान कर दी।

कुरसी (कुर्सी) स्त्री. एक आदमी के बैठने के लिए बनी पीठवाली चार पैरों की ऊँची चौकी।

कुरान पुं. अरबी भाषा में लिखा हुआ मुसलमानों का मुख्य धार्मिक ग्रंथ।

कुरेदना स. क्रि. खुरचन कर, कुछ निकालना; जैसे—दाँत कुरेदना, मिट्टी कुरेदना।

कुरूप वि. भद्दा, असुंदर।

कुल पुं. खानदान, वंश; उ.—अच्छे कुल का होना बड़ी बात नहीं, अच्छा आदमी होना बड़ी बात है।

कुल वि. सब, सारा, सब मिलकर।

कुलचा पुं. ख़मीरवाली छोटी रोटी।

कुलफा पुं. एक तरह का साग।

कुलफ़ी स्त्री. मलाईदार गाढ़े दूध से बनी हुई खाने की एक ठंडी चीज़, मलाई बर्फ़।

कुलबुलाना अ. क्रि. छोटे-छोटे कीड़ों का एक साथ हिलना-डुलना, बिलबिलाना।

कुलाँच स्त्री. छलांग, चौकड़ी; उ.— हिरन कुलाँचें भरता हुआ भाग गया।

कुली पुं. सामान ढोनेवाला मज़दूर।

कुल्ला पुं. मुँह में पानी को इधर-उधर घुमा कर निकालना; उ.—खाना खा कर अच्छी तरह कुल्ला करना चाहिए।

कुल्हड़ पुं. मिट्टी का छोटा कटोरा,

कसोरा, चुक्कड़; उ.—रमेश कुल्हड़ में चाय पी रहा है।

कुल्हाड़ी स्त्री. पेड़ लकड़ी आदि काटने का औजार; उ.—लकड़हारा कुल्हाड़ी से लकड़ी काट रहा है।

कुश स्त्री. एक प्रकार की कड़ी घास जो पूजा यज्ञ आदि के काम में आती है और जिसके बने आसन पवित्र माने जाते हैं।

कुशल वि. **1.** प्रवीण, होशियार, निपुण; उ.—रामेश्वर रसोई बनाने में बड़ा कुशल है। **2.** प्रसन्न।

कुश्ती स्त्री. दो पहलवानों के बीच ताक़त की होड़ का खेल; उ.—आज असलम और दारा सिंह के बीच कुश्ती है।

कुसंग पुं. ख़राब संगत, बुरा साथ; उ.—कुसंग से अच्छे बच्चे भी बिगड़ जाते हैं।

कुसुम पुं. फूल।

कुहनी (कोहनी) स्त्री. बाँह और हाथ के बीच का जोड़।

कुहरा (कोहरा) पुं. ठंड के कारण वायुमण्डल में फैली हुई भाप, धुंध कुहासा; उ. —कुहरे के कारण गाड़ीवान को रास्ता नहीं सूझ रहा था।

कुहराम (कोहराम) पु. रोना-पीटना, हाहाकार; उ.—बेटे की मौत के कारण मंगल के घर कुहराम मचा हुआ है।

कुहासा पुं. दे 'कुहरा'।

कुहुक स्त्री. पक्षियों का मधुर स्वर ख़ासकर कोयल की कूक; उ.—बसंत ऋतु में चारों ओर कोयल की कुहुक सुनाई पड़ती है।

कुहुकना अ. क्रि. पक्षियों का मधुर स्वर से बोलना, कोयल का कूकना।

कूँची (कूची) स्त्री. रंगने का ब्रश, तूलिका; उ.—चित्रकार ने कूँची उठाई और एक ख़रगोश बना दिया (दे. चित्र)

कूक स्त्री. कोयल की सुरीली आवाज़।

कूकना अ. क्रि. कोयल का बोलना; उ.—आम के पेड़ पर कोयल बोल रही है।

कूच पुं. चला जाना, प्रस्थान; उ.—सेना मोरचे के लिए कूच कर गई।

कूचा पुं. छोटा रास्ता, गली; उ.—वह 'कूचा दरियाकलाँ' में रहता है।

कूटना सं. क्रि. किसी वस्तु को दूसरी वस्तु से बार-बार पीटना; जैसे-धान कूटना।

कूड़ा पुं. फालतू सामान, कचरा, बेकार और रद्दी चीज; उ.—फ़र्श बुहार कर कूड़ा फेंक दो।

कूड़ा-करकट पुं. ढेर सारा कचरा; उ. —'तुमने कमरे में कितना कूड़ा- करकट भर रखा है, इसे जल्दी साफ करो।'

कूदना स. क्रि. **1.** उछलना, छलाँग मारना, फाँदना, उ.—सपन ने कूदकर बॉल टोकरी में डाल दी। **2.** जानबूझ कर ऊपर से नीचे गिरना, उ.—वह छत से कूदकर मर गया।

कूदना-फाँदना स. क्रि. उछलना-कूदना; उ.—बच्चे इधर-उधर कूद-फाँद रहे हैं।

कूप पुं. दे. 'कुआँ'।

कूपन पुं. किसी चीज़ को लेने से पहले कीमत चुका कर लिया गया पुरज़ा या

टिकट।

कूबड़ पुं. पीठ पर उभरी हुई हड्डी; उ.—ऊँट की पीठ पर कूबड़ होता है।

कूल्हा पुं. कमर से नीचे दोनों ओर का उभरा हुआ भाग, चूतड़।

कृतघ्न वि. उपकार न माननेवाला, एहसान-फ़रामोश।

कृतज्ञ वि. उपकार माननेवाला; उ—मैं अपने माता-पिता का कृतज्ञ हूँ कि उन्होंने मुझे इतना पढ़ाया।

कृत्रिम वि. बनावटी, नक़ली; जैसे—कृत्रिम सूत, कृत्रिम हँसी।

कृपण वि. कंजूस, सूम।

कृपया अ. कृपा करके, मेहरबानी करके; उ.—'कृपया इधर आइए।'

कृपा स्त्री. मेहरबानी, दया।

कृपाण पुं. छोटी तलवार।

कृपालु वि. कृपा करनेवाला।

कृमि पुं. कीड़ा; जैसे-पेट के कृमि।

कृषक पुं. दे. 'किसान'।

कृषि स्त्री. खेती; उ.—भारत एक कृषि-प्रधान देश है।

कृष्ण **(I)** वि. काला, श्याम। **(II)** पुं. द्वापर युग में विष्णु के अवतार, वसुदेव और देवकी के पुत्र।

केंचुआ पुं. **1.** एक लंबे मोटे धागे-सा बरसाती कीड़ा; उ.—केंचुआ धरती में घुस कर ऊपर मिट्टी फेंकता है। **2.** पेट में होनेवाले सफेद धागे जैसे कीड़े।

केंचुली (केंचुल) स्त्री. साँप के पूरे शरीर पर लगी हुई झिल्ली।

केंद्र पुं. बीच का स्थान, मुख्य या प्रधान स्थान।

केंद्रित वि. केंद्र में इकट्ठा हुआ, एक जगह लाया हुआ; उ.—लेंस में किरणें केंद्रित होती हैं।

केंद्रीय वि. **1.** बीच का, मध्यवर्ती; जैसे—केंद्रीय स्थान। **2.** प्रधान; जैसे—केंद्रीय सरकार।

केक स्त्री. विलायती मिठाई; उ.— अँगरेजों में जन्मदिन पर केक काटने का रिवाज है।

केकड़ा पुं. एक छोटा जल-जंतु जिसकी आठ टाँगें और दो पंजे होते हैं।

केतली

केतली (केटली) स्त्री. चाय उबालने का बरतन (दे. चित्र)।

केला पुं. एक प्रसिद्ध मीठा फल।

केवट पुं. नाव चलानेवाला, मल्लाह।

केवल अ. सिर्फ; उ.—'मैं केवल एक प्रश्न पूछना चाहता हूँ।'

केश पुं. बाल।

केस पुं. **1.** किसी चीज को रखने का छोटा बक्सा; जैसे—चश्मे का केस, कैमरे का केस। **2.** मुक़दमा; उ.—सुरेश पर अदालत में केस चल रहा है।

केसर (केशर) पुं. एक विशेष फूल के बीच में रहनेवाला रेशा जो पीला और खुशबूदार होता है, पराग, जाफरान; उ.—कश्मीर में केसर की खेती होती है।

केसरिया वि. केसर के रंग का, पीले रंग का; जैसे—केसरिया बाना।

कैंची स्त्री. बाल कपड़े आदि काटने का छोटा यंत्र, कतरनी।

कैंप पुं. **1.** खेमा, शिविर। **2.** पड़ाव; जैसे-सेना का कैंप, पर्वतारोहियों का कैंप।

कैंसर पुं. शरीर में तेजी से फैलनेवाला एक खतरनाक रोग।

कै स्त्री. उलटी, वमन।

कैक्टस पुं. एक तरह का काँटेदार पौधा, नागफनी।

क़ैद स्त्री. जेल, कारावास; उ.–चोरी के जुर्म में उसे दो साल की क़ैद हुई है।

क़ैदख़ाना पुं. जेलखाना, कारागार।

क़ैदी पुं. कैद की सजा भुगतनेवाला बंदी।

कैमरा पुं. फोटो खींचने का यंत्र।

कैरमबोर्ड पुं. लकड़ी के बोर्ड पर खेला जानेवाला गोटियों का खेल।

कैलेंडर पुं. अंगरेजी तिथि-पत्र।

कैसा वि. किस तरह का; उ.–'तुम्हारी तबीयत अब कैसी है ?'

कैसे अ. किस प्रकार से; उ.–'तुम यहाँ तक कैसे पहुँचे ?'

कोंचना स. क्रि. नुकीली चीज़ चुभाना या गड़ाना; जैसे–पिन से कोंचना।

कोंपल स्त्री. नई पत्ती, कल्ला; उ.– आम में कोपलें फूट गई हैं, अब जल्दी ही मौर आएँगे।

कोई सर्व. न जाने कौन एक, अनजाना व्यक्ति; उ.–'कोई तुम्हें ढूँढ़ता हुआ यहाँ आया था।'

कोचवान पुं. घोड़ागाड़ी चलानेवाला।

कोट

कोट पुं. ठंड से बचने के लिए कपड़ों के ऊपर पहनने का एक अंगरेजी पहनावा; उ.–मुझे जाड़ा शुरू होने से पहले एक कोट सिलाना है (दे. चित्र)

कोट पुं. किला, गढ़।

कोटि **(I)** स्त्री. श्रेणी, स्तर; उ.–यह उच्च कोटि की कविता है। **(II)** वि. करोड़।

कोठरी स्त्री. छोटा कमरा।

कोठा पुं. **1.** बड़ा कमरा। **2.** भंडार; जैसे–अनाज का कोठा।

कोठी स्त्री. वह मकान जिसके चारों ओर ख़ाली जमीन या बगीचा हो, बंगला; उ.–कलकत्ते में गवर्नर की कोठी के चारों तरफ़ चार फ़ाटक हैं।

कोड़ा पुं. चाबुक।

कोड़ी स्त्री. बीस का समूह, बीसी; जैसे–एक कोड़ी जामुन, एक कोड़ी बरतन।

कोढ़ पुं. चमड़ी का एक रोग।

कोण पुं. कोना; उ.–त्रिभुज में तीन कोण होते हैं।

कोतवाल पुं. पुलिस का एक अफ़सर।

कोतवाली स्त्री. पुलिस-थाना।

कोदों (कोदो) पुं. एक मोटा अनाज।

कोना पुं. दो दिशाओं के मिलने की जगह, कोण; जैसे–कमरे का कोना।

कोप पुं. क्रोध, गुस्सा।

कोफ़्ता पुं. महीन मांस या सब्जी का पकौड़ा।

कोमल वि. मुलायम, नरम।

कोमलता स्त्री. नरमी, मुलायमियत, सुकुमारता।

कोयल स्त्री. मीठा बोलनेवाली एक काली चिड़िया; उ.–कोयल कूक रही है।

कोयला पुं. जलाने के काम आनेवाला एक काला खनिज पदार्थ।

कोरा वि. जो पहले काम में न लाया गया हो, नया; जैसे—कोरा कागज़ कोरा कपड़ा।

कोलतार पुं. अलकतरा; उ.—कोलतार की सड़क पर बस दौड़ रही है।

कोल्हू पुं. तेल रस आदि निकालने का एक यंत्र।

कोश पुं. शब्दों और उनके अर्थों का संग्रह; उ.—सही अर्थ जानने के लिए कोश देखना चाहिए।

कोशिश स्त्री. चेष्टा, प्रयत्न।

कोष पुं. ख़ज़ाना; जैसे—सरकारी कोष।

कोष्ठक पुं. कोठा, ब्रैकेट; उ.—(राम) इस कोष्ठक के अंदर राम लिखा हुआ है; कोष्ठक में लिखी बातों पर भी ध्यान देना चाहिए।

कोस पुं. दूरी की एक नाप जो लगभग दो मील के बराबर होती है।

कोसना स. क्रि. किसी के द्वारा सताए जाने पर उसकी निंदा करते हुए या गाली देते हुए उसे शाप देना उ.—सोनू रो-रो कर विक्रम को कोस रहा था—'तूने मेरी किताब चुराई है, भगवान तुझे इम्तहान में फेल करेगा।'

कोहनी स्त्री. दे. 'कुहनी'।

कोहरा पुं. दे. 'कुहरा'।

कौआ पुं. काँव-काँव करनेवाला एक काला पक्षी।

कौड़ी स्त्री. एक तरफ़ से फूला हुआ और एक तरफ़ से चपटा एक घोंघा, जो पहले एक छोटे सिक्के के रूप में चलता था। मु. **कौड़ी के मोल** बहुत सस्ता; उ.—ठाकुर की शानदार हवेली कौड़ी के मोल बिक गई।

कौन (I) सर्व. एक प्रश्नवाचक सर्वनाम; उ.—'वह कौन था ?' 'कल कौन आया था ?' (II) वि. किस तरह का; जैसे—'कौन सी किताब ?'

कौर पुं. निवाला, ग्रास।

क्या (I) सर्व. एक प्रश्नवाचक सर्वनाम; जैसे—'तुम क्या चाहते हो ?' 'इसमें क्या लपेट रखा है ?' (II) वि. प्रशंसा के लिए कहा गया शब्द; जैसे—'वाह ! क्या बात है। अहा ! क्या दृश्य है।'

क्यारी स्त्री. खेतों या बाग़ों में मेड़ों द्वारा बनाए गए चौख़ाने जिनमें अलग-अलग चीज़ें बोई जाती हैं; जैसे—गुलाब की क्यारी।

क्यों अ. किसलिए; उ.—'तुम वहाँ क्यों गए थे ? 'तुमने यह फूल क्यों तोड़ा ?'

क्योंकि अ. कारण यह है कि, इसलिए कि; उ.—राम नहीं आ सका, क्योंकि उसे बुख़ार था।

क्रम पुं. सिलसिला, तरतीब; जैसे—क्रम से किताबें सजाना, क्रम से खड़े होना।

क्रमसंख्या स्त्री. नामों बातों आदि के आगे लिखी जानेवाली संख्या जो उनका क्रम बताती है; जैसे—पुस्तकालय में पुस्तकों की क्रमसंख्या, कक्षा के छात्रों की क्रमसंख्या।

क्रिकेट पुं. गेंद बल्ले का एक खेल; उ. —क्रिकेट के इस मैच में सचिन ने कई चौके और छक्के मारे।

क्रिया स्त्री. (व्या.) **1.** कर्म, काम करना। **2.** जिस शब्द से किसी काम का करना या होना प्रकट हो, जैसे—पढ़ना, लिखना, खेलना, सोना।

क्रिया-विशेषण पुं. (व्या.) क्रिया की विशेषता बताने वाला शब्द, जैसे—कब चलना है ? (यहाँ 'कब' क्रिया का विशेषण है)।

क्रिसमस पुं. ईसाइयों का बड़ा त्योहार।

क्रीड़ा स्त्री. आनंदपूर्ण खेल; जैसे-जल-क्रीड़ा।

क्रेन पुं. भारी वस्तुओं को उठाने की एक मशीन; उ.—देखो क्रेन से उठा कर गाड़ी को जहाज़ पर लादा जा रहा है (दे. चित्र)।

क्रोध पुं. अपनी इच्छा के विरुद्ध किसी बात अथवा किसी के व्यवहार पर होनेवाला रोष, गुस्सा, कोप; उ.—रामू को सरासर झूठ बोलते देख बाबूजी ने मारे क्रोध के उसे जोर से चाँटा मारा।

क्लर्क पुं. दफ़्तर का बाबू, लिपिक; उ.—मेरे पिता रेलवे में क्लर्क हैं।

क्लास पुं. **1.** कक्षा; उ.—मैं पाँचवीं क्लास में पढ़ती हूँ। **2.** दरजा, श्रेणी; उ.—मेरे पास सेकंड क्लास का टिकट है।

क्लिप स्त्री. एक प्रकार की चिमटी, पंजा; जैसे—बालों की क्लिप, कपड़ों की क्लिप।

क्वार्टर पुं. कर्मचारियों के रहने के लिए बनाए गए घर; उ.—ये क्वार्टर डाक-तार विभाग के कर्मचारियों के लिए हैं।

क्विंटल पुं. सौ किलो वज़न, कुंतल।

क्षण पुं. समय का एक बहुत छोटा अंश, पल, निमिष।

क्षत्रिय पुं. **1.** हिंदुओं की एक जाति। **2.** क्षत्रिय जाति का आदमी।

क्षमा स्त्री. अपराध के लिए दंड न देना, माफी; उ.—क्षमा करना मनुष्य का सबसे बड़ा गुण है।

क्षेत्र पुं. इलाका, अंचल।

क्षेत्रफल पुं. किसी क्षेत्र के फैलाव का माप जो किसी इकाई के वर्ग रूप में व्यक्त किया जाता है, रकबा; उ.—इस कमरे की लंबाई 12 फ़ुट है और चौड़ाई 10 फ़ुट है अर्थात् इसका क्षेत्रफल $12 \times 10 = 120$ वर्गफ़ुट है।

ख

खँगालना स. क्रि. पानी में डूबो कर धोना; जैसे—कपड़े खँगालना, बरतन खँगालना।

खंजड़ी स्त्री. डफली की तरह का एक छोटा बाजा; उ.—बंजारिन खंजड़ी बजा कर नाच रही है (दे. चित्र)।

खंजर पुं. दोतरफ़ा धारवाली छोटी तलवार, कटार।

खंड पुं. टुकड़ा, भाग, हिस्सा; जैसे—पुस्तक के दो खंड, मकान का पिछला खंड।

खँडहर पुं. नष्ट हो गई पुरानी इमारत के बचे हुए हिस्से; उ.—नालंदा के खँडहर भारत की प्राचीन सभ्यता की कहानी कहते हैं।

खंदक़ स्त्री. खाई; उ.—बमबारी के वक्त लोग ख़ंदक़ों में छिप जाते हैं।

खंभा पुं. ज़मीन में गड़ा हुआ पत्थर, लकड़ी, लोहे आदि का डंडा, स्तंभ; जैसे— इमारत का खंभा, बिजली का खंभा (दे. चित्र)।

खंभा

खखारना अ. 1. क़फ़ निकालने के लिए गले से आवाज़ करना। 2. इशारा करने के लिए हलका खाँसना; उ.—उसके खखारने पर मैं समझ गया कि मुझे अब चुप हो जाना चाहिए।

खचाखच अ. पूरी तरह भरा हुआ, ठसाठस; उ.—हॉल लोगों से खचाखच भर गया है।

खच्चर पुं. घोड़े और गदहे के मेल से बना माल ढोनेवाला एक जानवर।

ख़ज़ांची पुं. ख़ज़ाने का हिसाब-किताब रखनेवाला, कोषाध्यक्ष, कैशियर; उ.—ये रुपए ख़ज़ाची के पास जमा करा दो।

ख़ज़ाना पुं. पैसे या धन-संपत्ति रखने का स्थान, कोष; जैसे—गड़ा हुआ ख़ज़ाना, सरकारी ख़ज़ाना।

खजूर पुं. 1. ताड़ की तरह का एक पेड़ और उसका मीठा फल। 2. मैदे की एक मिठाई।

खटकना अ. क्रि. बुरा लगना, अखरना, किसी बात का चुभना।

खटका पुं. 1. खट-खट की आवाज़; उ.—ज़रा-सा खटका होते ही उसकी नींद खुल जाती है। 2. अंदेशा, आशंका; उ.—मुझे पहले ही खटका हो गया था कि वह कुछ-न-कुछ शरारत ज़रूर करेगा।

खटखटाना स. क्रि. खटखट शब्द करना, दरवाज़ा खुलवाने के लिए हल्की चोट करना।

खटपट स्त्री. झगड़ा, मनमुटाव।

खटमल पुं. खाट, कुरसियों आदि में रहनेवाला एक कीड़ा; उ.—मुझे रात भर नींद नहीं आई क्योंकि खटमल काट रहे थे।

खटमिट्ठा वि. जिसमें खट्टे और मीठे दोनों का मिलाजुला स्वाद हो; उ.—आम, अनन्नास आदि खटमिट्ठे फल हैं।

खटाई स्त्री. 1. खट्टापन; जैसे—नींबू की खटाई। 2. खट्टी चीज; उ.—थोड़ी खटाई और डाल दो। मु. **खटाई में पड़ना** अ. क्रि. गड़बड़ा जाना; उ.—उसके खेत का मामला इन दिनों खटाई में पड़ा है।

खटास स्त्री. हलका खट्टापन; उ.— बासी होने के कारण मिठाई में खटास आ गई है।

खटिया स्त्री. खाट, चारपाई।

खटोला पुं. छोटी खाट।

खट्टा वि. जिसमें खट्टापन हो, तुर्श; जैसे—खट्टा आम, खट्टे अंगूर।

खड़खड़ाना (I) अ. क्रि. खड़-खड़ की आवाज़ होना; उ.—खिड़कियाँ तेज़ हवा चलने के कारण खड़खड़ा रही हैं। (II) स. क्रि. खड़-खड़ करना; उ.—कोई साँकल खड़खड़ा रहा है।

खड़ा वि. **1.** सीधा ऊपर की ओर उठा हुआ; जैसे–खड़ा पेड़, खड़ी रेखा। **2.** पाँवों पर टिका हुआ; उ.–वह सड़क पर खड़ा है। **3.** रुका हुआ, स्थिर; उ.–रेलगाड़ी खड़ी है।

खड़ाऊँ स्त्री. काठ की खूँटीदार या पट्टीदार चप्पल; उ.–दादा जी की खड़ाऊँ की खटखट सुनते ही मुन्ना पढ़ने बैठ गया।

खड़िया स्त्री. एक प्रकार की सफेद मिट्टी, चॉक; उ.–खड़िया से ब्लैक- बोर्ड पर सवाल लिखो।

खड्ग पुं. तलवार।

खड्ड पुं. खाई, गहरा गड्ढा; उ.–पहाड़ से उतरती हुई बस खड्ड में गिर गई।

खड्ढा पुं. दे. 'गड्ढा'।

ख़त पुं. चिट्ठी, पत्र।

ख़तरनाक वि. 1. जिससे ख़तरा हो; उ.–वह खतरनाक मुजरिम है। 2. जोखिम-भरा, जिसमें ख़तरा हो सकता हो; उ.–यह घाटी बड़ी ख़तरनाक है।

ख़तरा पुं. डर, भय, आशंका, जोखिम; उ.–आगे मत बढ़ो, वहाँ से नीचे गिर जाने का ख़तरा है।

ख़त्म वि. पूरा, समाप्त, नष्ट।

खदान स्त्री. दे. 'खान'।

खेदड़ना स. क्रि. पीछा करते हुए दूर भागना; उ.–कुत्तों ने भेड़ियों को गाँव से खदेड़ दिया।

खद्दर पुं. हाथ से काते हुए सूत का कपड़ा, खादी; उ.–गाँधी जी ने खद्दर का खूब प्रचार किया।

खनक स्त्री. चूड़ी सिक्कों आदि के बजने की आवाज़।

खनन पुं. खोदना।

खनिज पुं. खान खोद कर निकाली गई चीज; उ.–लोहा और कोयला खनिज हैं।

खपच्ची (खपची) स्त्री. बाँस को चीर कर बनाई हुई पतली चपटी डंडी।

ख़पत स्त्री. **1.** ख़र्च; उ.–मेहमानों के आने से हमारे यहाँ चावल की ख़पत बढ़ गई है। **2.** माल की बिक्री; उ.–त्योहार के कारण बाज़ार में कपड़े की खपत ज़्यादा हो रही है।

खपरैल

खपरैल स्त्री. मिट्टी की टाली जो छाजन के काम आती है, खपरा (दे. चित्र)।

खपाना स. क्रि. किसी काम में लगा लेना; जैसे–माल खपाना, दिमाग़ खपाना।

ख़बर स्त्री. समाचार, हाल; उ.–आज की ताज़ा ख़बर क्या है ?

ख़बरदार वि. सावधान, चौकन्ना; उ. –पाकेटमारों से खबरदार रहें; 'खबरदार ! आगे से ऐसा मत करना।'

ख़मीर पुं. किसी भी तरह के अनाज के आटे को भिगो कर उसमें पैदा की जानेवाली खटास और फूलापन; उ. –आटे में ख़मीर उठ गया है, पावरोटी बना लो।

ख़याल पुं. **1.** विचार, मत; उ.– आपके ख़याल से पिताजी कब तक ठीक हो जाएँगे ? **2.** ध्यान, चिंता; उ.–मेरी माँ मेरे खाने-पीने का बहुत ख़याल रखती हैं। **3.** याद; उ.–मुझे बिलकुल

ख़याल नहीं रहा कि आपने मुझे कल बुलाया था।

ख़रगोश

ख़रगोश पुं. रोएँदार मुलायम चमड़ी और बड़े कानोंवाला चूहे से मिलता-जुलता एक छोटा सफ़ेद जानवर, खरहा (दे. चित्र)

ख़रबूज़ा पुं. गरमी के दिनों में होनेवाला एक गूदेदार फल; उ.—लखनऊ के ख़रबूज़े बड़े मशहूर हैं।

खरल पुं. चीज़ों को घोटने के काम आनेवाला एक पात्र; उ.—वैद्य जी खरल में दवा घोंट रहे हैं (दे. चित्र)।

खरल

खरहा पुं. दे. 'खरगोश'।

खरा वि. सच्चा, ख़ालिस; जैसे—खरा सोना, खरा आदमी (विलोम : खोटा)।

ख़राद पुं. लकड़ी या धातु को सुडौल बनानेवाली मशीन; उ.—बढ़ई लकड़ी को ख़राद पर चढ़ा कर चिकना बना रहा है।

ख़राब वि. **1.** बुरा; जैसे—ख़राब आदत। **2.** बिगड़ा हुआ; जैसे— ख़राब मशीन।

खराबी स्त्री. बुराई, दोष; उ.—इस मशीन में कुछ खराबी आ गई है।

खरी-खोटी स्त्री. फटकार, कड़ी लगनेवाली बात; उ.—शरारती छात्रों को मास्टर जी ने खूब खरी-खोटी सुनाई।

ख़रीददार पुं. ख़रीदनेवाला।

ख़रीदना स. क्रि. पैसे दे कर कुछ लेना, मोल लेना।

खरीफ़ स्त्री. आषाढ़-सावन के महीनों में बोई जानेवाली फसल; उ.—मक्का, बाजरा, ज्वार, धान आदि खरीफ की फसलें हैं।

खरोंच स्त्री. चमड़ी का छिल जानना; उ.—हाथा-पाई करने के कारण उसके हाथ पैरों में खरोंच आ गई है।

खर्च पुं. इस्तेमाल से किसी चीज का घटना या कम होना, व्यय।

खर्चीला वि. जिसमें बहुत ज़्यादा ख़र्च हो, महँगा; उ.—हमारे समाज में विवाह बड़ा ख़र्चीला काम है।

खर्राटा पुं. सोते समय नाक से होनेवाली आवाज।

खलना अ. क्रि. बुरा लगना, खटकना, अखरना, चुभना; उ.—उसकी कड़ी बातें मुझे अभी तक खल रही हैं।

खलबली स्त्री. बेचैनी, हलचल; उ.—बीच में बिजली के बंद होने से सिनेमा हॉल में खलबली मच गई।

खलिहान पुं. फसल को काट कर रखने का स्थान।

खली स्त्री. तेल पेरने के बाद बचा हुआ अंश; जैसे तिल की खली, बदाम की खली।

खस (खसखस) पुं. एक प्रकार की सुगंधित घास; उ.—ठंडक के लिए, गरमी के दिनों में खस के परदे लगाए जाते हैं।

खसरा पुं. छोटे लाल दानोंवाला एक छुतहा रोग जिसमें खुजली आती है।

खसरा पुं. पटवारी की बही जिसमें गाँव के हर खेत का ब्योरा लिखा रहता है।

खसोटना स. क्रि. छीनना; उ.—गुंडों ने उसे अकेला देख कर उसकी घड़ी खसोट ली।

खस्ता वि. नरम, भुरभुरा; जैसे—ख़स्ता

कचौड़ी, खस्ता पापड़।

खाँड़ स्त्री. कच्ची चीनी, शक्कर।

खाँसना अ. क्रि. खाँसी के कारण गले से खों-खों की आवाज होना।

खाँसी स्त्री. **1.** छाती या गले से खों-खों की आवाज़ निकलना। **2.** खाँसने का एक रोग।

खाई स्त्री. लंबा और गहरा गड्ढा, खंदक।

खाऊ वि. **1.** बहुत खानेवाला, पेटू; उ. —मथुरा के चौबे खाऊ माने जाते हैं। **2.** घूस लेनेवाला; जैसे—खाऊ अफ़सर।

ख़ाक स्त्री. **1.** मिट्टी, धूल। **2.** राख; उ. —देखते ही देखते सारी बस्ती जल कर ख़ाक हो गई।

ख़ाका पुं. नक्शा, रूपरेखा; जैसे—मकान का खाका।

ख़ाकी वि. मिट्टी के रंग का, भूरा, फ़ौज़ी वरदी का रंग; जैसे—खाकी पतलून।

खाज स्त्री. चमड़ी में खुजली का रोग, ख़ारिश।

खाजा पुं. मैदा घी और चीनी से बनी एक ख़स्ता मिठाई।

खाट स्त्री. चारपाई, खटिया।

खाड़ी स्त्री. समुद्र का वह हिस्सा जिसके तीन ओर धरती हो; जैसे—बंगाल की खाड़ी।

ख़ातमा पुं. ख़त्म हो जाना, अंत; जैसे—दुश्मनों का खातमा।

खाता पुं. **1.** हिसाब लिखने की बही। **2.** बैंक, व्यापार आदि में पैसे के लेन-देन का हिसाब, एकाउंट; उ. —राम का खाता 'पंजाब नेशनल बैंक' में है।

खातिर (I) स्त्री. आदर-सत्कार; उ.—उन्होंने बारात की ख़ूब ख़ातिर की। **(II)** अ. के लिए, वास्ते; उ.—तुम्हारी ख़ातिर ही मैं वहाँ गया था।

खाद स्त्री. पैदावार बढ़ाने के लिए खेत में डाली जानेवाली चीज़; उ.—गोबर प्राकृतिक खाद है।

खादी स्त्री. दे. 'खद्दर'।

खाद्य (I) वि. खाने योग्य; जैसे—खाद्य वस्तुओं की दुकान। **(II)** पुं. खाने की चीज़, भोजन; जैसे-खाद्य- समस्या।

खाद्यान्न पुं. खाने का अनाज; जैसे—गेहूँ, चना, चावल, दाल।

खान स्त्री. वह जगह जहाँ से ख़ोद कर धातु कोयला आदि खनिज पदार्थ निकाले जाएँ।

खानदान पुं. कुल, वंश।

खान-पान पुं. **(I)** खाना-पीना; उ.—सभा के बाद खान-पान का भी इंतजाम है। **2.** खाने-पीने का तरीका; उ.—अंगरेज़ों का खान-पान हमसे अलग है।

ख़ाना पुं. स्थान, जगह; जैसे—दवाख़ाना, डाकख़ाना।

खाना (I) पुं. भोजन; उ.—उसके घर बहुत अच्छा खाना बनता है। **(II)** स. क्रि. भोजन करना; उ.—ख़ूब चबाकर खाना चाहिए।

ख़ानाबदोश वि. जिसका कोई स्थायी घरबार न हो, घुमंतू; उ.—पहाड़ों और रेगिस्तानों में कई ख़ानाबदोश जातियाँ रहती हैं।

ख़ामोश वि. चुप, मौन।

ख़ामोशी स्त्री. चुप्पी, शांति, सन्नाटा; उ. —मास्टर जी के आते ही क्लास में खामोशी छा गई।

खारा वि. 1. बहुत नमकीन; उ.—समुद्र का पानी खारा होता है। 2. कड़वा; उ.—यह खीरा खारा है।

खाल स्त्री. चमड़ा, त्वचा; जैसे—शेर की खाल ओढ़ कर मुन्ना हम सबको डरा रहा है।

ख़ालिस वि. बिना मिलावट का, विशुद्ध, शुद्ध, जैसे—ख़ालिस सोना, ख़ालिस दूध।

ख़ाली वि. जिसके अंदर कुछ न हो, रीता; जैसे—ख़ाली डिब्बा, ख़ाली कमरा (विलोम : भरा)।

ख़ास वि. जो साधारण न हो, विशेष; जैसे—खास मेहमान, ख़ास काम (विलोम : आम)।

खिंचना अ. क्रि. 1. तनना, खींचा जाना; उ.—उसकी बदतमीज़ी देख मास्टर जी की भौंहे खिंच गईं। 2. आकर्षित होना; उ.—उसके गुणों के कारण सब उसकी ओर खिंच जाते हैं।

खिचड़ी स्त्री. दाल-चावल मिलाकर बनाई हुई खाने की एक चीज़।

खिझाना स. क्रि. चिढ़ाना, नाराज़ करना; उ.—मुन्ने को ज़्यादा मत खिझाओ, वह रो पड़ेगा।

खिड़की स्त्री. दीवार में बना पल्लेदार खुला स्थान जिससे बाहर झाँका जा सकता है, झरोखा; उ.—आँधी आ रही है, खिड़कियाँ बंद कर दो (दे. चित्र)।

खिड़की

खिलखिलाना अ. क्रि. खुल कर हँसना।

खिलना अ. क्रि. 1. कली से फूल बनना; उ.—इस बाग में रंग-बिरंगे फूल खिले हैं। 2. ख़ुश होना; उ.—शारदा अपनी सहेली वीणा को देखते ही खिल उठी (विलोम : मुरझाना)।

खिलवाड़ स्त्री. खेल, मजाक; उ.—परीक्षा पास करना कोई खिलवाड़ नहीं।

खिलाड़ी पुं. खेलनेवाला, किसी ख़ास खेल में कुशल; जैसे—क्रिकेट का खिलाड़ी, टेनिस का खिलाड़ी, शतरंज का खिलाड़ी।

खिलाना सं. क्रि. भोजन कराना; उ.—माँ बच्चों को खाना खिला रही है।

ख़िलाफ़ वि. विरुद्ध; उ.—राम ने ही मेरे ख़िलाफ़ हेडमास्टर जी से शिकायत की है।

खिलौना पुं. बच्चों के खेलने की चीज़; उ.—गेंद, गुड़िया और फिरकी खिलौने हैं।

खिल्ली स्त्री. मजाक, हँसी; उ.—सबने गप्पी चंदर की खूब खिल्ली उड़ाई।

खिसकना अ. क्रि. 1. सरकना; उ.—तुम ज़रा आगे की तरफ़ खिसक कर बैठो। 2. चुपचाप चले जाना; उ.—वह सभा से खिसक गया।

खिसकाना स. क्रि. अपनी जगह से हटाना; जैसे—आलमारी या मेज़ खिसकाना।

खिसियाना अ. क्रि लज्जित होते हुए खीझना, झेंप कर चिढ़ना; उ.—अपनी पोल खुलते देख रहमान खिसिया गया।

खींचतान स्त्री. तनातनी; उ.—जायदाद को ले कर आजकल नंदू और चंदू में खींचतान चल रही है।

खींचना स. क्रि. अपनी ओर तानना; जैसे—कुएँ से पानी खींचना, पतंग की डोर खींचना।

खीझ स्त्री. झुँझलाहट, गुस्सा।

खीझना (खीजना) अ. क्रि. झुँझलाना; उ.—बच्चे की ज़िद से खीझ कर माँ ने उसे थप्पड़ मार दिया।

खीर स्त्री. दूध चीनी और चावल से बनी खाने की एक चीज़।

खीरा पुं. ककड़ी की तरह का एक फल; उ.—बेल खीरों से लद गई है।

खील पुं. भूना हुआ धान, लावा खोई।

खुजलाना स. क्रि. चमड़ी को नाखून या किसी चीज से खरोंचना, खाज करना।

खुजली स्त्री. **1.** खाज की एक बीमारी जिसमें चमड़ी पर दाने हो जाते हैं; उ.—नीम का लेप खुजली मिटाता है। **2.** सुरसुरी, खाज; उ.—मेरी पीठ की घमौरियों में खुजली होती है।

खुद अ. आप, स्वयं; उ.—मैंने खुद उसे चोरी करते पकड़ा है।

खुदरा पुं. थोड़ी मात्रा का, फुटकर (विलोम : थोक)।

खुदवाना प्रे. क्रि. खोदने का काम करवाना; जैसे—कुँआँ खुदवाना।

खुदा पुं. ईश्वर, अल्लाह।

खुदाई स्त्री. ज़मीन खोदने का काम; उ.—नहर की खुदाई में हज़ारों मज़दूर लगे हुए हैं।

खुरंड पुं. घाव पर जमी हुई सूखी परत।

खुर पुं. घोड़े, गाय आदि के पैर का निचला कड़ा हिस्सा (दे. चित्र)।

खुरचन स्त्री. **1.** खुरच कर निकाली हुई दूध की मलाई; उ.—मथुरा की खुरचन प्रसिद्ध है। **2.** बची-खुची चीज़; उ.—'माल तो तुमने दबा लिया, अब खुरचन मुझे दे रहे हो ?'

खुरदरा वि. जिसकी सतह बराबर और चिकनी न हो; जैसे—खुरदरा कागज, खुरदरा फ़र्श (विलोम : चिकना)।

खुरपा पुं. घास खोदने का छोटा औज़ार।

खुराक स्त्री. **1.** आहार, खाना-पीना; उ.—उसकी तंदुरुस्ती का कारण उसकी अच्छी खुराक है। **2.** दवा की मात्रा; उ.—तुम इस दवा की तीन खुराक लेना।

खुलना अ. क्रि. **1.** बँधी चीज का अलग होना; जैसे—बंडल खुलना, गाँठ खुलना। **2.** बंद न रहना; जैसे—ताला खुलना, दरवाज़ा खुलना। **3.** सामने आना; जैसे—भेद खुलना। **4.** किसी भी तरह की आड़ का हटना; जैसे—परदा खुलना।

खुल्लमखुल्ला अ. खुले आम, सबके सामने; उ.—राम बेईमान अफ़सर को खुल्लमखुल्ला गाली दे रहा था।

खुला वि. **1.** बिना ढक्कन का, जो बँधा या बंद न हो; जैसे—खुला डिब्बा, खुली गठरी, खुला कमरा। **2.** जो घिरा हुआ न हो; जैसे—खुला मैदान, खुली छत।

खुश वि. प्रसन्न (विलोम : नाखुश)।

खुशक़िस्मत वि. अच्छी क़िस्मतवाला, भाग्यवान (विलोम : बदक़िस्मत)।

खुशखबरी स्त्री. अच्छी ख़बर, शुभ सूचना।

खुशबू स्त्री. अच्छी लगनेवाली गंध,

सुगंध; जैसे–गुलाब की खुशबू।

खुशामद स्त्री. झूठी बड़ाई, चापलूसी; उ.–अफ़सरों की खुशामद करके ही वह आगे बढ़ा है।

खुशामदी वि. झूठी बड़ाई करनेवाला, चापलूस; उ.–मंत्री जी हमेशा खुशामदी लोगों से घिरे रहते हैं।

खुशी स्त्री. प्रसन्नता, आनंद। मु. **खुशी का ठिकाना न रहना** बहुत अधिक प्रसन्न होना; उ.–नौकरी मिलने से उसकी खुशी का ठिकाना न रहा। मु. **खुशी से झूम उठना** बहुत अधिक खुश होना; उ.–पास होने की खबर पा कर वह खुशी से झूम उठा।

खुश्क वि. सूखा, रूखा; जैसे–खुश्क जमीन, खुश्क चमड़ा।

खुश्की स्त्री. **1.** सूखापन; उ.–यहाँ की हवा में खुश्की है। **2.** खोरा, रूसी; उ.–मेरे बालों में खुश्की हो रही है।

खुसुरफुसुर स्त्री. कान के पास मुँह ले जा कर धीरे-धीरे बोलना, कानाफूसी; उ.–वे दोनों न जाने आपस में क्या खुसुरफुसुर कर रहे हैं।

खूँख़ार वि. खूनी, हिंसक, मार डालनेवाला; उ.–शेर एक खूँख़ार जानवर है।

खूँटा पुं. जमीन में गड़ा हुआ लोहे या लकड़ी का टुकड़ा; उ.–गाय खूँटें से बँधी हुई है।

खून पुं. **1.** लहू, रक्त। मु. **खून खौलना** गुस्से से जोश में आना; उ.–पिता के बारे में अपमानजनक बातें सुन कर अशोक का खून खौल उठा। मु. **खून सूखना** बहुत डर जाना; उ.–मास्टर जी की लपलपाती छड़ी देखकर शरारती नंदू का खून सूख गया। मु. **खून बहाना** कुरबान होना; उ.–देश की आज़ादी के लिए शहीदों ने अपना खून बहाया है। **2.** हत्या; उ.–कल रात मोहन का खून हो गया।

खूनख़राबा पुं. मार-काट; उ.–दंगों में भयंकर खूनख़राबा होता है।

खूनी (I) पुं. किसी की जान लेनेवाला, हत्यारा; उ.–खूनी को न्यायाधीश ने आजीवन कारावास की सज़ा दी। **(II)** वि. मार-काटवाला, रक्तरंजित; जैसे–डाकुओं के बीच खूनी लड़ाई।

खूब वि. **1.** बढ़िया; उ.–'वाह ! क्या ख़ूब कही।' **2.** ज़्यादा; जैसे–खूब अच्छा।

खूबसूरत वि. अच्छी शक्लवाला, सुंदर।

खूबसूरती स्त्री. सुंदरता।

खूबी स्त्री. विशेषता, गुण, अच्छाई; उ.–अकबर बादशाह में अनेक खूबियाँ थीं।

खेत पुं. जोती-बोई जानेवाली ज़मीन का टुकड़ा, क्षेत्र। मु. **खेत रहना** युद्ध में मरना, उ.–इस लड़ाई में हज़ारों जवान खेत रहे।

खेतिहर पुं. खेती करनेवाला, किसान।

खेती स्त्री. **1.** फ़सल उगाने का काम, कृषि; उ.–बिस्सू खेती करता है। **2.** फसल; उ.–इस साल खेती अच्छी हुई है।

खेद पुं. दुःख, अफ़सोस; उ.–मुझे खेद है कि मैं कल नहीं पहुँच सका (विलोम : प्रसन्नता)।

ख़ेमा पुं. तंबू।

खेल पुं. मन बहलाने या कसरत करने

का काम, क्रीड़ा; जैसे-कबड्डी का खेल; ताश का खेल।

खेलना अ. क्रि. क्रीड़ा करना, मन बहलाने या शारीरिक चुस्ती के लिए कुछ करना; उ.—बच्चों को खेलने के लिए भी कुछ समय मिलना चाहिए। मु. **जान पर खेलना** जोखिम का काम करना; उ.—उसने जान पर खेल कर बच्चे को आग से बचाया।

ख़ैर **(I)** स्त्री. कुशल-क्षेम; उ.—अब दुश्मन की ख़ैर नहीं है। **(II)** अ. अच्छा, ठीक; उ.—'ख़ैर, अब आगे कहो।'

खैरात स्त्री. मुफ़्त में मिली चीज, दान।

खोंसना स. क्रि. एक चीज़ को दूसरी चीज़ में घुसाना; उ.—स्त्रियाँ बालों में फूल खोंसती हैं।

खोखला वि. अंदर से खाली, पोला; उ.—ढोल अंदर से खोखला होता है।

खो-खो पुं. एक खेल जिसमें 'खो' कह कर बैठे हुए खिलाड़ी को दूसरे पक्ष को छूने के लिए दौड़ाया जाता है।

खोज स्त्री. ढूँढ़ने का काम, तलाश; जैसे—गुमशुदा बच्चे की खोज, चोर की खोज।

खोजना स. क्रि. ढूँढ़ना, पता लगाना।

खोट पुं. **1.** मिलावट, दोष; उ.—इस सोने में खोट है। **2.** कपट, छल; उ.—दुर्योधन के मन में पांडवों के लिए खोट था।

खोटा वि. **1.** जो खरा न हो, नक़ली; उ.—यह सिक्का खोटा है (विलोम : खरा) **2.** कपटी, बदमाश; जैसे—खोटा आदमी।

खोदना स. क्रि. **1.** फावड़ा खुरपी आदि की सहायता से किसी स्थान से मिट्टी खनिज आदि निकालना; जैसे—खान खोदना, कुआँ खोदना। **2.** कुरेद कर मूर्ति चित्र आदि बनाना; उ.—एलोरा की गुफाओं की खुदाई बहुत सुन्दर है।

खोना **(I)** स. क्रि. कोई चीज़ कहीं भूल जाना, गँवाना; उ.—'अरे भाई ! तुमने मेरी किताब कहाँ खो दी ?' **(II)** अ. क्रि. गुम हो जाना; उ.—मेरी किताब खो गई है।

खोपड़ी स्त्री. बालों के नीचे सिर का हड्डीवाला हिस्सा। मु. **खोपड़ी खा जाना** बकवास कर उबाना; उ.— वह बक-बक करके मेरी खोपड़ी खा जाता है।

खोमचा पुं. **1.** मुड़े हुए किनारोंवाला बड़ा थाल। **2.** सड़क पर बेचा जानेवाला खाने का सामान; उ.—नुक्कड़ पर कई चाटवाले खोमचा लगाए बैठे हैं (दे. चित्र)।

खोमचा

खोया पुं. दूध को औटा कर इतना गाढ़ा बनाना कि उसका पिंड बन जाए, मावा, खोवा।

खोल पुं. **1.** किसी चीज़ के चारों ओर की बाहरी परत; जैसे—अंडे का खोल। **2.** गिलाफ।

खोलना स. क्रि. **1.** बंधन छुड़ाना; जैसे—बंडल खोलना, रस्सी खोलना। **2.** किसी चीज़ का ढ़क्कन हटाना; जैसे—संदूक खोलना। **3.** शुरू करना; उ.—हमने नया कारख़ाना खोला है।

खोली स्त्री. ग़िलाफ़; उ.—इस तकिए की

खोली मैली हो गई है।

खोली स्त्री. कोठरी; उ.—वह बंबई में एक खोली में रहता है।

खोह स्त्री. गुफा।

खौलना अ. क्रि. ताप से किसी तरल पदार्थ का बरतन की सतह तक उठते हुए भाप में बदलना, उबलना; उ.—दूध खौलकर गाढ़ा हो गया है।

खौलाना स. क्रि. जल दूध आदि गरम करना, उबालना।

ख्याति स्त्री. किसी गुण के कारण फैला हुआ नाम, प्रसिद्धि, शोहरत।

ग

गंज पुं. 1. सिर पर बालों का न होना। 2. मोहल्ला, बस्ती, कॉलोनी; जैसे—हज़रतगंज, दारागंज, दरिया-गंज।

गंजा वि. जिसके सिर पर बाल न हो।

गँड़ासा पुं. चारा गन्ना आदि काटने का एक औज़ार।

गँडेरी स्त्री. छीले हुए गन्ने के छोटे-छोटे टुकड़े; उ.—गँड़ेरियाँ चबाकर चूसने में बड़ा मज़ा आता है।

गंदगी स्त्री. कूड़ा, कचरा; उ.—गंदगी के कारण यहाँ दुर्गंध फैली हुई है।

गंदा वि. 1. मैला; जैसे—गंदे कपड़े, गंदा नाला। 2. जो देखने में बुरा हो; जैसे—गंदी लिखावट। 3. ख़राब, बुरा; जैसे—गंदी बात, गंदी आदत।

गंध स्त्री. बास, महक; जैसे—फूलों की सुगंध (सु+गंध), कूड़े की दुर्गंध (दुः+गंध)।

गंधक स्त्री. दवा बारूद आदि बनाने के काम आनेवाला एक पीला और तेज़ गंधवाला खनिज पदार्थ।

गंभीर वि. 1. गहरा; जैसे—गंभीर ज्ञान, गंभीर सागर। 2. चिंताजनक; जैसे—गंभीर संकट, रोगी की गंभीर हालत। 6. सोच-विचार करनेवाला; जैसे—गंभीर व्यक्ति।

गँवाना स. क्रि. खो देना; उ.—उसने अपना सारा धन जुए में गँवा दिया।

गँवार वि. असभ्य, अनाड़ी।

गऊ (I) स्त्री. गाय। (II) वि. सीधा; उ.—'छिः, शरम नहीं आती, इस गऊ लड़के को चिढ़ाते हो।'

गगन पुं. दे. 'आकाश'।

गगरी स्त्री. मिट्टी का छोटा घड़ा; उ.—कमला तालाब से गगरी भर कर पानी ला रही है।

गज़ पुं. नापने की एक पुरानी माप जिसमें 36 इंच होते हैं; जैसे—पाँच गज कपड़ा, उ.—एक गज़ लगभग 88.56 सेंटीमीटर का होता है।

गज पुं. हाथी।

गटकना स. क्रि. 1. निगलना; उ.—चौबे जी पानी पीते गए और पेड़े गटकते गए। 2. हड़पना; उ.— सोमू भगवती

की पूरी ज्यादाद गटक गया।

गटागट अ. तेजी से गटगट करके पीना उ.—गटागट दूध पी कर स्कूल जाओ।

गट्ठर पुं. बड़ी गठरी, बड़ा बंडल; जैसे—घास का गट्ठर, कपड़ों का गट्ठर।

गठरी स्त्री. छोटा गट्ठर, पोटली; उ.—इस गठरी में बुढ़िया की सारी जमा-पूँजी है।

गड़गड़ाना **(I)** अ. क्रि. गड़गड़ की आवाज़ होना, गरजना; उ.—बादल गड़गड़ा रहे हैं, पानी बरसेगा। **(II)** स. क्रि. गड़गड़ की आवाज़ करना; जैसे—हुक्का गड़गड़ाना।

गड़ना अ. क्रि. चुभना; उ.—कल रामू के पैर में कील गड़ गई। मु. **ज़मीन में गड़ना** शर्मिंदा होना; उ.—बेटे को गाली बकते देख माँ शर्म से ज़मीन में गड़ गई।

गड़बड़ **(I)** स्त्री. **1.** गोलमाल, अव्यवस्था; उ.—उसने हिसाब में बहुत गड़बड़ कर रखी है। **2.** झमेला, झंझट, उपद्रव; उ.— शहर में गड़बड़ मची हुई है, सँभल कर निकलना। **(II)** वि. अस्तव्यस्त; उ.—आजकल उसका दिमाग़ गड़बड़ है।

गड़बड़झाला पुं. गड़बड़ी, अस्तव्यस्तता, गोलमाल।

गड़बड़ाना **(I)** अ. क्रि. बिगड़ जाना; उ.—शोर से मेरी नींद गड़बड़ा गई। **(II)** स. क्रि. बिगाड़ देना; उ.— तुमने तो सारा मामला गड़बड़ा दिया।

गड़रिया पुं. भेड़-बकरियाँ पालनेवाला।

गड्डी स्त्री. एक के ऊपर एक जमा करके रखी गई एक-सी चीजों का ढेर; जैसे—नोटों की गड्डी, काग़ज़ की गड्डी, ताश की गड्डी।

गड्ढा पुं. अंदर की ओर धँसा हुआ स्थान; जैसे—सड़क में गड्ढा, गाल में गड्ढा, बरतन में गड्ढा।

गढ़ पुं. **1.** क़िला; उ.—चित्तौड़ का गढ़ बहुत प्रसिद्ध है। **2.** अड्डा; उ.—यह इलाक़ा डाकुओं का गढ़ है।

गढ़ना स. क्रि. **1.** बनाना, आकार देना; जैसे—गहना गढ़ना, मूर्ति गढ़ना। **2.** मन से कुछ बात बनाना; जैसे—कहानी गढ़ना, बहाना गढ़ना।

गढ़ाई स्त्री. **1.** गढ़ने का काम; उ.— इस हार की गढ़ाई बढ़िया है। **2.** गढ़ने की मज़दूरी; उ.—इस हार की गढ़ाई सौ रुपए हैं।

गणतंत्र पुं. वह देश जिसका राज्याध्यक्ष कोई राजा न हो कर जनता द्वारा चुना हुआ कोई व्यक्ति हो; उ.— भारत एक गणतंत्र राष्ट्र है।

गणना स्त्री. गिनती; जैसे—जनगणना; मतों की गणना।

गणित पुं. हिसाब (की विद्या), अंक शास्त्र, (मैथेमैटिक्स); उ.—अंक- गणित, बीजगणित, ज्यामिति आदि गणित के ही अंग हैं।

गत वि. बीता हुआ; जैसे—गत रात, गत वर्ष।

गत स्त्री. बुरी हालत; उ.—होली पर सबने मिल कर श्याम की खूब गत बनाई।

गति स्त्री. चाल, रफ़्तार; उ.—बस तेज गति से चल रही है।

गत्ता पुं. दफ्ती, मोटा कागज; जैसे—गत्ते की जिल्द।

गदा स्त्री. पुराने ज़माने का एक हथियार जिसके सिर पर बड़ा-सा लट्टू होता है; उ.—श्री हनुमान के कंधे पर गदा रहती है।

गद्दा पुं. रूई भरा हुआ मोटा बिछौना; उ.—गद्दे पर चादर बिछा दो (लघु. गद्दी)।

गद्दारी स्त्री. देशद्रोह, धोखा; उ.—मीरजाफर ने अंग्रेजों का साथ दे कर देश से ग़द्दारी की।

गद्य पुं. जिसमें कविता की तरह लय न हो, पद्य का उलटा; जैसे— कहानी, उपन्यास, निबंध।

गधा (गदहा) पुं. **1.** घोड़े से मिलता-जुलता बोझा ढोनेवाला जानवर; उ.—धोबी गधे पर गट्ठर लाद कर घाट पर ले जा रहा है। (दे. चित्र) **2.** मूर्ख; उ.—'यार, तुम तो बिलकुल गधे हो कुछ समझते ही नहीं।'

गन्ना पुं. दे. 'ईख'।

गप स्त्री. **1.** झूठी मनगढ़ंत बात; उ.—'बस, अब ज़्यादा गप मत हाँको। **2.** जी बहलाने के लिए की जानेवाली बातचीत; उ.—सारा समय गप में बिताना ठीक नहीं।

गपशप स्त्री. मन बहलाने के लिए की जानेवाली बातचीत।

गपोड़िया वि. गप मारनेवाला, गप्पी; उ. —'अरे हटो ! तुम जैसे गपोड़िये का कौन विश्वास करे !

गमला पुं. **1.** मिट्टी का बरतन जिसमें पौधे लगाए जाते हैं। **2.** मुँह-हाथ धोने की बड़ी चिलमची, बेसिन।

गरज स्त्री. तेज़ आवाज़; जैसे—शेर की गरज, बादलों की गरज।

ग़रज़ स्त्री. मतलब, ज़रूरत; उ.—वह रुपए लेने की ग़रज़ से यहाँ आया था।

गरजना अ. क्रि. कड़क कर आवाज़ करना; जैसे—बादल या शेर का गरजना; गुस्से से गरजना।

गरदन स्त्री. धड़ और सिर को जोड़ने वाला अंग, गला; उ.—जिराफ़ की गरदन लंबी होती है (दे. चित्र)

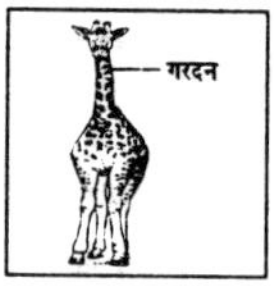

गरम (गर्म) वि. **1.** जिसमें ताप हो, तपा हुआ; जैसे—गरम हवा, गरम बदन, गरम तवा, गरम दूध। **2.** तेज़, जोशीला; जैसे—गरम स्वभाव, गरम खून।

गरमागरम **1.** वि. तुरंत गरमाया हुआ; उ.—'उठो ! गरमागरम दूध पी लो।' **2.** ताज़ा; जैसे—गरमागरम ख़बर।

गरमाना (I) स. क्रि. गरम करना। **(II)** अ. क्रि. क्रोधित होना; उ.—मास्टर जी बहुत गरमाए हुए थे।

गरमी स्त्री. **1.** ताप; उ.—मुझे गरमी लग रही है **2.** ताव, गुस्सा; उ.—'क्या बात है, इतनी गरमी क्यों दिखा रहे हो ?' **3.** गरमी का मौसम; उ.—मई-जून गरमी के महीने हैं। **4.** घमंड़; उ.—उसे अपने धन की बहुत गरमी हो गई है।

ग़रारा पुं. कुल्ला; उ.—गरम पानी से ग़रारे कर लो।

गरारा पुं. औरतों के पहनने का एक घेरदार वस्त्र।

गरी स्त्री. 1. कुछ ख़ास फलों के अंदर का जमा हुआ गूदा, मींगी, गिरी; उ.—बादाम फोड़कर गरी निकाल लो। 2. नारियल का खोपरा, गोला।

ग़रीब वि. जिसके पास जीवन की आवश्यकताओं को पूरा करने के लिए भी पैसा न हो, निर्धन (विलोम : अमीर)।

ग़रीबी स्त्री. निर्धनता।

गर्जना स्त्री. दे. 'गरज'।

गर्द स्त्री. धूल; उ.—'पुस्तकों पर जमी गर्द झाड़ दो।'

ग़लत वि. जो सही न हो; जैसे—ग़लत काम, ग़लत आदत, गलत मुहावरा (विलोम : सही)।

ग़लती स्त्री. भूल, चूक; जैसे—भाषा की ग़लती, हिसाब में ग़लती।

गलना अ. क्रि. 1. पिघलना; उ.—बर्फ़ गल रही है। 2. सड़ना, नष्ट होना; उ.—यह आम गल गया है।

गला पुं. कंठ; उ.—गला खराब होने के कारण मुझसे बोला नहीं जाता। मु. **गला भर आना** भावों के आवेग के कारण बोल न पाना; उ.—मरे हुए बेटे की बात करते ही उसका गला भर आया।

गलाना स. क्रि. किसी ठोस चीज़ को तरल बनाना, पिघलाना।

गली स्त्री. मकानों के बीच का तंग रास्ता।

ग़लीचा पुं. ऊन रेशम सूत आदि से बुनी हुई मोटी दरी, क़ालीन; उ.—ईरान के ग़लीचे बहुत सुंदर होते हैं।

ग़ल्ला पुं. अनाज; जैसे—ग़ल्ले की दुकान, ग़ल्ले का व्यापारी।

गवाह पुं. किसी घटना को देखनेवाला, साक्षी; जैसे—लेन-देन का गवाह, हत्या का गवाह।

गवाही स्त्री. गवाह द्वारा दिया जानेवाला बयान, साक्ष्य; उ.—कल्लू ने अदालत में नत्थू के ख़िलाफ़ गवाही दी।

गवैया पुं. गानेवाला, गायक।

गहना पुं. जेवर, आभूषण।

गहरा वि. 1. नीचे तक गया हुआ; जैसे—गहरा कुआँ, गहरा घाव। 2. दे. 'गंभीर'।

गहराई स्त्री. 1. गहरापन; उ.—इस कुएँ की गहराई बावन फ़ुट है। 2. गंभीरता; जैसे—विचारों की गहराई।

गाँठ स्त्री. रस्सी डोरे कपड़े आदि में बना फंदा या बंधन, गिरह; उ.—कस कर गाँठ लगाओ (दे. चित्र)।

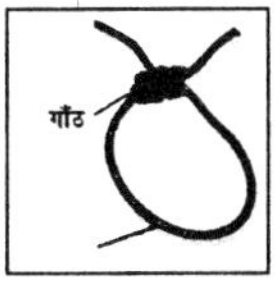

गाँठगोभी स्त्री. शलगम की तरह की गाँठवाली गोभी।

गाँठना स. क्रि. 1. गिरह लगाना; जैसे—जूता गाँठना। 2. जोड़ना; जैसे—दोस्ती गाँठना। मु. **मतलब गाँठना** काम निकालना; उ.—कई लोग केवल मतलब गाँठने के लिए दोस्ती करते हैं।

गाँव पुं. ग्राम, देहात।

गागर स्त्री. छोटे मुँहवाला घड़ा; उ.—गागर में पानी भर लाओ। मु. **गागर में सागर** थोड़े शब्दों में अधिक कहना; उ.—अपने दोहों में कबीर ने गागर में सागर भर दिया है।

गाजर स्त्री. नारंगी और बैंगनी रंग का मूली जैसा एक मीठा कंद।

गाड़ना स. क्रि. ज़मीन खोद कर किसी चीज़ को दबाना; जैसे—मुरदा गाड़ना, धन गाड़ना।

गाड़ी स्त्री. सवारी के काम में आनेवाली चीज़, वाहन; जैसे—मोटरगाड़ी, बैल-गाड़ी।

गाड़ीवान पुं. गाड़ी हाँकनेवाला।

गाढ़ा वि. जो पतला न हो, घना; जैसे—गाढ़ा दूध। मु. **गाढ़े पसीने की कमाई** कड़ी मेहनत की कमाई; उ.—यह मकान मैंने अपने गाढ़े पसीने की कमाई से बनाया है।

गान पुं. गीत; उ.—'जन-गण-मन' हमारा राष्ट्र गान है।

गाना (I) पुं. गीत; उ.—'यह गाना तुम गाओ।' (II) स. क्रि. ताल के साथ मधुर स्वर में उच्चारण करना; उ. —प्रेमा अच्छा गाती है।

गाय (I) स्त्री. दूध देनेवाला एक घरेलू जानवर, गौ (II) वि. सीधा और भोला; उ.—राम बेचारा एकदम गाय है।

गायक पुं. गानेवाला, गवैया; उ.—तानसेन बादशाह अकबर के दरबारी गायक थे।

ग़ायब वि. लापता, गुम; उ.—'मेरी क़लम कहाँ ग़ायब हो गई ?'

गारंटी स्त्री. ज़िम्मेदारी, ज़मानत; उ.—मेरी गारंटी पर आप हलकू को नौकरी दे दें; इस पंखे की गारंटी दो साल की है।

गारा पुं. मिट्टी चूने सुरख़ी आदि से बना मसाला; उ.—इस दीवार की चिनाई ईंट और गारे से हुई है।

गार्ड पुं. 1. रखवाला, पहरेदार; जैसे—पुलिस-गार्ड, बॉडी-गार्ड 2. रेलगाड़ी की संभाल के लिए उसके साथ चलनेवाला रेलवे का एक अधिकारी; उ.—गार्ड के हरी झंडी दिखाते ही ट्रेन चल पड़ी।

गाल पुं. ठुड्डी और कनपटी के बीच और आँखों के नीचे का फूला हुआ भाग, कपोल।

गाली स्त्री. गुस्से में कहे गए गंदे शब्द, अपशब्द; जैसे—उल्लू का पट्ठा, खच्चड़, पाजी, गधा। **गाली गलौज** स्त्री. एक-दूसरे को गालियाँ देते हुए झगड़ना; उ.—गली में दो गुंडे आपस में गाली-गलौज कर रहे हैं।

गिचपिच स्त्री. जो साफ़ न लिखा हो।

गिट्टी स्त्री. सड़क फ़र्श छत आदि बनाने के काम आने वाले ईंट या पत्थर के छोटे-छोटे टुकड़े, रोड़ी।

गिड़गिड़ाना अ. क्रि. दया की भीख माँगना, घिघियाना; उ.—ग़रीब किसान महाजन के सामने क़र्ज़ के लिए गिड़गिड़ा रहा है।

गिद्ध

गिद्ध पुं. मरे हुए जानवरों का मांस खानेवाला बड़ी चील जैसा एक पक्षी (दे. चित्र)।

गिनती स्त्री. 1. संख्या; उ.—एक से सौ तक गिनती सुनाओ। 2. गिनने का काम, गणना; उ.—रुपयों की गिनती कर लो।

गिनना स. क्रि. गिनती करना; उ.—सारे कपड़े गिन लो।

गिरगिट पुं. छिपकली जैसा एक जंतु जो

गिरगिट

अपना रंग बदल सकता है; उ.— गिरगिट पत्तों में हरा और ज़मीन पर मटमैला लगता है (दे. चित्र)।

गिरजाघर

गिरजाघर पुं. ईसाइयों का मंदिर, चर्च; उ.—जेनी प्रार्थना करने गिरजाघर जा रही है। (दे. चित्र)।

गिरना अ. क्रि. ऊपर से नीचे आ पड़ना; उ.—मेरे हाथ से थाली गिर गई।

गिरफ़्तार वि. पकड़ा हुआ; उ.—सोहन को चोरी के इल्ज़ाम में गिरफ़्तार किया गया है।

गिराना स. क्रि. किसी चीज़ को नीचे डालना; उ.—मैंने बालटी का सारा पानी गिरा दिया है।

गिरावट स्त्री. गिरने का भाव, पतन; जैसे—क़ीमतों में गिरावट, देश या समाज की गिरावट।

गिरोह पुं. गुट, दल; जैसे—डाकुओं का गिरोह।

गिलटी स्त्री. शरीर में हो जानेवाली गाँठ, उ.—उसकी काँख में गिलटी निकल आई है।

गिलहरी स्त्री. मोटी और रोएँदार पूँछवाला चूहे जैसा एक धारीदार जानवर।

ग़िलाफ़ पुं. ढँकने के लिए सिला हुआ कपड़ा, खोली; जैसे—तकिए का गिलाफ़।

गिलास पुं. पीने के काम आनेवाला एक लंबोतरा बरतन।

गीत पुं. लय में गाई जानेवाली कविता, गाना, गान; जैसे—फ़िल्मी-गीत, बाल-गीत।

गीदड़ पुं. सियार; उ.—जंगल में गीदड़ हुआँ-हुआँ कर रहे हैं।

गीला वि. भीगा हुआ, नम; जैसे—गीला तौलिया, गीली आँखें।

गुंजाइश स्त्री. **1.** खुलापन, ख़ाली जगह; उ.—बस में अब तिल रखने की भी गुंजाइश नहीं है। **2.** संभावना; उ. —अब उसकी हालत सुधरने की कोई गुंजाइश नहीं है।

गुंडा पुं. **(I)** बदमाश, शोहदा; उ.—गुंडों ने उसका पर्स छीन लिया। **(II)** वि. बदमाश, शोहदा; उ.— राम एक नंबर का गुंडा है।

गुँथना अ. क्रि. एक-दूसरे से उलझ जाना; जैसे—रस्सी का गुँथना, लड़कों का गुंडों से गुँथना।

गुंबद पुं. इमारतों के ऊपर का गोल मंडप, जैसे—क़िले का गुंबद, मस्जिद का गुंबद।

गुच्छा पुं. **1.** टहनी में पास-पास लगे फूल या फल। **2.** बँधी हुई छोटी चीज़ों का, समूह; जैसे—चाबियों का गुच्छा, रस्सी का गुच्छा।

गुज़रना अ. क्रि. **1.** कहीं से होते हुए निकलना, जैसे—सड़क से गुज़रना। **2.** बीतना; जैसे—समय का गुज़रना।

गुजारना सं. क्रि. बिताना; उ.—वह बहुत कष्ट से अपने दिन गुजार रहा है।

गुझिया स्त्री. आधा गोल एक मीठा समोसा; उ.—मेरी माँ होली पर गुझिया बनाती है।

गुठली स्त्री. फल का कड़ा और बड़ा बीज; जैसे—आम की गुठली।

गुड़ पुं. आग पर गाढ़ा करके जमाया हुआ ईख या खजूर का रस।

गुड़गुड़ाना अ. क्रि. गुड़गुड़ की आवाज़ होना; जैसे—पेट का गुड़गुड़ाना, हुक्क़े का गुड़गुड़ाना।

गुड़गुड़ी स्त्री. नारियल के खोल और काठ की निगालीवाला छोटा हुक़्क़ा।

गुड़िया स्त्री. पुतली जिससे बच्चे ख़ासकर लड़कियाँ खेलती हैं; उ.—आज चंदा की गुड़िया का विवाह है।

गुड्डी पुं. दे. 'पतंग'

गुण पुं. **1.** मूल स्वभाव, धर्म; उ.—आग का गुण जलाना और पानी का गुण ठंडा करना है। **2.** खूबी, विशेषता; उ. —सबसे मीठा बोलना शीला का गुण है।

गुणन पुं. गुणा करना। **गुणन-फल** पुं. गुणा करने से प्राप्त संख्या; उ.—चार और तीन का गुणन-फल बारह होता है।

गुणवान वि. जिसमें गुण हों, गुणी; उ. —गुणवान आदमी की सब इज़्ज़त करते हैं।

गुणा पुं. किसी संख्या को निश्चित बार गिनना; जैसे-4 गुणा 3, अर्थात 4 को तीन बार जोड़ना, 4+4+4= 4×3=12।

गुत्थमगुत्था पुं. हाथापाई करते हुए एक-दूसरे से उलझ जाना; उ.—बात इतनी बढ़ी कि दोनों टीमों के खिलाड़ी गुत्थमगुत्था हो गए।

गुदगुदाना स. क्रि. उँगलियों से इस तरह छूना कि हँसी फूट पड़े; उ.— रूठे मुन्ने का पेट गुदगुदाओ, तुरंत हँस पड़ेगा।

गुदगुदी स्त्री. गुदगुदाने से पैदा होनेवाली सुरसुरी।

गुदड़ी स्त्री. फटे-पुराने कपड़ों को सिलकर बनाया गया बिछौना या ओढ़ना, कंथा; उ.—भिखारी ने अपनी सारी कमाई गुदड़ी में छिपा रखी है। मु. **गुदड़ी का लाल** साधारण घर में उत्पन्न असाधारण व्यक्ति; उ. —लालबहादुर शास्त्री गुदड़ी के लाल थे।

गुनगुनाना अ. क्रि. इस तरह गाना कि साफ़ सुनाई न पड़े; उ.—रमा गुनगुनाते हुए खाना बना रही है।

गुनाह पुं. पाप, अपराध।

गुपचुप अ. चुपके से, चुपचाप; उ.— पता भी नहीं चला कि वह कब गुपचुप चला गया।

गुप्त वि. छिपा हुआ; जैसे—गुप्त ख़ज़ाना। गुप्तदान (विलोम : प्रकट)

गुप्तचर पुं. शत्रु के भेद का पता लगानेवाला, जासूस।

गुफा स्त्री. पहाड़ में बनी खोह, गुहा; उ.—आदिम मनुष्य गुफा में रहता था।

गुबरैला पुं. गोबर में पैदा होनेवाला कीड़ा।

गुब्बारा पुं. हवा या गैस भरा हुआ थैला जो उड़ भी सकता है, बैलून; उ.—अपने गुब्बारे को हाथ से छूट कर आकाश में जाते देख मुन्ना रोने लगा।

गुम वि. दे. 'गायब'।

गुमनाम वि. बिना नाम का; जैसे—गुमनाम पत्र।

गुमसुम अ. चुपचाप, उदास; उ.—अरे,

कुछ तो बोलो ! यों गुमसुम क्यों बैठे हो ?

गुर पुं. तरीक़ा कारीगरी, उपाय; उ.—उसे दूसरों को ठगने के सारे गुर आते हैं।

गुरदा पुं. निचले पेट या पेड़ू के भीतर के दो अंग जो खून साफ़ करके बचे हुए तरल पदार्थ को पेशाब की थैली में भेज देते हैं, किडनी।

गुरु पुं. दे. 'शिक्षक'।

गुरुद्वारा पुं. सिखों का मंदिर; उ.—अमृतसर के प्रसिद्ध गुरुद्वारे को स्वर्ण-मंदिर भी कहते हैं।

गुरुवार पुं. बृहस्पतिवार।

गुर्राना अ. क्रि. डराने के लिए की गयी गुर्र-गुर्र की आवाज़; जैसे—शेर का गुर्राना, कुत्ते का गुर्राना।

गुलगुला पुं. मीठी पकौड़ी; उ.—मेरा गुलगुला चील झपट्टा मार कर ले गई।

गुलगुला वि. नरम और फूला हुआ; जैसे—गुलगुले गाल।

गुलदान पुं. फूलदान।

गुलदस्ता पुं. फूलों का गुच्छा; उ.—बच्चों ने गुरुजी को गुलदस्ता भेंट किया।

गुलाब

गुलाब पुं. कँटीले पौधे में उगनेवाला एक सुगंधित फूल (दे. चित्र)।

गुलाबजामुन पुं. खोए से बनी हुई कत्थई रंग की छोटी गेंद जैसी एक मिठाई।

गुलाबी वि. खूब हलका लाल; जैसे—गुलाबी साड़ी, गुलाबी चेहरा।

गुलाम 1. पुं. ख़रीदा या क़ैद किया हुआ नौकर, दास; उ.—पहले के ज़माने में गुलामों को बेचा और ख़रीदा जाता था। **2.** पराधीन; जैसे—गुलाम देश (विलोम : आज़ाद)।

गुलामी स्त्री. दासता, पराधीनता (विलोम : आज़ादी)

गुलाल पुं. एक तरह का लाल चूरा; उ.—होली में लोग एक-दूसरे के चेहरे पर गुलाल मलते हैं।

गुलूबंद पुं. गले कान आदि पर लपेटा जानेवाला एक पट्टीनुमा ऊनी वस्त्र, मफ़लर।

गुलेल स्त्री. रबर के फ़ीते को खींच कर कंकड़ गोली आदि से निशाना मारने का एक उपकरण; उ.—'गुलेल लाओ, अभी ये आम तोड़ गिराता हूँ।'

गुल्लक स्त्री. सँकरे छेदवाला पैसे जमा करने का बरतन।

गुल्ली स्त्री. लकड़ी का नोकदार टुकड़ा जिसे गुल्ली-डंडे के खेल में डंडे से उछाल कर मारा जाता है। **गुल्ली-डंडा** पुं. गुल्ली और डंडे से खेला जानेवाला एक खेल।

गुसलख़ाना पुं. स्नानघर।

गुस्सा पुं. अनचाहा होने पर मन में उठनेवाला भाव, क्रोध; उ.—बेटे को झूठ बोलते देख माँ का चेहरा गुस्से से लाल हो गया।

गुस्सैल वि. जिसका स्वभाव गुस्सा करने का हो, क्रोधी।

गुहार स्त्री. रक्षा के लिए पुकार।

गूँगा वि. जो बोल न सके।

गूँज स्त्री. टकरा कर लौटी हुई आवाज़, प्रतिध्वनि; उ.—गुफा में मेरी पुकार की गूँज देर तक गूँजती रही।

गूँथना स. क्रि. पिरोना, लड़ी बनाना;

जैसे—माला गूँथना, चोटी गूँथना।

गूँधना स. क्रि. सानना; उ.—आटा गूँध कर रोटियाँ बना लो।

गूदा पुं. फल के अंदर का नरम हिस्सा, मगज़, मींगी।

गूलर पुं. बरगद पीपल आदि की जाति का एक पेड़ जिसमें फूल नहीं होते पर फल होते हैं।

गृह पुं. घर, मकान।

गेंद स्त्री. कपड़े रबड़ आदि से बना हुआ खेलने का एक गोला, बॉल।

गेंदा पुं. बहुत-सी पंखुड़ियोंवाला पीले रंग का एक फूल।

गेरुआ वि. गेरू के रंग का; उ.—साधु गेरुआ कपड़ा पहनते हैं।

गेरू स्त्री. एक तरह की लाल मिट्टी, गिरमाटी, गैरिक।

गेहुआँ वि. गेहूँ जैसे रंगवाला, बादामी; उ.—लक्ष्मी का रंग गेहुआँ है, गोरा नहीं।

गेहूँ पुं. एक प्रसिद्ध अनाज जिसके आटे से रोटी आदि बनाई जाती है (दे. चित्र)।

गैंडा पुं. मोटे चमड़ेवाला एक जंगली जानवर जिसकी नाक पर सींग होता है। (दे. चित्र)।

ग़ैरहाज़िर वि. दे. 'अनुपस्थित'।

ग़ैरहाज़िरी स्त्री. मौजूद न रहना अनुपस्थिति।

गैलन पुं. लगभग साढ़े चार लीटर की एक माप; उ.—यह मोटर एक गैलन पेट्रोल से 30 किलोमीटर चलती है।

गैस स्त्री. किसी भी पदार्थ का हवा जैसा रूप जिसके बहुत सारे उपयोग है; जैसे—जलाने की गैस; ऑक्सीजन गैस; कीटाणुनाशक गैस।

गोंद पुं. कुछ पेड़ों के तनों से निकलनेवाला एक चिपचिपा रस; उ.—फटा पन्ना गोंद लगाकर चिपका लो।

गोट स्त्री. कपड़े के किनारे पर लगाई जानेवाली पट्टी।

गोटा पुं. सुनहले या रूपहले तारों से बुना हुआ फ़ीता।

गोटी स्त्री. कई तरह के खेलों के काम में आनेवाले छोटे गोल टुकड़े; जैसे—लूडो की गोटी; चौपड़ की गोटी; कैरम की गोटी।

गोड़ना स. क्रि. मिट्टी को खोद कर ढीला करना; जैसे—खेत गोड़ना।

गोता पुं. डुबकी; उ.—'तुम भी नदी में एक गोता लगा लो।'

गोताख़ोर पुं. डुबकी लगा कर पानी के भीतर से किसी वस्तु को बाहर निकालनेवाला।

गोद स्त्री. गोदी, अंक; उ.—बच्चा माँ की गोद में सो रहा है। मु. **गोद लेना** दूसरे के बच्चे को अपना बनाना; उ. —रानी लक्ष्मी बाई ने वंश चलाने के लिए एक बेटा गोद लिया था।

गोदना पुं. नील में डुबाई हुई सुई चुभा कर शरीर पर चित्र आदि बनाना।

गोदाम पुं. जहाँ व्यापार करने के लिए बहुत-सा माल रखा जाता है, भंडार; जैसे—चीनी, सीमेंट, तेल आदि का गोदाम।

गोदी स्त्री. **1.** दे. 'गोद'। **2.** बंदरगाह

पर माल लादने और उतारने की जगह।

गोबर पुं. गाय का पाख़ाना; उ.—आजकल गोबर से गैस भी पैदा की जाती है।

गोबरगणेश पुं. घोंघा बसंत, मूर्ख।

गोभी स्त्री. एक सब्ज़ी जिसके तीन प्रकार होते हैं।—फूलगोभी, पत्तागोभी और गाँठगोभी।

गोरखा पुं. वीरता के लिए प्रसिद्ध नेपाली जाति का आदमी।

गोरा (I) वि. जिसकी चमड़ी का रंग उजला और साफ़ हो। **(II)** पुं. अंगरेज़; जैसे—गोरों का मुल्क। **गोरा-चिट्टा** वि. एकदम गोरा।

गोल वि. जो गेंद की तरह हो, वृत्ताकार; जैसे—गोल घेरा, गोल मेज़।

गोल पुं. **1.** खेल के मैदान में दोनों सिरों पर बना एक तरह का लकड़ी या लोहे का ढाँचा जिसके भीतर लक्ष्य कर गेंद मारी जाती है **2.** ऐसे ढाँचे में गेंद मारने से मिलनेवाला अंक।

गोलकीपर पुं. फ़ुटबाल हॉकी आदि के खेल में गोल बचानेवाला खिलाड़ी, गोली, गोलची (दे. चित्र)।

गोलगप्पा पुं. मैदे का बताशा, पुचका; उ.—'आओ ! करारे-करारे गोलगप्पे खाएँ।'

गोला पुं. **1.** घेरा। **2.** कुछ भर कर बनाई हुई चीज; जैसे—ऊन का गोला, मिट्टी का गोला। **3.** नारियल की गिरी, खोपरा। **4.** बम; जैसे—हथगोला।

गोलाकार वि. आकार में गोल, वृत्ताकार; जैसे—गोलाकार पृथ्वी, गोलाकार गुंबद।

गोलाबारी स्त्री. गोलियों की बौछार; उ.—आजकल हमारे देश की सीमा पर शत्रु गोलाबारी कर रहे हैं।

गोलाई स्त्री. गोल होने का भाव, गोलपन।

गोलार्द्ध पुं. **1.** आधा गोला। **2.** विषुवत रेखा से पृथ्वी को बीचोबीच काट कर बनाए गए दो काल्पनिक भाग; जैसे—पृथ्वी का दक्षिणी गोलार्द्ध या उत्तरी गोलार्द्ध।

गोली स्त्री. **1.** छोटी गोलाकार वस्तु; जैसे—दवा की गोली, मीठी गोली। **2.** लोहे या सीसे का गोल या लंबोतरा पिंड जिसे बंदूक तमंचे आदि में भरकर चलाया जाता है।

गोशाला स्त्री. गायों को रखने और उनकी देखभाल करने की जगह।

गोश्त पुं. मांस; जैसे—बकरे का गोश्त।

गौ स्त्री. गाय।

गौरव पुं. इज़्ज़त, शान; उ.—गाँधी जी हमारे देश के गौरव हैं।

गौरैया स्त्री. भूरे रंग की एक छोटी चिड़िया; उ.—इस घोंसले में गौरैया के बच्चे चूँ-चूँ कर रहे हैं।

ग्यारह वि. दस और एक का जोड़ 11।

ग्रंथ पुं. पुस्तक; उ.—हिंदू ऋगवेद को अपना आदि-ग्रंथ मानते हैं।

ग्रह पुं. सूर्य के चारों ओर परिक्रमा करनेवाला पिंड; उ.—पृथ्वी एक ग्रह है।

ग्रहण पुं. **1.** स्वीकार करने की क्रिया, लेना जैसे—दान या पुरस्कार ग्रहण करना। **2.** सूर्य पर चंद्रमा या चंद्रमा पर पृथ्वी की परछाईं पड़ने से उनके प्रकाश का न दिखना; जैसे—सूर्यग्रहण

(दे. चित्र सूर्यग्रहण) चंद्रग्रहण।

ग्राम पुं. दे. 'गाँव'।

ग्राम पुं. एक किलोग्राम का हज़ारवाँ हिस्सा, एक मीट्रिक इकाई।

ग्रामीण वि. गाँव का, देहात का; जैसे–ग्रामीण भाषा, ग्रामीण उद्योग।

ग्रामोफ़ोन पुं. रिकॉर्ड बजानेवाली एक मशीन।

ग्राहक पुं. ख़रीददार; उ.–उसकी दुकान पर हमेशा ग्राहकों की भीड़ रहती है।

ग्रीष्म स्त्री. गरमी का मौसम; उ.–ग्रीष्म ऋतु वर्षा ऋतु से पहले आती है।

ग्रुप पुं. दल, समूह।

ग्लानि स्त्री. दुख-भरा गहरा पछतावा; उ.–पिताजी से झूठ बोलने के बाद मुझे बड़ी ग्लानि हुई।

ग्वाला पुं. गाय पाल कर उसका दूध दही बेचनेवाला, अहीर।

घ

घंटा पुं. **1.** साठ मिनट का समय; उ.– मैं घंटे भर में आता हूँ। **2.** पीतल काँसे आदि की एक गोल चीज़ जिसे मुंगरी मार कर बजाया जाता है; जैसे–स्कूल का घंटा।

घंटाघर पुं. बड़ी घड़ीवाली मीनार।

घटना स्त्री. कुछ हो जाना, वारदात; उ.–कल थाने में चोरी की तीन घटनाएँ दर्ज़ हुईं।

घटना अ. क्रि. कम होना; उ.–आज से बाढ़ का पानी घटना शुरू हो गया है।

घटा स्त्री. छाए हुए बादल; उ.–घटा घिर आई है, पानी बरसेगा। **घटाटोप** पुं. घने काले बादलों का समूह।

घटाना स. क्रि. कम करना; उ.–पिता जी ने इस महीने से मेरा जेब-ख़र्च घटा दिया; पाँच में से चार घटाने से एक बचता है।

घटिया वि. निचले स्तर का, ख़राब; जैसे–घटिया क़लम, घटिया आदमी (विलोम : बढ़िया)।

घट्ठा पुं. शरीर पर रगड़ चोट आदि से उभरा हुआ सख़्त निशान; उ.–नए जूते पहनने के कारण मेरे पैर में घट्ठा पड़ गया है।

घड़ा पुं. धातु या मिट्टी का बना पानी रखने का बरतन, कलश।

घड़ियाल

घड़ियाल पुं. **1.** छोटे मगरमच्छ जैसा पानी का एक जानवर (दे. चित्र)। **2.** बड़ा घंटा।

घड़ी स्त्री. **1.** समय बताने वाला यंत्र; जैसे–हाथ-घड़ी (दे. चित्र 'कलाई'), दीवार-घड़ी, अलार्म-घड़ी **2.** क्षण; उ.–रहीम हर घड़ी बदमाशी करता रहता है। **3.** समय; जैसे–मुसीबत की घड़ी।

घड़ीसाज़ पुं. घड़ी की मरम्मत करनेवाला।

घन पुं. 1. बड़ा हथौड़ा; उ.—लोहार घन से लोहा पीट रहा है। 2. गणित में किसी अंक को उसी अंक से दो बार गुणा करने से निकलनेवाला फल; उ. —4×4×4=64 यहाँ चार का घनफल चौंसठ है। 3. कोई भी चौकोर ठोस वस्तु जिसकी छहों सतहें बराबर हों।

घन पुं. दे. 'बादल'।

घनघोर वि. 1. बहुत घना; जैसे—घनघोर घटा 2. भयंकर, भीषण; जैसे—घनघोर युद्ध।

घनचक्कर पुं. ऊटपटांग काम करनेवाला।

घना वि. गाढ़ा, अधिक गहरा; जैसे—घने बाल, घने बादल, घना अंधकार।

घनिष्ठ वि. बहुत गहरा, अंतरंग, आत्मीय; जैसे—घनिष्ठ मित्र, घनिष्ठ संबंध।

घपला पुं. गोलमाल, गड़बड़; उ.—मुनीम ने हिसाब में खूब घपला कर रखा था।

घबराना अ. क्रि. 1. डर से बेचैन होना; उ.—परीक्षा नज़दीक आते ही वह घबराने लगता है। 2. रोग के कारण बेचैन या अशांत होना; उ.—बदहज़मी के कारण उसका जी घबरा रहा है।

घबराहट स्त्री. डर से होनेवाली बेचैनी; उ.—घबराहट के मारे वह ढंग से बात ही नहीं कर पाया।

घमंड पुं. अहंकार, गर्व; उ.—उसे अपने पैसे का बहुत घमंड है।

घमंड़ी वि. घमंड करनेवाला।

घमासान वि. भीषण, घोर; जैसे-घमासान लड़ाई।

घमौरी स्त्री. गरमी के दिनों में शरीर पर निकलनेवाले छोटे लाल दाने।

घर पुं. 1. मकान; उ.—यही मेरा घर है। 2. मूल स्थान; उ.—मेरा घर बिहार में है और मैं कलकत्ते में मज़दूरी करता हूँ। **घरबार** पुं. गृहस्थी, घर का माल-असबाब। **घरवाला** पुं. पति; उ.—चमेली का घरवाला बीमार है।

घरघराना अ. क्रि. घर्र-घर्र की आवाज़ करना; उ.—पंखा घरघरा रहा है।

घरेलू वि. घर का, घर से संबंधित; जैसे—घरेलू नौकर; घरेलू सामान।

घरौंदा पुं. खेल-खेल में बच्चों द्वारा बनाया गया मिट्टी का छोटा घर।

घसियारा पुं. घास काट कर बेचनेवाला।

घसीट स्त्री. जल्दी-जल्दी में लिखे गए अक्षर।

घसीटना स. क्रि. ज़मीन पर पड़ी या खड़ी चीज़ को खींचना; जैसे—कुर्सी घसीटना, दरी घसीटना।

घाघरा पुं. घेरदार लहँगा; उ.—दूल्हन का घाघरा लाल रंग का है।

घाट पुं. नदी तालाब आदि के किनारे का स्थान जहाँ लोग पानी भरते, नहाते या नाव पर चढ़ते हैं।

घाटा पुं. नुक़सान, हानि; उ.—इस साल हमें व्यापार में बड़ा घाटा हुआ है।

घाटी स्त्री. 1. पहाड़ियों से घिरा मैदान; जैसे—कश्मीर की घाटी, कुल्लू की घाटी (दे. चित्र)। 2. दो पहाड़ों के बची का रास्ता, दर्रा।

घाटी

घायल वि. चोट खाया हुआ, ज़ख़्मी; उ.—कल के दंगे में पचास आदमी घायल हो गए।

घाव पुं. किसी अंग का कट-फट जाना,

ज़ख़्म; जैसे—तलवार के बार से हुआ घाव, फोड़े का घाव।

घास स्त्री. ज़मीन में उगने वाले हरी पत्तियों के छोटे-छोटे पौधे।

घिग्घी स्त्री. डर या रुलाई के कारण बोल न पाना। मु. **घिग्घी बँधना** डर के मारे आवाज़ न निकालना; उ.—पुलिस को देखते ही चोर की घिग्घी बँध गई।

घिघियाना अ. क्रि. दे. 'गिड़गिड़ाना'।

घिचपिच (I) स्त्री. छोटी जगह में अधिक भीड़; उ.—बहुत अधिक मेहमानों के कारण कमरे में घिचपिच मची है। **(II)** वि. पास-पास और गंदा लिखा हुआ; उ.—घिचपिच लिखाई के कारण उसे परीक्षा में कम नंबर मिले।

घिन स्त्री. नफ़रत, घृणा; उ.—मिठाई पर मक्खियाँ देख कर मुझे घिन हो रही है।

घिया पुं. लौकी; उ.—मेरी झोंपड़ी की छत पर घिया की बेल लगी है।

घिरना अ. क्रि. **1.** चारों ओर से घेरे में आना; उ.—यह मैदान तार से घिरा है। **2.** छा जाना; उ.—बादल घिर आए हैं।

घिरनी स्त्री. एक चरखी जिससे रस्सी के द्वारा सामान उठाया और गिराया जाता है; जैसे—कुएँ की घिरनी।

घिसना (I) स. क्रि. रगड़ना; जैसे—बरतन घिसना। **(II)** अ. क्रि. किसी चीज़ का छीजना; उ.—लोटे का पैंदा घिस गया है।

घिसाई स्त्री 1. घिसने की क्रिया, रगड़; उ.—फर्श की घिसाई करके छुड़ालो। 2. छीजन; उ.—घिसाई के कारण मशीन की कीमत घट गई है।

घी पुं. तपाया हुआ मक्खन, घृत।

घुँघराला वि. छल्ले की तरह गोल और घुमावदार; जैसे—घुँघराले बाल।

घुँघरू पुं. हिलने से बजनेवाले धातु के पोले मनके जिनके अंदर लोहे की गोली होती है; उ.—'पग घुँघरू बाँध मीरा नाची रे'।

घुंडी स्त्री. **1.** कपड़े या धागे का बटन। **2.** पल्लों पर लगी हुई गाँठनुमा गोल चीज़ (दे. चित्र)।

घुटन स्त्री. साँस लेने में कठिनाई का अनुभव होना; उ.—इस बंद कमरे में मुझे घुटन हो रही है।

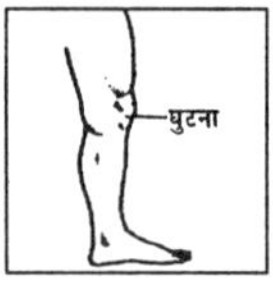

घुटना पुं. टाँग के बीचोंबीच हड्डीवाला जोड़; उ.—बच्चा घुटनों के बल चल रहा है (दे. चित्र)।

घुटना अ. क्रि. **1.** गले में साँस रुकना; जैसे—गला दबाने से दम घुटना। **2.** मन ही मन दुखी होना; उ.—बेटे की बुरी आदतों के कारण माँ का जी घुटता रहता है।

घुट्टी स्त्री. छोटे बच्चों को पिलाया जानेवाला जड़ी-बूटियों से बना हुआ एक पेय।

घुड़ पुं. 'घोड़ा' शब्द का संक्षिप्त रूप; जैसे—घुड़दौड़, घुड़सवार। **घुड़साल** स्त्री. घोड़े रखने की जगह, तबेला।

घुड़कना स. क्रि. डाँटना, धमकाना; उ.—पिता ने बेटे को बदमाशी करते देख उसे जोर से घुड़का।

घुड़की स्त्री. डाँट, डपट, धमकी; उ. –मास्टर जी की घुड़की से मोहन की सिट्टी-पिट्टी गुम हो गई। मु. **बंदर-घुड़की** बेकार की धमकी, भभकी; उ.–'जा, तेरी इस बंदर- घुड़की से मैं नहीं डरता।'

घुन पुं. अनाज लकड़ी आदि में लगनेवाला कीड़ा। मु. **घुन लगना** चिंता के कारण भीतर ही भीतर छीजना।

घुमड़ना अ. क्रि. किसी चीज़ का इकट्ठा हो कर छा जाना; जैसे-बादलों का घुमड़ना।

घुमाना स. क्रि. **1.** गोल-गोल चलाना; जैसे–लाठी घुमाना, लट्टू घुमाना। **2.** सैर कराना; उ.–बच्चे को घुमा लाओ।

घुमाव पुं. मोड़; जैसे–सड़क का घुमाव।

घुमावदार वि. चक्करदार; जैसे– घुमावदार सीढ़ी, घुमावदार बातें।

घुलना अ. क्रि. **1.** किसी ठोस वस्तु का गल कर मिल जाना; जैसे–दूध में चीनी का घुलना। **2.** चिंता के कारण शरीर का धीरे-धीरे छीज जाना; उ. –बेटे की ख़राब आदतों के कारण वह दिनों-दिन घुलता जा रहा है।

घुसना अ. क्रि. भीतर जाना; जैसे–कमरे में घुसना।

घुसाना स. क्रि. दे. 'घुसेड़ना'।

घुसेड़ना स. क्रि. भीतर पहुँचाना, धँसाना; जैसे–छुरा घुसेड़ना।

घूँघट पुं. सिर पर से ला कर मुँह पर डाला हुआ कपड़ा; जैसे–दुल्हन का घूँघट।

घूँट पुं. गले से एक बार में उतरनेवाले तरल पदार्थ की मात्रा; उ.–'मुझे एक घूँट पानी पिला दो।' **मु. ख़ून का घूँट पीना** लाचार होकर बहुत तेज़ गुस्से को दबा लेना; उ.–अपमानित किए जाने पर भी मजबूरी के कारण वह खून का घूँट पी कर रह गया।

घूँसा पुं. बंधी मुट्ठी, मुक्का; उ.–उसने एक ज़ोरदार घूँसा गुंडे की नाक पर मारा।

घूमना अ. क्रि. **1.** चक्कर लगाना; जैसे–लट्टू घूमता है। **2.** सैर करना; उ.–वह रोज़ सबेरे घूमने जाता है।

घूरना अ. क्रि. गुस्से से एकटक देखना; उ.–नटखट बच्चे को पिता ने घूरकर देखा।

घूरा पुं. कूड़े-करकट का ढेर।

घूस स्त्री. कोई ग़लत काम करने के लिए दिया गया या लिया गया धन, रिश्वत।

घूस पुं. ज़मीन खोद कर रहनेवाला एक बड़ा चूहा।

घूसख़ोर वि. घूस लेनेवाला।

घृणा स्त्री नफ़रत, घिन।

घृत पुं. दे. 'घी'।

घेर पुं. घेरा; जैसे–घाघरे या सलवार का घेर।

घेरदार वि. बड़े घेरवाला; जैसे–घेरदार घाघरा।

घेरना स. क्रि. चारों ओर से घेरा डालना; जैसे–शत्रु सेना को घेरना, खेत को बाड़ से घेरना।

घेरा पुं. **1.** चारों ओर से डाला हुआ घेर; उ.–क़िले के चारों ओर शत्रु का घेरा था। **2.** किसी वस्तु के फैलाव की नाप; जैसे–कमर का घेरा, खेत का घेरा।

घेवर पुं. मैदे से बनी एक जालीदार मिठाई।

घोंघा पुं. शंख की तरह का एक कीड़ा।

घोंघाबसंत वि. मूर्ख, बुद्धू।

घोंपना स. क्रि. गड़ाना, धँसाना; जैसे—छुरा घोंपना।

घोंसला पुं. पत्ते तिनके आदि से बना हुआ पक्षियों का घर; उ.—गोरैया ने हमारे घर में घोंसला बनाया है।

घोटना स. क्रि. **1.** रगड़ कर घिसना; जैसे—भाँग घोटना **2.** रटना; जैसे—पाठ घोटना।

घोड़ा पुं. तेज़ दौड़नेवाला एक ज़ानवर जो सवारी के काम आता है; उ.—अरबी घोड़ा सबसे बढ़िया माना जाता है।

घोर वि. ज़बरदस्त, भयंकर; जैसे—घोर युद्ध, घोर पाप।

घोल पुं. **1.** किसी पदार्थ में पानी मिला कर बनाई हुई चीज; उ.—मैदा, चीनी और पानी मिला कर पूए का घोल बना लो।

घोलना स. क्रि. किसी तरल पदार्थ में कुछ मिलाना; जैसे—दूध में चीनी घोलना, पानी में रंग घोलना।

घोषणा स्त्री. मुनादी, सार्वजनिक सूचना; जैसे—छुट्टी की घोषणा, युद्ध की घोषणा।

च

चंगा वि. नीरोग, अच्छा; उ.—रोगी अब चंगा हो गया है।

चंगुल पुं. पंजा, पकड़, गिरफ़्त, शिकंजा। **मु. चंगुल में फँसना** पूरी तरह वश में होना; उ.—बेचारा सुरजीत बदमाशों के चंगुल में फँस गया है।

चंचल वि. चुलबुला, अस्थिर, चपल; उ.—मुन्ना इतना चंचल है कि एक जगह नहीं बैठ सकता है।

चंट वि. चालाक, चतुर; उ.—विनोद इतना चंट है कि हर एक से अपना काम निकाल लेता है।

चंडी स्त्री. **1.** दुर्गा, चंडिका; उ.—देवी दुर्गा का उग्र रूप चंडी कहलाता है। **2.** गुस्सैल औरत।

चंद वि. कुछ, थोड़ा; उ.—सभा में चंद लोग ही आए थे।

चंदन पुं. एक खुशबूदार लकड़ी, संदल; उ.—पंडित जी तिलक लगाने के लिए चंदन घिस रहे हैं।

चंदा पुं. चंद्रमा।

चंदा पुं. **1.** किसी कार्य के लिए उगाही गई राशि; जैसे—बाढ़ पीड़ितों के लिए चंदा, स्कूल के लिए चंदा। **2.** पत्रिका आदि के लिए दिया गया शुल्क; उ.—बालक पत्रिका का सालाना चंदा साठ रुपए है।

चँदोवा (चंदवा) पुं. छाँह करने के लिए ताना हुआ छोटा शामियाना।

चंद्र पुं. चंद्रमा।

चंद्रग्रहण पुं. चंद्रमा और सूर्य के बीच पृथ्वी के आ जाने से चंद्रमा पर पड़नेवाली पृथ्वी की छाया।

चंद्रमा पुं. पृथ्वी का उपग्रह, चाँद (दे. चित्र 'उपग्रह')।

चंपत वि. गायब, रफ़ूचक्कर; उ.—चोर साइकिल ले कर चंपत हो गया।

चंपा पुं. एक पीला सुंगधित फूल।

चँवर पुं. कुछ ख़ास पशुओं की पूँछ के बालों से बना एक हत्थेदार गुच्छा; उ. —पुजारी देवता की मूर्ति के सामने चँवर डुला रहा है।

चकती स्त्री. फटे कपड़े या जूते पर लगाया जानेवाला पैबंद, थिगली।

चकत्ता पुं. धब्बा, गोल दाग़; उ.—उसकी पूरी पीठ पर लाल चकत्ते उभर आए हैं।

चकनाचूर वि. टूट कर चूर-चूर होना; उ. —गिलास मेज से गिर कर चकनाचूर हो गया।

चकमा पुं. धोखा, झाँसा; उ.—वह मुझे चकमा दे कर भाग निकला।

चकराना अ. क्रि. **1.** चक्कर खाना; उ. —भूल से तम्बाकू खा लेने के कारण मेरा सिर चकरा रहा है **2.** दंग रह जाना; उ.—उसकी चार सौ बीसी भरी बातें सुन कर मेरी तो बुद्धि ही चकरा गई।

चकवा पुं. एक पक्षी जिसके बारे में कहा जाता है कि वह रात को अपनी मादा से अलग रहता है। (स्त्री.—चकई)।

चकाचक वि. चमकता हुआ, बहुत साफ-सुथरा; जैसे—चकाचक कपड़े, चकाचक फ़र्श।

चकाचौंध स्त्री. चुँधिया देनेवाली चमक; उ.—तेज़ रोशनी की चकाचौंध सें मेरी आँखें मुँद गईं।

चकित वि. अचरज में पड़ा हुआ, हैरान; उ.—छोटे से भोलू की साहस भरी बातें सुनकर मैं चकित रह गया।

चक्कर पुं. चक्र, घेरा, वृत्त; उ.—इस मैदान का चक्कर चार मील का है। मु. **चक्कर काटना** बार-बार आना-जाना; उ.—'कहानी सुनने के लिए बच्चे मेरे इर्द-गिर्द चक्कर काट रहे हैं।

चक्का पुं. पहिया।

चक्की स्त्री. आटा दाल आदि पीसने का यंत्र, जाँता।

चक्र पुं. **1.** गोल घेरा पहिया; जैसे—अशोक चक्र, सुदर्शन चक्र। **2.** दे. 'चक्कर'।

चख-चख स्त्री. लगातार ज़ोर से बोलना, बक-झक, उ.—ये दो पड़ोसनें घंटे भर से चख-चख कर रही हैं।'

चखना स. क्रि. स्वाद जानने के लिए थोड़ा-सा खाना; उ.—'दाल चख कर बताओ कि नमक ठीक है या नहीं।'

चचेरा वि. चाचा से संबंधित; जैसे—चचेरा भाई, चचेरी बहन।

चट अ. झट, तुरंत।

चट वि. खा-पी कर ख़त्म कर देना; उ.—देखते-देखते रतन सारी पकौड़ियाँ चट कर गया। मु. **चट कर जाना** हड़प जाना; उ.—जुम्मन अपने भाई की सारी जायदाद चट कर गया।

चटक **(I)** स्त्री. चमक-दमक, चटकीला-

पन, भड़कीलापन; उ.—कल जूही की चटक देखने लायक थी। (II) वि. कांतिवाला, चटकीला; जैसे— चटक चाँदनी, चटक रंग।

चटकना अ. क्रि. 1. तड़कना, दरार पड़ना; जैसे—शीशा चटकना। 2. चट-चट आवाज करना; उ.—चूल्हे में लकड़ियाँ चटक रही हैं।

चटकनी स्त्री. सिटकनी; उ.—दरवाज़ा बंद करके चटकनी लगा लो।

चटकीला वि. चटकवाला, चमकीला, शोख़; जैसे—चटकीला लाल रंग।

चटनी स्त्री. फल पत्तों आदि को पीस कर बनाई हुई चटपटी चीज; जैसे—पुदीने की चटनी, कच्चे आम की चटनी।

चटपट अ. तुरंत, झटपट; उ.—चटपट एक गिलास पानी लाओ।

चटपटा वि. मसालेदार, चरपरा।

चटाई स्त्री. बाँस फूस सींक आदि से बनी दरी; उ.—बच्चे चटाई पर बैठ कर पढ़ रहे हैं।

चटाना प्रे. क्रि. किसी चीज़ को बिना दाँतों की सहायता के जीभ से खिलाना उ.—बच्चे को थोड़ा शहद चटा दो।

चटोरा वि. हर वक़्त कुछ न कुछ चटपटा खाने को ललचनेवाला।

चटोरापन पुं. चटोरा होने की आदत।

चट्टान स्त्री. बड़ा पत्थर, शिला (दे. चित्र)

चट्टी स्त्री. पड़ाव; उ.—बदरीनाथ के रास्ते में कई चट्टियाँ हैं।

चट्टी स्त्री. चप्पल, स्लीपर।

चढ़ना अ. क्रि. नीचे से ऊपर की ओर जाना; जैसे—पहाड़ पर चढ़ना, सीढ़ी से चढ़ना (विलोम : उतरना) (दे. चित्र)।

चढ़ाई स्त्री. 1. चढ़ने की ऊँचाई; उ.—केदारनाथ की चढ़ाई लगभग साढ़े ग्यारह हजार फुट है। 2. ऊँची होती हुई भूमि; उ.—संदक-फूँ की खड़ी चढ़ाई देख कर ही हम तो हिम्मत हार गए। 3. आक्रमण; उ.—सिकंदर ने भारत पर चढ़ाई की थी।

चढ़ाना स. क्रि. 1. ऊपर ले जाना; उ.—यह अलमारी दूसरे तल्ले पर चढ़ा दो। 2. चढ़ने में सहायता करना; जैसे—घोड़े पर चढ़ाना। 3. श्रद्धा से भेंट करना; जैसे—भगवान को फल-फूल चढ़ाना।

चढ़ावा पुं. प्रेम और श्रद्धा से भेंट की हुई वस्तुएँ; जैसे—मंदिर में चढ़ावा चढ़ाना।

चतुर वि. तेज बुद्धि वाला, होशियार, कुशल।

चतुराई स्त्री. चतुर होने का गुण, होशियारी; उ.—उसने बड़ी चतुराई से ग्राहक को पटा लिया।

चतुर्थ वि. चौथा; जैसे—चतुर्थ पुत्र, चतुर्थ कक्षा।

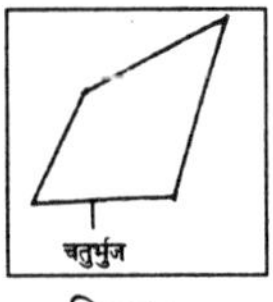

चतुर्भुज पुं. 1. ऐसा आकर जो चार भुजाओं के मिलने से बना हो (दे. चित्र) 2. भगवान विष्णु।

चद्दर स्त्री. दे. 'चादर'।

चना पुं. एक प्रसिद्ध अनाज, बूट, छोले; उ.—आज माँ ने चने की सब्ज़ी और चने के आटे की रोटी बनाई है।

चपटा (चिपटा) वि. जो उभरा हुआ न हो, दबा हुआ; जैसे—चपटी नाक।

चपत स्त्री. 1. थप्पड़, तमाचा। 2. नुक़सान; उ.—मेरी क़लम खो जाने से मुझे दस रुपए की चपत लग गई।

चपरासी पुं. अरदली।

चपाती स्त्री. पतली रोटी, फुलका; जैसे—आटे की चपाती।

चपेट स्त्री. फँसाव, शिकार हो जाना, लपेट; उ.—कल एक हवाई जहाज़ तूफ़ान की चपेट में आ कर गिर गया।

चप्पल स्त्री. खुला पट्टीदार जूता।

चप्पा पुं. चार अंगुल जगह, थोड़ा-सा स्थान; उ.—मैंने उसे ढूँढने के लिए चप्पा-चप्पा छान मारा पर वह न मिला।

चप्पू पुं. नाव खेने का एक ओर से चपटा डंडा, डाँड़ (दे. चित्र 'किश्ती)।

चबाना स. क्रि. दाँतों से कुचलना; उ. —खाना अच्छी तरह चबा कर खाना चाहिए।

चबूतरा पुं. लोगों के बैठने के लिए मिट्टी-ईंट आदि से बनाया हुआ ऊँचा स्थान।

चबेना पुं. चबा कर खाने के लिए भुना हुआ अनाज, भूँजा।

चमक स्त्री. कांति, आभा, प्रकाश।

चमकदार वि. चमकीला।

चमकना अ.क्रि. दमकना, जगमगाना; उ.—आकश में चाँद चमक रहा है।

चमकाना स. क्रि. 1. चमक लाना, साफ़ करके झलकाना; जैसे—बरतन चमकाना, फ़र्श चमकाना। 2. ऊँचा उठाना, आगे बढ़ाना; जैसे—नाम चमकाना, व्यापार चमकाना।

चमकीला वि. चमकदार, उज्ज्वल; जैसे—चमकीले दाँत।

चमगादड़ पुं. अंधेरे में उड़नेवाला एक जंतु जिसे रोशनी में दिखाई नहीं देता।

चमचमाना अ. क्रि. चमकना, दमकना; उ.—पॉलिश करते ही जूते चमचमाने लगे।

चमचा पुं. 1. बड़ा चम्मच; उ.—'चमचे से सब्ज़ी परोस दो।' 2. खुशामदी आदमी; उ.—राजू बड़े साहब का चमचा है।

चमड़ा पुं. खाल, चर्म; उ.—पशुओं के चमड़े से जूते बनते हैं।

चमड़ी स्त्री. खाल, त्वचा, चर्म; उ.—अम्हौरियों के कारण उसकी पीठ की चमड़ी लाल हो गई है।

चमत्कार पुं. अनोखी घटना, करामात; उ.—मनुष्य का चाँद पर पहुँचना विज्ञान का चमत्कार है।

चमार पुं. चमड़े का काम करनेवाली और जूते बनाने वाली एक जाति इस जाति का आदमी, मोची।

चमेली स्त्री. एक प्रकार के खुशबूदार सफ़ेद छोटे फूल।

चरखा

चरखा पुं. काठ से बना सूत कातने का एक यंत्र (दे. चित्र)।

चरखी स्त्री. पहिए की तरह घूमनेवाली एक गोल चीज़,

फिरकी; जैसे—कुएँ की चरखी, पतंग की डोर लपेटने की चरखी।

चरण पुं. पैर, पाँव।

चरणामृत पुं. देवता को चढ़ाया हुआ पेय पदार्थ।

चरना स. क्रि. पशुओं का घास चारा आदि खाना; उ.—गाय मैदान में घास चर रही है।

चरबी स्त्री. चमड़ी और मांस के बीच का चिकना तत्व, वसा; उ.—पशुओं की चरबी से निकाले हुए तेल से साबुन क्रीम आदि कई चीज़ें बनाई जाती हैं।

चरम वि. अंतिम हद तक पहुँचा हुआ; जैसे—चरम मूर्ख, चरम संकट।

चरमराना अ. क्रि. चरमर आवाज़ करना; जैसे—जूता चरमराना, चारपाई चरमराना।

चरवाहा पुं. पशुओं को चरानेवाला; उ. —मंगरू चरवाहा जानवरों को चराने जंगल में गया है।

चरस पुं. एक नशीली चीज़।

चरसा पुं. कुएँ से पानी निकालने के काम आनेवाला चमड़े का एक बड़ा थैला।

चरागाह पुं. पशुओं के चरने का मैदान।

चरित्र पुं. चाल-चलन, आचरण।

चर्च पुं. दे. 'गिरजाघर'।

चर्चा स्त्री. किसी विषय पर होनेवाली बातचीत, ज़िक्र; उ.—आजकल चुनाव की खूब चर्चा है।

चर्म पुं. दे. 'चमड़ा'।

चलचित्र पुं. परदे पर चलते-बोलते दृश्य, सिनेमा; उ.—'आलमआरा' भारत का पहला बोलता चलचित्र था।

चलन पुं. फ़ैशन, रिवाज़; उ.—आजकल अंगरेज़ी बोलने का चलन बहुत बढ़ गया है।

चलना अ. क्रि. **1.** पैरों से आगे बढ़ना; उ.—मैं पैदल चल कर आया हूँ। **2.** गतिशील होना; जैसे—जहाज़ या गाड़ी का चलना। **मु. चल बसना** मर जाना; उ.—आज सुबह मोहन के पिता चल बसे।

चलनी स्त्री. किसी चीज़ को छानने का छेदोंवाला एक उपकरण, छलनी; उ.—'चलनी से गेहूँ छान लो' (दे. चित्र)।

चलाना स. क्रि. **1.** किसी चीज़ को गतिशील करना; जैसे—मोटर चलाना, बच्चे को हाथ पकड़ कर चलाना। **2.** किसी काम को जारी रखना; उ. —पिता की मृत्यु के बाद राम ही कारखाना चला रहा है।

चवन्नी स्त्री. पहले काम में आने वाला 25 पैसे का एक सिक्का, एक रुपए का चौथाई भाग।

चवालीस वि. चालीस और चार का जोड़ 44।

चश्मा पुं. ऐनक; उ. —मेरे चश्मे का एक काँच टूट गया है (दे. चित्र)।

चश्मा पुं. झरना; उ.—कश्मीर में बहुत चश्मे हैं (दे. चित्र 'झरना')।

चसका (चस्का) पुं. चाट, लत, व्यसन; जैसे—ताश का चसका, शराब का चसका।

चहकना अ. क्रि. **1.** चिड़ियों का बोलना,

कलरव करना। **2.** उमंग में आ कर बोलना; उ.—पार्क जाने की बात सुनकर मुन्ना चहक रहा है।

चहचहाना अ. क्रि. दे. 'चहकना'।

चहबच्चा पुं. पानी का छोटा हौज़, चौबच्चा; उ.—चहबच्चे से नहाने का पानी ले आओ।

चहल-पहल स्त्री. हँसी-खुशी का वातावरण, धूमधाम; जैसे—शादी की चहल-पहल।

चहारदीवारी (चारदीवारी) स्त्री. किसी स्थान के चारों ओर की दीवार; जैसे—क़िले की चहारदीवारी।

चाँटा पुं. थप्पड़, तमाचा।

चांडाल पुं. श्मशान में मुरदों को जलानेवाला।

चाँद पुं. दे. 'चंद्रमा'। मु. **चार चाँद लगना** शोभा बढ़ना; उ.—आपके आने से हमारे समारोह में चार चाँद लग गए।

चाँदनी **(I)** स्त्री. चंद्रमा की रोशनी; उ.—पूर्णिमा की चाँदनी में ताजमहल बहुत ही सुंदर दिखाई देता है। **(II)** वि. चाँद की रोशनीवाली; जैसे—चाँदनी रात।

चाँदी स्त्री. एक क़ीमती सफ़ेद चमकीली धातु जो गहने सिक्के इत्यादि बनाने के काम आती है।

चॉक पुं. खड़िया, उ.—बोर्ड पर चॉक से सवाल लिखो।

चाक

चाक पुं. कुम्हार का लकड़ी का चक्का जिसकी धुरी पर मिट्टी रखकर वह बरतन बनाता है (दे. चित्र)।

चॉकलेट पुं. दूध और कोको से बनी एक मिठाई।

चाक़ू पुं. धातु से बना हुआ एक धारदार हत्थेवाला औज़ार।

चाचा पुं. पिता का छोटा भाई।

चाट स्त्री. **1.** खाने की चटपटी चीज़। **2.** आदत, चसका; उ.—उसे घूस लेने की चाट पड़ गई है।

चाटना स. क्रि: दाँत का प्रयोग न कर जीभ से खाना; जैसे—शहद चाटना, पत्ता चाटना।

चादर स्त्री. ओढ़ने या बिछाने का कपड़ा।

चाप स्त्री. चलने की आहट; जैस-पद-चाप।

चाप पुं. दे. 'धनुष'।

चापलूस वि. झूठी बड़ाई करके खुश करनेवाला, खुशामदी, चाटुकार; उ.—धनवान मोहन को हमेशा चापलूस लोग घेरे रहते हैं।

चापलूसी स्त्री. खुशामद, चाटुकारिता, चमचागिरी।

चाबी स्त्री. वह चीज़ जिससे ताला खुलता और बंद होता है, ताली, कुंजी।

चाबुक पुं. बँटे हुए चमड़े या रस्सी का हत्थेदार कोड़ा।

चाय स्त्री. **1.** उबाल कर पीने के काम आनेवाली एक तरह की पत्तियाँ; उ.—भारत से चाय बाहर के देशों में भी भेजी जाती है। **2.** चाय की पत्तियों से बना एक पेय; उ.—गरम-गरम चाय पी लो।

चायदानी स्त्री. चाय रखने का बरतन।

चार वि. तीन और एक का जोड़, 4।

चारख़ाना पुं. आड़ी और खड़ी धारियों से बना डिजाइन; उ.—मेरी चारख़ानेवाली कमीज़ लाओ।

चारपाई स्त्री. खाट।

चारा पुं. पशुओं का खाना।

चाल स्त्री. **1.** चलने का तरीका; जैसे—तिरछी चाल, टेढ़ी-बाँकी चाल। **2.** गति; उ.—रेल की चाल धीमी है। **3.** ठगने की तरकीब; उ.—मैंने उसकी चाल में फँस कर रुपए गँवा दिए।

चाल स्त्री. बंबई जैसे शहरों में साधारण लोगों के रहने का बस्ती जैसा बड़ा मकान।

चालक पुं. चलानेवाला; जैसे—विमान-चालक, मोटर-चालक।

चाल-चलन पुं. आचरण, चरित्र; उ.—राम को उसके बुरे चाल-चलन के कारण नौकरी से निकाल दिया गया है।

चाल-ढाल स्त्री. व्यवहार, ढंग, तौर-तरीका; उ.—बिरजू की चाल-ढाल से ही पता चल जाता था कि वह बहुत शरारती है।

चालाक वि. होशियार, चतुर, चंट।

चालाकी स्त्री. चतुराई, होशियारी।

चालान (चलान) पुं. **1.** एक जगह से दूसरी जगह माल भेजने का विवरण-पत्र; जैसे—रुई का चालान। **2.** पुलिस द्वारा लिखा गया अपराध बतानेवाला पत्र; जैसे—लॉरी ड्राइवर का चालान, जुआरी की चालान।

चालीस वि. तीस और दस का जोड़, 40।

चालू वि. **1.** जो चलता हो, जो जारी हो; जैसे—चालू मिल, चालू पंखा। **2.** चलता-पुर्ज़ा, चालाक।

चाव पुं. उमंग, शौक़, उ.—बच्चों को चिड़ियाघर जाने का बहुत चाव रहता है।

चावल पुं. लम्बोतरे सफ़ेद दानोंवाला एक अनाज।

चाशनी स्त्री. पानी में चीनी को पका कर बनाया गया शीरा; उ.—जलेबियों को तल कर चाशनी में डुबो दो।

चाह स्त्री. इच्छा, ख्वाहिश; उ.—उसकी चाह वकील बनने की है।

चाहना स. क्रि. कुछ करने या पाने की इच्छा होना; उ.—मैं पढ़-लिख कर डॉक्टर बनना चाहता हूँ।

चाहिए अ. **1.** जरूरत है; उ.—मुझे एक क़लम चाहिए। **2.** उचित है, इच्छित है; उ.—हमेशा सच बोलना चाहिए।

चाहे अ. भले ही; उ.—'चाहे तुम उसकी खूब बुराई करो, मुझे तो वह भला आदमी लगता है।'

चिंगारी स्त्री. दे. 'चिनगारी'।

चिंघाड़ स्त्री. हाथी के चिल्लाने का शब्द।

चिंघाड़ना अ. क्रि. हाथी का चिल्लाना।

चिंता स्त्री. मन में होनेवाला डर कि कुछ बुरा न हो जाए, फ़िक्र; उ.—मुझे परीक्षा की चिंता सता रही है।

चिक स्त्री. बांस की खपच्चियों से बना हुआ जालीदार परदा; उ.— 'धूप आ रही है, चिक गिरा दो।'

चिकना वि. **1.** जिसमें चिकनाहट हो, फिसलनदार; जैसे—चिकना पत्थर, चिकनी मिट्टी। **2.** तेल लगा हुआ; जैसे—चिकने बाल।

चिकना-चुपड़ा वि. **1.** मक्खन घी आदि लगा हुआ; उ.—माँ खुद रूखी-सूखी रोटी खा कर भी बच्चों को चिकनी-चुपड़ी

खिलाना चाहती है। **2.** चापलूसी-भरा; उ.–'ज़्यादा चिकनी-चुपड़ी बातें करके मुझे खुश करने की कोशिश मत करो।'

चिकनाई स्त्री. **1.** चिकनापन; उ.– पॉलिश से फ़र्श पर चिकनाई आ गई है। **2.** घी तेल आदि; उ.– 'ज्यादा चिकनाई खाने से मोटापा बढ़ता है।

चिकित्सक पुं. डॉक्टर, वैद्य, हकीम।

चिकित्सा स्त्री. इलाज, दवा-दारू; उ. –सही समय पर चिकित्सा करने से बीमार जल्दी ठीक हो जाता है।

चिकित्सालय पुं. अस्पताल, दवाख़ाना।

चिट स्त्री. काग़ज़ का छोटा टुकड़ा, परची।

चिट्ठा पुं. हिसाब का विवरण। मु. **कच्चा चिट्ठा** भेद, रहस्य; उ.–ज़्यादा ऐंठो मत, नहीं तो तुम्हारा सारा कच्चा चिट्ठा खोल दूँगा।'

चिट्ठी स्त्री. ख़त, पत्र।

चिड़चिड़ा वि. हर बात में झुँझलानेवाला; उ.–मालिक के चिड़चिड़े स्वभाव के कारण उसने नौकरी छोड़ दी।

चिड़िया स्त्री. एक छोटा पक्षी उ.– 'चूँ-चूँ करती आई चिड़िया, दाल का दाना लाई चिड़िया (दे. चित्र)।

चिड़ियाघर पुं. वह पार्क जहाँ तरह-तरह के पशु-पक्षी रखे जाते हैं।

चिड़ी स्त्री. ताश के चार रंगों में एक रंग जिसमें तीन काली पत्तियों की बूटी होती है।

चिड़िमार पुं. पक्षियों को पकड़ने या मारनेवाला, बहेलिया।

चिढ़ स्त्री. खीझ, नापसंदगी।

चिढ़ना अ. क्रि. खीझना, नापसंद करना; उ.–राम की हाँ में हाँ न मिलाने के कारण वह मुझसे बहुत चिढ़ता है।

चिढ़ाना स. क्रि खिझाना, नाराज़ करना; उ.–राम जीभ निकालकर श्याम को चिढ़ा रहा है।

चित वि. पेट के बल; उ.–मोहन पलंग पर चित लेटा हुआ है।

चितकबरा वि. एक रंग पर दूसरे रंग के धब्बोंवाला, रंग-बिरंगा; उ.– चितकबरा पिल्ला कान हिला रहा है।

चिता स्त्री. शव जलाने के लिए चुन कर रखी गई लकड़ियों का ढेर; उ.–श्मशान में कई चिताएँ जल रही हैं।

चिताना स. क्रि. आगाह करना, सावधान करना।

चितेरा पुं. चित्र बनानेवाला, चित्रकार।

चित्त पुं. मन, दिल, जी।

चित्ती स्त्री. धब्बा; जैसे–रोटी को सेंकने से उस पर पड़ी चित्तियाँ।

चित्र पुं. तस्वीर, फोटो।

चित्रकला स्त्री. चित्र आँकने की कला, तस्वीर बनाने का हुनर।

चित्रकार पुं. तस्वीर या चित्र बनानेवाला, चितेरा; उ.–रवींद्रनाथ ठाकुर महान कवि होने के साथ ही महान चित्रकार भी थे।

चित्रकारी स्त्री. **1.** चित्र बनाने की कला; उ. –यह चित्रकारी की कक्षा है (दे. चित्र)।

चित्रपट पुं. 1. ऐसा कपड़ा या चमड़ा जिस पर चित्र बने हों; उ.–तिब्बत के धार्मिक चित्रपटों को टंका कहा जाता है। 2. वह सफेद परदा जिस पर सिनेमा दिखाया जाता है।

चित्र-विचित्र वि. 1. रंग-बिरंगा; जैसे–मोर के चित्र-विचित्र पंख 2. विलक्षण; जैसे–विचित्र संसार।

चित्रशाला स्त्री. 1. जहाँ बहुत सारे चित्र सजाए गए हों। 2. चित्र बनाने का स्थान, स्टूडियो।

चित्रित वि. चित्र के रूप में दिखाया हुआ, अंकित; उ.–इस चित्र में गाँव का दृश्य चित्रित है।

चिथड़ा पुं. फटा-पुराना कपड़ा।

चिनगारी स्त्री. जलती हुई चीज़ का कण; उ.–एक छोटी-सी चिनगारी ने उसकी झोपड़ी जला कर राख कर दी।

चिनाई (चुनाई) स्त्री. ईंटों को जोड़ने का काम; उ.–इस दीवार की चिनाई में पाँच सौ ईंटें और लगेंगी।

चिनार पुं. कटावदार पत्तोंवाला एक पेड़ जो विशेषकर कश्मीर में होता है।

चिपकना अ. क्रि. लेसदार चीज़ से दूसरी चीज़ का सट जाना या जुड़ जाना; उ. –लिफ़ाफ़े पर लगे गोंद के नम हो जाने से यह चिपक गया है।

चिपकाना स. क्रि. 1. लेसदार वस्तु से दो वस्तुओं को आपस में जोड़ना; उ. –मैंने लिफ़ाफ़ा गोंद से चिपका दिया है। 2. गले लगाना, लिपटाना; उ. –माँ ने बेटे को छाती से चिपका लिया।

चिपचिपा वि. 1. लेसदार; उ.–गोंद चिपचिपा होता है 2. जिसमें लेसदार वस्तु लग गई हो; जैसे–तेल से चिपचिपे बाल, चाशनी लग जाने से चिपचिपे हाथ।

चिपटना अ. क्रि. चिपकना, सटना, लिपटना; उ.–जोंक चिपट जाए तो खून पीने लगती है।

चिप्पी स्त्री. लकड़ी धातु काग़ज़ आदि का एक छोटा टुकड़ा जो किसी दूसरी चीज पर चिपकाया जाए।

चिमटा पुं. चीजें पकड़ने का दो पत्तियोंवाला धातु से बना एक उपकरण; उ.–हमीद ने अपनी दादी के लिए मेले से एक चिमटा खरीदा।

चिमनी स्त्री. 1. धुआँ निकालने के लिए आकाश की ओर बनाई हुई एक चौड़ी नली; उ.–मिल की चिमनी ज़ोरों से धुआँ उगल रही है। 2. लैंप लालटेन आदि में लगा शीशे का खोल।

चिरंजीव (I) वि. लंबी उम्र के लिए दिया गया आशीर्वाद; उ.–रमेश के जन्मदिन पर बड़ों ने आशीर्वाद दिया, चिरंजीव हो। (II) पुं. बेटा; उ.–कल आपके चिरंजीव से मुलाकात हुई थी।

चिराई स्त्री. चीरने की क्रिया; जैसे–लकड़ी की चिराई, फोड़े की चिराई।

चिराग़ पुं. दीया, दीपक; उ.–अँधेरा हो गया है चिराग़ जला लो।

चिलम स्त्री. तंबाकू पीने की मिट्टी की नलीदार कटोरी।

चिलमची स्त्री. हाथ-मुँह धोने और कुल्ला आदि करने का एक खुले मुँहवाला बरतन; उ.–नर्स मरीज़ से चिलमची में

कुल्ला करवा रही है।

चिल्लाना अ. क्रि. ज़ोर से बोलना, चीख़ना; उ.—गड़ेरिये का चिल्लाना सुन कर सब लोग भागे आए।

चिल्लाहट स्त्री. 1. चीख़ चीत्कार। 2. शोर-गुल।

चिवड़ा (चिउड़ा, चिड़वा) पुं. धान को उबालने के बाद भून कर और कूट कर बनाया हुआ चिपटा दाना।

चिह्न पुं. लक्षण, पहचान, निशान।

चीं-चपड़ स्त्री. आपत्ति उठाते हुए कुछ बोलना; उ.—उसने बिना कुछ चीं-चपड़ किए काग़ज़ों पर सही कर दी।

चींटा पुं. बड़ी चींटी।

चींटी स्त्री. एक छोटा कीड़ा जो झट से मीठी चीज़ों पर पहुँच जाता है।

चीख़ स्त्री. दर्द या भय से निकली तीखी आवाज।

चीख़ना। अ. क्रि. जोर से चिल्लाना; उ.—मरीज़ दर्द के मारे सारी रात चीख़ता रहा।

चीज़ स्त्री. वस्तु, पदार्थ; उ.—मुझे बाज़ार से कई चीज़ें लानी हैं।

चीड़ पुं. एक पहाड़ी पेड़ जिसका तना लंबा होता है और जिसकी लकड़ी बक्सा संदूक आदि बनाने के काम में आती है।

चीतल

चीता

चीतल पुं. सींगोंवाला एक चित्तीदार हिरन; उ.—जंगल में झील के किनारे हमने चीतलों का झुँड देखा (दे. चित्र)।

चीता पुं. शेर की जाति का चित्तियोंवाला एक जंगली ख़ूँख़ार जानवर; उ.—चीता बहुत तेज़ दौड़ता है (दे. चित्र)।

चीत्कार पुं. तेज़ चीख़।

चीनी स्त्री. ईख खजूर चुकंदर आदि से बना हुआ सफ़ेद दानेदार चूरा, खाँड, शक्कर।

चीनी (I) वि. चीन देश से सम्बन्धित; उ.—चीनी रेशम बहुत बढ़िया माना जाता है; **(II)** पुं. चीन देश का; उ. —मेरा दोस्त वांग चू चीनी है।

चीनीमिट्टी स्त्री. चिकनी सफ़ेद मिट्टी; उ.—यह चायदानी चीनीमिट्टी की बनी हुई है।

चीर पुं. कपड़ा, वस्त्र; उ.—भगवान कृष्ण ने द्रौपदी का चीर बढ़ा कर उसकी लाज बचाई।

चीर-फाड़ स्त्री. चीरने और फाड़ने का काम; उ.—डॉक्टरी की पढ़ाई में शरीर की चीर-फाड़ भी सिखाई जाती है।

चीरना स. क्रि. 1. किसी चीज़ को धारदार वस्तु से काटना; जैस—ऑपरेशन से पेट चीरना। 2. काट कर टुकड़े करना; उ.—बढ़ई लकड़ी चीर रहा है।

चील

चील स्त्री. बाज़ जाति का एक पक्षी; उ.—चील झपट्टा मार कर मिठाई का दोना ले गई (दे. चित्र)।

चुंगी स्त्री. एक कर जो नगरपालिका द्वारा बाहर से आनेवाले माल पर लगाया जाता है।

चुंबक पुं. लोहे को अपनी ओर खींच लेनेवाली वस्तु।

चुकंदर पुं. आकार में शलजम जैसा गहरे लाल रंग का एक मीठा कंद।

चुकना अ. क्रि. ख़त्म हो जाना; उ.–'मेरे पैसे चुक गए हैं, कुछ पैसे उधार दे दो।'

चुकाना स. क्रि. किसी से कुछ लिए हुए को लौटाना, प्रतिदान करना; उ.–मैंने गोविंद का क़र्ज़ चुका दिया है।

चुगना स. क्रि. पक्षियों का चोंच से दाना उठाना।

चुग़लखोर वि. चुग़ली करनेवाला।

चुग़ली स्त्री. पीठ पीछे की गई शिकायत।

चुग्गा पुं. पक्षियों के चुगने के लिए डाली गई चीज़।

चुटकी स्त्री. अंगूठे और एक अंगुली को मिलाकर आवाज़ निकालना; उ.–माँ चुटकी बजा कर बच्चे को बहला रही है। **मु. चुटकी बजाते ही** झट, तुरंत; उ.–जादूगर के चुटकी बजाते ही परी आ गई।

चुटकुला पुं. हँसाने के लिए कही गई बात, लतीफा; उ.–चुटकला सुनाते वक्त वह खुद भी हँसी से लोट-पोट होने लगा।

चुटिया स्त्री. सिर के बीच में बालों की लड़ी, चोटी, शिखा; उ.–पंडित जी अपनी चुटिया हिलाते हुए चले आ रहे हैं।

चुड़ैल स्त्री. जादू-टोना करनेवाली, दुष्ट स्त्री, डायन।

चुनना स. क्रि. 1. छाँटना, बीनना; जैसे–गेहूँ चुनना, दाल चुनना। 2. मनपसंद चीज़ लेना।

चुनाव पुं. 1. चुनने का काम; जैसे–वर का चुनाव, स्थान का चुनाव। 2. वोट के द्वारा किसी पद के लिए किसी को चुनना। 3. निर्वाचन; उ. –'मैं लोकसभा का चुनाव लड़ रही हूँ।'

चुनौती स्त्री. ललकार, आह्वान; उ. –दुबला-पतला होने के बावजूद राम ने मोटे-तगड़े श्याम की कुश्ती लड़ने की चुनौती स्वीकार कर ली।

चुप वि. मौन, ख़ामोश।

चुपचाप अ. 1. बिना आवाज़ किए; उ. –चोर चुपचाप निकल भागा। 2. बिना बताए; उ.–वह चुपचाप क्यों चला गया ?

चुप्पी स्त्री. मौन, ख़ामोशी, सन्नाटा।

चुभना अ. क्रि. 1. नुकीली चीज़ का गड़ना; उ.–मेरी उँगली में आलपीन चुभ गई। 2. खलना, बुरा लगना; उ. –मुझे उसकी कड़वी बात अभी तक चुभ रही है।

चुभाना स. क्रि. कोई नुकीली चीज़ गड़ाना।

चुमकारना स. क्रि. चूमने जैसी आवाज़ करते हुए दुलारना; जैसे–बच्चे को चुमकारना।

चुराना स. क्रि. चोरी करना; जैसे– रुपए चुराना; किताब चुराना।

चुलबुला वि. चपल, चंचल; जैसे–चुलबुला बच्चा।

चुल्लू पुं. उँगलियों को समेट कर हथेली में बनाया हुआ गड्ढा, ओक; उ.–चुल्लू से पानी पी लो। मु. **चुल्लू भर पानी में डूब मरना** शर्म से गड़ जाना; उ. –बड़े भाई का अपमान करने से

पहले तुम्हें चुल्लू भर पानी में डूब मरना चाहिए।

चुसकी स्त्री. सुड़क कर घूँट-घूँट पीना; जैसे–चाय की चुसकी, शरबत की चुसकी।

चुस्त वि. **1.** फुर्तीला, निरालस; जैसे–चुस्त खिलाड़ी (विलोम : सुस्त) **2.** कसा हुआ; जैसे–चुस्त कपड़े।

चुहिया स्त्री. **1.** छोटा चूहा। **2.** मादा चूहा।

चूँकि अ. क्योंकि; उ.–'चूँकि मैं बीमार था, इसलिए तुम्हारे यहाँ नहीं आ सका।'

चूक स्त्री. भूल, ग़लती; उ.–'मुझसे चूक हो गई, कृपया माफ़ कर दें।'

चूकना अ. क्रि. **1.** गलती करना। **2.** निशाना गलत होना; उ.–उसने शेर पर गोली तो चलाई, पर निशाना चूक गया। **2.** अवसर खो देना; उ.–उसे खेल में गोल करने का मौक़ा तो मिला था, पर वह चूक गया।

चूज़ा पुं. मुर्गी का बच्चा; उ.–मुर्ग़ी के आगे-पीछे आठ चूज़े फुदक रहे हैं।

चूड़ी स्त्री. हाथ में पहनने की एक गोलाकार चीज़; जैसे–काँच की चूड़ी, सोने की चूड़ी।

चूना पुं. एक प्रकार के खनिज पत्थर या घोंघे आदि को जला कर बनाई गई एक चीज़ जो सफ़ेदी करने और खाने के काम में आती है।

चूना अ. क्रि. छेद या दरार से बूँद-बूँद गिरना, रिसना, टपकना; उ.–छत चूने के कारण सारा गद्दा ख़राब हो गया।

चूमना स. क्रि. ओठों से प्यार करना, चुम्बन लेना; उ.–माँ बच्चे को बार-बार चूम रही है।

चूर पुं. बहुत छोटे-छोटे टुकड़े, चूर्ण, चूरा; उ.–काँच का गिलास मेज़ से गिर कर चूर-चूर हो गया।

चूरण (चूर्ण) पुं. **1.** चूरा। **2.** खट्टा, स्वादिष्ट, पाचक; जैसे–अनारदाने का चूरण, पत्थर-हज़म चूरण।

चूरा पुं. बहुत बारीक टुकड़े; जैसे–बर्फ़ का चूरा, कोयले का चूरा।

चूल्हा पुं. आग जलाने का एक उपकरण; उ.–चूल्हे पर दाल चढ़ा दो (दे. चित्र)।

चूसना स. क्रि. जीभ और होठों से रस खींचना; जैसे–आम चूसना, बर्फ़ चूसना।

चूहा पुं. छोटे-छोटे पैरों और लंबी पूँछवाला एक जंतु; उ.–चूहे चीज़ों को कुतर देते हैं (दे. चित्र)।

चूहेदानी स्त्री. चूहे पकड़ने का पिंजरा।

चेक़ पुं. रुपया निकालने के लिए बैंक को दिया जानेवाला आदेश-पत्र।

चेचक स्त्री. पूरे शरीर पर पानीदार दाने उभर आने की बीमारी, शीतला; उ.–उसके चेहरे पर चेचक के दाग़ हैं।

चेतावनी स्त्री. सावधान करने के लिए दी गई सूचना; उ.–मौसम बताने वाला दफ्तर तूफ़ान की अग्रिम चेतावनी देता है।

चेन स्त्री. ज़ंजीर, साँकल; जैसे–सोने की चेन, साइकिल की चेन (दे. चित्र

'ज़ंजीर')।

चेला पुं. गुरु से विद्या प्राप्त करनेवाला, शिष्य; उ.—एकलव्य अपने को द्रोणाचार्य का चेला मानता था।

चेष्टा स्त्री. कोशिश, प्रयत्न; उ.—यदि चेष्टा करोगे तो कभी न कभी ज़रूर सफल होओगे।

चेहरा पुं. गरदन के ऊपर का सामने का भाग, शक्ल, मुँह। **मु. चेहरा खिल जाना** प्रसन्न हो जाना; उ.—माँ को देखते ही बच्चे का चेहरा खिल गया।

चैत पुं. फागुन के बाद का और बैसाख के पहले का महीना।

चैन पुं. आराम, सुख; उ.—भयंकर गर्मी के बाद बारिश होने से चैन मिला।

चोंगा पुं. **1.** बाँस की ऐसी खोखली नली जिसका एक सिरा बंद और दूसरा खुला हो। **2.** भोंपू। **3.** टेलीफ़ोन का वह हिस्सा जिससे बात की और सुनी जाती है।

चोंच स्त्री. पक्षियों के मुँह का नुकीला भाग; जैसे—हंस, तोते आदि की चोंच।

चोकर (ड़) पुं. गेहूँ जौ आदि के आटे को छानने से निकलनेवाला छिलके का चूरा।

चोट स्त्री. **1.** आघात, प्रहार; उ.—कुल्हाड़ी की एक और चोट पड़ने पर यह पेड़ गिर जाएगा। **2.** आघात लगने से होनेवाला घाव, ज़ख़्म; जैसे—लाठी से लगी हुई चोट, गिर जाने से लगी हुई चोट।

चोटी स्त्री. **1.** स्त्रियों के सिर के गुंथे हुए बाल, वेणी; उ.—तारा ने चोटी में फूल लगा रखे हैं **2.** सबसे ऊँचा सिरा, शिखर; जैसे—हिमालय की चोटी, पेड़ की चोटी।

चोर पुं. चोरी करनेवाला।

चोरी स्त्री. किसी को बिना बताए या दिखाए उसकी कोई चीज़ ले लेना, चुराने का काम।

चोला पुं. लंबा और ढीला-ढाला कुरता; उ.—साधु लोग अधिकतर भगवा चोला पहनते हैं।

चोली स्त्री. छोटा ब्लाउज़, अँगिया।

चौंकना अ. क्रि. अचानक किसी विचित्र चीज़ या घटना को देख कर अचरज में पड़ जाना; उ.—दरवाज़े के पीछे से जैसे ही मुन्ने ने "भौं" कहा, माँ चौंक गई।

चौंतीस वि. तीस और चार का जोड़, 34।

चौंधियाना अ. क्रि. तेज़ रोशनी के कारण आँखों का ठीक से न खुल पाना।

चौंसठ वि. साठ और चार का जोड़, 64।

चौक पुं. **1.** आँगन। **2.** शहर में बाज़ार के बीच का खुला स्थान।

चौकड़ी स्त्री. **1.** चार का समूह या मंडली; जैसे—राम, श्याम, यदु और मधु की चौकड़ी है। **2.** चारों पैरों से छलाँग मारते हुए भागना; जैसे—हिरन का चौकड़ी भरना।

चौकन्ना वि. सतर्क, चौकस, सावधान।

चौकस वि. दे. 'चौकन्ना'।

चौकसी स्त्री. पहरेदारी, रखवाली।

चौका पुं. **1.** खाना बनाने की जगह; उ.—माँ चौके में खाना बना रही है। **2.** इकट्ठे चार; उ.—कपिल देव ने

चौका (चार रन) मारा।

चौका-बरतन पुं. रसोई का काम।

चौकी स्त्री. 1. चार पायोंवाली बैठने या सोने के काम आनेवाली एक चीज; उ.–पुजारी जी को चौकी पर बैठाओ। 2. निगरानी रखने के लिए बना हुआ स्थान; जैसे–पुलिस की चौकी, सेना की चौकी, चुंगी की चौकी। 3. चार बूटियोंवाला ताश का पत्ता; जैसे–चिड़िया की चौकी, ईंट की चौकी।

चौकीदार पुं. पहरेदार।

चौकोर वि. जिसके चार कोने हों।

चौखट स्त्री. लकड़ी का एक ढाँचा जिसमें पल्ले लगाए जाते हैं।

चौखटा पुं. छोटा चौकोर ढाँचा जिसमें चित्र फोटो आदि लगाए जाते हैं।

चौगुना वि. चार गुना; उ.–'मेरे पिता की उम्र मुझसे चौगुनी है।'।

चौड़ा वि. 1. चौड़ाई के नाप का; जैसे–4 फुट लंबी और 2 फुट चौड़ी मेज़। 2. जो सँकरा न हो, खुला; जैसे–चौड़ी सड़क।

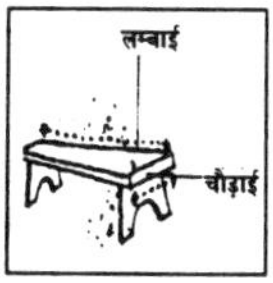

चौड़ाई स्त्री. लंबाई के किनारे के बीच का हिस्सा और उसकी नाप; जैसे–कपड़े की चौड़ाई, कमरे की चौड़ाई (दे. चित्र)।

चौतरफ़ा वि. चारों ओर से; जैसे–चौतरफ़ा हमला।

चौथ स्त्री. पखवारे का चौथा दिन, चतुर्थी; उ.–आज करवा चौथ है।

चौथा वि. क्रम से चार नंबर का; उ.–मैं अपने माँ-बाप का चौथा बेटा हूँ।

चौथाई स्त्री. चौथा हिस्सा; उ.–पृथ्वी का सिर्फ़ चौथाई हिस्सा ज़मीन और बाक़ी का पानी है।

चौदह वि. दस और चार का जोड़, 14।

चौधरी पुं. मुखिया, प्रधान; जैसे–गाँव का चौधरी।

चौपट वि. 1. नष्ट; उ.–टिड्डी दल ने सारी फसल चौपट कर दी। 2. खुला; उ.–'घर चौपट छोड़ कर तुम कहाँ गए थे ?'

चौपड़ स्त्री. कपड़े की चारख़ानेवाली चार पट्टियों पर गोटियों और कौड़ियों से खेला जानेवाला खेल, चौसर।

चौपाई स्त्री. चार चरणों और सोलह मात्राओं का एक प्रसिद्ध छंद, उ. –'रघुकुल रीति सदा चलि आई, प्राण जाहि बरू बचनु न जाई।' यह रामचरितमानस की एक प्रसिद्ध चौपाई है।

चौपाया पुं. चार पैरोंवाला जानवर; जैसे–गाय, घोड़ा, बकरी।

चौपाल स्त्री. खुला या छायादार लंबा-चौड़ा चबूतरा; उ.–चौपाल में पंचायत की बैठक हो रही है।

चौबीस वि. बीस और चार का जोड़, 24।

चौबे पुं. ब्राह्मणों की एक जाति, चतुर्वेदी; उ.–मथुरा के चौबे अपने पेटूपन के लिए प्रसिद्ध हैं।

चौमासा पुं. बरसात के चार महीने-आषाढ़, श्रावण, भाद्रपद और आश्विन।

चौरानबे वि. नब्बे और चार का जोड़, 94।

चौरासी वि. अस्सी और चार का जोड़,

84।

चौराहा पुं. जहाँ चार रास्ते मिलते हों, चौरस्ता।

चौहत्तर वि. सत्तर और चार का जोड़ 74।

चौहद्दी स्त्री. चारों ओर की सीमा; जैसे—खेत की चौहद्दी।

चौहरा वि. चार परत का; जैसे—चौहरी चादर।

छ

छँटना अ. क्रि. कई चीज़ों में से कुछ का अलग होना।

छँटनी स्त्री. छाँटने की क्रिया; जैसे—कपास से रुई की छँटनी, कारख़ाने से मज़दूरों की छँटनी।

छंद पुं. अक्षरों के निश्चित क्रम या निश्चित मात्राओं के अनुसार बनाया गया पद; उ.—चौपाई छंद में प्रत्येक चरण 16 मात्राओं का होता है।

छकड़ा पुं. माल ढोनेवाली एक छोटी गाड़ी, उ.—वह छकड़े पर सब्ज़ी लाद कर बाज़ार गया है।

छकना अ. क्रि. मन और पेट का भरना, तृप्त होना; उ.—आज मैंने छक कर भोजन किया है।

छकाना स. क्रि तंग करना; परेशान करना; उ.—लड़के पंडित जी का गमछा छिपा कर उन्हें छका रहे हैं।

छक्का पुं. **1.** छह अंकों का समूह; जैसे—खेल में पासे का छक्का, ताश का छक्का। **2.** क्रिकेट के खेल में एक साथ छह रनों का एक शॉट। **मु. छक्के छुड़ाना** बुरी तरह हरा देना; उ.—आज कबड्डी के खेल में हमने रतन की टीम के छक्के छुड़ा दिए। मु. **छक्के छूटना** हिम्मत हारना; उ.—गाँववालों की बहादुरी के आगे डाकुओं के छक्के छूट गए।

छछूँदर पुं. चूहे से मिलता-जुलता एक बदबूदार जंतु।

छज्जा पुं. छत या कमरे से बाहर की ओर निकला हुआ बरामदा, बालकनी।

छटपटाना अ. क्रि. किसी तकलीफ़ के कारण शरीर को इधर-उधर करना, तड़पना, व्याकुल होना; उ.—मरीज़ दर्द के मारे छटपटा रहा है।

छटा स्त्री. शोभा, सौंदर्य; उ.—वसंत ऋतु में फूलों की छटा देखते ही बनती है।

छठा (छठवाँ) वि. क्रम में छह के स्थान पर आनेवाला; जैसे—छठा बेटा, छठा साल।

छड़ स्त्री. लोहे पीतल आदि का पतला डंडा।

छड़ी स्त्री. पतली लाठी; उ.—मेरे दादा सुबह छड़ी ले कर टहलने जाते हैं।

छत स्त्री. धूप और बारिश से बचाने के

लिए बनाई गई छाजन; जैसे—कमरे की छत, मोटर की छत।

छतरी स्त्री. **1.** छोटा छाता। **2.** छोटा मंडप।

छत्ता पुं. मधुमक्खियों का घर जिसमें वे शहद इकट्ठा करती हैं।

छत्तीस वि. तीस और छह का जोड़, 36।

छत्र पुं. राजाओं और देव-मूर्तियों के ऊपर लगाया जानेवाला छाता।

छनना अ. क्रि. **1.** चलनी या किसी महीन कपड़े से पिसे हुए सूखे या तरल पदार्थ का निकलना; जैसे—आटा छनना; ठंडाई छनना। **2.** गरम घी या तेल में से तल कर निकलना; उ.—'पूडियाँ छन गई हैं, अब कचौड़ियाँ छनेंगी।'

छपना अ. क्रि. ठप्पे, टाइप या मशीन द्वारा अंकित होना, मुद्रित होना; जैसे—अख़बार छपना।

छपाई स्त्री. छापने का काम, मुद्रण; उ.—इस किताब की छपाई साफ़ और सुंदर है।

छप्पन वि. पचास और छह का जोड़, 56।

छप्पर पुं. घास-फूस की छत, छाजन। **मु. छप्पर फाड़ कर देना** अचानक बहुत देना; उ.—ग़रीब कल्लू को लाख रुपए की लॉटरी मिलने पर सबने कहा 'भगवान जब देता है तो छप्पर फाड़कर देता है।'

छबीला वि. **1.** सुंदर। **2.** बन-ठन कर रहनेवाला।

छब्बीस वि. छह और बीस का जोड़, 26।

छम-छम (छमाछम) स्त्री. घुँघरू पायल आदि से होनेवाला शब्द।

छमाही वि. छह महीने का, अर्धवार्षिक; उ.—जून में छमाही परीक्षाएँ होंगी।

छर्रा पुं. **1.** बंदूक की छोटी गोली। **2.** पत्थर का बहुत छोटा टुकड़ा।

छल पुं. गलत बात को सही ज़ाहिर करके दूसरों को ठगने का काम, कपट।

छलकना अ. क्रि. बरतन हिलने से तरल वस्तु का इधर-उधर गिरना; जैसे—कलसी से पानी छलकना।

छलना स. क्रि. **(I)** धोखा देना। **(II)** स्त्री. धोखा, वंचना।

छलनी स्त्री. दे. 'चलनी' (दे. चित्र 'चलनी')।

छलाँग स्त्री. एक ही कूद में दूसरी जगह पहुँचने की क्रिया, कुदान; उ.—उस बड़े गड्ढे को मोहन ने एक ही छलाँग में पार कर लिया (दे. चित्र)।

छल्ला पुं. सोना, चाँदी, पीतल आदि धातुओं से बनी एक गोल चीज; उ.—सीता ने उँगली में सोने का छल्ला पहन रखा है।

छवि स्त्री. सुंदर रूप, सौंदर्य, शोभा।

छह वि. पाँच और एक का जोड़, 6।

छाँटना स. क्रि. कई चीज़ों में से कुछ को अलग करना; जैसे—कच्चे आमों में से पके आम छाँटना, गेहूँ में से कंकड़ छाँटना।

छाँव स्त्री. छाँह, छाया; जैसे—पेड़ की छाँव।

छाछ स्त्री. मक्खन निकाला हुआ दही, मट्ठा।

छाजन पुं. धूप, बारिश आदि से बचाव के लिए कुछ छाकर बनाई गई चीज।

छाता

छाता पुं. छतरी; उ.–छाता धूप और बारिश से बचाव करता है (दे. चित्र)।

छाती स्त्री. सीना; उ.–माँ ने बच्चे को छाती से लगा लिया।

छात्र पुं. गुरु से पढ़नेवाला, विद्यार्थी।

छानना स. क्रि. किसी वस्तु को साफ़ करने के लिए कपड़े या चलनी में से निकालना; जैसे–आटा छानना, दूध छानना। मु. **छान मारना** खोजना, ढूँढ़ना; उ.–मैंने सारा शहर छान मारा, पर वह कहीं नहीं मिला।

छाना अ. क्रि. चारों ओर फैलना; जैसे–अंधकार छाना, बादल छाना।

छाना स. क्रि. छत डालना; जैसे–छाजन छाना।

छाप स्त्री. **1.** मोहर या ठप्पे का निशान; उ.–इस काग़ज़ पर सरकारी छाप लगी हुई है। **2.** असर, प्रभाव; उ.–उनके प्रेमपूर्ण व्यवहार की मुझ पर अच्छी छाप पड़ी।

छापना स. क्रि. ठप्पे या अक्षर को रंग या स्याही से काग़ज या कपड़े पर उतारना; जैसे–किताब छापना, कपड़ा छापना।

छापा

छापा पुं. **1.** लकड़ी धातु आदि से बना ठप्पा और उसकी छाप (दे. चित्र)। **2.** धावा; उ.–पुलिस ने कल रात तस्करों के अड्डे पर छापा मारा।

छापाख़ाना पुं. वह स्थान जहाँ छपाई का काम होता है, प्रेस।

छाया स्त्री. **1.** दे. 'परछाईं'। **2.** छाँह, छाँव; जैसे–पेड़ की छाया।

छाला पुं. चमड़ी पर उभरा हुआ चकत्ता, फफोला; उ.–लग़ातार चक्की पीसने के कारण उसके हाथ में छाले पड़ गए हैं।

छावनी स्त्री. फौज के रहने का स्थान, कैंटूनमेंट।

छिः अ. घृणा या धिक्कार प्रकट करनेवाला शब्द; उ.–'छिः, तुम्हें शर्म नहीं आती, किसी की चुग़ली करते ?'

छिछला वि. जिसमें गहराई न हो, सतही; उ.–यह नदी आगे जा कर बहुत छिछली हो गई है (विलोम : गहरा)।

छिटकना अ. क्रि. बिखरना; जैसे–चाँदनी छिटकना, शीशे के टुकड़ों का छिटकना।

छिटपुट अ. छोटी-मोटी, थोड़ी-सी फुटकर; उ.–आज शहर में मार-काट की छिटपुट घटनाएँ हुईं।

छिड़कना स. क्रि. किसी द्रव पदार्थ को इस प्रकार फेंकना कि उसके महीने छींटें फैल जाएँ; जैसे–जल छिड़कना, इत्र छिड़कना।

छिड़काव पुं. छिड़कने का काम; जैसे–धूल पर पानी का छिड़काव।

छिड़ना अ. क्रि. शुरू होना; जैसे–लड़ाई छिड़ना, बहस छिड़ना।

छितराना स. क्रि. बिखेरना; जैसे–पक्षियों के लिए चुग्गा छितराना।

छिद्र पुं. छेद, सूराख़।

छिनना अ. क्रि. ज़बरदस्ती ले लिया जाना, उ.—कल मंदिर में रमा का पर्स छिन गया।

छिपकली

छिपकली स्त्री. दीवार, छत आदि पर रेंग कर चलनेवाला छोटा जंतु (दे. चित्र)।

छिपना अ. क्रि. आड़ में होना, सामने न आना; उ.—चाँद बादलों के पीछे छिप गया है।

छिपाना स. क्रि. **1.** नज़र से बचाना; उ.—मेरे परदादा इस मकान में क्रांतिकारियों को छिपा कर रखते थे। **2.** सामने न आने देना; उ.—अपनी गलती को छिपाने की कोशिश मत करो।

छियानबे वि. नब्बे और छह का जोड़, 96।

छियालीस वि. चालीस और छह का जोड़, 46।

छियासठ वि. साठ और छह का जोड़, 66।

छियासी वि. अस्सी और छह का जोड़, 86।

छिलका पुं. किसी फल या सब्ज़ी की ऊपरी परत; जैसे—आम का छिलका, आलू का छिलका।

छिलना अ. क्रि. **1.** रगड़ खा कर ऊपरी परत या चमड़ी का हट जाना; उ.—सड़क पर गिर जाने के कारण मेरा घुटना छिल गया। **2.** छिलका उतरना; उ.—आलू और मटर छिल गए हैं।

छिहत्तर वि. सत्तर और छह का जोड़, 76।

छींक स्त्री. नाक से निकलनेवाली आँक-छी की आवाज़; उ.—मुझे ज़ुकाम के कारण छींक आ रही है।

छींकना अ. क्रि. छींक आना।

छींट स्त्री. रंग-बिरंगा छापेदार कपड़ा।

छींटा पुं. छिटकी हुई बूँद; जैसे—तेल का छींटा, स्याही का छींटा।

छीका पुं. छत से लटकाई जानेवाली रस्सी या तार की बनी डलिया; उ.—छीके में रोटी रखी है, खा लो।

छीनना स. क्रि. ज़बरदस्ती ले लेना; उ.—गुंडों ने उसके सारे पैसे छीन लिए।

छीना-झपटी स्त्री. एक-दूसरे से कुछ छीनने-खसोटने का काम; उ.— बच्चे गेंद के लिए आपस में छीना-झपटी कर रहे हैं।

छीलना स. क्रि. छिलका उतारना।

छुआना स. क्रि. हलके से सटाना, स्पर्श कराना; उ.—मुन्ने के हाथ छुआते ही छुई-मुई का पौधा सिकुड़ गया।

छुई-मुई स्त्री. एक पौधा जो छूते ही सिकुड़ जाता है, लाजवंती।

छुटकारा पुं. मुक्ति, आज़ादी, रिहाई; जैसे—रोग से छुटकारा, गुलामी से छुटकारा।

छुटपन पुं. बचपन, बाल्यावस्था; उ.—छुटपन से ही वह पढ़ने में तेज़ था।

छुट्टी स्त्री. **1.** अवकाश; उ.—हमें स्कूल से 4 बजे छुट्टी मिलती है; मैंने एक हफ़्ते की छुट्टी ले रखी है। **2.** जिस दिन काम बंद रहता है; उ.—रविवार को छुट्टी रहती है। **3.** छुटकारा; उ.—उसे जेल से छुट्टी मिल गई।

छुड़ाना स. क्रि. अलग करना; जैसे—लड़ते हुए बच्चों को छुड़ाना, मैल छुड़ाना।

छुतहा पुं. जो छूने से लग जाए, छूतवाला; उ.—प्लेग एक छुतहा रोग है।

छुरा पुं. तेज़ धार का बड़ा चाकू।

छुरी स्त्री. चाकू।

छुहारा पुं. एक प्रकार का मेवा, सूखा हुआ खजूर।

छूट स्त्री. **1.** रियायत; जैसे—क़ीमतों में छूट। **2.** आज़ादी; जैसे— घूमने-फिरने की छूट।

छूटना अ. क्रि. **1.** पकड़ से अलग होना; उ.—मेरे हाथ से गुब्बारा छूट गया। **2.** रिहा होना; उ.—राम कल जेल से छूट गया।

छूत स्त्री. छू जाने से एक का रोग दूसरे को होना, संक्रामकता; उ.—चेचक छूत का रोग है। मु. **छूत लगना** प्रभाव पड़ना; उ.—'तुम्हें क्या मोहन की छूत लग गई है, जो इतना लंबा भाषण दे रहे हो !'

छूना स. क्रि. हाथ लगाना, स्पर्श करना; उ.—मैंने उस पाले के चारों खिलाड़ियों को छू कर हरा दिया है।

छूमंतर पुं. छू-छू करते हुए पढ़ा गया मंत्र; उ.—जादूगर के छूमंतर कहते ही ख़रगोश पिजड़े से गायब हो गया। मु. **छूमंतर होना** ग़ायब हो जाना; उ.—पलक झपकते ही वह कक्षा से छूमंतर हो गया।

छेड़ख़ानी स्त्री. छेड़-छाड़, नोकझोंक, हँसी-मज़ाक, शरारत; उ.—वह पढ़ रहा है, उससे छेड़ख़ानी मत करो।

छेड़-छाड़ स्त्री. दे. 'छेड़ख़ानी'।

छेड़ना स. क्रि. **1.** तंग करना, परेशान करना; उ.—राम को मत छेड़ो, वह पहले से ही गुस्सा है। **2.** शुरू करना; जैसे—राग छेड़ना, युद्ध छेड़ना।

छेद पुं. छिद्र, सूराख़; जैसे—दीवार में छेद, बरतन में छेद।

छेदना स. क्रि. छेद करना।

छेना पुं. दूध को फाड़ कर बनाया हुआ गाढ़ा पदार्थ, पनीर।

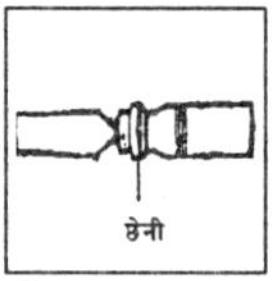

छेनी स्त्री. पत्थर या लोहा काटने का एक धारदार औज़ार (दे. चित्र)।

छोकरा पुं. लड़का।

छोटा वि. **1.** कम उम्रवाला; जैसे—छोटा बच्चा। **2.** कम नापवाला; जैसे—छोटा कपड़ा। **3.** कम विस्तारवाला; जैसे—छोटा घर।

छोटा-मोटा वि. मामूली, साधारण-सा; उ. —मुझे कोई छोटी-मोटी नौकरी ही दे दीजिए।

छोड़ना स. क्रि. **1.** पकड़ से अलग करना, त्याग देना; जैसे—नौकरी छोड़ना। **2.** रिहा करना; जैसे-क़ैदी को छोड़ना।

छोर पुं. किनारा, सिरा।

छौंक पुं. बघार, तड़का; उ.—'दाल में हींग और जीरे का छौंक लगा दो।'

ज

जंक्शन पुं. वह रेलवे स्टेशन जहाँ कई ओर से रेल-मार्ग आ कर मिलते हैं; जैसे—इटारसी जंक्शन, झाझा जंक्शन।

जंग स्त्री. युद्ध, लड़ाई।

ज़ंग पुं. लोहे का मोरचा, धातु का मैल।

जंगला पुं. **1.** खिड़की, दरवाज़े, छज्जे आदि में लगी हुई छड़ों की पंक्ति। **2.** खिड़की।

जंगली वि. **1.** जंगल का; जैसे—जंगली जानवर, जंगली जड़ी-बूटियाँ, जंगली जातियाँ। **2.** असभ्य व्यक्ति; उ.—वह पढ़ा-लिखा हो कर भी जंगली ही है।

जँचना अ. क्रि. **1.** परखा जाना, जाँचा जाना; उ.—आज हिसाब की कापियाँ जँच रही हैं। **2.** ठीक लगना; उ.—मुझे यह बात जँचती है। **3.** फबना; उ.—'वाह, इस कोट में तो तुम बड़े जँच रहे हो।'

ज़ंजीर स्त्री. चेन, साँकल (दे. चित्र)।

जंतु पुं. **1.** छोटे आकार के जीव; जैसे—चूहा, मच्छर, मछली, साँप।

जकड़ना स. क्रि. कस कर बाँधना या पकड़ना; जैसे—रस्सी से जकड़ना, बाँहों में जकड़ना।

ज़ख़्म पुं. घाव, चोट।

ज़ख़्मी वि. जिसे चोट लगी हो, घायल; उ.—वह गोली लगने के कारण ज़ख़्मी हो गया है।

जग पुं. संसार, दुनिया, जगत।

जग पुं. तरल पदार्थ उँड़ेलने के काम आनेवाला एक हत्थेवाला बरतन (दे. चित्र)।

जगत पुं. संसार, दुनिया।

जगत स्त्री. कुएँ के चारों ओर बना हुआ चबूतरा।

जगना अ. क्रि. जागना, नींद से उठना, सजग होना।

जगमग स्त्री. चमक, प्रकाश; उ.—तारे जगमग कर रहे हैं।

जगह स्त्री. स्थान, स्थल।

जगाना स. क्रि. **1.** किसी को नींद से उठाना; उ.—मुझे सुबह चार बजे जगा देना। **2.** सचेत करना या जागरूक करना; उ.—गाँधी जी ने देशवासियों को अन्याय के विरुद्ध जगाया।

जज पुं. मुक़दमे का फ़ैसला करनेवाला, न्यायाधीश (दे. चित्र)।

जटा स्त्री. आपस में चिपके और उलझे हुए बाल; उ.—कई साधु-संन्यासी जटा रखते हैं।

जड़ वि. जिसमें चेतना न हो; उ.—पत्थर, लोहा, लकड़ी आदि जड़ पदार्थ हैं (विलोम : चेतन)।

जड़ स्त्री. पेड़-पौधों का वह भाग जो ज़मीन के अंदर रहता है और उससे

रस खींचता है, मूल।

जड़ना स. क्रि. किसी वस्तु को दूसरी वस्तु पर जमाना; जैसे—लकड़ी में कील जड़ना, गाल पर तमाचा जड़ना।

जड़ाऊ वि. क़ीमती पत्थरों से जड़ा हुआ; जैसे—जड़ाऊ हार।

जन पुं. मनुष्य, लोग।

जन-जाति स्त्री. आदिवासी; उ.—अभी भी पहाड़ों और जंगलों में अनेक जन-जातियाँ रहती हैं।

जनतंत्र पुं. जनता का अपना राज, लोकतंत्र।

जनता स्त्री. आम लोग, जन-समूह।

जननी स्त्री. जन्म देनेवाली, माँ।

जनवरी स्त्री. ईसवी साल का पहला महीना।

जनश्रुति स्त्री. **1.** लोक-प्रचलित पुरानी बात, किंवदंती। **2.** अफ़वाह।

जनसंख्या स्त्री. किसी गाँव, शहर या देश में रहनेवाले लोगों की कुल तादाद, आबादी; उ.—भारत की जनसंख्या लगभग सौ करोड़ है।

जन-साधारण पुं. आम लोग, जनता।

ज़नाना **(I)** वि. स्त्रियों से संबंधित; जैसे—ज़नाना अस्पताल, (रेल का) ज़नाना डिब्बा। **(II)** स्त्री. महिला, स्त्री।

जनाब पुं. **1.** 'श्री' की तरह काम में लाया जानेवाला सम्मानसूचक शब्द; जैसे—जनाब अबुल कलाम आज़ाद। **2.** हुज़ूर, महाशय, महोदय; उ.—'आइए, जनाब।'

जनेऊ पुं. **1.** तीन लड़ियोंवाला पवित्र सूत्र जिसे ब्राह्मण क्षत्रिय और वैश्य गले में पहनते हैं, यज्ञोपवीत। **2.** हिंदू धर्म में बालक को जनेऊ पहनाने का एक संस्कार; उ.—अविनाश ने अपने जनेऊ पर पूरी कक्षा को दावत दी।

जन्म पुं. माँ के गर्भ से बाहर आना, पैदाइश, उत्पत्ति; उ.—कृष्ण का जन्म मथुरा में हुआ था। **जन्म-दिन** पुं. पैदा होने का दिन, जन्म-तिथि; उ. —25 दिसंबर को ईसा मसीह का जन्म-दिन मनाया जाता है। **जन्म-भूमि** स्त्री. वह स्थान या देश जहाँ जन्म हुआ हो; उ.—हमारी जन्म-भूमि भारत है।

जन्मांध वि. जो जन्म से अंधा हो, पैदाइशी अंधा।

जन्माष्टमी स्त्री. भादों महीने के कृष्ण पक्ष की अष्टमी, कृष्ण का जन्म-दिन।

जप पुं. कोई मंत्र या ईश्वर का नाम बार-बार दुहराना, जाप।

जपना स. क्रि. जप करना।

जब अ. जिस समय, जिस वक़्त; उ.—जब हम बच्चे थे, तब ख़ूब शैतानी किया करते थे। **जब कभी** अ. जिस समय भी; उ.—जब कभी आगरे जाओ, ताजमहल ज़रूर देखना। **जब-जब** अ. जिस-जिस समय; उ.—जब-जब राम आया, तब-तब श्याम ग़ैरहाज़िर था। **जब-तब** अ. जब कभी, कभी भी; उ.—उसका यहाँ आना तय नहीं, वह जब-तब आ जाता है।

जबड़ा पुं. मुँह के अंदर की ऊपर और नीचेवाली हड्डियाँ जिनमें दाँत जमे

रहते हैं (दे. चित्र)।

ज़बरदस्ती (I) स्त्री. बलपूर्वक करवाया गया काम, ज़्यादती; उ.–'यह कोई ज़बरदस्ती है जाओ नहीं देता किताब !' **(II)** अ. बलपूर्वक; उ.– वे ज़बरदस्ती घर के अंदर घुस आए।

ज़बान स्त्री. **1.** जीभ। **2.** भाषा, बोली; उ.–भारत की एक ज़बान उर्दू भी है। **3.** वचन; उ.–वह अपनी ज़बान का पक्का है।

ज़बानी वि. बोला हुआ, अलिखित, मौखिक। मु. **ज़बानी जमा-ख़र्च करना** दिखावटी बातें बनाना; उ.–'बस ज़बानी जमा-ख़र्च ही करते रहोगे या कुछ करोगे भी ?'

जमघट पुं. लोगों का जमाव, भीड़, जमावड़ा; जैसे–भिखारियों का जमघट।

जमना अ. क्रि. **1.** किसी तरल पदार्थ का ठोस हो जाना; जैसे–पानी से बर्फ़ और दूध से दही जमना। **2.** ठहराव आना; जैसे–व्यापार जमना।

जमा (I) वि. **1.** इकट्ठा, एकत्र; जैसे–भीड़ जमा होना। **2.** बचा कर जोड़ा हुआ; उ.–जमा किया हुआ पैसा मुसीबत में काम आता है। **(II)** स्त्री. मूल-धन, पूँजी; उ.–इस कंपनी का जमा धन दस लाख रुपए है।

जमादार पुं. **1.** दरबान, चौकीदार। **2.** सिपाहियों का प्रधान। **3.** मज़दूरों या क़ैदियों की निगरानी करनेवाला। **4.** भंगी।

ज़मानत स्त्री. **1.** ज़िम्मेदारी, गारंटी। **2.** गारंटी के रूप में जमा करवाया हुआ रुपया उ.–जज ने उसे दस हज़ार रुपए की जमानत पर रिहा करने का फैसला सुनाया है।

ज़माना पुं. युग, काल, समय; जैसे–मुग़ल बादशाहों का ज़माना, नया ज़माना।

जमाना स. क्रि. **1.** तरल पदार्थ को ठोस या गाढ़ा बनाना; जैसे–बर्फ़ जमाना, दही जमाना, मावा जमाना। **2.** जड़ना; जैसे–चपत जमाना। **3.** स्थापित करना; जैसे–व्यापार जमाना, विश्वास जमाना।

जमाव पुं. **1.** जमने का भाव, ठहराव। **2.** इकट्ठी चीजें या व्यक्ति; जैसे–आदमियों का जमाव, माल का जमाव।

ज़मीन स्त्री. धरती, भूमि; उ.–यह ज़मीन उपजाऊ है।

जमूरा पुं. बाज़ीगर का सहायक लड़का।

जम्हाई स्त्री. दे. 'उबासी' (दे. चित्र 'उबासी')।

जयंती स्त्री. किसी महापुरुष या संस्था की जन्म-तिथि और उस पर मनाया जानेवाला उत्सव; जैसे–तुलसी जयंती, स्कूल की रजत जयंती।

जय स्त्री. जीत, विजय (विलोम : पराजय)।

जय-जयकार पुं. किसी की प्रशंसा में सामूहिक रूप से किया गया जयघोष; उ.–सभा में सब लोग महात्मा गाँधी की जय-जयकार कर रहे थे।

जयमाला स्त्री. **1.** विजयी को पहनाई जानेवाली माला। **2.** वरमाला।

ज़रा अ. थोड़ा; जैसे–'ज़रा रुको।' **ज़रा-सा** वि. एकदम थोड़ा-सा; जैसे–ज़रा-सा आटा, ज़रा-सी चीनी।

जरा स्त्री. बुढ़ापा; उ.–राजकुमार सिद्धार्थ के मन में जरा-ग्रस्त मनुष्य को देख कर हलचल मच गई।

ज़रूर अ. अवश्य, निश्चय ही।

ज़रूरत स्त्री. दरकार, आवश्यकता; उ. –मुझे इस किताब की बहुत ज़रूरत है।

ज़रूरी वि. आवश्यक; उ.–मुझे आपसे एक ज़रूरी काम है।

जल पुं. पानी।

जलचर पुं. पानी के जीव-जंतु; उ.– मछली, मगरमच्छ आदि जलचर हैं।

जल-तरंग पुं. पानी भरी चीनी मिट्टी की प्यालियों को एक ख़ास क्रम में रख कर दो छोटी डंडियों से बजाया जानेवाला एक बाजा।

जलन स्त्री. **1.** जलने जैसी पीड़ा; जैसे–पेट में जलन, घाव में जलन। **2.** किसी की बड़ाई या उन्नति से होनेवाली तकलीफ़, ईर्ष्या; उ.–सुरेश की तारीफ़ करो, तो रमेश को जलन होती है।

जलना अ. क्रि. **1.** किसी चीज़ का आग पकड़ना; जैसे–लकड़ी जलना, दीया जलना। **2.** ईर्ष्या होना। **मु. जले पर नमक छिड़कना** दुखी को और दुखी करना; उ.–फेल होने पर राम का मज़ाक उड़ा कर तुम्हें जले पर नमक नहीं छिड़कना चाहिए।

जलपान पुं. कलेवा, नाश्ता, अल्पाहार।

जलवायु स्त्री. किसी इलाके की गर्मी वर्षा और जाड़े की स्थिति, आबहवा; उ. –डॉक्टर ने मुझे जलवायु बदलने के लिए पहाड़ पर जाने की सलाह दी है।

जलसा पुं. समारोह, उत्सव; जैसे–स्कूल का सालाना जलसा।

जलाना स. क्रि. **1.** आग लगाना; जैसे–लकड़ी जलाना, लालटेन जलाना। **2.** सताना, कुढ़ाना।

जलेबी

जलेबी स्त्री. ख़मीर उठे हुए मैदे के घोल से बनी एक घुमावदार मिठाई (दे. चित्र)।

जल्दी **(I)** अ. तेज़ी से, शीघ्र, तुरंत; उ.–'तुम जल्दी लौट आना।' **(II)** स्त्री. तेज़ी, शीघ्रता; उ.–राम को घर जाने की बहुत जल्दी थी।

जवान **(I)** वि. बीस से तीस-पैंतीस वर्ष तक की उम्र का, युवा **(II)** पुं. सेना का सिपाही; उ.–हमारे जवानों ने शत्रु को खदेड़ दिया।

जवानी स्त्री. मनुष्यों में बीस से तीस-पैंतीस वर्ष की अवस्था, युवावस्था।

जवाब पुं. उत्तर; उ.–'इन सवालों का जवाब दो।'

जस्ता पुं. मटमैले सफ़ेद रंग की एक धातु; उ.–पीतल बनाने के लिए ताँबे में जस्ता मिलाया जाता है।

ज़हर पुं. वह चीज़ जिसके शरीर में पहुँचने से प्राणी मर सकता है, विष। मु. **ज़हर उगलना** कड़ी और चुभने वाली बातें कहना; उ.–वक्ता ने दूसरी पार्टी के खिलाफ़ खूब ज़हर उगला।

ज़हरीला वि. जिसमें ज़हर हो, विषैला; जैसे–ज़हरीला साँप, ज़हरीली गैस।

जहाँ अ. जिस जगह; उ.–जहाँ तुम जा रहे हो, मुझे भी वहीं जाना है।

जहाज़ पुं. जलयान, पोत; उ.–जहाज़ समुद्र में हिचकोले खाने लगा।

जाँघ स्त्री. टाँग का घुटने के ऊपरवाला हिस्सा, रान; उ.–भीम ने गदा मार

कर दुर्योधन की जाँघ तोड़ दी।

जाँघिया पुं. जाँघों और कूल्हों पर पहनी जानेवाली चड्डी, कच्छा।

जाँच स्त्री. परीक्षा, परख; जैसे—डॉक्टरी जाँच, हिसाब की जाँच।

जाँचना स. क्रि. सही-ग़लत का पता लगाना, परखना, परीक्षा करना; जैसे—खून, पेशाब आदि जाँचना, हिसाब जाँचना।

जाकिट

जाकिट (जाकेट) स्त्री. बिना बाँहों का कमर तक का कोट; उ.—जाकिट कुरते, कमीज़ आदि के ऊपर पहनी जाती है (दे. चित्र)।

जागना अ. क्रि. **1.** नींद खुलना; उ.—सूर्योदय के पहले जाग जाना चाहिए। (विलोम : सोना)। **2.** सचेत होना; उ.—गाँधी जी की पुकार पर सारा भारत जाग उठा।

जाड़ा पुं. ठंड, सरदी; उ.—जाड़े की रातों में आग तापना बहुत अच्छा लगता है।

जाति स्त्री. **1.** प्राणियों के विभिन्न वर्ग; जैसे—मनुष्य जाति, पशु जाति। **2.** मनुष्यों के विभिन्न वर्ग; जैसे—आर्य, मंगोल या हब्शी जातियाँ। **3.** हिंदू समाज के विभिन्न वर्ग; जैसे—ब्राह्मण, क्षत्रिय, वैश्य आदि जातियाँ।

जादू पुं. **1.** इंद्रजाल, टोना-टोटका; उ.—दुष्ट परी ने जादू से राजकुमार को तोता बना दिया। **2.** हाथ की सफ़ाई से दिखाए जानेवाले आश्चर्यजनक काम; उ.—जादूगर ने पलक झपकते ही जादू करके टोप से खरगोश निकाल दिया। **3.** दूसरों को मोहने की शक्ति; उ.—उसकी बातों में जादू है।

जादूगर

जादूगर पुं. जादू के खेल दिखाने वाला (दे. चित्र)।

जान स्त्री. प्राण, जीवन; उ.—उसने अपनी जान ख़तरे में डाल कर बच्चे को बचा लिया। मु. **जान पर खेलना** जोखिम उठाना; उ.—सोमू ने अपनी जान पर खेलकर आग बुझाई। मु. **जान में जान आना** चिंता और घबराहट दूर होना; उ.—रमेश को सही-सलामत देख कर सबकी जान में जान आई। मु. **जान से हाथ धोना** मारा जाना; उ.—इस दंगे में मेरे दोस्त याक़ूब को अपनी जान से हाथ धोना पड़ा।

जानकारी स्त्री. ज्ञान, सूचना; उ.—मुझे इस बात की जानकारी अख़बार से मिली।

जानदार वि. **1.** जिसमें जान हो, सजीव। **2.** जिसमें जोश और उमंग हो, जीवंत; जैसे—जानदार खेल, जानदार बात।

जानना स. क्रि. जानकारी प्राप्त करना; उ.—मैं आपका पूरा पता जानना चाहता हूँ।

जान-पहचान स्त्री. परिचय; उ.—राम से मेरी पुरानी जान-पहचान है।

जानवर पुं. **1.** पशु; जैसे—गाय, भैंस, बकरी, घोड़ा, कुत्ता। **2.** जिसमें मनुष्यता न हो; उ.—'जानवर हो क्या, जो बच्चे

को ऐसे पीटे जा रहे हो !'

जाना अ. क्रि. एक जगह से दूसरी जगह के लिए रवाना होना; उ.—मुझे दिल्ली जाना है।

जाने-अनजाने अ. जानकर या बिना जाने; उ.—मुझसे जाने-अनजाने कोई भूल हुई हो तो माफ़ कर दें।

जाम पुं. शराब का प्याला।

जाम वि. जो फँसाव के कारण हिल-डुल न सके। उ.—बोतल का ढक्कन जाम हो गया है; जाम के कारण सवारियाँ रुकी हुई हैं।

जामन पुं. दही जमाने के लिए दूध में डाला जाने-वाला दही या कोई खट्टी चीज़।

जामुन पुं. गहरे बैंगनी रंग का एक छोटा गुठलीदार फल जो ज़रा कसैलापन लिए खटमिट्ठा होता है।

जामुनी वि. जामुन के रंग का, गहरा बैंगनी।

जायदाद स्त्री. मकान-ज़मीन आदि, संपत्ति।

जारी वि. जो चल रहा हो, चालू; जैसे—कर्फ़्यू जारी है; घाव से खून बहना जारी है।

जाल पुं. जंतुओं को फँसाने के लिए धागे, रस्सी या तार से बुनी हुई बड़ी जाली; जैसे—मछली पकड़ने का जाल, चिड़िया पकड़ने का जाल (दे. चित्र 'मछुआ') मु. **जाल बिछाना** धोखे से फँसाने की कोशिश करना; उ.—उन्होंने अपनी मीठी बातों का जाल बिछा कर सोनू को फँसा लिया।

जाला पुं. मकड़ी द्वारा बुना हुआ पतले रेशों का जाल; उ.—'ओफ ! इस कमरे में कितने जाले लटक रहे हैं' (दे. चित्र)।

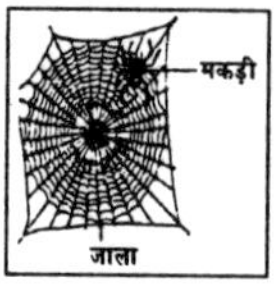

ज़ालिम वि. ज़ुल्म करनेवाला, अत्याचारी; जैसे—ज़ालिम शासक।

जाली स्त्री. क्रम से बनाई हुई बराबर-बराबर छेदोंवाली चीज़; जैसे—कपड़े की जाली, तार की जाली।

जाली वि. नकली; जैसे—जाली नोट, जाली दस्तख़त।

जासूस पुं. 1. भेदिया, गुप्तचर; जैसे—शत्रु देश का जासूस। 2. अपराधियों का पता लगानेवाला; उ.—करमचंद जासूस ने खूनी को ढूँढ़ निकाला।

ज़ाहिर वि. प्रकट, प्रत्यक्ष; उ.—उसके चेहरे से यह साफ़ ज़ाहिर था कि चोरी उसी ने की है।

ज़िंदगी स्त्री 1. जीवन; उ.—'ज़िंदगी ज़िंदादिली का नाम है।' 2. जीवन-काल आयु उ.—उसने अपनी पूरी ज़िंदगी दूसरों की सेवा करने में बिता दी।

ज़िंदा वि. जिसमें जान हो, जीवित; जैसे—ज़िंदा आदमी, ज़िंदा साँप (विलोम : मुर्दा (मुरदा)।

ज़िक्र पुं. किसी के संबंध में की गई बात, चर्चा, उल्लेख; उ.—अभी आपका ही ज़िक्र हो रहा था।

जितना वि. (I) जिस मात्रा का; उ.—'जितना पाठ याद किया है, उतना ही सुना दो।' (II) अ. 1. जिस मात्रा में; उ.—'जितना चाहिए, उतना ले लो।' 2. किसी के बराबर; जैसे—ताड़ जितना ऊँचा।

जितने वि. जिस संख्या में; उ.– 'जितने आम चाहिए, गिन कर ले लो।'

जिताना स. क्रि. जीतने में सहायता करना; जैसे–टीम को जिताना।

ज़िद स्त्री. हठ, दुराग्रह; उ.–बच्चा खिलौना लेने की ज़िद कर रहा है।

ज़िद्दी वि. ज़िद करनेवाला, हठी।

जिधर अ. जिस तरफ; उ.–'तुम जिधर जा रहे हो, मुझे भी उधर ही जाना है।'

जिन्हें सर्व. **1.** जिनको; उ.–'जिन्हें चाहिए, उन्हें दे दो।' **2.** 'जिसे' का आदर-सूचक या बहुवचन शब्द; उ.–हमने जिन्हें बुलाया था, वे नहीं आए।

ज़िम्मा पुं. किसी कार्य को सँभालने का भार, दायित्व; उ.–क्लास साफ़ रखने का ज़िम्मा तन्वी को दिया गया।

ज़िम्मेदार वि. जिसका ज़िम्मा हो, उत्तरदायी, जवाबदेह; उ.–आज से राम की पढ़ाई के लिए मैं ज़िम्मेदार हूँ।

ज़िम्मेदारी स्त्री. उत्तरदायित्व, जवाब-देही।

ज़ियारत स्त्री. तीर्थ-यात्रा; उ.–अहमद अजमेर शरीफ़ की ज़ियारत को गया है।

जिराफ़ पुं. लंबी गरदनवाला एक ऊँचा चित्तीदार जानवर।

ज़िला पुं. राज्य का वह इलाक़ा जो डिप्टी कमिश्नर या कलक्टर के मातहत होता है और जिसमें कई प्रखंड होते हैं; जैसे–बिहार राज्य का दरभंगा ज़िला।

जिल्द स्त्री. **1.** किताब की मज़बूती और हिफ़ाज़त के लिए मढ़ी गई दफ़्ती; उ.–इस कोश पर जिल्द मढ़वा लेना।

जिस सर्व. 'जो' का विकारी रूप; जैसे–जिसको देना चाहो; जिससे बात करना चाहो; जिसमें रखना चाहो।

जिह्वा स्त्री. दे. 'जीभ'।

जी **(I)** अ. **1.** नाम, रिश्ता या पद बतानेवाले शब्दों के साथ जोड़ा जानेवाला आदर-सूचक शब्द; जैसे–गाँधी जी, चाची जी, मास्टर जी। **2.** स्वीकृति या प्रश्न के रूप में भी 'जी' का प्रयोग किया जाता है; जैसे–'जी, मैं चला जाऊँगा।' **(II)** पुं. चित्त, मन। मु. **जी-जान से जुट जाना** पूरी लगन और शक्ति से काम करना; उ.–स्कूल के सारे बच्चे खेल का मैदान ठीक करने में जी-जान से जुटे हुए हैं। मु. **जी भर आना** दुखी होना; उ.–अपनी मृत बहन का ज़िक्र आते ही रतन का जी भर आया। मु. **जी मिचलाना;** ऐसा लगना मानो कै होगी।

जीजा पुं. बड़ी बहन का पति, बड़ा बहनोई।

जीजी स्त्री. बड़ी बहन, दीदी।

जीत स्त्री. विजय, फ़तह; उ.–इस मैच में हमारी टीम की जीत हुई (विलोम : हार)।

जीतना स. क्रि. विजय पाना।

जीना अ. क्रि. जीवित रहना, ज़िंदा रहना।

जीभ स्त्री. बोलने और स्वाद लेने के काम आनेवाला एक अंग, रसना, जिह्वा, ज़बान।

जीव पुं. जिसमें जान हो, प्राणी;

उ.–पृथ्वी पर अनेक प्रकार के जीव रहते हैं।

जीव-विज्ञान पुं. प्राणियों और पौधों की उत्पत्ति बनावट विकास आदि का विज्ञान।

जीवन पुं. **1.** जान, प्राण; उ.–पेड़-पौधों में भी जीवन होता है। **2.** जिंदगी; उ.–ईश्वरचंद्र विद्यासागर ने अपना पूरा जीवन शिक्षा का प्रसार करने और सामाजिक कुरीतियों को मिटाने में बिता दिया।

जीवनी स्त्री. किसी के जीवन का पूरा विवरण, जीवन-चरित्र; जैसे–संत कबीर की जीवनी, भगत सिंह की जीवनी।

जीवाणु पुं. वे (बहुत ही) छोटे-छोटे जीव जिनमें से, कुछ रोग भी पैदा करते हैं, बैक्टीरिया (दे. चित्र)।

जीविका स्त्री. ज़िंदगी चलाने का साधन, रोज़ी; उ.–खेती उसकी जीविका है।

जुआ पुं. कुछ चीज़ों से जोड़ने के लिए बैलों के कंधों पर लगाई जानेवाली लकड़ी; जैसे–बैलों पर जुआ रख कर गाड़ी में, हल में या रथ में जोतना (दे. चित्र)।

जुआ पुं. रुपए-पैसे जायदाद आदि की बाज़ी लगा कर खेला जानेवाला खेल, उ.–जुए में राजा युधिष्ठिर अपना सब कुछ हार गए थे।

जुआरी पुं. जुआ खेलनेवाला।

जुकाम पुं. नाक बहने और सिर में भारीपन होने का रोग, सरदी; उ.–जुकाम के कारण सिनकते-सिनकते मोहन की नाक लाल हो गई।

जुगत स्त्री. तरकीब, उपाय; उ.–संजय को बचाने की कोई जुगत भिड़ाओ।

जुगनू पुं. रात को उड़नेवाला एक छोटा भुनगा जिसमें से रोशनी निकलती है (दे. चित्र)।

जुगाली स्त्री. गाय आदि पशुओं द्वारा निगले हुए चारे को फिर से मुँह में ला कर चबाने की क्रिया, पागुर।

जुटना अ. क्रि. **1.** किसी काम को पूरी शक्ति और लगन से करना; उ.–वह परीक्षा की तैयारी में जुटा हुआ है। **2.** इकट्ठा होना; उ.–देखते-देखते वहाँ सैंकड़ों लोग आ जुटे।

जुटाना स. क्रि. इकट्ठा करना; जैसे–लोग जुटाना, सामान जुटाना।

जुड़ना अ. क्रि. **1.** सटना, चिपकना; उ. –कुर्सी की टूटी बाँह सरेस से जुड़ गई। **2.** इकट्ठा होना; उ.–बेटे के विवाह पर सारे संबंधी आ जुड़े हैं। **3.** संबंध होना; जैसे–संस्था से जुड़ना।

जुड़वाँ वि. एक माँ के एक साथ जनमे दो बच्चे; उ.–लव और कुश जुड़वाँ भाई थे।

जुतवाना स. क्रि. जोतने का काम करवाना; उ.–मुझे भी अपना खेत जुतवाना है।

जुताई स्त्री. जोतने का काम; उ.–खेत की जुताई हो चुकी है।

जुदा वि. दे. 'अलग'।

जुर्म पुं. अपराध, दोष, क़सूर; उ.–उसे चोरी के जुर्म में सज़ा मिली।

जुर्माना पुं. धन के रूप में दी जानेवाली सज़ा, उ.—समय पर फ़ीस न देने के कारण उस पर दो रुपए का जुर्माना हुआ।

जुर्राब स्त्री. मोज़ा।

जुलाई स्त्री. ईसवी साल का सातवाँ महीना।

जुलाब पुं. दस्त लगाने की दवा।

जुलाहा पुं. कपड़ा बुननेवाला, बुनकर; उ.—ढाका के जुलाहों की बुनी हुई मलमल बहुत प्रसिद्ध थी।

जुलूस पुं. **1.** किसी ख़ास बात के लिए इकट्ठा होकर सड़कों पर से निकलनेवाला लोगों का समूह; जैसे—मजदूरों का जुलूस, किसानों का जुलूस। **2.** किसी उत्सव पर निकलनेवाली शोभा-यात्रा; जैसे—दुर्गामाता का जुलूस, पार्श्वनाथ का जुलूस।

जुल्म पुं. अत्याचार, अन्याय।

जुल्मी वि. जुल्म करनेवाला, अत्याचारी।

जूँ स्त्री. एक कीड़ा जो बालों में गंदगी रहने से पैदा हो जाता है।

जूठन स्त्री. खा कर छोड़ा हुआ भोजन, बचा हुआ जूठा खाना; उ.—जूठन छोड़कर अन्न को नष्ट मत करो।

जूठा वि. थोड़ा सा खा कर छोड़ा हुआ; उ.—शबरी ने चख-चखकर मीठे बेर राम को खिलाए।

जूड़ा स्त्री. लपेट कर बाँधे हुए सिर के बाल।

जूड़ी स्त्री. जाड़ा लग कर होनेवाला बुखार।

जूता पुं. पैरों के बचाव के लिए पहनी जानेवाली कपड़े, चमड़े आदि की बनी चीज़।

जून पुं. ईसवी साल का छठा महीना।

जूही स्त्री. चमेली जैसा एक सफ़ेद खुशबूदार फूल।

जेठ पुं. **1.** वैशाख के बाद और आषाढ़ के पहले का महीना, ज्येष्ठ। **2.** पति का बड़ा भाई।

जेब स्त्री. पहनावे में बनी हुई एक छोटी थैली, पाकेट, खीसा।

जेब-कतरा पुं. पाकेटमार।

जेब-ख़र्च पुं. वह पैसा जो छोटे-मोटे निजी कामों के लिए हो; उ.—यह किताब मैंने अपने जेब-ख़र्च के पैसों से ख़रीदी है।

ज़ेब्रा

ज़ेब्रा पुं. सफ़ेद काली धारियों वाला ख़च्चर जैसा एक जानवर (दे. चित्र)।

जेल **(I)** पुं. क़ैदख़ाना, कारागार; उ.—अंडमान जेल को राष्ट्रीय स्मारक बना दिया गया है। **(II)** स्त्री. क़ैद की सजा; उ.—उसे छह महीने की जेल हुई है।

जेलर पुं. जेल का अफ़सर।

ज़ेवर पुं. गहना, आभूषण।

जैन पुं. **1.** महावीर स्वामी द्वारा प्रचारित एक प्राचीन भारतीय धर्म; उ.—जैन धर्म में अहिंसा पर बहुत ज़ोर दिया गया है। **2.** जैन धर्म को माननेवाला, जैनी।

जैसा पुं. **1.** जिस तरह का; उ.—'जैसा करोगे, वैसा भरोगे;' 'जैसा काम, वैसा दाम' **2.** मिलता-जुलता; उ.—'देखने में वह तुम्हारे जैसा लगता है।'

जैसे अ. **1.** जिस तरह से; उ.—'तुम जैसे आए थे वैसे ही लौट जाना।' **2.** ज्यों (ही); उ.—जैसे ही राम आए, उसे मेरे पास भेज देना।

जोंक स्त्री. एक कीड़ा जो खून चूसता है।

जो (I) सर्व. जिस वस्तु या व्यक्ति की चर्चा हो रही हो, उसी वाक्य में उसके लिए प्रयुक्त शब्द; उ.— मुझे वही क़लम दो, जो उस दिन दी थी। **(II)** अ. यदि, अगर; उ.—'जो आपने मुझे पहले बतला दिया होता तो यह दुर्घटना न घटती।'

जोकर पुं. **1.** विदूषक, मसख़रा; जैसे—सर्कस का जोकर। **2.** ताश का एक फालतू पत्ता।

जोखिम पुं. दे. 'खतरा'।

जोगिया वि. दे. 'गेरुआ'।

जोगिन स्त्री. संन्यासी स्त्री।

जोगी पुं. **1.** योग-विद्या का अभ्यासी योगी। **2.** कनफटा साधु।

जोड़ पुं. **1.** संख्याओं के मिलाने से बनी संख्या, योग; उ.—दो और दो का जोड़ चार होता है। **2.** वह स्थान जहाँ दो या अधिक चीज़ें जुड़ी हों; जैसे—हड्डियों का जोड़, कमीज़ में बाँह का जोड़। **3.** बराबरी, समानता; उ.—क़ुतुब मीनार के जोड़ की कोई दूसरी मीनार नहीं है।

जोड़ना स. क्रि. **1.** दो वस्तुओं को एक-दूसरे से सटा देना; उ.—मैंने रजाई के दोनों पल्ले सी कर जोड़ दिए हैं। **2.** दो संख्याओं का योग निकालना।

जोड़ा पुं. एक जैसी दो वस्तुएँ; जैसे—हंसों का जोड़ा, धोती का जोड़ा (स्त्री. : जोड़ी)।

जोतना स. क्रि. **1.** कुदाल, हल, ट्रैक्टर आदि से 'ज़मीन को कोड़ना (ढीला करना)। **2.** बाँधना; जैसे—घोड़े को तांगे में, बैल को हल में जोतना।

ज़ोर पु. 1. ताकत, बल। 2. तेज़ी, उ. —आजकल लोगों की घटनाएँ बड़े जोर पर हैं।

जोरदार पुं. **1.** जिसमें ताक़त या ज़ोर हो; जैसे—ज़ोरदार आदमी। **2.** प्रभावशाली; जैसे—ज़ोरदार भाषण।

ज़ोरशोर पुं. धूमधाम; उ.—हमारे वार्षिक समारोह की तैयारियाँ बहुत ज़ोरशोर से हो रही हैं।

जोरू स्त्री. पत्नी, बीवी।

जोश पुं. **1.** उबाल, उफ़ान; जैसे—दूध को जोश दिलाना। **2.** आवेश, उत्तेजना; जैसे—चुनाव का जोश, मैच का जोश।

जोशीला वि. जोश से भरा हुआ, ओजस्वी; जैसे—जोशीला भाषण, जोशीला कार्यकर्ता।

जौ पुं. गेहूँ जैसा एक अनाज।

ज्ञान पुं. जानकारी, बोध; जैसे—इतिहास का ज्ञान।

ज्ञानी वि. ज्ञानवान, जानकार।

ज़्यादती स्त्री. अत्याचार, ज़ुल्म; उ.—मकान मालिक की ज़्यादतियों से तंग आ कर हमने घर बदल लिया।

ज़्यादा वि. अधिक, बहुत।

ज्यामिति स्त्री. रेखा-गणित, भूमिति।

ज्यों अ. जैसे; उ.—'ज्यों ही तुम आए, त्यों ही बत्ती चली गई।'

ज्योति स्त्री. चमक, प्रकाश; जैसे—दीपक की ज्योति।

ज्योतिष पुं. 1. ग्रहों और नक्षत्रों के फल बताने की विद्या 2. ग्रहों और नक्षत्रों की स्थिति बताने की विद्या।

ज्योतिषी पुं. ज्योतिष का जानकर।

ज्वर पुं. बुख़ार, ताप; उ.–उसे तीन दिन से ज्वर है।

ज्वार स्त्री. 1. एक मोटा अनाज। 2. समुद के जल का चढ़ाव।

ज्वार-भाटा पुं. समुद्र के जल का चढ़ाव-उतार।

ज्वाला स्त्री. आग की लपट; जैसे–चिता की ज्वाला।

ज्वालामुखी

ज्वालामुखी पुं. आग, गैस, लावा आदि उगलने वाला पहाड़ (दे. चित्र)।

झ

झंकार स्त्री. झनझन की आवाज; जैसे–पायल घुँघरू आदि की झंकार।

झंझट स्त्री. मुसीबत, परेशानी, उलझन; उ.–'इस बेकार के झगड़े में पड़ कर तुमने नाहक झझंट मोल ले ली है।'

झंडा पुं. ध्वजा, पताका; उ.–भारत का झंडा तिरंगा है।

झकझोरना स. क्रि. किसी चीज़ को पकड़ कर ज़ोरों से हिलाना; उ.–बच्चे पेड़ की डाल को झकझोर कर आम गिरा रहे हैं।

झक्की वि. जिसको एक ही बात की रट लग जाए, सनकी, ख़ब्ती।

झगड़ना अ. क्रि. तक़रार करना, लड़ाई करना।

झगड़ा पुं. लड़ाई, कहा-सुनी, तक़रार; उ.–राम और श्याम हमेशा एक- दूसरे से झगड़ा करते रहते हैं।

झगड़ालू वि. बात-बात में झगड़ा करनेवाला; उ.–झगड़ालू आदमी की किसी से नहीं पटती।

झटका पु. अचानक रलगने वाला धक्का; जैसे भूकम्प का झटका, बिजली का झटका।

झटकारना स. क्रि. किसी चीज़ को झटक कर झाड़ना; जैसे–कपड़े झटकारना।

झटपट अ. तुरंत, फौरन; उ.–'तुम झटपट काम ख़त्म करके घर जाओ।'

झड़ना अ. क्रि. टूटकर गिरना; जैसे–पत्तों का झड़ना, बालों का झड़ना।

झड़प स्त्री. कहा-सुनी, तीखी बहस; उ. –आज टीम के चुनाव को ले कर सुबोध और अशोक में झड़प हो गई।

झड़ी स्त्री. लगातार वर्षा; उ.–दो दिन से झड़ी लगी हुई है और रुकने का नाम ही नहीं ले रही।

झपकना अ. क्रि. पलकों का गिरना; जैसे–नींद से आँखें झपकना, रोशनी की तेज़ चौंध से आँखें झपकना।

झपकी स्त्री. थोड़ी देर की नींद, हलकी नींद, ऊँघ; उ.—पढ़ते-पढ़ते मुझे झपकी आ गई।

झपट स्त्री. लपक; उ.—बाज़ ने एक ही झपट में चिड़िया को पकड़ लिया।

झपटना अ. क्रि. लपक कर पकड़ना; उ. —उसने झपट कर कटी पतंग की डोर पकड़ ली।

झपट्टा पुं. ज़ोर से झपटने की क्रिया; उ. —चील झपट्टा मार कर चुहिया को ले उड़ी।

झब्बा पुं. गुच्छा, फुँदना; उ.—रमा ने अपनी चोटी में सुनहरा झब्बा लगा रखा है।

झरना (I) पुं. पानी का सोता, प्रपात; उ.—'देख, यह झरना इस पहाड़ से गिर रहा है' (दे. चित्र)। **(II)** अ. क्रि. झड़ना, नीचे गिरना; उ. —पेड़ से पत्ते झर रहे हैं।

झरबेरी स्त्री. जंगली बेर।

झरोखा पुं. छोटी खिड़की, रोशनदान।

झलक स्त्री. हल्का-सा दिख जाना, झाँकी; उ.—मुझे भीड़ में रामू की एक झलक ही दिखाई दी।

झल्लाना अ. क्रि. झुंझलाना, खीझना; उ. —मुन्ने को बार-बार ग़लती करते देख माँ झल्ला उठी।

झाँकना अ. क्रि. **1.** आड़, छेद या खिड़की से देखना; जैसे—घूँघट से झाँकना **2.** झुक कर देखना; जैसे—कुएँ में झाँकना, छत से झाँकना।

झाँकी स्त्री. **1.** किसी चीज़ का सजा कर दिखाया गया रूप; जैसे— जन्माष्टमी की झाँकी। **2.** दे. 'झलक'।

झाग पुं. फेन; जैसे—साबुन का झाग (दे. चित्र)।

झाड़ पुं. **1.** अनेक डालियों का बड़ा पौधा। **2.** फ़ानूस, कंदील; जैसे—दस बत्तियों का झाड़।

झाड़ स्त्री. डाँट, फटकार; उ.—काम पूरा न करने पर रमेश को पिता ने खूब झाड़ा।

झाड़न पुं. मैल धूल आदि झाड़ने का कपड़ा।

झाड़ना स. क्रि. धूल साफ़ करना; जैसे —दरी झाड़ना, किताबें झाड़ना, झाड़ू से घर झाड़ना।

झाड़-फूँक स्त्री. मंत्र-तंत्र से इलाज करना; उ.—ओझा की झाड़-फूँक से उसे कोई लाभ नहीं हुआ।

झाड़ी स्त्री. छोटा झाड़; जैसे—बेर की झाड़ी।

झालर स्त्री. लटकन; जैसे—फूलों की झालर, कपड़े की झालर (दे. चित्र)।

झिड़कना स. क्रि. डाँटना, झिड़की देना।

झिड़की स्त्री. डाँट, फटकार; उ.—क्लास में देर से आने पर उसे मास्टर जी की झिड़की सुननी पड़ी।

झिलमिलाना अ. क्रि. रह-रह कर या रुक-रुक कर चमकना; जैसे—तारों का झिलमिलाना, दीए का झिलमिलाना।

झिल्ली स्त्री. चमड़ी का झीना परदा; जैसे—कान की झिल्ली, बत्तख के पैर की झिल्ली।

झींगा पुं. **1.** एक प्रकार की मछली। **2.** नेनुआ, तरोई।

झींगुर पुं. रात को लगतार झीं-झीं की तेज़ आवाज़ करनेवाला एक फतिंगा।

झीना वि. बहुत महीन, बारीक, पतला; जैसे—झीना परदा, झीनी चादर।

झील स्त्री. बड़ा तालाब, सरोवर; उ. —झील में नौकाएँ तैर रही हैं।

झुँझलाना अ. क्रि. चिड़चिड़ाना, झल्लाना; उ.—उसकी ऊटपटांग बातों से मैं झुँझला उठा।

झुंड पुं. दल, समूह; जैसे—भेड़ बकरियों का झुंड, बच्चों का झुंड।

झुकना अ. क्रि. **1.** नीचा होना; उ.—बूढ़ा आदमी झुक कर चल रहा था। **2.** हार मानना; उ.—आख़िर में मिल-मालिक को मज़दूरों के आगे झुकना पड़ा।

झुकाना स. क्रि. **1.** नीचे की ओर करना; जैसे—सिर झुकाना **2.** मानने को मजबूर करना; उ.—मालिक ने मज़दूरों को झुकाने की पूरी कोशिश की।

झुकाव पुं. रुझान उ.—उसका झुकाव विज्ञान की ओर है।

झुग्गी स्त्री. झोंपड़ी; उ.—कल यहाँ की झुग्गियाँ उजाड़ दी गईं।

झुनझुन स्त्री. पाज़ेब, घुंघरू आदि की आवाज़, रुनझुन।

झुनझुना पुं. बच्चों के खेलने का झुनझुन की आवाज़ करनेवाला एक खिलौना।

झुमका पुं. कान का एक लटकनदार गहना, झूमर।

झुरमुट पुं. **1.** एक ही में मिले हुए या पास-पास उगे हुए झाड़ **2.** समूह, झुंड; जैसे—लोगों का झुरमुट।

झुर्री स्त्री. चमड़ी में पड़ी हुई सिलवट; उ. —बुढ़ापे में मुँह पर झुर्रियाँ पड़ जाती हैं।

झुलाना स. क्रि. **1.** इधर-उधर हिलाना; जैसे—पालना झुलाना, झूला झूलाना। **2.** लटकाना; उ.—'इस बल्ब को यहाँ झुला दो।'

झूठ पुं. जो सच न हो, असत्य, मिथ्या; उ. —झूठ बोलना पाप है (विलोम : सच)
झूठ-मूठ अ. यों ही, ऐसे ही; उ.—'मैं तो तुम्हें झूठ-मूठ ही डरा रहा था।'

झूठा वि. 1. सच न बोलनेवाला, मिथ्यावादी। 2. नकली; जैसे—झूठे मोती।

झूमना अ. क्रि. मस्त होना, झोंका खाते हुए हिलना; जैसे—नशे में झूमना, डाली का झूमना।

झूलना अ. क्रि. **1.** झूले में इधर से उधर आना-जाना। **2.** लटकते हुए लहराना; जैसे—परदे का झूलना।

झूला पुं. डाल या छत से लटकती हुई झूलने की चीज़ जो रस्सी साँकल आदि की बनी होती है, हिडोला; उ.—सावन में लड़कियाँ खूब झूला झूलती हैं।

झेंप स्त्री. लज्जा, शर्म।

झेंपना अ. क्रि. लजाना, शरमाना; उ.—अपना झूठ पकड़ा जाते देख मैं झेंप गया।

झेलना स. क्रि. बरदाश्त करना, सहना; जैसे—मुसीबत झेलना, अत्याचार झेलना।

झोंकना स. क्रि. **1.** भाड़ या भट्टे में

ईंधन डालना; जैसे—इंजन में कोयला झोंकना। **2.** अनचाहे काम में किसी को ठेल देना; उ.—श्याम ने मुझे तो क्लास की सफ़ाई करने में झोंक दिया और खुद चलता बना।

झोंका पुं. अचानक तेज हवा का आना, झकोरा।

झोंटा पुं. सिर के बालों का गुच्छा।

झोंपड़ी स्त्री. घास-फूस से बना हुआ छोटा घर (विलोम : महल)।

झोला पुं. थैला।

झोली स्त्री. **1.** छोटा थैला। **2.** कुछ माँगने के लिए फैलाया हुआ चादर का पल्ला।

ट

टंकी स्त्री. पानी या तेल रखने का ऊँचा और चौड़ा बरतन।

टँगना अ. क्रि. लटकना; उ.—विवेक की कमीज़ खूँटी पर टँगी है।

टकटकी स्त्री. बिना पलक झपकाए आँखों को एक जगह टिकाये रखना; उ.—बच्चा पंतग की ओर टकटकी लगा कर देख रहा है।

टकराना अ. क्रि. भिड़ना, टक्कर खाना; उ.—कल एक बस बैलगाड़ी से टकरा गई।

टकसाल स्त्री. सिक्के ढालने का स्थान; उ.—कलकत्ते की टकसाल में सिक्के ढाले जाते हैं।

टकसाली वि. खरा, ख़ालिस, शुद्ध; जैसे—टकसाली भाषा।

टका पुं. **1.** दो पैसे का पुराना सिक्का। **2.** बाँग्ला देश की मुद्रा।

टक्कर स्त्री. **1.** भिड़ंत, टकराहट; उ.—साइकिल और मोटर की टक्कर में साइकिल-चालक मारा गया (दे. चित्र)। **2.** बराबरी; उ.—उसकी टक्कर का विद्वान मिलना मुश्किल है।

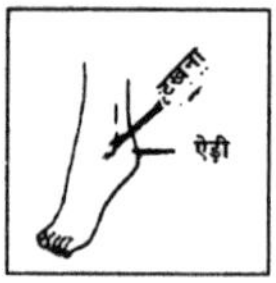

टखना पुं. एड़ी के जोड़ पर हड्डी की गाँठ (दे. चित्र)।

टटोलना स. क्रि. छू कर ढूँढना; उ.— 'अँधेरे में क्या टटोल रहे हो ?'

टट्टी स्त्री. **1.** पाख़ाना, मल, दस्त। **2.** आड़; जैसे—खसखस की टट्टी, बाँस की टट्टी।

टट्टू पुं. छोटे क़द का घोड़ा; उ.—टट्टू बोझ ढोने के काम आता है (दे. चित्र)। **मु. भाड़े का टट्टू** रुपए के लालच में कोई भी काम करने को राज़ी हो जानेवाला।

टन पुं. मीट्रिक प्रणाली के अनुसार एक हज़ार किलो का एक तौल।

टन स्त्री. घंटा बजने की आवाज़।

टन-टन स्त्री. लगातार घंटा बजने की आवाज; उ.—छुट्टी का घंटा टन-टन बज रहा है।

टपकना अ. क्रि. बूँद-बूँद गिरना, चूना; उ.—छत से पानी टपक रहा है।

टपाटप अ. टपटप शब्द के साथ गिरना; उ.—वर्षा की बूँदें टपाटप गिर रही हैं।

टमटम स्त्री. दो पहियोंवाली एक ऊँची घोड़ागाड़ी।

टमाटर पुं. तरकारी, चटनी आदि बनाने के काम आनेवाला एक लाल फल, विलायती बैंगन।

टरकना अ. क्रि. चुपके से चले जाना, खिसकना; उ.—रमेश तुम्हें आता देख यहाँ से टरक गया।

टरकाना स. क्रि. कुछ बहाना बना कर टालना; उ.—क़र्ज़दार ने अपनी बीमारी का बहाना बना कर काबुलीवाले को टरका दिया।

टर्राना अ. क्रि. **1.** मेढक का टर्र-टर्र शब्द करना; उ.—बरसात में मेढ़क टर्राते हैं। **2.** लगातार बोलते ही जाना; उ.—'तुम घंटे भर से टर्रा रहे हो, अब तो चुप रहो।'

टलना अ. क्रि. **1.** हटना; उ.—'चलो यह बला तो टली।' **2.** स्थगित होना; जैसे—विवाह टलना, मींटिग टलना।

टसक स्त्री. टीस, कसक; उ.—फोड़े में मवाद हो जाने से टसक हो रही है।

टहनी स्त्री. पेड़ की शाखा, डाल; उ—आम की टहनियों में बौर आ गए हैं।

टहलना अ. क्रि. धीरे-धीरे चलना, हवाख़ोरी के लिए घूमना; उ.—प्रभा मैदान में टहल रही है।

टाँकना स. क्रि. टाँका लगाना, सिलाई करके अटकाना; जैसे—बटन टाँकना, गोटा टाँकना।

टाँका पुं. **1.** सीवन; जैसे—रज़ाई का टाँका, घाव का टाँका। **2.** धातुओं को जोड़ने की चीज; उ.—'लोटा फूट गया है, इसमें टाँका लगवा लाओ।'

टाँग स्त्री. शरीर का जाँघ से ले कर एड़ी तक का अंग।

टाँगना स. क्रि. लटकाना; जैसे—तस्वीर टाँगना।

टाइप पुं. छपाई के काम आनेवाले सीसे के अक्षर।

टाइपराइटर पुं. एक छोटी मशीन जिसके बटन दबा कर काग़ज पर अक्षर छापे जाते हैं (दे. चित्र)।

टाई स्त्री. कमीज़ के कॉलर पर बाँध कर छाती के बीच में लटका कर पहनी जाने. वाली एक पट्टी नेकटाई (दे. चित्र 'कमीज')।

टाट पुं. बोरे का कपड़ा जो बिछाने, बक्सा आदि बाँधने या परदा लगाने के लिए इस्तेमाल होता है।

टाप स्त्री. घोड़े के चलने से पैदा होनेवाली आवाज़।

टापू पुं. चारों तरफ़ पानी से घिरा हुआ भूखंड़ द्वीप; उ.—अंडमान निकोबार में बहुत-से टापू हैं।

टॉफ़ी स्त्री. दूध चीनी आदि से बनी बच्चों के खाने की एक छोटी मिठाई जो पतले काग़ज़ की पुड़िया में लिपटी होती है।

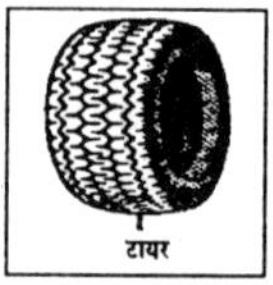

टायर

टायर पुं. मोटरगाड़ी साइकिल आदि का रबड़ का चक्का (दे. चित्र)।

टाल पुं. 1. ऊँचा ढेर। 2. लकड़ी की दुकान; उ.–'जाओ, टाल से दस किलो लकड़ियाँ ले आओ।'

टालना स. क्रि 1. टरकाना; जैसे–झक्की आदमी को टालना। 2. स्थगित करना; जैसे–मीटिंग टालना।

टिकट पुं. 1. निश्चित रक़म दे कर लिया हुआ 'प्रवेश-पत्र' जैसे– सिनेमा, रेल, लॉटरी आदि का टिकट। 2. डाक भेजने के लिए काम में आने वाला कागज का छपा हुआ टुकड़ा।

टिकना अ. क्रि. ठहरना, रुकना।

टिकली स्त्री. बिंदी; जैसे–माथे की टिकली।

टिकाऊ वि. बहुत दिनों तक टिकनेवाला, मज़बूत; जैसे–टिकाऊ कपड़ा, टिकाऊ जूता।

टिकाना स. क्रि. 1. ठहराना; जैसे–अतिथियों को टिकाना। 2. रखना; जैसे–छड़ी को दीवार के सहारे टिकाना।

टिकिया स्त्री. गोल या चौकोर चिपटा टुकड़ा; जैसे–आलू की टिकिया, दवा की टिकिया।

टिड्डी स्त्री. फ़सल नष्ट करनेवाला एक परदार कीड़ा; उ.–टिड्डी दल के हमले से सारी फसल नष्ट हो गई।

टिन पुं. दे. 'टीन'।

टिमटिमाना अ. क्रि. धीमा-धीमा प्रकाश देना, झिलमिलाना; उ.–झोपड़ी में दीया टिमटिमा रहा है।

टीका पुं. 1. तिलक; जैसे–चंदन, रोली, सिंदूर आदि का टीका। 2. विवाह पक्का करने की एक रस्म; उ.–टीके पर रमा के ससुराल से ज़री की साड़ी आई। 3. रोग से बचाने के लिए लगाई जानेवाली सूई; जैसे–हैज़े का टीका, चेचक का टीका। 4. किसी ग्रंथ की व्याख्या; जैसे–रामायण की टीका, गीता की टीका।

टीन पुं. 1. क़लई की हुई लोहे की चादर; उ.–मेरी कोठरी टीन की चद्दर से बनी हुई है। 2. कनस्तर; उ.–यह घी का टीन है। 3. राँगा, क़लई।

टीपना स. क्रि. 1. दबाना; जैसे–माथा टीपना, पैर टीपना। 2. नक़ल करना; उ.–'तुम मेरी कापी से सारे नोट टीप लेना।'

टी. बी. पुं. तपेदिक, यक्ष्मा।

टीम स्त्री. दल; जैसे–हॉकी, फ़ुटबाल, क्रिकेट, कबड्डी आदि की टीम।

टी.वी.

टी. वी. पुं. दे. 'टेलीविज़न' (दे. चित्र)।

टीला पुं. ऊँची ज़मीन, ढूह, टीबा; उ.–रेगिस्तान में बालू के ऊँचे-ऊँचे टीले बन जाते हैं।

टुकड़ा पुं. किसी चीज़ का टूटा हुआ या तोड़ा हुआ हिस्सा, खंड; जैसे–रोटी का टुकड़ा।

टुकड़ी स्त्री. जत्था, दल; जैसे–पुलिस की टुकड़ी, सेना की टुकड़ी।

टुच्चा वि. छोटे मन का ओछा, क्षुद्र।

टूटना अ. क्रि. टुकड़े होना, भंग होना;

जैसे—हड्डी टूटना, डाल टूटना।

टूटा-फूटा वि. **1.** जगह-जगह से टूटा हुआ; जैसे—टूटा-फूटा मकान, टूटी-फूटी कुरसी। **2.** अधकचरा, अधूरा; जैसे—टूटी-फूटी भाषा।

टेक स्त्री. **1.** सहारा; उ.—'पौधे को बाँस की खपच्ची की टेक लगा दो।' **2.** गीत की वह पंक्ति जो बार-बार गाई जाती है। **3.** हठ; जैसे—अपनी टेक पर अड़े रहना।

टेकना स. क्रि. टिकाना, सहारा लेना; जैसे—लाठी टेकना।

टेढ़ा वि. जो इधर या उधर झुका हुआ हो, जो सीधा न हो; जैसे—टेढ़ा खंभा, टेढ़ी लाईन।

टेढ़ा-मेढ़ा वि. कई जगह से टेढ़ा; जैसे—टेढ़ा-मेढ़ा रास्ता।

टेढ़ापन पुं. टेढ़ा होने का भाव।

टेनिस पुं. कपड़े से ढँकी रबड़ की गेंद और जालीदार बल्ले से खेला जानेवाला एक खेल।

टेबुल (टेबल) पुं. मेज़; उ.—'टेबुल पर किताबें रख दो।'

टेरना स. क्रि. पुकारना।

टेरीलीन वि. कृत्रिम धागों से बनाया हुआ कपड़ा।

टेलीग्राम पुं. दे. 'तार'।

टेलीविज़न पुं. वह डिब्बा जिसके द्वारा दूर स्थित स्टेशन से प्रसारित दृश्यों को (ध्वनि के साथ) देखा जा सकता है, दूरदर्शन; उ.—टेलीविज़न पर क्रिकेट का खेल दिखाया जा रहा है (दे. चित्र)।

टेलीस्कोप पुं. दूरबीन।

टैंक पुं. एक तरह की बड़ी तोपगाड़ी (दे. चित्र)।

टैक्स पुं. कर, महसूल।

टैक्सी स्त्री. मोड़ पर चलने वाली मोटरगाड़ी।

टोंटी स्त्री. पानी या तेल आदि के लिए टंकी कुंडी आदि के आगे लगी हुई एक पेचदार चीज़ नल के सामने का हिस्सा; उ.—'पानी गिर रहा है, टोंटी बंद करो' (दे. चित्र 'नल')।

टोकना स. क्रि. किसी को बीच में रोकना; जैसे—बातचीत के बीच में टोकना, काम के बीच में टोकना।

टोकरी स्त्री. डलिया।

टोपी स्त्री. सिर पर पहनने की एक चीज; जैसे—गाँधी टोपी, गोल टोपी।

टोली स्त्री. मंडली, दल, झुंड; जैसे—नाचने-गानेवालों की टोली।

टोस्ट पुं. पावरोटी का सेंका हुआ टुकड़ा।

टोह स्त्री. खोज, सुराग; उ.—दुश्मन की टोह लेने के लिए जासूस भेजे गए।

ट्यूब स्त्री. नली।

ट्यूब-वेल पुं. दे. नल-कूप।

ट्रंक पुं. लोहे का बक्सा।

ट्रक पुं. माल ढोनेवाली मोटर-गाड़ी, लॉरी।

ट्रांज़िस्टर पुं. एक प्रकार का छोटा रेडियो।

ट्रॉली स्त्री. पहियों पर चलनेवाली छोटी गाड़ी।

ट्रेन स्त्री. रेलगाड़ी।

ट्रेनिंग स्त्री. किसी विषय की व्यावहारिक शिक्षा, प्रशिक्षण; जैसे—घुड़सवारी की ट्रेनिंग, अध्यापन की ट्रेनिंग।

ट्रैक्टर पुं. खेत जोतने के काम आनेवाली इंजनवाली गाड़ी।

ट्रैफ़िक पुं. गाड़ियों का आना-जाना, यातायात।

ठ

ठंड स्त्री. सरदी, जाड़ा।

ठंडक स्त्री. शीतलता, हलकी ठंड; उ.—आज हवा में कुछ ठंडक है।

ठग पुं. धोखा दे कर रुपया-पैसा, सामान आदि ऐंठ लेनेवाला आदमी।

ठगना स. क्रि. धोखा दे कर कुछ ऐंठ लेना।

ठंडा वि. जो गरम न हो, शीतल; जैसे; ठंडा पानी, ठंडी चाय (विलोम : गरम)।

ठंडाई स्त्री. बादाम, काली मिर्च, कई तरह के बीज, और चीनी आदि से बना हुआ एक पेय।

ठगाना अ. क्रि. धोखे का शिकार हो कर कुछ गँवाना, ठगा जाना।

ठगी स्त्री. ठगने का काम।

ठटरी स्त्री. ढाँचा, अस्थि-पंजर; उ.—बीमारी के कारण राम सूख कर ठटरी रह गया है।

ठट्ठा पुं. हँसी-मज़ाक, दिल्लगी; उ.—बेकार सोनू हर वक़्त सबसे हँसी-ठट्ठा ही करता रहता है।

ठठेरा पुं. धातु के बरतन बनाने और उनकी मरम्मत करनेवाला, कसेरा।

ठप वि. रुका हुआ, बंद; उ.—हड़ताल के कारण आज सारा काम-काज ठप है।

ठप्पा पुं. लकड़ी धातु आदि पर खोद कर बनाया हुआ नक्शा, छापा, निशान; उ.—वह फूलदार ठप्पे पर लाल रंग लगा कर साड़ी छाप रहा है।

ठसाठस वि. जिसमें ज़रा भी जगह न हो, एकदम भरा हुआ; जैसे— ठसाठस बक्सा, ठसाठस हॉल।

ठहरना अ. क्रि. रुकना, थमना; उ.—यह रेलगाड़ी सिर्फ़ बड़े स्टेशनों पर ठहरती है।

ठहराना स. क्रि. **1.** टिकाना; उ.—यहाँ मेहमानों को ठहराया गया है। **2.** तय करना; उ.—'रिक्शेवाले से क्या किराया ठहराया है ?'

ठहाका पुं. जोर की हँसी, अट्टहास।

ठाँव पुं. ठौर, स्थान, जगह; उ.—उसे इस शहर में रहने के लिए अभी तक कोई ठाँव नहीं मिला।

ठाकुर पुं. **1.** भगवान, देवता। **2.** नाइयों क्षत्रियों और ब्राह्मणों में प्रचलित एक उपाधि।

ठाट पुं. **1.** लकड़ी या बाँस की पट्टियों का ढाँचा; जैसे—नाव का ठाट, छप्पर का ठाट। **2.** सजावट, शान; जैसे—राजसी ठाट।

ठाटबाट पुं. शानदार रहन-सहन, शान-

शौकत; उ.—अफ़सर लोग बड़े ठाटबाट से रहते हैं।

ठानना स. क्रि. तय कर लेना, दृढ़ निश्चय कर लेना; उ.—इस बार मैंने मानसरोवर जाने की ठान ली है।

ठिंगना वि. छोटे कद का, नाटा; जैसे—ठिंगना आदमी।

ठिकाना पुं. ठहरने का निश्चित स्थान, पता; उ.—मुझे उसका ठिकाना मालूम नहीं।

ठिठकना अ. क्रि. चलते-चलते अचानक झिझक या सहम कर रुक जाना; उ. —फूल तोड़ता हुआ भोला माली को आता देख ठिठक गया।

ठिठुरना अ. क्रि. जाड़े से काँपना।

ठिठोली स्त्री. हँसी, मज़ाक, परिहास।

ठीक वि. सही, दुरुस्त, उ.—'तुम ठीक कहते हो।'

ठीकरी स्त्री. मिट्टी के बरतन का टूटा हुआ टुकड़ा।

ठुकराना स. क्रि. 1. ठोकर मारना। 2. तिरस्कार करते हुए नामंज़ूर करना; जैसे—प्रस्ताव ठुकराना, इनाम ठुकराना।

ठुड्डी स्त्री. ठोड़ी, चिबुक।

ठुमकना अ. छोटे बच्चों का बाँके-तिरछे कदम रखते हुए चलना; उ.—'ठुमकि चलत रामचंद्र बाजत पैंजनियाँ।'

ठूँठ पुं. 1. बिना डाल पत्तियों वाला सूखा पेड़ (दे. चित्र)। 2. कटा हुआ हाथ।

ठूँसना स. क्रि. खूब दबा-दबा कर भरना; जैसे—बक्स में कपड़े ठूँसना, खाना ठूँसना।

ठेंगा पुं. अँगूठा। मु. **ठेंगा दिखाना** दे. 'अँगूठा दिखाना।'

ठेका पुं. किसी काम की निश्चित समय और दर पर करने का इक़रार; जैसे—पुल या सड़क बनाने का ठेका। 2. तबला ढोलक पखावज आदि के द्वारा ताल देना।

ठेकेदार पुं. ठेका ले कर काम करनेवाला।

ठेलना स. क्रि. ढकेलना, धकेलना; उ.—'ज़रा इस गाड़ी को ठेल दीजिए तो यह चल पड़े।'

ठेला पुं. सामान ढोने की हाथ-गाड़ी।

ठेस स्त्री. चोट, धक्का, आघात; उ. —तुम्हारी कड़वी बातों से मेरे मन को बड़ी ठेस लगी है।

ठोंकना स. क्रि. 1. भीतर घुसाना, गाड़ना; उ.—राम दीवार में कील ठोंक रहा है। 2. ज़ोरों से पीटना; उ. —आज सारे मुहल्लेवालों ने मिल कर गुंडों को खूब ठोंका।

ठोकर स्त्री. 1. पैर पर लगा या पैर से किया गया प्रहार; जैसे—ठोकर खा कर गिरना, ठोकर मारना। 2. किसी चीज़ से टकरा कर लगनेवाला आघात; उ. —'देखो यह शीशा सँभाल कर ले जाना, कहीं ठोकर न लग जाए।'

ठोड़ी स्त्री. ठुड्डी।

ठोस वि. जो खोखला या तरल न हो; उ.—पानी का ठोस रूप बर्फ़ है।

ठौर पुं. जगह, स्थान; उ.—इस बेचारे के रहने का कोई ठौर नहीं।

ड

डंक पुं. बिच्छू बर्रे आदि का ज़हरीला काँटा, दंश।

डंका पुं. नगाड़ा (दे. चित्र) मु. **डंका पीटना** जोर-जोर से सबको सुनाना, प्रचार करना; उ.—राम हमेशा अपने मंत्री चाचा के नाम का डंका पीटता रहता है।

डंठल पुं. पौधे का कोमल तना; जैसे—गेहूँ का डंठल, साग का डंठल।

डंडा पुं. छोटी लाठी।

डंडी स्त्री. **1.** छोटी पतली लकड़ी **2.** तराजू की लकड़ी जिसके दोनों ओर पलड़े बँधे होते हैं। मु. **डंडी मारना** कम तौलना; उ.—मैं उस दुकानदार से कुछ भी नहीं ख़रीदता क्योंकि वह हमेशा डंडी मारता है।

डकार पुं. मुँह से आवाज़ के साथ निकलनेवाली गैस।

डकारना स. क्रि. **1.** पेट की गैस को मुँह से निकालना। **2.** किसी का माल हड़प लेना; उ.—बड़े भाई ने छोटे भाई का हिस्सा डकार लिया।

डकैत पुं. डाका डालनेवाला, लुटेरा, डाकू।

डकैती स्त्री. डाका डालने का काम, लूट; उ.—ठाकुर के घर हुई डकैती में डाकुओं ने हज़ारों का माल लूट लिया।

डग पुं. क़दम; उ.—'तेज़ डग भरो नहीं तो गाँव तक पहुँचने में रात हो जाएगी।'

डगमगाना अ. क्रि. लड़खड़ाना; उ. —कमज़ोरी के कारण चलने में रोगी के पैर डगमगा रहे हैं।

डगर स्त्री. राह, रास्ता, मार्ग।

डटना अ. क्रि. जम कर खड़े रहना, दृढ़ रहना; उ.—गाँववालों ने डाकुओं का डट कर मुक़ाबला किया।

डपट स्त्री. डाँट, झिड़की।

डपटना स. क्रि. डाँटना, झिड़कना।

डफ स्त्री. हथेली और अँगुलियों के आघात से बजाया जानेवाला बड़ी खँजड़ी जैसा एक बाजा, चंग; उ.—होली के त्योहार पर हम लोग डफ बजा कर गीत गाते हैं।

डबडबाना अ. क्रि. आँखों में आँसू भर आना; उ.—बहन की विदाई के साथ कृष्णा की आँखें डबडबा आईं।

डबल वि. दूना।

डबलरोटी स्त्री. पावरोटी।

डब्बा पुं. **1.** ढक्कनदार छोटा पात्र, डिब्बा। **2.** रेलगाड़ी का एक कमरा; उ.—'इंजन के बगलवाले डब्बे में अपना सामान रख दो।'

डमरू पुं. दो तरफ चमड़े से मढ़ा हुआ और बीच से पकड़ कर बजाया जानेवाला एक छोटा बाजा; जैसे—शिव का डमरू, मदारी का डमरू (दे. चित्र)।

डर पुं. भय; जैसे—शेर का डर, अँधेरे से डर, फ़ेल हो जाने का डर।

डरना अ. क्रि. भयभीत होना।

डरपोक वि. डरनेवाला, कायर।

डराना स. क्रि. भयभीत करना, डर दिखाना।

डरावना वि. जिसे देखकर डर लगे, भयानक।

डलिया स्त्री छोटी टोकरी (दे. चित्र)।

डली स्त्री. छोटा ढेला; जैसे– नमक की डली, मिसरी की डली।

डसना स. क्रि. साँप द्वारा काटने की क्रिया, डंक मारना।

डाँट स्त्री. डपट, झिड़की; उ.–गलती करने पर उसको डाँट पड़ी।

डाँट-डपट स्त्री. धमकी भरी फटकार; उ. –उसने राम को डाँट-डपट कर सही बात उगलवा ली।

डाँटना स. क्रि. डपटना, फटकारना; उ.–मास्टर जी मोहन को डाँट रहे हैं।

डाँड़ पुं. नाव खेने का चप्पू।

डाँवाडोल वि. डोलता हुआ, अस्थिर; लड़खड़ाता हुआ; जैसे–आँधी में नाव का डाँवाडोल होना, मंदी के कारण व्यापार का डाँवाडोल होना।

डाइन स्त्री. जादू-टोना करनेवाली एक काल्पनिक स्त्री, 'चुड़ैल'।

डाक स्त्री. चिट्ठियों को एक जगह से दूसरी जगह पहुँचाने का सरकारी इंतज़ाम।

डाकख़ाना पुं. पोस्ट आफ़िस, जहाँ डाक संबंधी काम होता है।

डाकघर पुं. दे. 'डाकख़ाना'।

डाकबँगला पुं. सरकारी अफ़सरों के ठहरने का मकान।

डाका पुं. डाकुओं का हमला; उ.– कल स्टेट बैंक में दिन-दहाड़े डाका पड़ा।

डाकिया पुं. डाक बाँटनेवाला, पोस्टमैन।

डाकू पुं. डाका डालनेवाला, डकैत।

डॉक्टर पुं. चिकित्सक, इलाज़ करनेवाला (दे. चित्र 'मरीज़')।

डाट स्त्री. **1.** काग, ठेपी; उ.–बोतल में डाट लगा दो। **2.** वह वस्तु जो दीवार, छत आदि का बोझ उठाने के लिए बनाई जाए, टेक।

डाब पुं. हरा नारियल।

डामर पुं. अलकतरा, तारकोल; उ.– सड़क पर डामर बिछा है।

डायरी स्त्री. रोज़नामचा, दैनन्दिनी; उ.–हमें रोज डायरी लिखनी चाहिए।

डाल स्त्री. पेड़ की शाखा; उ.–तोता डाल पर बैठा है।

डालना स. क्रि. **1.** गिराना; जैसे–कूड़ा डालना। **2.** उड़ेलना; बरतन में डालना। 3. रखना; जैसे–बक्से में सामान डालना।

डिगना अ. क्रि. हटना, खिसकना, इधर-उधर होना; जैसे–अपने उद्देश्य से डिगना; अपने वचन से डिगना।

डिज़ाइन अ. बनावट, तर्ज़, नमूना; जैसे–नए डिज़ाइन की साड़ी, पुराने डिज़ाइन का पलंग।

डिठौना पुं. बुरी नज़र बचाने के लिए लगाया गया काला टीका; उ.–माँ ने बच्चे के माथे पर डिठौना लगा रखा है।

डिबिया स्त्री. छोटा डिब्बा।

डिब्बा पुं. दे. 'डब्बा'।

डींग स्त्री. अपनी झूठी बड़ाई, शेख़ी।

डीज़ल पुं. इंजन चलाने के काम आनेवाला पेट्रोल जैसा एक तेल।

डील-डौल पुं. शरीर का आकार-प्रकार; उ.—हाथी बड़े डील-डौल का जानवर है।

डुगडुगी (डुग्गी) स्त्री. छोटा नगाड़ा; उ.—गाँव में डुगडुगी बजा कर कल के चुनाव का एलान किया जा रहा है।

डुबकी स्त्री. गोता; उ.—उसने तालाब में डुबकी लगा कर मेरी घड़ी निकाल दी।

डुबाना स. क्रि. **1.** पानी के अंदर डालना, गोता देना; जैसे—कुएँ में बालटी डुबाना **2.** चौपट करना, नष्ट करना; जैसे—नाम डुबाना, पैसा डुबाना।

डूबना अ. क्रि. **1.** पानी के अंदर चले जाना; जैसे—जहाज़ का डूबना या नौका का डूबना। **2.** अस्त होना; जैसे—सूरज का डूबना।

डेक पुं. जहाज का खुला बरामदा।

डेढ़ वि. एक और आधे का जोड़; जैसे—डेढ़ रुपया, डेढ़ मीटर।

डेरा पुं. रहने या ठहरने का स्थान, पड़ाव; उ.—बनजारों ने नदी के किनारे डेरा डाल रखा है।

डेल्टा पुं. नदी के समुद्र में गिरने से पहले धाराओं में बँट जाने से बनी बीच की तिकोनी भूमि।

डेस्क पुं. लिखने-पढ़ने की ढालुआँ मेज़।

डैना पुं. पंख, पर; जैसे—पक्षी के डैने, विमान के डैने।

डोंगी स्त्री. छोटी नौका।

डोम पुं. श्मशान में शव जलानेवाला। चांडाल।

डोर स्त्री. धागा, सूत; जैसे—पतंग की डोर।

डोरी स्त्री. रस्सी।

डोल पुं. पानी निकालने का लोहे का बरतन।

डोलना अ. क्रि. इधर-उधर हिलना-डुलना; जैसे—नाव का डोलना।

डोली स्त्री. पालकी; जैसे—दुल्हन की डोली।

डोसा पुं. चावल और उड़द को पीस कर बनाया हुआ एक नमकीन पकवान।

ड्यूटी स्त्री. नियत कार्य; जैसे—दरबान की ड्यूटी सिपाही की ड्यूटी।

ड्योढ़ा वि. डेढ़ गुना।

ड्योढ़ी स्त्री. मकान के प्रवेश-द्वार के पास की जगह; उ.—ड्योढ़ी पर दरबान खड़ा है।

ड्राइंग स्त्री. रेखाओं द्वारा बनाया हुआ चित्र।

ड्राइवर पुं. मोटरगाड़ी, रेलगाड़ी, लॉरी आदि चलानेवाला।

ड्रामा पुं. नाटक।

ढ

ढंग पुं. तरीक़ा, रीति।

ढकना (I) स. क्रि. **1.** ढाँपना, परदा डालना; जैसे—दूध के बरतन को ढक्कन से ढकना। **2.** छिपाना; जैसे—अपनी गलती ढकना **(II)** पुं. ढक्कन; जैसे—बोतल का ढकना, पतीले का ढकना।

ढकेलना स. क्रि. धकेलना, ठेलना; उ.—किट्टू ने बिट्टू को आगे ढकेल कर संजू पर गिरा दिया।

ढकोसला पुं. झूठा दिखावा, आडंबर, पाखंड; उ.—आजकल शादी- विवाह में ढकोसलों के कारण बहुत खर्च होता है।

ढलकना अ. क्रि. नीचे की ओर जाना।

ढलकाना स. क्रि. **1.** बहाना; जैसे—पानी, आँसू आदि ढलकाना। **2.** लुढ़काना; जैसे—पत्थर ढलकाना।

ढलना अ. क्रि. **1.** नीचे की ओर जाना; जैसे—आँख से आँसू ढलना, आकाश में सूरज ढलना। **2.** साँचे में ढाला जाना; उ.— काँसे की मूर्ति ढल गई है।

ढलाई स्त्री. **1.** ढालने का काम; जैसे—लोहा, पीतल आदि धातुओं की ढलाई। **2.** ढालने की मज़दूरी; उ.—इसे मूर्ति की ढलाई दे दो।

ढलान स्त्री. वह ज़मीन जो क्रमश; नीची होती जाए, ढालूपन; जैसे— पहाड़ की ढलान।

ढहना अ. क्रि. गिर जाना; उ.—पिछली बाढ़ में बहुत-से मकान ढह गए।

ढाँचा

ढाँचा पुं. किसी चीज़ की बनावट का आधार-रूप; जैसे—शरीर का ढाँचा, मकान का ढाँचा (दे. चित्र)।

ढाँपना स. क्रि. ढकना।

ढाई वि. दो और आधे के जोड़ से बनी संख्या, अढ़ाई।

ढाढ़स पुं. धैर्य, तसल्ली; जैसे—दुख में किसी को ढाढ़स बँधाना।

ढाल

ढाल स्त्री. प्रहार या हमले को रोकने के लिए कछुए की पीठ जैसी बनाई गई लोहे की एक चीज़ (दे. चित्र)।

ढाल स्त्री. दे. 'ढलान'।

ढालना स. क्रि. **1.** गिराना, उड़ेलना; उ.—प्याले में चाय ढाल दो। **2.** ढलाई का काम करना; जैसे—छत ढालना।

ढिंढोरची पुं. ढिंढोरा पीटनेवाला।

ढिंढोरा पुं. **1.** वह ढोल जिसको बजाकर कोई घोषणा की जाए। **2.** ऐसी घोषणा जो ढोल पिटवा कर की जाए, मुनादी।

ढीठ वि. बदतमीज़, धृष्ट।

ढीला वि. जो कसा हुआ न हो; जैसे—ढीला कुरता।

ढीला-ढाला वि. सुस्त।

ढुलकना अ. क्रि. दे. 'ढलकना'।

ढुलकाना स. क्रि. दे. 'ढलकाना'।

ढूँढ़ना स. क्रि खोजना, तलाशना; उ.—भरत अपनी गाय ढूँढ़ने गया है।

ढेर पुं. बहुत-सी चीज़ों का अंबार या राशि; जैसे—किताबों का ढेर, कूड़े का ढेर।

ढेला पुं. मिट्टी या पत्थर का छोटा टुकड़ा; उ.—लड़के ढेले मार कर आम गिरा रहे थे।

ढोंग पुं. छल, पाखंड, स्वाँग; उ.—वह बीमारी का ढोंग कर रहा है।

ढोंगी वि. ढोंग करनेवाला, पांखडी।

ढोना स. क्रि. बोझ उठा कर ले चलना; उ.—गधा बोझ ढोने के काम आता है।

ढोर पुं. जानवर; जैसे—गाय, बैल।

ढोल पुं. काठ का लम्बोतरा गोल एक बाजा, जो अंदर से खाली और दोनों ओर चमड़े से मढ़ा रहता है, ढोलक।

त

तंग वि. **1.** कम चौड़ा, सँकरा; जैसे—तंग रास्ता, तंग जूता। **2.** परेशान, हैरान; उ.—शरद के न पढ़ने के कारण उसके माँ-बाप उससे तंग हैं। **3.** अभावग्रस्त; उ.—नौकरी छूट जाने के कारण उसकी हालत बहुत तंग है।

तंगी स्त्री. कमी, अभाव; जैसे—पानी की तंगी, पैसे की तंगी।

तंदुरुस्त वि. नीरोग, स्वस्थ; जैसे— तंदुरुस्त बच्चा।

तंदुरुस्ती स्त्री. दे. 'स्वास्थ्य'।

तंदूर पुं. एक प्रकार का बड़ा चूल्हा।

तंबाकू पुं. हुक़्क़े सिगरेट आदि में पिया और कई तरह से खाया जानेवाला एक नशीला पत्ता।

तंबू पुं. खुली जगह में मोटे कपड़े को तानकर बनाया गया रहने का स्थान, खेमा; उ.—अमरनाथ की यात्रा में हम सब तंबुओं में सोते थे।

तंबोली पुं. पान बेचनेवाला, पनवाड़ी।

तक अ. ख़ास सीमा या ख़ास अवधि बतानेवाला शब्द; जैसे—हम दिल्ली तक जाएँगे; वे लोग कल तक आ जाएँगे।

तक़दीर स्त्री. भाग्य, क़िस्मत।

तक़रार स्त्री. बहस, विवाद, झगड़ा; उ.—आज सोहन और श्याम के बीच खेल-खेल में तक़रार हो गई।

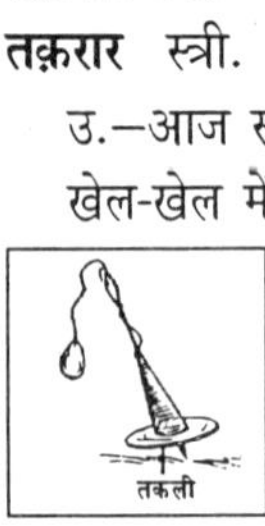

तकली स्त्री. हाथ से सूत कातने का एक छोटा उपकरण (दे. चित्र)।

तकलीफ़ स्त्री. दुख, कष्ट; जैसे—रोगी को तकलीफ़, मित्र से बिछुड़ने की तकलीफ़।

तक़ाज़ा पुं. **1.** चीज लौटाने की माँग, तगादा; उ.—वह अपनी किताब का तक़ाज़ा कर रहा है। **2.** आवश्यकता, माँग; उ.—समय का तक़ाज़ा है कि स्त्रियाँ ख़ूब पढ़ें-लिखें।

तकिया पुं. सिर के नीचे लगाने के काम आनेवाली रुई की एक छोटी गद्दी।

तख़्त पुं. **1.** सिंहासन; उ.—अकबर के बाद जहाँगीर तख़्त पर बैठा। **2.** काठ के पटरों से बनी बड़ी चौकी; उ.— इस तख़्त पर राम सोता है।

तख़्ती स्त्री. **1.** काठ की छोटी पट्टी; जैसे—नाम की तख़्ती। **2.** काठ की एक पटरी जिस पर पहले के ज़माने में बच्चे लिखना सीखते थे।

तगड़ा वि. बलवान, हट्टा-कट्टा।

तट पुं. किनारा, तीर; जैसे—नदी का तट।

तड़कना अ. क्रि. दरार पड़ना, चटकना; जैसे—शीशा तड़कना।

तड़का पुं. **1.** भोर, प्रभात; उ.—तुम कल तड़के ही आ जाना। **2.** छौंक; जैसे—दाल में तड़का देना।

तड़प स्त्री. छटपटाहट, बेचैनी।

तड़पना अ. क्रि. छटपटाना; उ.—रोहिणी दर्द से तड़प रही है।

तत्काल अ. तुरंत, फ़ौरन; उ.—घायल को तत्काल अस्पताल पहुँचाओ।

तत्पर वि. तैयार, मुस्तैद; उ.—करीम दूसरों की मदद करने के लिए हमेशा तत्पर रहता है।

तत्पश्चात् अ. उसके बाद।

तत्त्व पुं. **1.** वे मूल पदार्थ जिनसे मिल कर अन्य पदार्थ बनते हैं; उ.—ऑक्सीजन और हाइड्रोजन तत्त्व हैं जिनके मिलने से पानी बनता है। **2.** सार, निचोड़; उ.—गाँधी जी के उपदेशों का मूल तत्त्व सत्य, अहिंसा और करुणा है। **3.** सत्यता, यथार्थ; उ.—यह ख़बर एकदम झूठी है, इसमें कोई तत्त्व नहीं है।

तथा अ. **1.** और; जैसे—राम तथा श्याम, कलकत्ता तथा बम्बई। **2.** वैसा ही; उ.—दीनदयाल जी की उदारता देख कर कहना पड़ता है। 'यथा नाम तथा गुण'।

तथ्य पुं. सच्चाई, वास्तविकता; उ.—यह कहानी, कल्पना नहीं, तथ्यों पर आधारित है।

तदुपरान्त अ. उसके बाद।

तन पुं. शरीर, देह।

तनख़्वाह स्त्री. वेतन; उ.—मेरी तनख़्वाह पाँच सौ रुपए माहवार है।

तनना अ. क्रि. **1.** खिंचना; जैसे—तलवार तनना, रस्सी तनना, भौंहें तनना। **2.** नाराज़ होना; उ.—वह आजकल मुझसे तना हुआ है।

तना पुं. पेड़ का ज़मीन से बाहर निकला हुआ वह मोटा हिस्सा जहाँ से शाखाएँ निकलती हैं।

तनाव पुं. **1.** खिंचाव; उ.—ज़्यादा खींच देने के कारण तनाव पड़ने से रस्सी टूट गई। **2.** चिंता से मन में होनेवाला खिंचाव; उ.—झगड़ा तो समाप्त हो गया, परंतु लोगों में अब भी तनाव बना हुआ है।

तनिक वि. थोड़ा, ज़रा, मामूली; उ.—उसे तनिक-सी बात पर गुस्सा आ जाता है।

तप पुं. कष्ट सह कर किया जानेवाला काम, कठिन साधना, तपस्या।

तपना अ. क्रि. गरम होना; उ.—बुख़ार से मोहन का बदन तप रहा है।

तपस्वी पुं. तप करनेवाला।

तपाक से अ. फुरती से, झट से; उ.—राम कक्षा में हर प्रश्न का उत्तर तपाक से देता है।

तपाना स. क्रि. गरम करना; जैसे—लोहा तपाना।

तपोवन पुं. ऋषियों के तप करने का आश्रम या वन।

तब अ. उस समय; उ.—तब हम बंबई में रहते थे।

तबदीली स्त्री. परिवर्तन; जैसे—मौसम में तबदीली, मंत्रिमंडल में तबदीली।

तबला पुं. ताल देने के काम आनेवाला चमड़ा मढ़ा हुआ एक बाजा।

तबादला पुं बदली, स्थानान्तरण; उ.—मेरे पिता का तबादला दिल्ली से चंडीगढ़ हो गया है।

तबाह वि. नष्ट, बरबाद; उ.—बाढ़ से लाखों लोग तबाह हो गए।

तबाही स्त्री. बरबादी, विनाश।

तबीयत स्त्री. शरीर की हालत; उ.—लू लग जाने से मोहन की तबीयत बिगड़ गई है।

तभी अ. उसी वक़्त।

तम पुं. अंधकार, अंधेरा (विलोम- प्रकाश)।

तमगा पुं. पदक, मेडल।

तमतमाना अ. क्रि. गुस्से से लाल होना; उ.—मास्टर जी का तमतमाया हुआ चेहरा देखते ही सारे लड़के सहम गए।

तमाचा पुं. चाँटा, थप्पड़, झापड़।

तमाम वि. 1. कुल, पूरा, सारा; उ.—मैं मच्छरों के मारे तमाम रात सो नहीं पाया। 2. समाप्त, ख़त्म।

तमाशा पुं. मनोरंजक दृश्य, खेल।

तमोली पुं. दे. 'तंबोली'।

तय वि. 1. पूरा किया हुआ, समाप्त; उ. —मैंने यह रास्ता दो दिन में तय किया। 2. पक्का, निश्चित; जैसे—शादी तय होना; सौदा तय होना।

तरंग स्त्री. लहर, हिलोर।

तर वि. गीला, भीगा हुआ; जैसे—पसीने से तर; पानी से तर।

तरकश पुं. कंधे पर लटकाया जानेवाला तीर रखने का चोंगा, तूणीर।

तरकारी स्त्री. साग-सब्ज़ी, भाजी।

तरकीब स्त्री. उपाय, युक्ति; उ.—वह तरकीब भिड़ा कर कक्षा से भाग निकला।

तरक्की स्त्री. आगे बढ़ना, उन्नति।

तरफ़ स्त्री. 1. दिशा, ओर; उ.—'तुम किस तरफ़ जा रहे हो ?' 2. पक्ष; उ.—वह हमारी तरफ़ का वकील है।

तरबूज़ पुं. गरमी के मौसम में होनेवाला ऊपर से हरा और अंदर से लाल एक बड़ा गोल फल।

तरल वि. ऐरो पदार्थ जो बह राकते हों, द्रव।

तरसना अ. क्रि. किसी चीज़ को पाने की प्रबल इच्छा होना; जैसे—अन्न को तरसना; बेटे से मिलने को तरसना।

तरसाना स. क्रि. किसी की ज़रूरत की

चीज़ उसे न देना; जैसे—पैसे-पैसे के लिए तरसाना।

तरह **(I)** स्त्री. प्रकार, ढंग, भाँति; जैसे—इसी तरह का कपड़ा, इसी तरह की बातें। **(II)** अ. इस प्रकार से; उ. —अच्छी तरह पढ़ो।

तराई स्त्री. पहाड़ के नीचे का मैदान; उ. —जाड़े में लोग पहाड़ से उतर कर तराई के इलाक़े में आ जाते हैं।

तराज़ू पुं. सीधी डंडी के दो छोरों से बंधे हुए दो पलड़ोंवाला एक उपकरण जिससे चीज़ें तौली जाती हैं। (दे. चित्र)।

तरी स्त्री. **1.** गीलापन; जैसे—मौसम में तरी, मिट्टी की तरी। **2.** रसा, झोल, शोरबा; जैसे—तरीवाली सब्ज़ी।

तरु पुं. पेड़, वृक्ष।

तरुण वि. युवा, जवान।

तर्क पुं. **1.** किसी बात के पक्ष या विपक्ष में कही गई बात, दलील; उ.—बच्चों को ऐतिहासिक स्थानों में घुमाने ले जाने के बारे में मेरा यह तर्क है, कि इससे उनका ज्ञान बढ़ेगा। **2.** बहस, विवाद; उ.— 'बिना वजह तर्क मत किया करो।'

तल पुं. निचला भाग, पेंदा; जैसे—समुद्र का तल, गिलास का तल।

तलछट स्त्री. द्रव पदार्थों के नीचे बैठ जानेवाला मैल, पेंदे में जमी गाद।

तलना स. क्रि. किसी वस्तु को गरम घी या तेल में पकाना; जैसे—पकौड़े तलना; पूड़ी तलना।

तलवा पुं. पैर के एकदम नीचे का वह भाग जो खड़े होने पर ज़मीन से सट जाता है; उ.—मेरे तलवे में काँटा चुभ गया है।

तलवार स्त्री. लोहे का एक लंबा धारदार हथियार (दे. चित्र)।

तलहटी स्त्री. दे. 'तराई'।

तला पुं. **1.** दे. 'तल'। **2.** जूते के नीचे का वह चमड़ा जो चलते समय ज़मीन पर पड़ता है।

तलाश स्त्री. खोज; उ.—मैं किसी अच्छे शिक्षक की तलाश में हूँ।

तलाशी स्त्री. छिपाकर रखी हुई वस्तु के लिए की जानेवाली खोज; उ.—दरोग़ा ने मंगरू की तलाशी ली, पर उसके पास कुछ न मिला।

तले अ. नीचे; जैसे—जमीन के तले छुपा ख़ज़ाना।

तवा पुं. रोटी सेंकने का एक गोल छिछला बरतन।

तश्तरी स्त्री. छिछली छोटी थाली, प्लेट, रकाबी; उ.—यह तश्तरी चीनी मिट्टी की है।

तसला पुं. कटोरे की शक्ल का एक बड़ा और गहरा बरतन।

तसल्ली स्त्री. **1.** दुःख में बँधाया हुआ धीरज, ढाढ़स, सांत्वना; उ.—डॉक्टर की बातों से रोगी को बहुत तसल्ली मिली। **2.** संतोष; उ.—मुझे उसके काम से पूरी तसल्ली है।

तस्वीर स्त्री. चित्र, फोटो।

तह स्त्री. **1.** परत; जैसे—कपड़े की तह। **2.** गहराई, जैसे—समुद्र की तह; बात की तह।

तहख़ाना पुं. ज़मीन के नीचे बना हुआ कमरा या गोदाम; उ.–राजा का ख़ज़ाना तहख़ाने में है।

तहलका पुं. खलबली, हलचल, उथल-पुथल; उ.–गोली चलते ही भीड़ में तहलका मच गया।

तहसील स्त्री. ज़िले का विभाग; उ.–इलाहाबाद ज़िले में पाँच तहसीलें हैं।

तहसीलदार पुं. तहसील का मुख्य अधिकारी जो मालगुज़ारी भी वसूल करता है।

ताँगा (टाँगा) पुं. एक घोड़े से चलनेवाला एक वाहन जिसमें सवारियाँ एक-दूसरे की ओर पीठ करके बैठती हैं।

ताँत स्त्री. **1.** पशुओं के चमड़े या नसों को बट कर बनाया गया धागा। **2.** धनुष की डोरी। **3.** जुलाहों का एक औज़ार।

ताँता पुं. पंक्ति, सिलसिला; जैसे–सड़क पर गाड़ियों का ताँता; मेले में लोगों का ताँता।

ताँबा पुं. हलके लाल रंग की एक धातु।

ताई स्त्री. पिता के बड़े भाई की पत्नी।

ताऊ पुं. पिता का बड़ा भाई।

ताकत स्त्री. बल, शक्ति।

ताक़तवर वि. बलवान, शक्तिशाली।

तागा पुं. सूत, धागा।

ताज पुं. दे. 'मुकुट'।

ताज़ा वि. एकदम नया, टटका; जैसे–ताज़ा मक्खन, ताज़ा समाचार (विलोम : बासी)।

ताड़ पुं. बिना डालों का एक लंबा पेड़ जिसके सिर पर बड़े-बड़े पत्ते होते हैं (दे. चित्र)।

तान स्त्री. संगीत में लय का विस्तार।

तानना स. क्रि. किसी चीज़ को खींचते हुए फैलाना; जैसे–रस्सी तानना, तंबू तानना।

ताना पुं. **1.** व्यंग्य, कड़वी बात। **मु. ताना मारना** चुभती हुई बात कहना; उ.–फ़ेल हो जाने के कारण सब रमेश को ताना मारते रहते हैं। **2.** कपड़े की बुनाई में लंबाई की तरफ़वाला हिस्सा।

ताप पुं. गरमी।

तापमान पुं. थर्मामीटर द्वारा मापा गया शरीर, वायुमंडल या किसी पदार्थ का ताप।

तापमापक यंत्र पुं. गरमी मापने का यंत्र, थर्मामीटर।

तापना स. क्रि. आँच या धूप से (अपने को) गरम करना; उ.–जाड़े में लोग अलाव के पास बैठ कर आग तापते हैं।

तार पुं. **1.** धातु की बनी धागे जैसी चीज; जैसे–ताँबे का तार, लोहे का तार। **2.** जल्दी पहुँचनेवाला ज़रूरी संदेश, टेलीग्राम; उ.–'तुम दिल्ली पहुँचते ही तार दे देना।'

तारकोल पुं. अलकतरा, कोलतार; उ.–तारकोल बिछी काली सड़क पर बस फर्राटे से दौड़ रही है।

तारा पुं. रात को आकाश में चमकनेवाले पिंड।

ताल पुं. **1.** तालाब, पोखरा। **2.** संगीत के साथ दिया जानेवाला ठेका; जैसे—तीन ताल, चौताल।

ताला पुं. किवाड़ संदूक आदि को बंद करने के काम आनेवाला एक उपकरण जिसे चाबी से खोला जाता है।

तालाब पुं. पोखर, सरोवर।

ताली स्त्री. हथेली पर हथेली मार कर की गई आवाज़; उ.—गाना ख़त्म होने पर तालियों की गडगड़ाहट से हॉल गूँजने लगा।

ताली स्त्री. ताला खोलने का उपकरण, कुंजी, चाबी।

तालू पुं. जीभ के ऊपरवाली मुँह के अंदर की छत; उ.—गर्म आलू खाने से मेरा तालू जल गया।

ताव पुं. **1.** गरमी, ताप, आँच। **2.** गुस्सा; उ.—राम के झूठ बोलने पर ताव में आ कर नंदू ने उसे एक झापड़ मारा।

ताश पुं. दफ़्ती प्लास्टिक आदि से बनी बावन पत्तों की एक गड्डी जो खेलने के काम आती है।

तिगुना वि. तीन गुना; उ.—तीन का तिगुना नौ होता है।

तिजोरी स्त्री. लोहे की मज़बूत अलमारी।

तितर-बितर वि. बिखरा हुआ, अस्त-व्यस्त; उ.—भीड़ को तितर-बितर करने के लिए पुलिस ने आँसू-गैस छोड़ी।

तितली

तितली स्त्री. फूलों पर उड़नेवाला रंग-बिरंगे परोंवाला एक फतिंगा (दे. चित्र)।

तिथि स्त्री. हिंदुओं के पंचांग के अनुसार महीने के दोनों पक्षों में से किसी पक्ष का एक दिन, मिति; उ.—श्री कृष्ण का जन्म भादों के कृष्णपक्ष की अष्टमी तिथि को हुआ था।

तिनका पुं. घास डंठल आदि का पतला टुकड़ा तृण; उ.—चिड़िया एक-एक तिनका ला कर घोंसला बना रही है।

तिपाई स्त्री. तीन पायों की चौकी।

तिमंजिला वि. तीन मंज़िलों या तीन तल्लोंवाला।

तिरंगा वि. तीन रंगों का; उ.—हमारे देश का झंड़ा तिरंगा है।

तिरछा वि. एक ओर झुका हुआ; टेढ़ा; जैसे—तिरछी टोपी, तिरछी लकीर।

तिरपन वि. पचास और तीन का जोड़, 53।

तिरसठ वि. साठ और तीन का जोड़ 63।

तिरस्कार पुं. अनादर, अपमान; उ.—दक्षिण अफ्रीका में एक अंग्रेज़ ने तिरस्कारपूर्वक गाँधीजी को रेल के डिब्बे से धक्के मार कर उतार दिया था।

तिरानबे वि. नब्बे और तीन का जोड़, 93।

तिरासी वि. अस्सी और तीन का जोड़, 83।

तिल पुं. **1.** एक तरह के छोटे काले या सफ़ेद दाने जिनसे तेल निकाला जाता है। **2.** शरीर पर होनेवाला काले रंग का छोटा दाग़। मु. **तिल धरने की जगह न होना** ठसाठस भरा होना; उ.—हॉल में इतने लोग भरे हैं कि तिल धरने तक की जगह नहीं है।

तिलक पुं. दे. 'टीका'।

तिलचट्टा पुं. अँधेरी और सीलन भरी जगहों पर रहनेवाला गहरे कत्थई रंग का एक कीड़ा।

तिहत्तर वि. सत्तर और तीन का जोड़, 73।

तिहरा वि. तीन तहों या परतोंवाला; उ.–'इस काग़ज़ को तिहरा मोड़ो।'

तिहाई स्त्री. किसी चीज़ का तीसरा हिस्सा या तीसरा भाग, 1/3।

तीक्ष्ण वि. तीखा, तेज़; जैसे–तीक्ष्ण बाण।

तीखा वि. **1.** पैना, धारदार; जैसे–तीखी छुरी। **2.** स्वाद में तेज़; जैसे–तीखी मिर्च।

तीतर पुं. मुर्गी से मिलता-जुलता एक चंचल पक्षी उ.–पहले ज़माने में नवाब लोग तीतर-बटेर की लड़ाई का तमाशा करवाते थे।

तीन वि. एक और दो का जोड़, 3।

तीन-चौथाई वि. किसी चीज़ के चार बराबर भागों में से तीन भाग, 3/4।

तीर पुं. **1.** बाण, शर; उ.–अर्जुन ने घूमती हुई मछली को अपने तीर से बेध दिया **2.** दे. 'किनारा'।

तीर्थ पुं. धार्मिक स्थल; उ.–काशी हिंदुओं का प्रसिद्ध तीर्थ-स्थान है।

तीर्थयात्रा स्त्री. धार्मिक स्थानों की यात्रा।

तीली स्त्री. सींक, तिनका; जैसे–दियासलाई की तीली।

तीस वि. बीस और दस का जोड़, 30।

तीसमार खाँ पुं. अपने को बहुत कुछ समझनेवाला, हेकड़बाज़।

तीसरा वि. क्रम में जो तीन नंबर पर हो।

तुड़ाना (तुड़वाना) स. क्रि. **1.** तोड़ने का काम कराना; उ.–वह अपना पुराना हार तुड़ा कर (तुड़वा कर) नया बनवाना चाहती है। **2.** भुनाना; उ.–'ज़रा यह सौ का नोट तुड़ा लाओ।' **3.** तोड़ कर अलग करना; जैसे–रस्सी तुड़ा कर भागना।

तुतलाना अ. क्रि. साफ़ उच्चारण न कर पाना; उ.–मेरा छोटा भाई तुतला कर अच्छा को 'अथ्था' बोलता है।

तुम सर्व. अपने से छोटे या बराबर वाले को सम्बोधित करके बोला जानेवाला शब्द; उ.–तुम कहाँ गए थे ?

तुम्हारा सर्व. 'तुम' का संबंध-कारक रूप, तेरा; जैसे–तुम्हारा भाई, तुम्हारी क़लम।

तुरंत अ. फ़ौरन, इसी समय; उ.–'तुम तुरंत जा कर दवा ले आओ।'

तुलना स्त्री. दो चीज़ों की बराबरी, मिलान; उ.–औरंगज़ेब की तुलना में अकबर बहुत उदार था।

तुलना अ. क्रि. आमादा होना; उ.–वह तो झगड़ा करने पर तुला है।

तुलना अ. क्रि. तौला जाना; उ.–अभी यह माल तुलना बाकी है।

तुलसी स्त्री. एक पौधा जिसकी पत्तियाँ गुणकारी मानी जाती हैं।

तू सर्व. अपने से छोटे को सम्बोधित करके बोला जानेवाला शब्द।

तूफ़ान पुं. ज़ोरों की हवा के साथ बारिश उ.–समुद्री तूफ़ान में बड़े-बड़े जहाज़ डूब जाते हैं।

तृतीय वि. तीसरा।

तृष्णा स्त्री. **1.** प्यास; जैसे–जल की

तृष्णा। 2. तीव्र इच्छा, लोभ; जैसे—धन की तृष्णा, नाम की तृष्णा।

तेंदुआ

तेंदुआ पुं. चीते की जाति का एक हिंसक जानवर (दे. चित्र)।

तेईस वि. बीस और तीन का जोड़, 23।

तेज़ (I) वि. 1. तीखा, पैना; जैसे—तेज़ चाकू। 2. उग्र, प्रचंड; जैसे—तेज़ बुखार, तेज़ धूप। 3. होशियार, निपुण, कुशल; जैसे—पढ़ने में तेज़ बालक। (II) अ. जल्द, शीघ्र; उ.—वह तेज़ दौड़ता है।

तेज पुं. चमक, आभा; उ.—उसके चेहरे पर तेज है।

तेज़ी स्त्री. 1. शीघ्रता फुरती; उ.—वह तेज़ी से दौड़ा। 2. भाव बढ़ना; उ.—आजकल घी के दामों में तेज़ी आ गई है।

तेरह वि. दस और तीन का जोड़, 13।

तेरा सर्व. 'तू' का संबंधकारक रूप; जैसे—तेरा घर, तेरी किताब।

तेल पुं. 1. खाने के काम आनेवाला एक तरल और चिकना पदार्थ; जैसे—सरसों का तेल, मूँगफली का तेल। 2. जमीन से निकलनेवाला तरल खनिज पदार्थ; जैसे—मिट्टी का तेल।

तेली पुं. तिलहन से तेल निकालनेवाला।

तैंतालीस वि. चालीस और तीन का जोड़, 43।

तैंतीस वि. तीस और तीन का जोड़ 33।

तैयार वि. 1. प्रस्तुत; उ.—मैं चलने को तैयार हूँ। 2. जो बनकर पूरा हो गया हो; उ.—खाना तैयार हो गया है; मकान तैयार हो गया है।

तैयारी स्त्री. तैयार करने के लिए किया जानेवाला काम, आयोजन।

तैरना अ. क्रि. हाथ-पाँव चलाते हुए पानी के ऊपर या अंदर मछलियों की तरह चलना।

तैराक पुं. तैरनेवाला।

तो अ. 1. उस हालत में, उस स्थिति में; उ.—'यदि तुम नहीं आओगे, तो मैं भी नहीं जाऊँगा।' 2. किसी शब्द पर ज़ोर देने के काम में आनेवाला शब्द; उ.—'वह ही नहीं, मैं भी तो यही कहता हूँ।'

तोड़ना स. क्रि. किसी चीज़ के टुकड़े करना; जैसे—पत्थर तोड़ना।

तोड़-फोड़ स्त्री. तहस-नहस करना; उ. —गुंडों ने कल मेरी दुकान में घुस कर बहुत तोड़-फोड़ की।

तोतला वि. तुतला कर बोलनेवाला।

तोता पुं. हरे शरीर और लाल चोंचवाला एक पक्षी, सुग्गा; उ.—मेरा तोता दिन भर 'सीताराम-सीताराम' बोलता रहता है।

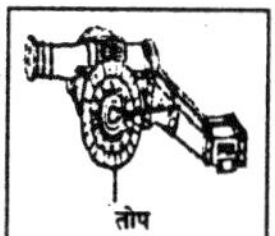
तोप

तोप स्त्री. बारूद के गोले दूर फेंकने का एक बड़ा यंत्र (दे. चित्र)।

तोरई स्त्री. बेल में होनेवाली एक हरी सब्ज़ी, तोरी।

तोला पुं. वज़न का एक माप जो बारह माशे का होता है; उ.—इस सोने के हार का वज़न पाँच तोला है।

तौबा स्त्री. किसी काम को न करने की क़सम।

तौलना स. क्रि. वज़न करना।

तौलिया पुं. दे. 'अंगोछा'।

त्याग पुं. **1.** किसी बड़े काम के लिए अपना स्वार्थ छोड़ना; उ.—आज़ादी की लड़ाई में हज़ारों वीरों ने अपना सर्वस्व त्याग दिया। **2.** छोड़ना; जैसे—मल-मूत्र त्याग करना।

त्यागपत्र पुं. किसी पद को छोड़ने के लिए लिखा गया पत्र, इस्तीफ़ा।

त्यागी वि. त्याग करनेवाला।

त्योहार वि. पर्व, उत्सव; उ.—ईद, होली, दीवाली आदि हमारे त्योहार हैं।

त्रिकोण पुं. तीन कोणोंवाला आकार, त्रिभुज।

त्रिभुज पुं. तीन भुजाओं वाला आकार, त्रिकोण।

त्रिशूल पुं. तीन नोकवाला अस्त्र; उ.—देवी दुर्गा ने त्रिशूल से महिषासुर को मार डाला (दे. चित्र)।

त्रुटि स्त्री. **1.** ग़लती, भूल; उ.—इस किताब की छपाई में कई त्रुटियाँ हैं। **2.** कमी; उ.—'आपकी सेवा करने में हमसे कोई त्रुटि रह गई हो तो क्षमा करें।'

त्वचा स्त्री. चमड़ी, खाल।

थ

थकना अ. क्रि. काम करते-करते और काम करने की ताक़त न रहना, थकावट होना; उ.—मैं सुबह से पढ़ते-पढ़ते थक गया हूँ।

थकान स्त्री. थक जाने से आनेवाली सुस्ती, थकावट, उ.—पहाड़ पर चढ़ने से मुझे थकान महसूस हो रही है।

थका-माँदा वि. जो थक कर निढाल हो गया हो; उ.—सरजू अभी-अभी कारख़ाने से थका-माँदा लौटा है।

थकावट स्त्री. दे. 'थकान'।

थन पुं. गाय, भैंस, बकरी आदि मादा चौपायों का थैली जैसा अंग जिसमें दूध रहता है; उ.—बछड़ा गाय के थन से दूध पी रहा है।

थपकना स. क्रि. लाड़-प्यार से या शाबाशी देने के लिए किसी की पीठ पर हाथ से हलके-हलके आघात करना।

थपकी स्त्री. हथेली से किया गया हलका आघात; उ.—माँ बच्चे को थपकी दे कर सुला रही है।

थपथपाना स. क्रि. थपकी देना; उ.—'देखो तो कौन दरवाज़ा थपथपा रहा है ?' मु. **पीठ थपथपाना** पीठ थपथपा कर शाबाशी देना; उ.—परीक्षा में प्रथम आने पर मास्टर जी ने भोलू की पीठ थपथपाई।

थपेड़ा पुं. धक्का, टक्कर; उ.—तूफ़ान के थपेड़ों से डगमगा कर जहाज़ डूब

गया।

थप्पड़ पुं. चाँटा, तमाचा; उ.–बेटे को झूठ बोलता देख, माँ ने उसे खींच कर उसे एक थप्पड़ मारा।

थमना अ. क्रि. रुकना, ठहरना; उ.–ज़रा बारिश थम जाए, तब चले जाना।

थमाना स. क्रि. पकड़ना; मुझे किताबें थमाकर वह न जाने कहाँ चल दिया।

थरथराना अ. क्रि. डर या जाड़े से काँपना।

थर्मस पुं. गरम को गरम और ठंडी चीज़ को ठंडा रखनेवाला डिब्बा (दे. चित्र)।

थर्मामीटर पुं. गरमी या बुख़ार मापने का एक उपकरण, ताप-मापी।

थल पुं. धरती, ज़मीन; जैसे–थल-सेना।

थाती स्त्री. अमानत, धरोहर; उ.–बहुमूल्य पुस्तकों का यह भंडार मेरे पूर्वजों की थाती है।

थान पुं. **1.** एक निश्चित नाप का लपेटा हुआ कपड़ा; उ.–लट्ठे का यह थान 30 मीटर का है। **2.** पशुओं को बाँधने की जगह; जैसे–गाय का थान।

थाना पुं. पुलिस की चौकी; उ.–हवलदार चोर को हथकड़ी पहना कर थाने ले गया।

थामना स. क्रि. पकड़ना, सँभालना।

थाल पुं. बड़ी थाली; उ.–हलवाई ने थाल में मिठाइयाँ सजा रखी हैं।

थाली स्त्री. धातु से बना हुआ मुड़े किनारेवाला एक छिछला गोल बरतन।

थाह स्त्री. गहराई की हद; उ.–यह तालाब इतना गहरा है कि इसकी थाह पाना मुश्किल है।

थिरकना अ. क्रि. धीरे-धीरे नाचना।

थूक पुं. मुँह में होनेवाला एक गाढ़ा लसीला पदार्थ।

थूकना स. क्रि. थूक बाहर निकालना; उ.–इधर-उधर थूकना गंदी आदत है।

थैला पुं. बड़ी थैली, झोला।

थोक पुं. किसी चीज़ की बड़ी मात्रा; उ.–ये साड़ियाँ ख़ुदरा नहीं, थोक में खरीदी गई हैं।

थोड़ा वि. ज़रा, कुछ, कम।

द

दंग वि. आश्चर्यचकित, हैरान, हक्का-बक्का; उ.–सरकस में आग के घेरे में से शेर को कूदते देख मुन्ना दंग रह गया।

दंगल पुं. कुश्ती, मुक़ाबला; उ.–आज गामा पहलवान और असलम पहलवान के बीच दंगल है।

दंगा पुं. मार-पीट, फ़साद, उपद्रव; उ.–

दंगे की वजह से शहर में कर्फ्यू लगा दिया गया है।

दंड पुं. सज़ा; उ.—न्यायाधीश ने चोर को चार साल की क़ैद का दंड दिया।

दंड-बैठक स्त्री. एक तरह की कसरत; उ.—वह रोज़ 25 दंड-बैठकें करता है।

दंभ पुं. घमंड, अहंकार; उ.—रावण को अपनी ताक़त का बहुत दंभ हो गया था।

दक्षिण **(I)** पुं. दक्खिन दिशा, उत्तर दिशा से उलटी दिशा; उ.—भारत के दक्षिण में हिंद महासागर है। **(II)** वि. दाहिना; (विलोम : वाम)।

दक्षिणी वि. दक्षिण का; जैसे—दक्षिणी ध्रुव (दे. चित्रपृथ्वी)।

दख़ल पुं. **1.** अधिकार, कब्ज़ा; उ.—उसने हमारे मकान पर ज़बरदस्ती दखल कर रखा है। **2.** बीच में आना, हस्तक्षेप; उ.—'तुम मेरे काम में दख़ल मत दो।'

दड़बा (दरबा) पुं. मुर्ग़ियों और कबूतरों के रहने का लकड़ी का घर।

दढ़ियल वि. दाढ़ीवाला; जैसे—दढ़ियल बकरा।

दधि पुं. दही।

दफ़्तर पुं. ऑफिस, कार्यालय; उ.—मेरी दीदी सरकारी दफ़्तर में नौकरी करती है।

दबदबा पुं. रोब, प्रभाव; उ.—हमारे गाँव में नए कलक्टर का बहुत दबदबा है।

दबना अ. क्रि. **1.** ऊपर से भार पड़ना; उ.—मेरी क़लम आपकी किताब के नीचे दबी पड़ी है, ज़रा दे दें। **2.** रोब से डरना, डर कर विरोध न करना; उ.—मोटू भीमा से सारे बच्चे दबते हैं।

दबाना स. क्रि. **1.** भार डालना; जैसे—काग़जों को पेपरवेट से दबाना, पैर दबाना। **2.** बात को फैलने न देना; उ.—प्रधानमंत्री की मौत का समाचार कुछ समय के लिए दबा दिया गया। **3.** दूसरे की चीज़ हड़पना; जैसे—किसी का पैसा दबाना; ज़मीन दबाना।

दबाव पुं. दाब, प्रभाव; उ.—रामू के दबाव में आ कर ही श्यामू झूठ बोला।

दम पुं. **1.** साँस; उ.—तेज़ दौड़ने के कारण मेरा दम फूल रहा है। **2.** ताक़त; उ.—'पंजा लड़ाओ, ज़रा देखें तुममें कितना दम है।' **दम-खम** पुं. हिम्मत और ताक़त; उ.—'सामने तो आओ, फिर देखें तुम्हारा दमखम।'

दमघोटू वि. जहाँ साँस घुटती हो; उ.—सिगरेट के धुँए से यहाँ का वातावरण दमघोटू हो गया है।

दमकना अ. क्रि. **1.** चमकना; उ.—बिजली दमक रही है। **2.** रौनक आ जाना; उ.—सफलता के कारण उसका चेहरा दमक रहा है।

दमकल पुं. पानी के नलों से लैस आग बुझानेवाली गाड़ी।

दमा पुं. एक रोग जिसमें साँस लेने में तकलीफ़ होती है।

दया स्त्री. दूसरे के कष्ट से होनेवाला दुःख, करुणा; उ.—रोगी की हालत देख कर कांता का मन दया से भर आया।

दयालु वि. दया करनेवाला (विलोम : क्रूर)।

दर पुं. दरवाज़ा, द्वार; उ.—बाढ़ के कारण वह दर-दर का भिखारी हो गया है।

दर स्त्री. निश्चित मूल्य, भाव; जैसे—गेहूँ की दर; चालीस रुपये प्रतिदिन की दर से मज़दूरी।

दरगाह स्त्री. पीर का मज़ार, मक़बरा; उ. —सलीम चिश्ती की दरगाह पर हर साल मेला लगता है।

दरबार पुं. राजा की सभा; उ.—अकबर के दरबार में नौ श्रेष्ठ व्यक्ति नवरत्न कहलाते थे।

दरबारी वि. दरबार में बैठनेवाला, सभासद; जैसे—दरबारी कवि; दरबारी गायक।

दरवाज़ा पुं. दीवार में बना हुआ अंदर घुसने या बाहर निकलने का खुला स्थान, द्वार, कपाट; उ.—पुरानी हवेलियों में बहुत बड़े-बड़े दरवाज़े होते थे (दे. चित्र)।

दराँती स्त्री. घास या फ़सल काटने का दाँतेदार औज़ार, हँसिया।

दराज़ स्त्री. सामान रखने के लिए अलमारी या मेज़ में बने ख़ाने (दे. चित्र)।

दरार स्त्री. किसी चीज़ के फट जाने से पड़ी हुई लकीर; उ.—इस पुराने मकान की दीवारों में दरारें पड़ गई हैं; काठ की अलमारी में दरार पड़ गई है।

दरिद्र वि. कंगाल, निर्धन।

दरियाई घोड़ा पुं. गैंडे जैसा एक जानवर जो पानी और ज़मीन दोनों पर रहता है (दे. चित्र)।

दरी स्त्री. मोटे सूत का बिछावन, शतरंजी; उ.—दरी बिछाओ, मेहमान आनेवाले हैं।

दर्जन (दरजन) **(I)** पुं. बारह चीज़ों का समूह; जैसे—दो दर्जन पेंसिलें; एक दर्जन केले। **(II)** वि. बारह, 12।

दर्जा (दरजा) पुं. **1.** कक्षा, क्लास; उ.—मैं दूसरे दर्जे में पढ़ता हूँ। **2.** पद, ओहदा; जैसे—ऊँचे दर्जे का अफ़सर। **3.** कोटि, श्रेणी; जैसे—ऊँचे दर्जे के विचार।

दर्ज़ी पुं. कपड़ों की सिलाई करनेवाला।

दर्द पुं. पीड़ा; उ.—मेरे सिर में दर्द हो रहा है।

दर्पण पुं. शीशा, आईना। (दे. चित्र 'आईना')।

दर्शक पुं. देखनेवाला; उ.—नाटक देख कर दर्शकों ने खूब तालियाँ बजाईं।

दर्शन पुं. देखना; उ.—मैं देवी के दर्शन करने मंदिर गया था।

दर्शनशास्त्र पुं. जीवन के सिद्धांत, उद्देश्य आदि के बारे में विचार करनेवाला शास्त्र, फ़िलासफ़ी।

दर्शनीय वि. देखने लायक; उ.—हमारे देश में बहुत-से दर्शनीय स्थल हैं।

दल पुं. समूह, झुंड; जैसे—टिड्डी दल।

दलदल स्त्री. ऐसा कीचड़ जिसमें धँसने के बाद निकलना मुश्किल हो जाए।

दलिया पुं. दला हुआ अनाज; जैसे—गेहूँ का दलिया।

दवा स्त्री. औषध, दवाई; उ.—यह खाँसी की दवा है।

दवाख़ाना पुं. दवा मिलने की जगह,

औषधालय।

दस वि. नौ और एक का जोड़, 10।

दसवाँ वि. जो क्रम में दस नंबर पर हो।

दस्त पुं. **1.** पतला पाख़ाना **2.** हाथ।

दस्तकारी स्त्री. हाथ की कारीगरी, हस्तकला।

दस्तख़त पुं. हस्ताक्षर, सही।

दस्ता पुं. **1.** हाथ में पकड़ने की मूठ, हैंडल; जैसे—छुरी का दस्ता। **2.** काग़ज़ के चौबीस पन्नों की गड्डी; जैसे-दो दस्ता काग़ज़। **3.** टुकड़ी; जैसे—सेना का दस्ता, पुलिस का दस्ता।

दहकना अ. क्रि. लपट के साथ जलना, धधकना।

दहलना अ. क्रि. डर के मारे थर्रा जाना; उ.—शेर के गर्जन से सबके दिल दहल गए।

दहला पुं. ताश में दस बूटियोंवाला पत्ता।

दहाई स्त्री. इकाई के बाईं ओर वाली संख्या; जैसे—430 में 0 इकाई और 3 दहाई है।

दहाड़ स्त्री. शेर की गरज; उ.—शेर की दहाड़ सुन कर मुन्ना डर के मारे माँ से चिपक गया।

दहाड़ना अ. क्रि. **1.** (शेर का) गरजना। **2.** गुस्से से चिल्लाना; उ.—शीशा टूटने की आवाज़ सुन कर हमारे भारी-भरकम दादा जी दहाड़ते हुए कमरे में आए।

दही पुं. खटाई (जामन) डाल कर जमाया हुआ दूध।

दहेज पुं. विवाह के समय बेटी को दिया जानेवाला धन, दायजा।

दवात स्त्री. स्याही रखने का बरतन।

दशमलव पुं. गणित में एक बिंदु जो संख्या के दसवें भाग के किसी अंश को सूचित करने के लिए उसके पहले लगाया जाता है; जैसे—0.6 (6/10 भाग)।

दशमांश पुं. दसवाँ भाग।

दशहरा पुं. विजयादशमी का त्योहार; उ. —श्री राम ने दशहरे के दिन रावण को मारा था।

दशा स्त्री. हालत, स्थिति; जैसे—रोगी की दशा, व्यापार की दशा।

दाँत पुं. मुँह के अंदर जबड़े में उगी छोटी हड्डियाँ जो चबाने काटने आदि के काम में आती हैं। मु. **दाँतों तले उँगली दबाना** दंग रह जाना; उ.—हवाई जहाज़ों की कलाबाज़ियाँ देख कर सुमन ने दाँतों तले उँगली दबा ली।

दाई स्त्री. नौकरानी, महरी, धाय।

दाख़िल वि. **1.** जो भरती हो चुका हो; जैसे—सेना में दाख़िल, स्कूल में दाख़िल। **2.** जो घुस चुका हो या प्रवेश कर चुका हो; जैसे—कमरे में दाख़िल।

दाग़ पुं. निशान, धब्बा; जैसे—चेचक के दाग़, पान का दाग़।

दाढ़ स्त्री. मुँह में पिछली तरफ़ के बड़े दाँत जो चबाने का काम करते हैं; उ.—कीड़ा लगने के कारण मेरी दाढ़ में दर्द हो रहा है।

दाढ़ी स्त्री. ठोढ़ी और गालों पर उगनेवाले बाल।

दातुन (दातौन) स्त्री. दाँत साफ़ करने की छोटी-सी पतली टहनी।

दाद पुं. एक चर्मरोग जिसमें चमड़ी पर दानेदार गोल चकत्ते बन जाते हैं और उनमें खुजली होती है।

दादा पुं. पिता के पिता।

दान पुं. मुफ़्त में किसी को कुछ देना, ख़ैरात; उ.–उसने ग़रीबों को बहुत-सी ज़मीन दान में दी है।

दानव पुं. राक्षस।

दानवीर पुं. बहुत दान देनेवाला; उ.–कर्ण दानवीर कहलाता था।

दाना पुं. अनाज का कण; उ.–चिड़िया चोंच में दाना ला कर अपने बच्चे को खिला रही है।

दाम पुं. कीमत, मूल्य, उ.–इस किताब का दाम दस रुपए है।

दामन पुं. आँचल, पल्ला।

दामाद पुं. बेटी का पति, जामाता।

दायाँ वि. दाहिना, उ.–मुझे दायीं ओर जाना है। (विलोम : बायाँ)।

दार्शनिक पुं. चिंतन-मनन करनेवाला, दर्शनशास्त्र का जानकार; उ.–अरस्तू एक महान दार्शनिक था।

दाल स्त्री. वह अनाज जो दो हिस्सों में दला जाता है, जैसे–चना, अरहर, मटर, मूँग आदि की दाल।

दालमोठ स्त्री. दाल और मोठ से बना एक करारा चरपरा नमकीन खाद्‌य।

दालान पुं. बरामदा, ओसारा; उ.–माँ दालान में बैठी गेहूँ चुन रही है।

दावत स्त्री. **1.** भोज, ज्योनार; उ.–कल रेणु की दावत में कई तरह की मिठाइयाँ थीं। **2.** निमंत्रण; उ.–उसने मुझे अपने यहाँ आने की दावत दी है।

दावा पुं. **1.** अधिकार, हक; उ.–इस मकान पर तुम्हारा कोई दावा नहीं है। **2.** दृढ़ विश्वास; उ.–यह बात मैं दावे के साथ कह सकता हूँ कि जीत हमारी टीम की ही होगी। **3.** नालिश, मुक़दमा; उ.–मैंने रमेश पर मानहानि का दावा किया है।

दास पुं. नौकर, सेवक, गुलाम (विलोम : स्वामी)।

दास प्रथा स्त्री. लोगों को खरीद कर गुलाम बनाने की प्रणाली।

दासी स्त्री. नौकरानी, सेविका।

दाहिना वि. दायाँ, बायाँ का उलटा।

दिक़्क़त स्त्री. मुश्किल, परेशानी, कठिनाई; उ.–मुझे तुम्हारा घर खोजने में बहुत दिक़्क़त हुई।

दिखाना स. क्रि. देखने में लगाना, दिखलाना; जैसे–साड़ी दिखाना; घर दिखाना।

दिन पुं. **1.** सुबह से शाम तक का समय; उ.–आज पूरे दिन मैंने खूब काम किया। **2.** आठ पहर या चौबीस घंटे का समय; उ.–हमारा स्कूल चार दिन बंद रहेगा।

दिनचर्या स्त्री. दिन भर का काम, दैनिक कार्यक्रम; उ.–उसकी दिनचर्या में रोज़ पुस्तकालय जाना भी शामिल है।

दिमाग़ पुं. **1.** सिर के भीतर का गूदा, भेजा, मस्तिष्क; उ.–दिमाग़ पर चोट लगने के कारण वह सारी पुरानी बातें भूल गया। **2.** सोचने-समझने की शक्ति, बुद्धि; उ.–दिमाग़ तेज़ होने के कारण प्रभा तुरंत पाठ समझ लेती है।

दिया स. क्रि. 'देना' क्रिया का भूतकालिक

रूप; उ.—मैंने तुम्हें एक पत्र दिया था।

दिया पुं. दे. 'दीया'।

दियासलाई स्त्री. आग जलाने की तीली, माचिस।

दिल पुं. 1. शरीर का एक अंग जो पूरे शरीर को खून देता है, हृदय। 2. मन; जैसे—दिल से चाहना। मु. **दिल टूटना** निराश होना; उ.—टीम के कप्तान को चोट लगने से सबका दिल टूट गया।

दिलचस्पी वि. जिसमें मन लगे, रुचिकर; जैसे—दिलचस्प बात, दिलचस्प किताब।

दिलाना स. क्रि. किसी से किसी को कुछ दिलवाना; जैसे—दान दिलाना, नौकरी दिलाना।

दिलेर वि. वीर, बहादुर।

दिवस पुं. दिन; उ.—15 अगस्त भारत का स्वाधीनता दिवस है।

दिवालिया वि. व्यापार ठप हो जाने के कारण दूसरों का पैसा न चुकानेवाला।

दिशा स्त्री. 1. क्षितिज के चार काल्पनिक भाग—पूर्व, पश्चिम, उत्तर, दक्षिण; उ. —कलकत्ता दिल्ली की पूर्व दिशा में है। 2. ओर, तरफ; उ.—संगीत की दिशा में उसका बहुत रुझान है।

दिसंबर पुं. अँगरेज़ी साल का आख़िरी और बारहवाँ महीना; उ.—25 दिसंबर को ईसामसीह का जन्म-दिन मनाया जाता है।

दीदी स्त्री. बड़ी बहन; उ.—मेरी दीदी स्कूल में पढ़ाती है।

दीन वि. 1. ग़रीब, निर्धन। 2. दुखी।

दीप पुं. दीया, चिराग़; उ.—दीवाली पर दीप जलाए जाते हैं।

दीपक पुं. दे. 'दीप'।

दीमक स्त्री. चींटी जैसा एक सफ़ेद कीड़ा जो काग़ज़ लकड़ी आदि को भीतर ही भीतर खा कर खोखला कर देता है।

दीया पुं. दीपक, चिराग़, दीप।

दीर्घ वि. लंबा, बड़ा; जैसे—दीर्घ+आयु= (दीर्घायु), दीर्घ+आकार= (दीर्घाकार), दीर्घ श्वास।

दीर्घस्वर पुं. खींच कर बोला जानेवाला स्वर; जैसे—आ, ई, ऊ, ऐ, औ।

दीवान पुं. 1. देशी रियासतों का मंत्री। 2. राजा या बादशाह के बैठने की जगह। 3. लकड़ी के फ्रेम में बँधा बड़ा गद्दा जो बैठकख़ाने में रहता है।

दीवार स्त्री. मिट्टी ईंट सीमेंट आदि से बनाया हुआ परदा, भित्ति, भीत।

दीवाली स्त्री. हिंदुओं का एक प्रसिद्ध त्योहार, दीपावली (दे. चित्र)।

दुकान स्त्री. चीज़ें बेचने की जगह, सामान बेचने का कमरा; जैसे— किताब की दुकान; सब्ज़ी की दुकान।

दुकानदार पुं. दुकान का मालिक।

दुख पुं. तकलीफ़ कष्ट।

दुखना अ. क्रि. दर्द होना; उ.—रमेश का पेट दुख रहा है।

दुखाना स. क्रि. किसी को कष्ट देना; उ.—कभी किसी का दिल नहीं दुखाना चाहिए।

दुगुना वि. दो गुना, दूना; उ.—चार का दुगुना आठ होता है।

दुनिया स्त्री. संसार, जगत।

दुपट्टा पुं. ओढ़ने की छोटी चादर,

ओढ़नी।

दुपहरी स्त्री. दे. 'दोपहर'।

दुबकना अ. क्रि. सिमट कर छिप जाना; उ.—आहट होते ही चोर दीवार के पीछे दुबक गया।

दुबला वि. पतला, दुर्बल, कमज़ोर।

दुबारा (दोबारा) अ. दूसरी बार; उ.—दुबारा पढ़ो तो यह पाठ समझ में आ जाएगा।

दुमंज़िला वि. जिसमें दो मंज़िलें या दो तल्ले हों।

दुम स्त्री. दे. 'पूँछ'। मु. **दुम दबा कर भागना** डर कर भागना; उ.—पुलिस की सीटी सुनते ही चोर दुम दबा कर भाग गया।

दुर्घटना स्त्री. बुरी घटना; उ.—कल एक रेल दुर्घटना में पचास व्यक्ति मर गए।

दुर्दशा स्त्री. बुरी हालत, दुर्गति; उ.—'रोवहु सब मिलिकै आवहु भारत भाई। हा ! हा ! भारत दुर्दशा न देखी जाई।''

दुर्बल वि. दुबला, कमजोर, बलहीन।

दुर्लभ वि. कठिनता से प्राप्त होने वाला, विरल; उ.—'कोहिनूर' हीरा संसार की दुर्लभ वस्तुओं में से एक है।

दुलत्ती स्त्री. घोड़े गधे आदि जानवरों की पिछले दोनों पैर उठा कर मारी हुई लात; उ.—नटखट सोनू घोड़े की दुलत्ती खाकर चारों ख़ाने चित जा गिरा।

दुलार पुं. प्यार, लाड़; उ.—माँ के अधिक दुलार ने मुन्ने को ज़िद्दी बना दिया है।

दुल्हन स्त्री. वह स्त्री जिसका विवाह होनेवाला हो या अभी-अभी हुआ हो, नई बहू; उ.—दुल्हन मंडप में बैठी है।

दुशाला पुं. दोहरी ऊनी चादर।

दुश्मन पुं. वैरी, शत्रु।

दुश्मनी स्त्री. वैर, शत्रुता।

दुष्ट वि. बदमाश, दुर्जन (विलोम : सज्जन)।

दुहना स. क्रि. गाय भैंस आदि के थनों से दूध निकालना।

दूत पुं. संदेश लाने और ले जानेवाला, संदेशवाहक; उ.—हनुमान श्री राम के दूत बन कर लंका गए थे।

दूतावास पुं. राजदूत के रहने और काम करने की जगह; उ.—दिल्ली की चाणक्यपुरी में कई देशों के दूतावास हैं।

दूध पुं. मादा प्राणियों के स्तनों में बननेवाला एक पतला पेय, दुग्ध; जैसे—गाय का दूध; माँ का दूध।

दूधिया वि. सफ़ेद रंग का।

दूना वि. दे. 'दुगुना'।

दूब स्त्री. एक तरह की कोमल घास, दूर्वा।

दूर अ. बहुत फ़ासले पर; उ.—मेरा घर स्कूल से बहुत दूर है।

दूरदर्शी वि. दूर की सोचनेवाला; उ.—दूरदर्शी व्यक्ति हर बात का परिणाम सोच लेता है।

दूरबीन

दूरबीन पुं. एक यंत्र जिसमें दूर की वस्तुएँ साफ़ और पास दिखाई देती हैं। (दे. चित्र)।

दूरी स्त्री. फ़ासला, अंतर; उ.—स्कूल से मेरे घर की दूरी एक फ़रलांग है।

दूल्हा पुं. जिसका विवाह हाल में होनेवाला हो या अभी-अभी हुआ हो, वर।

दूषित वि. जिसमें कोई ख़राबी आ गई हो, गंदा; जैसे—दूषित जल, दूषित विचार।

दूसरा वि. **1.** जो क्रम में दो नंबर पर हो, द्वितीय; जैसे—दूसरा बेटा, दूसरा दर्जा। **2.** अन्य, और कोई; उ.—यह अपने देश की नहीं दूसरे देश की घटना है।

दृढ़ वि. पक्का, मज़बूत, अटल; उ.—उसने दृढ़ निश्चय किया कि अब कभी झूठ नहीं बोलेगा।

दृश्य पुं. जो आँखों से दिख रहा हो, नज़ारा; जैसे—कश्मीर के प्राकृतिक दृश्य।

दृष्टि स्त्री. नज़र, निगाह; उ.—मास्टरजी की दृष्टि बचाकर राजू क्लास से खिसक गया।

देखना स. क्रि. दृष्टि डालना, निहारना; उ.—मुन्ना चाँद को एकटक देख रहा है।

देखभाल स्त्री. सार-सम्हाल, निगरानी, देख-रेख; उ.—हमारे मकान की देखभाल मेरे चाचा जी करते हैं।

देखरेख स्त्री. निगरानी, देखभाल; उ.— ये बच्चे मेरी चाची जी की देखरेख में बड़े हुए हैं।

देखादेखी अ. दूसरों को देखकर, दूसरों की नक़ल में; उ.—लड़के देखादेखी गाली बकना सीख जाते हैं।

देगची स्त्री. खाना पकाने की धातु की हाँडी; उ.—देगची में दाल पक रही है।

देन स्त्री. दी हुई वस्तु, योगदान; उ.—उसकी सारी अच्छाइयाँ उसकी माँ की शिक्षा की देन हैं।

देना स. क्रि. दूसरे के हवाले करना, सौंपना; उ.—मुझे राम को दस रुपए देने हैं।

देर स्त्री. **1.** उचित समय से अधिक लगनेवाला समय, विलंब; उ.—आज वह बहुत देर से घर लौटा। **2.** समय; उ.—'यह काम कितनी देर में हो जाएगा ?'

देव पुं. दे. 'देवता'।

देवता पुं. धार्मिक विश्वास के अनुसार स्वर्ग में रहनेवाला अमर प्राणी, सुर; उ.—इन्द्र देवताओं के राजा माने जाते हैं।

देवनागरी स्त्री. भारत की एक लिपि; उ.—देवनागरी लिपि में संस्कृत, हिंदी, मराठी, नेपाली आदि भाषाएँ लिखी जाती हैं।

देवर पुं. पति का छोटा भाई (स्त्री. देवरानी)।

देवी स्त्री. **1.** स्त्री देवता; जैसे—सरस्वती, काली, दुर्गा, लक्ष्मी। **2.** स्त्रियों के नाम के साथ जोड़ा जानेवाला आदरसूचक शब्द; जैसे—लीला देवी, सावित्री देवी।

देश पुं. एक शासन व्यवस्था के अंदर का क्षेत्र, मुल्क, वतन; उ.—हमारा देश भारत है।

देशद्रोही पु. अपने देश के साथ धोखा करनेवाला, गद्दार; उ.—मीरज़ाफ़र जैसे देशद्रोहियों ने भारत में विदेशी शासन स्थापित होने में मदद की।

देशनिकाला पुं. अपने देश से निकाल दिए जाने की सज़ा, जलावतन।

देशभक्त पुं. देश के लिए सब कुछ न्योछावर करने की इच्छा रखनेवाला, देशप्रेमी; उ.–अंग्रेजों के ख़िलाफ़ लड़ाई में अगिनत देशभक्तों ने अपने प्राणों की आहुति दी।

देशांतर पुं. भूगोल की वे काल्पनिक रेखाएँ जो किसी स्थान की 'ग्रीनविच' से पूर्व या पश्चिम की दूरी का परिचय देती हैं (दे. चित्र 'पृथ्वी')।

देशी वि. अपने देश का, स्वदेश में पैदा या बना हुआ, देश-संबंधी; जैसे–देशी भाषा, देशी कपड़ा।

देह स्त्री. शरीर, तन।

देहली (देहलीज़) स्त्री. दरवाज़े की चौखट के नीचे फ़र्श पर बनी हुई एक पट्टी।

देहांत पुं. मृत्यु, मौत।

देहात पुं. गाँव और उसके आस-पास की जगह।

देहाती वि. **1.** गाँव का, जैसे–देहाती जीवन। **2.** गाँव में रहनेवाला, उ.–फ़सल बेचने के लिए देहाती लोगों को शहर आना पड़ता है।

दैनिक वि. हर रोज़ का, प्रतिदिन होनेवाला; जैसे–दैनिक अख़बार; दैनिक कार्यक्रम।

दोना पुं. पत्ते से बनाया हुआ कटोरा; जैसे–दही का दोना; रबड़ी का दोना।

दोनों वि. एक के साथ दूसरा भी, उभय; उ.–उसके दोनों पैरों में चोट आई है।

दोपहर स्त्री. वह समय जब सूर्य आकाश के बीचोबीच रहता है, मध्याह्न, दुपहर; उ.–गरमी की दोपहर में बाहर मत खेलो।

दोमंज़िला वि. दो तल्ले या दो मंज़िलोंवाला।

दोष पुं. **1.** ग़लती, ख़राबी; उ.–राम में यह दोष है कि उसे बहुत जल्दी गुस्सा आता है। **2.** अपराध, क़सूर; उ.–मुझे बिना किसी दोष के ही यह सज़ा दी गई है।

दोस्त पुं. मित्र, सखा, साथी; उ.–संदीप मेरा पक्का दोस्त है।

दोस्ती स्त्री. मित्रता; उ.–हम दोनों में बहुत पुरानी दोस्ती है।

दोहता पुं. बेटी का बेटा।

दोहरा वि. दो तह का; जैसे–दोहरी चादर।

दोहराना स. क्रि. दुबारा करना; उ.–मैं अपना पाठ दोहरा रहा हूँ।

दोहा पुं. चार चरणों का एक छंद जिसके पहले और तीसरे चरण में 13 मात्राएँ तथा दूसरे और चौथे चरण में 11 मात्राएँ होती हैं; उ.–रहीम के नीति के दोहे प्रसिद्ध हैं।

दौड़ स्त्री. तेज़ी से भाग कर जाने का काम; उ.–पी. टी. उषा ने दौड़-प्रतियोगिता में अनेक पदक जीते हैं।

दौड़ना अ. क्रि. दौड़ लगाना।

दौड़ाना स. क्रि. दौड़ लगवाना; जैसे–घोड़ा दौड़ाना, बच्चों को दौड़ना।

दौलत स्त्री. धन, संपत्ति।

द्रोह पुं. विश्वासघात, गद्दारी; उ.– देश-द्रोह के कारण उसे फाँसी की सज़ा हुई।

द्वार पुं. दरवाज़ा; जैसे–मंदिर का द्वार, क़िले का द्वार।

द्वारा अ. मार्फ़त, ज़रिए; उ.–यह ख़बर मुझे तार के द्वारा मिली।

द्वितीय वि. दो नंबर पर, दूसरा; जैसे–कक्षा में द्वितीय स्थान, रेल में द्वितीय श्रेणी का डिब्बा।

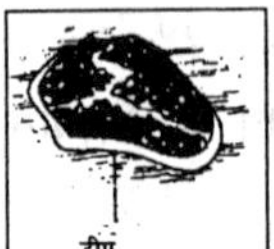
द्वीप

द्वीप पुं. चारों ओर जल से घिरी हुई, ज़मीन, टापू; उ.—श्रीलंका एक द्वीप है। (दे. चित्र)।

ध

धंधा पुं. काम-काज, कारोबार, व्यापार।

धँसना अ. क्रि. नीचे की ओर दबना; जैसे—दलदल में धँसना, ज़मीन का धँसना।

धँसाना स. क्रि. नीचे की ओर दबाना, गाड़ना।

धकेलना

धकेलना स. क्रि. धक्का देना, ढकेलना, ठेलना; उ.—इस खटारा गाड़ी को धकेलते-धकेलते हम थक गए हैं (दे. चित्र)।

धक्कम-धक्का पुं. भीड़ के कारण लोगों का आपस में टकराना, अधिक भीड़ में लोगों के बीच धकमपेल और ठेलमठेल; उ.—मेले के धक्कम-धक्के में कई बच्चे घायल हो गए।

धक्का पुं. **1.** एक ओर से दूसरी ओर ढकेलने का काम; उ.—सोहन ने श्याम को धक्का दे कर गिरा दिया। **2.** नुक़सान; उ.—बारिश न होने के कारण छाते के व्यापार को बड़ा धक्का लगा है। 3. मन की चोट, सदमा, उ.—पिता की मृत्यु से उसे बड़ा धक्का लगा है।

धज्जी स्त्री. कपड़े काग़ज आदि का बहुत छोटा टुकड़ा। मु. **धज्जियाँ उड़ाना** टुकड़े-टुकड़े कर देना, पूरी तरह ध्वस्त कर देना; उ.—वाद-विवाद प्रतियोगिता में हमारी टीम ने तुम्हारी टीम की धज्जियाँ उड़ा दीं।

धड़ पुं. बाँहों को छोड़ कर कंधे से कमर तक का शरीर।

धड़कन स्त्री. दिल में होनेवाली धकधक; उ.—मरीज़ के दिल की धड़कन अब ठीक है।

धड़कना अ. क्रि. **1.** धकधक करना; उ.—मनुष्य का दिल एक मिनट में लगभग 70 से 80 बार धड़कता है। **2.** किसी आवेश के कारण ज़ोर की धकधक होना; उ.—डाकुओं को देख कर उसका दिल ज़ोरों से धड़कने लगा।

धड़ाका पुं. किसी चीज़ के फटने या गिरने से होनेवाली ज़ोरों की आवाज; उ.—बम के धड़ाकों ने कल रात भर किसी को सोने नहीं दिया।

धधकना अ. क्रि. (आग का) लपट के साथ जलना, दहकना; जैसे—भट्ठी में

आग धधकना, चिता की आग धधकना।

धन पुं. रुपया-पैसा, जायदाद, संपत्ति।

धनवान वि. जिसके पास संपत्ति हो, धनी, दौलतमंद, पैसेवाला।

धनी वि. 1. दे. 'धनवान' (विलोम : निर्धन)। 2. गुणी, माहिर; जैसे—क़लम का धनी।

धनुष पुं. जिस पर चढ़ा कर तीर छोड़ा जाता है, कमान; उ.—अर्जुन के धनुष का नाम गांडीव था।

धन्यवाद पुं. आभार प्रकट करने का शब्द, शुक्रिया; उ.—इस उपकार के लिए मैं आपको हृदय से धन्यवाद देता हूँ।

धब्बा पुं. 1. दाग़; जैसे—कपड़े पर स्याही का धब्बा। 2. कलंक; जैसे—चरित्र पर धब्बा।

धमकाना स. क्रि. धमकी देना, डाँटना; उ.—मास्टर जी शरारती बच्चों को धमका रहे हैं।

धमकी स्त्री. डराने के लिए कही गई बात; उ.—बदमाशों ने विमान को बम से उड़ा देने की धमकी दी।

धम-धम स्त्री. ज़मीन पीटने या कूटने से होनेवाली आवाज़।

धमाधम अ. लगातार धम-धम की आवाज़ करते हुए; जैसे—धमाधम कूदना, धमाधम पीटना।

धरती स्त्री. ज़मीन, भूमि, पृथ्वी।

धर-पकड़ स्त्री. लोगों को पकड़ने का काम, गिरफ़्तारी; उ.—पुलिस की धर-पकड़ के कारण आजकल मुहल्ले में गुंडागर्दी कुछ कम हुई है।

धर्म पुं. 1. देवी-देवताओं की पूजा या किसी पैगंबर के मत में विश्वास; जैसे—हिंदू धर्म, बौद्ध धर्म, ईसाई धर्म, जैन धर्म, इस्लाम धर्म। 2. कर्त्तव्य; उ.—दुखी लोगों की सहायता करना हमारा धर्म है। 3. स्वाभाविक गुण; उ.—आग का धर्म जलाना है।

धर्मशाला स्त्री. वह मकान जिसमें यात्रियों के लिए मुफ़्त में ठहरने या टिकने का प्रबंध हो।

धाँधली स्त्री. धोखाधड़ी, पाजीपन; उ. —इस अफ़सर ने धाँधली करके बहुत रुपए बनाए हैं।

धाक स्त्री. दबदबा, प्रभाव। मु. **धाक जमना** बहुत अधिक प्रभाव होना; उ. —सन् 1920 तक सारे देश में गाँधी जी की धाक जम गई थी।

धागा पुं. बँटा हुआ सूत, तागा, डोरा (दे. चित्र)।

धातु स्त्री. वह कड़ा खनिज पदार्थ जिससे गहने, पटरी, छड़ आदि अनेक चीज़ें बन सकती हैं; उ.—लोहा, चाँदी, सोना आदि धातु हैं।

धान पुं. चावल का पौधा और उसके बीज; उ.—इस बार बंगाल में धान की फ़सल बहुत अच्छी हुई है।

धानी वि. धान की पत्ती जैसा हल्का हरा; जैसे—धानी रंग की साड़ी।

धाम पुं. 1. पुण्यस्थान या तीर्थ-स्थान; जैसे—जगन्नाथ धाम, द्वारिका धाम। 2. घर।

धार स्त्री. 1. किसी तरल पदार्थ के गिरने या बहने की स्थिति; जैसे—वर्षा की

धार, नदी की धार। **2.** पैना किनारा; जैसे—चाकू की धार।

धारा स्त्री. **1.** पानी या किसी तरल पदार्थ की लगातार बहनेवाली धार, प्रवाह; जैसे—नदी की धारा।

धारी (I) स्त्री. लकीर; जैसे—धारियोंवाला कपड़ा। **(II)** वि. धारण करनेवाला; जैसे—जटाधारी, खद्दरधारी।

धावा पुं. हमला, आक्रमण; जैसे—शत्रु पर धावा।

धीमी वि. कम गतिवाला, मंद; जैसे—धीमी हवा, धीमी चाल (विलोम : तेज़)।

धीरज पुं. मन की स्थिरता, सब्र, धैर्य; उ.—मेले में पिताजी से बिछुड़ जाने पर भी भोलू ने धीरज नहीं खोया।

धुंध स्त्री. **1.** धूल से भरी हवा चलने के कारण चीज़ों का साफ़ दिखाई न पड़ना। **2.** कुहासा; उ.—जाड़ों में सुबह काफ़ी देर तक धुंध छाई रहती है।

धुआँ पुं. आग से निकलनेवाली काले या सफ़ेद रंग की गैस, धूम; उ.—गीली लकड़ियाँ जला कर तुमने सारा कमरा धुएँ से भर दिया है (दे. चित्र)।

धुन स्त्री. **1.** लगन; उ.—उन्हें सिर्फ़ रुपया कमाने की धुन है। **2.** गाने की तर्ज़; उ.—फ़िल्मी गानों की धुन पर गाए हुए भजन अच्छे नहीं लगते।

धुनना स. क्रि. **1.** रूई से गंदगी दूर करके उसके रेशों को अलग-अलग करना; उ.—धुनकी से कपास धुनी जाती है। **2.** लगातार पिटाई करना; उ.—बेटे को चोरी करते देख, पिता ने उसे बुरी तरह धुन डाला।

धुनाई स्त्री. **1.** धुनने का काम। **2.** पिटाई; उ.—आज बच्चू की ऐसी धुनाई होगी कि हमेशा याद रखेगा।

धुनिया पुं. रूई धुननेवाला।

धुरी स्त्री. वह केंद्र जिस पर कोई चीज़ घूमती है, अक्ष; उ.—पृथ्वी अपनी धुरी पर एक ओर 23.5 डिग्री झुकी हुई घूमती है।

धुलना अ. क्रि. पानी से साफ़ होना; जैसे—कपड़े धुलना, बारिश से सड़क धुलना।

धुलाई स्त्री. **1.** धोने का काम; जैसे—कपड़ों की धुलाई, फ़र्श की धुलाई। **2.** धुलाने की मज़दूरी; उ.—'उसे पाँच रुपए धुलाई के दे दो।'

धुलाना स. क्रि. धोने का काम करवाना; उ.—'ये मैले कपड़े धोबी से धुला लेना।'

धू-धू पुं. आग के दहकने या ज़ोर से जलने पर होने वाली आवाज़; उ.—चिता धू-धू करके जल रही थी।

धूप (I) स्त्री. **1.** सूर्य की किरणों का सीधा प्रकाश; उ.—मेरे कमरे में धूप आ गई है। **2.** सूर्य का ताप या गरमी; जैसे—जाड़े में धूप सेंकना। **(II)** पुं. सुंगध के लिए जलाया जानेवाला बुरादा जिसके धुएँ से मच्छर मक्खी आदि भाग जाते हैं।

धूपबत्ती स्त्री. जलाने पर खुशबू देनेवाली सींक या बत्ती।

धूम स्त्री. **1.** किसी उत्सव का होहल्ला या हलचल; जैसे—होली की धूम,

विवाह की धूम। **2.** प्रसिद्धि, चर्चा; उ.—आजकल गाँव में गामा पहलवान की धूम मची हुई है।

धूम पुं. दें 'धुआँ'।

धूर्त वि. बेईमान, चालबाज़।

धूल स्त्री. मिट्टी के छोटे-छोटे कण, गर्द।

धृष्ट वि. जिसे ज़रा भी संकोच या लज्जा न हो, ढीठ, बदतमीज़; उ.—संजय इतना धृष्ट है कि अपनी ग़लती न मान कर मास्टर जी से बहस कर रहा है।

धैर्य पुं. दे. 'धीरज'।

धोखा पुं. **1.** कपट, छल; उ.—मुझे धोखा दे कर वह मेरा सामान ले कर भाग गया। **2.** भ्रम, भुलावा; उ.—उसने धोखे से रस्सी को साँप समझ लिया।

धोखेबाज़ वि. धोखा देनेवाला।

धोती स्त्री. कमर के नीचे लपेट कर पहना जानेवाला वस्त्र।

धोना स. क्रि. साबुन पानी आदि से साफ़ करना; जैसे—कपड़े धोना; बरतन धोना।

धोबी पुं. कपड़े धोने का काम करनेवाला और ऐसा काम करनेवाली जाति।

धौंकना स. क्रि. आग को तेज करने के लिए धौंकनी से हवा देना।

धौकनी स्त्री. चमड़े की एक थैली जिससे हवा दे कर आग को तेज़ किया जाता है, भाथी (दे. चित्र)।

धौंस स्त्री. रोब, हेकड़ी; उ.—'जाओ, जाओ, ज़्यादा अपने मंत्री पिता की धौंस मत दिखाओ।'

ध्यान पुं. **1.** मन को एक जगह लाना, ग़ौर करना; उ.—'ध्यान दे कर पढ़ोगे तो पूरा पाठ झट से याद हो जाएगा।' **2.** याद आना; उ.—मुझे अभी ध्यान आया कि सुबोध कल हमारे यहाँ आएगा।

ध्येय पुं. उद्देश्य, लक्ष्य; उ.—हर विद्यार्थी का ध्येय ज्ञान प्राप्त करना है।

ध्रुव **(I)** वि. अचल, अटल, दृढ़; उ.—उसने इस बार परीक्षा पास करने का ध्रुव निश्चय किया है। **(II)** पुं. पृथ्वी के उत्तरी और दक्षिणी छोर; जैसे—उत्तरी ध्रुव और दक्षिणी ध्रुव।

ध्रुवतारा पुं. सदा उत्तर दिशा में चमकनेवाला एक तारा।

ध्वजा स्त्री. दे. 'झंडा'।

ध्वनि स्त्री. आवाज़; जैसे—घंटे-घड़ियाल की ध्वनि, कोयल की मधुर ध्वनि।

न

नंगधड़ंग वि. एकदम नंगा; उ.—बारिश में बच्चे नंगधड़ंग खेल रहे हैं।

नंगा वि. **1.** जिसके शरीर पर कपड़ा न हो; जैसे—नंगा आदमी। **2.** जो ढका न हो; जैसे—नंगा सिर, नंगा बदन।

नंदन **(I)** वि. प्रसन्न करनेवाला,

आनंददायक। **(II)** पुं. पुत्र, बेटा; जैसे— दशरथनंदन (राम), सुमित्रानंदन (लक्ष्मण)

नंबर पुं. **1.** अंक; उ.—'गणित में तुम्हें कितने नंबर मिले ?' **2.** संख्या; उ.—मेरे टिकट का नंबर तेरह है।

नंबरी वि. मशहूर छँटा हुआ; जैसे—नंबरी बदमाश, नंबरी चोर।

न अ. **1.** मना करने के लिए काम में आनेवाला शब्द, नहीं; उ.—तुम वहाँ न जाना। **2.** किसी बात को पक्के तौर पर पूछने के लिए काम में लिया जानेवाला शब्द; उ.—'तुम कल यहाँ आओगे न ?'

नक़द (नगद) पु. वह धन जो सिक्कों या नोटों के रूप में हो, कैश; उ.— 'मुझे चेक नहीं, नकद रुपया चाहिए।' इस दुकान में माल उधार नहीं नकद बेचा जाता है।

नक़ल स्त्री. **1.** किसी चीज़ को देख कर वैसा ही बनाना या उतारना; उ.—राम परीक्षा में किताब से नक़ल करता हुआ पकड़ा गया। **2.** किसी चीज़ की हूबहू प्रतिलिपि, अनुकृति; जैसे—चित्र की नक़ल, लेख की नक़ल।

नक़लची पुं. नक़ल करनेवाला।

नक़ली वि. जो असली न हो, जाली, बनावटी; उ.—आजकल बाज़ार में बहुत-सी नक़ली दवाएँ भी बिक रही हैं।

नक़्क़ाशी स्त्री. किसी चीज़ पर बेल-बूटे खोदने का काम; उ.—मुरादाबाद के नक़्क़ाशीवाले बरतन बहुत मशहूर हैं।

नक़्शा

नक़्शा पुं. मानचित्र, रेखाचित्र, ख़ाका; उ. —भारत का नक़्शा बनाओ (दे. चित्र)।

नक्षत्र पुं. ज्योतिषशास्त्र के अनुसार चंद्रमा के पथ के 27 विशेष तारे।

नख पुं. नाख़ून।

नगर पुं. शहर।

नगरनिगम पुं. नगर महापालिका, कॉरपोरेशन।

नगरपालिका स्त्री. क़सबे या शहर की सफ़ाई का इंतज़ाम करनेवाली संस्था या संगठन, म्युनिसिपैलिटी।

नगरी स्त्री. शहर; जैसे—बंबई नगरी, कलकत्ता नगरी।

नग्न वि. दे. 'नंगा'।

नचाना स. क्रि. **1.** किसी से नाच करवाना; जैसे—बंदर नचाना, कठपुतली नचाना। **2.** किसी से मनमाना काम कराना; उ.—राम श्याम को अपने इशारे पर नचाता है। **3.** परेशान करना; उ.—सेठ का बिगड़ैल लड़का घर भर को नचाता रहता है।

नज़दीक अ. पास, क़रीब; उ.—राम का स्कूल मेरे घर के नज़दीक है।

नज़र स्त्री. निगाह, दृष्टि; उ.—मुन्ने की नज़र एकटक इंद्रधनुष की तरफ़ लगी हुई है। मु. **नज़र डालना** सरसरी तौर से देखना; उ.—'समय मिले तो ज़रा मेरे लेख पर भी एक नज़र डाल लेना।' मु. **नज़र रखना** चौकसी करना; उ.—इस ख़तरनाक क़ैदी पर नज़र रखी जा रही है।

नज़ारा पुं. दृश्य; जैसे—पहाड़ पर उगते

सूरज का खूबसूरत नज़ारा।

नट पुं. **1.** तमाशे दिखा कर रोज़ी-रोटी कमानेवाला; उ.—'आओ देखो ! यह नट कैसे डंडों पर तनी रस्सी पर चल रहा है।' **2.** नाटक में अभिनय करनेवाला एक पात्र; उ.—नट और नटी मंच पर आ कर आज के नाटक के बारे में बता रहे हैं।

नटखट वि. ऊधम करनेवाला, चुलबुला, शरारती; जैसे—नटखट बच्चा, नटखट बंदर।

नतीज़ा पुं. फल, परिणाम; जैसे—चुनाव का नतीज़ा, इम्तहान का नतीज़ा।

नथ स्त्री. नाक में पहनने का छल्ला।

नथुना पुं. नाक के दोनों छेद; उ.—नथुनों द्वारा साँस ली और छोड़ी जाती है।

नदी

नदी स्त्री. पहाड़ या झील से निकली हुई पानी की वह प्राकृतिक धारा जो आकार में नहर झरने आदि से बड़ी होती है। और दूर तक बहती चली जाती है; जैसे—गंगा नदी, यमुना नदी (दे. चित्र)।

ननिहाल पुं. नाना का घर; उ.—मेरा ननिहाल कानपुर में है।

नन्हा वि. छोटा; जैसे—नन्हा बच्चा, नन्हे हाथ।

नफ़रत स्त्री. घृणा।

नफ़ा पुं. लाभ, मुनाफ़ा; उ.—मुझे इस सौदे में एक हज़ार रुपए का नफ़ा हुआ (विलोम : नुक़सान)।

नब्ज़ स्त्री. हाथ की एक रग, नाड़ी; उ. —मरीज़ की नब्ज़ अब ठीक चल रही है।

नब्बे वि. अस्सी और दस का जोड़, 90।

नमक पुं. लवण, नोन; उ.—नमक के बिना खाना खाने का मज़ा आधा हो जाता है।

नमकीन वि. जिसमें नमक का स्वाद हो; उ.—पकौड़ी, दालमोठ आदि नमकीन पकवान हैं।

नमस्कार पुं. हाथ जोड़ कर नमस्ते करना, अभिवादन करना, प्रणाम; उ.—'मास्टर जी को नमस्कार करो।'

नमस्ते स्त्री. दे. 'नमस्कार'।

नमाज़ स्त्री. मुसलमानों की ईश्वर-प्रार्थना; उ.—मुसलमानों में पाँच वक़्त नमाज़ बढ़ने का नियम है।

नमी स्त्री. तरी, गीलापन; उ.—समुद्री हवा में नमी होती है।

नमूना पुं. **1.** किसी वस्तु का गुण बतानेवाला उसी वस्तु का छोटा अंश; जैसे—कपड़े का नमूना, चावल का नमूना। **2.** वह चीज़ जिसको देख कर वैसी ही चीज़ बनाई जाए मॉडल, खाका।

नम्र वि. जिसमें घमंड न हो, विनीत; जैसे—नम्र व्यक्ति।

नम्रता स्त्री. नम्र होने का गुण, विनय।

नयन पुं. दे. 'आँख'।

नया वि. जो पुराना न हो, हाल में बना हुआ, नवीन, नूतन; जैसे—नया घर, नया कपड़ा, नया ज़माना (विलोम : पुराना)।

नर **(I)** पुं. पुरुष, मर्द; उ.—मंदिर नर-नारियों से खचाखच भरा हुआ है। **(II)** वि. जो पुरुष जाति का हो; जैसे—नर गिलहरी, नर छिपकली।

नरक पुं. **1.** धार्मिक मान्यता के अनुसार वह स्थान जहाँ आदमी मरने के बाद अपने बुरे कर्मों का फल भोगता है, जहन्नुम, दोज़ख़, उ.—'यह घर है या नरक ? जब देखो यहाँ सब लड़ते-झगड़ते रहते हैं।' **2.** वह जगह जहाँ बहुत गंदगी और बहुत कष्ट हो; उ.—कलकत्ता शहर गंदगी के कारण नरक बन गया है।

नरम वि. जो सख़्त न हो, मुलायम; उ.—यह गद्दा बहुत नरम है।

नरमी स्त्री. कोमलता, नम्रता; उ.—हमारा नया अफ़सर सबसे बहुत नरमी से बात करता है।

नर्स स्त्री. रोगी की देखभाल करनेवाली स्त्री. (दे. चित्र)

नल पुं. **1.** धातु प्लास्टिक आदि की बनी पोली नली जो आगे से मुड़ी होती है और जिससे पानी गिरता है; उ.—नल के नीचे पानी भरने के लिए बालटी रख दो (दे. चित्र)। **2.** पाइप।

नलकूप पुं. ज़मीन के नीचे से नल द्वारा पानी निकालने का एक यंत्र, ट्यूबवेल।

नली स्त्री. छोटा और पतला नल, (पाइप); जैसे—बंदूक़ की नली।

नवंबर पुं. ईसवी साल का ग्यारहवाँ महीना।

नव वि. **1.** नया, नवीन; जैसे—नव प्रभात, नव वर्ष। **2.** नौ; जैसे—नवरत्न, नवग्रह।

नवमी स्त्री. पखवारे का नौवाँ दिन।

नवयुवक पुं. नौजवान, तरुण; उ.—नवयुवकों में खूब जोश होता है।

नवाब पुं. **1.** किसी रियासत का मुसलमान शासक; जैसे—पटौदी का नवाब, रामपुर का नवाब। **2.** ठाट- बाट और बहुत आराम से रहनेवाला व्यक्ति।

नवासी वि. अस्सी और नौ का जोड़, 89।

नवीन वि. नया; जैसे—किताब का नवीन संस्करण।

नशा पुं. **1.** शराब अफ़ीम गाँजा आदि खाने या पीने से पैदा होनेवाली स्थिति जिसमें आदमी को कुछ होश नहीं रहता। **2.** लत, व्यसन; जैसे— कॉमिक्स पढ़ने का नशा, ताश खेलने का नशा।

नशेबाज़ वि. जिसे नशा करने की आदत हो।

नश्वर वि. जो स्थायी न हो, नष्ट होनेवाला, नाशवान; जैसे—नश्वर शरीर (विलोम : शाश्वत)।

नष्ट वि. **1.** जो ख़त्म हो गया हो; उ.—पुस्तकालय में आग लगने से सारी पुस्तकें नष्ट हो गईं। **2.** चौपट, बरबाद; उ.—शराबख़ोरी के कारण उसका घर नष्ट हो गया।

नस स्त्री. शरीर के भीतर की पतली नलियाँ जिनसे पूरे शरीर में खून का प्रवाह होता रहता है, रग, शिरा; उ.—उसकी मृत्यु माथे की नस फट जाने से हुई। मु. **नस-नस में** शरीर के प्रत्येक अंग में; उ.—उसकी नस-नस में उत्साह भरा है।

नहर स्त्री. यातायात या सिंचाई के लिए नदी या जलाशय से बनाया गया

जलमार्ग; जैसे—स्वेज़-नहर, गंगा- नहर।

नहला पुं. नौ बूटियोंवाला ताश का एक पत्ता। मु. **नहले पर दहला** किसी से बढ़-चढ़ कर कुछ करना; उ.—चंदे में सौ रुपए ज़्यादा दे कर गोविंद ने मोहन के नहले पर दहला मारा।

नहालाना स. क्रि. स्नान कराना; उ.—माँ बच्चे को मल-मल कर नहला रही है।

नहान पुं. **1.** दे. 'स्नान'। **2.** स्नान-पर्व; जैसे—कुंभ का नहान, संक्रांति का नहान।

नहाना अ. क्रि. पूरे शरीर को पानी से धोना, स्नान करना।

नहीं अ. अस्वीकृति या इनकार जतानेवाला शब्द; उ.—'मैं तुम्हें रुपए नहीं दूँगा।'

नाँद स्त्री. पशुओं के चारा खाने का बड़ा और चौड़ा बरतन, हौदी।

नाई पुं. दाढ़ी बनाने और बाल काटने का काम करनेवाला, नाऊ, हज्जाम।

नाक स्त्री. मुँह के ऊपर चेहरे पर उभरा हुआ दो छेदोंवाला एक अंग जिससे साँस लेते हैं और सूँघते हैं।

नाखून पुं. उँगलियों के सिरों पर उगी हुई कड़ी चीज़; उ.—नाखूनों को बढ़ने नहीं देना चाहिए।

नाग पुं. फणवाला साँप।

नागरिक पुं. **1.** नगर में रहनेवाला। **2.** किसी राज्य का वह निवासी जिसे राजनीतिक अधिकार प्राप्त हों; उ. —'मैं भारत का नागरिक हूँ, अट्ठारह साल का होने पर वोट दे सकूँगा।'

नागिन स्त्री. नाग की मादा।

नाच पुं. लय और ताल के साथ हाथ पैर कमर आदि को ख़ास तरीक़े से हिलाना और चलाना, नृत्य।

नाटक पुं. **1.** बातचीत में लिखी हुई कहानी जिसमें हाव-भाव और दृश्यों के बारे में भी ब्योरा दिया जाता है, रूपक, ड्रामा; उ.—'सत्य हरिश्चंद्र' भारतेंदु जी का प्रसिद्ध नाटक है। **2.** मंच (स्टेज) पर किसी कहानी का अभिनय; उ.—आज हमारे स्कूल में 'अंधेर नगरी' नाटक दिखाया जाएगा।

नाटा वि. छोटे क़द का, ठिंगना।

नाड़ा पुं. पायजामा लहँगा आदि बाँधने की डोरी, नीवी।

नाड़ी स्त्री. **1.** शरीर के भीतर की वे नलियाँ जिनमें खून दौड़ता रहता है, रग, शिरा। **2.** नब्ज़; उ.—वैद्य नाड़ी देख कर रोग का निदान करते हैं।

नातिन स्त्री. बेटी की लड़की या बेटे की लड़की।

नाती पुं. बेटी का लड़का या बेटे का लड़का।

नाथ पुं. स्वामी, मालिक।

नाथ स्त्री. ऊँट या बैल की नाक में पहनाई जानेवाली रस्सी, नकेल।

नाना पुं. माँ के पिता।

नाना वि. अनेक प्रकार का, तरह-तरह का; जैसे—नाना वस्तुएँ, नाना व्यंजन।

नाप स्त्री. किसी चीज़ की लंबाई चौड़ाई ऊँचाई या गहराई का माप; उ.—इस अलमारी की लंबाई की नाप तीन फ़ुट, चौड़ाई की नाप तीन फ़ुट चार इंच और गहराई डेढ़ फ़ुट है।

नापना स. क्रि. नाप करना; जैसे—कपड़ा नापना।

नाभि स्त्री. पेट के बीच का भँवरदार गड्ढा, ढोंढ़ी।

नाम पुं. **1.** वह शब्द जिससे किसी चीज़ या आदमी को पहचाना जाए; उ.—मेरा नाम अलका है; इस शहर का नाम कलकत्ता है। **2.** प्रसिद्धि, यश; उ.—हमेशा सबका भला करने के कारण हरदयाल जी का शहर में बहुत नाम है।

नामकरण पुं. **1.** नाम रखने का काम; उ.—'तुमने अपने बेटे का क्या नामकरण किया ?' **2.** हिंदुओं के सोलह संस्कारों में से एक; उ.—आज हमारे बच्चे के नामकरण (संस्कार) पर हवन होगा।

नारंगी

नारंगी **(I)** स्त्री. एक फाँकदार फल जिसकी प्रत्येक फाँक में रस और गूदा होता है, संतरा; उ.—नागपुर की नारंगियाँ मशहूर हैं (दे. चित्र)। **(II)** वि. लाल रंग मिला हुआ पीला रंग, नारंगी के रंग का; जैसे—नारंगी रंग की साड़ी।

नारा पुं. सभा या जुलूस में बार-बार ज़ोर-ज़ोर से कह जानेवाले शब्द; जैसे—इन्क़लाब ज़िन्दाबाद का नारा लगाना।

नाराज़ वि. खफ़ा, नाखुश, रुष्ट; उ. —'अरे, छोड़ो। ज़रा-सी बात पर क्यों नाराज़ होते हो।'

नारियल

नारियल पुं. काठ की तरह कड़े खोलवाला एक फल जिसके भीतर पानी और सफ़ेद गिरी होती है (दे. चित्र)।

नारी स्त्री. महिला, स्त्री, औरत।

नाल स्त्री. कमल कुमुदनी आदि फूलों के नीचे की लंबी और पोली डंडी, पौधे का डंठल।

नाली स्त्री. पानी बहने का मार्ग, छोटा नाला, मोरी।

नाव स्त्री. नौका, किश्ती; उ.—बच्चे बरसात के पानी में कागज़ की नावें चला रहे हैं।

नाश पुं. तबाही, बरबादी; उ.—टिड्डी दल ने सारी फ़सल का नाश कर दिया।

नाशक वि. नाश करनेवाला, मिटा देनेवाला; जैसे—कीटाणु-नाशक या दर्दनाशक दवा।

नाशपाती

नाशपाती स्त्री. पीलापन लिए हुए हरे छिलकेवाला एक गूदेदार फल (दे. चित्र)।

नाश्ता पुं. जलपान, कलेवा।

नास्तिक पुं. जो ईश्वर को न मानता हो (विलोम : आस्तिक)।

निंदक वि. निंदा करनेवाला, बुराई करनेवाला।

निंदा स्त्री. बुराई या दोष की चर्चा; उ. —हमेशा दूसरों से लड़ते रहने के कारण सब उसकी निंदा कर रहे थे (विलोम : प्रशंसा)।

निःशुल्क वि. बिना फ़ीस के, मुफ़्त; जैसे—निःशुल्क शिक्षा, निःशुक्ल चिकित्सा।

निकट अ. पास, नज़दीक।

निकटवर्ती वि. पास का, नज़दीक का; जैसे—निकटवर्ती देश।

निकम्मा वि. जो किसी काम का न हो,

बेकार; जैसे—निकम्मा आदमी।

निकलना अ. क्रि. भीतर से बाहर आना।

निकालना स. क्रि. 1. भीतर से बाहर कर देना; जैसे—घर से निकालना। 2. अलग करना; जैसे—नौकरी से निकालना।

निकाह पुं. 1. मुसलमानों में विवाह करने का तरीक़ा उ.—काज़ी सलमा का निकाह पढ़ रहा है। 2. विवाह; उ.—शमा ने ज़फर से निकाह कर लिया है।

निखार पुं. रंग रूप का सुधर कर खिलना, पहले से बेहतर या सुंदर होना; जैसे—चेहरे पर निखार, पुस्तक के नए संस्करण में निखार।

निगरानी स्त्री. देखरेख, चौकसी; जैसे—बच्चों की निगरानी, घर की निगरानी।

निगलना स. क्रि. बिना चबाए गले से नीचे उतरना, गटकना; जैसे—दवा की गोली निगलना।

निगाह स्त्री. दृष्टि, नज़र। मु. **निगाह दौड़ाना** चारों ओर देखना; उ.—'मैंने बहुत निगाह दौड़ाई, पर वह कहीं दिखाई नहीं दिया।'

निचला वि. नीचेवाला; उ.—हमारे मकान के निचले हिस्से में बाढ़ के समय पानी भर गया था।

निचोड़ पुं. 1. किसी चीज़ को निचोड़ने पर निकला हुआ गूदा या रस; जैसे—फलों का निचोड़। 2. सार-तत्त्व; उ.—मास्टरजी के भाषण का निचोड़ यह है कि हमें स्कूली किताबों के अलावा दूसरी किताबें भी पढ़नी चाहिएँ।

निचोड़ना स. क्रि. दबा कर या ऐंठ कर किसी चीज़ से उसका तरल हिस्सा निकालना; जैसे—धोती निचोड़ना, आम निचोड़ना।

निजी वि. खुद का, अपना, व्यक्तिगत; जैसे—निजी मकान, निजी मामला।

निठल्ला वि. जिसे कोई काम न हो, निकम्मा, बेकार; उ.—जवान बेटे को निठल्ला बैठा देख कर माँ कुढ़ती रहती है।

निडर वि. जिसे डर न लगता हो, निर्भय; जैसे—निडर बालक, निडर योद्धा।

नितांत अ. एकदम, अत्यंत, बिलकुल; उ. —मेरा कलकत्ता जाना नितांत आवश्यक है।

नित्य (I) अ. रोज़, प्रतिदिन; उ.—यह दुकान नित्य सुबह आठ बजे खुलती है। (II) वि. जो सदा बना रहे, जो कभी नष्ट न हो; उ.—हिंदू धर्म के अनुसार आत्मा और ईश्वर नित्य हैं।

निथारना स. क्रि. किसी तरल पदार्थ की तलछट को नीचे बैठा कर ऊपर से साफ़ पदार्थ निकाल लेना।

निन्यानवे वि. नब्बे और नौ का जोड़, 99।

निपट वि. एकदम, बिलकुल; जैसे—निपट गँवार, निपट अकेला।

निपटना (निबटना) अ. क्रि. 1. काम बाकी न रहना, समाप्त होना। 2. टट्टी जाना।

निपटाना (निबटाना) स. क्रि. 1. पूरा करना, समाप्त करना; जैसे—काम निपटाना। 2. फ़ैसला करना; जैसे—

झगड़ा निपटाना।

निपुण वि. कुशल, माहिर, दक्ष; उ.—रविशंकर सितार बजाने में निपुण हैं।

निबंध पुं. लेख; उ.—हमें परीक्षा में दीवाली पर निबंध लिखने को कहा गया था।

निबौली स्त्री. नीम के पेड़ का फल।

निभाना (निबाहना) स. क्रि. ज़िम्मेदारी को पूरा करना, निर्वाह करना; जैसे—वचन निभाना।

निमंत्रण पुं. न्योता, बुलावा; जैसे—विवाह का निमंत्रण, भोज का निमंत्रण।

निम्न वि. नीचा; जेसे—निम्न विचार, निम्न कोटि (विलोम : उच्च)।

निम्नलिखित वि. नीचे लिखा हुआ; उ.—निम्नलिखत मुहावरों के अर्थ लिखो।

नियंत्रण पुं. कब्ज़ा, क़ाबू, कंट्रोल; जैसे—मन पर नियंत्रण, गाड़ी पर नियंत्रण।

नियत वि. तय किया हुआ, निश्चित; उ.—हम सब नियत समय पर स्टेशन पहुँच गए।

नियम पुं. क़ायदा, क़ानून, तरीका; उ.—इस पुस्तकालय में एक बार में दो ही किताबें देने का नियम है।

नियमित वि. नियम के अनुसार, नियमबद्ध; उ.—वह नियमित रूप से व्यायाम करता है।

नियुक्त वि. किसी पद पर रखा गया; उ.—हमारे स्कूल में कई नए अध्यापक नियुक्त हुए हैं।

नियुक्ति स्त्री. किसी को पद पर रखने का काम; उ.—इस स्कूल के प्रधानाचार्य पद पर श्री रंगनाथ की नियुक्ति हुई है।

निरंतर अ. लगातार, बराबर, उ.—उसने निरंतर तीन दिन तक तैर कर नया रेकॉर्ड कायम किया।

निराई स्त्री. फालतू घास-फूस आदि को उखाड़ कर की गई खेत की सफाई।

निराकार वि. जिसका कोई आकार न हो (विलोम : साकार)।

निरादर पुं. अपमान, बेइज़्ज़ती।

निराला **(I)** वि. अपने ढंग का अकेला, अनूठा, अनोखा; उ.—लखनऊ के इमामबाड़े की बनावट निराली है। **(II)** पुं. सुनसान स्थान।

निराश वि. जिसे कोई आशा न रह गई हो, हताश।

निरीक्षक पुं. देख-रेख करनेवाला, जाँच या निरीक्षण करनेवाला, इन्सपेक्टर।

निरीक्षण पुं. देख-रेख, निगरानी, जाँच।

निर्जन वि. जहाँ कोई आदमी न हो, सुनसान, एकांत।

निर्जीव वि. जिसमें जान न हो, जड़ (विलोम : सजीव)।

निर्णय पुं. फ़ैसला।

निर्दय वि. जिसके मन में दया न हो, कठोर मन का।

निर्देश पुं. **1.** हिदायत; उ.— प्रधानाध्यापक ने निर्देश दिया है कि सब लड़के हॉल में इकट्ठा हों। **2.** संकेत; जैसे—दिशा-निर्देश।

निर्धन वि. जिसके पास धन रांपत्ति न हो, ग़रीब।

निर्धारित वि. तय किया हुआ, निश्चित; जैसे—निर्धारित कार्यक्रम, निर्धारित समय।

निर्भर वि. जो किसी के भरोसे हो, आश्रित; उ.—देश का भविष्य नवयुवकों पर निर्भर है।

निर्मल वि. साफ़, स्वच्छ, शुद्ध; जैसे—निर्मल जल (विलोम : मलिन)।

निर्माण पुं. बनाने का काम, रचना; जैसे—देश का निर्माण, भवन का निर्माण (विलोम : विध्वंस)।

निर्यात पुं. देश से बाहर माल भेजने का काम; उ.—भारत पटसन, चाय आदि का निर्यात करता है (विलोम : आयात)।

निर्वाचक पुं. चुननेवाला, वोटर।

निर्वाचन पुं. चुनाव; जैसे—लोकसभा या विधानसभा का निर्वाचन।

निर्वाह पुं. गुज़र-बसर, गुज़ारा, निबाह।

निवारण पुं. दूर करना, हटाना; जैसे—दवा से रोग का निवारण।

निवास पुं. 1. रहना; उ.—पंडितजी इसी कमरे में निवास करते हैं। 2. रहने का स्थान, मकान; उ.—'कल तुम सब मेरे निवास-स्थान पर पाँच बजे आ जाना।'

निवासी पुं. निवास करनेवाला, रहनेवाला; जैसे—बंबई निवासी।

निवेदन पुं. प्रार्थना, विनती; उ.—'मेरा निवेदन है कि आप कल की सभा में अवश्य आएँ।'

निशान पुं. चिह्न; उ.—इस पेड़ पर निशान लगा दिया गया है, कल इसे काटा जाएगा।

निशाना

निशाना पुं. 1. जिस पर नज़र रखते हुए अस्त्र चलाया जाए, लक्ष्य; उ.—राम का निशाना पेड़ पर लटकता आम था। 2. किसी लक्ष्य पर किया गया वार; उ.—अर्जुन ने अपने अचूक निशाने से मछली को बेध दिया। (दे. चित्र)

निश्चय पुं. दृढ़ विचार, प्रबल इच्छा।

निश्चल वि. जो अपने स्थान से न हटे, अटल, स्थिर; उ.—सविता मूर्ति की तरह निश्चल बैठी है।

निश्चिंत वि. जिसे कोई चिंता न हो, चिंतामुक्त; उ.—परीक्षा की पूरी तैयारी हो जाने के कारण अब मैं एकदम निश्चिंत हो गया हूँ।

निश्चित वि. जिसके बारे में निश्चय किया जा चुका हो; पक्का उ.—मेरा कलकत्ता जाना निश्चित है; वह निश्चित समय पर आता है।

निष्कपट वि. निश्छल, सीधा, सरल।

निष्ठुर वि. कड़े दिलवाला, कठोर।

निष्फल वि. जिसे करने से कुछ फ़ायदा न हो, बेकार, व्यर्थ; उ.—डाक्टरों ने घायल को बचाने की बहुत कोशिशें कीं, पर सब निष्फल रहीं।

निस्संकोच (I) अ. बिना किसी शरम या हिचकिचाहट के; उ.—'अपनी बात निस्संकोच कहो।' (II) वि. संकोच रहित, बेझिझक; जैसे— निस्संकोच व्यवहार।

निस्संदेह वि. जिसमें ज़रा भी संदेह न हो, बेशक।

निहत्था वि. जिसके हाथ में कोई हथियार न हो, निरस्त्र; उ.—निहत्था देख कर गुंडों ने उस पर हमला कर दिया।

नींद स्त्री. सोने की अवस्था, निद्रा; उ.—मुझे नींद आ रही है, सोने दो।

नींव स्त्री. आधार, बुनियाद; उ.—मकान की मज़बूती के लिए उसकी नींव पक्की होनी चाहिए।

नीच वि. गिरा हुआ, अधम; जैसे—नीच विचार, नीच आदमी।

नीचा वि. कम ऊँचाईवाला; उ.—बारिश के दिनों में यह नीचा इलाक़ा पानी में डूब जाता है (विलोम : ऊँचा) (दे. चित्र 'ऊँचा)।

नीति स्त्री. **1.** आचार-व्यवहार के तौर-तरीक़े; जैसे—रहीम के 'नीति के दोहे'। **2.** सोच-विचार कर तय की गई बात; जैसे—कंपनी की नीति, सरकार की नीति।

नीरस वि. बेस्वाद, जैसे—नीरस भोजन, नीरस कविता।

नीरोग वि. जिसे कोई रोग न हो, स्वस्थ।

नीला वि. नील के रंग का; उ.—साफ़ आसमान नीला होता है।

नीलाम पुं. किसी चीज़ पर बोली लगा कर बेचने की क्रिया; उ.—कल दस बजे दुकान की सारी चीज़ें नीलाम की जाएँगी।

नुक़सान पुं. हानि, घाटा; उ.—दुकान में आग लग जाने से हमें काफ़ी नुक़सान हुआ है।

नुकीला वि. नोकवाला, नोकदार; जैसे—नुकीला बाण, नुकीली पिन।

नुमाइश

नुमाइश स्त्री. प्रदर्शनी; जैसे—चित्रों की नुमाइश, पुस्तकों की नुमाइश (दे. चित्र)।

नूतन वि. नया, नवीन (विलोम : पुरातन)।

नृत्य पुं. नाच; उ.—रमा ने नृत्य करने के लिए घुँघरू बाँध लिए हैं।

नेक वि. भला, अच्छा।

नेता पुं. अगुआई करनेवाला, लीडर।

नेत्र पुं. आँख, नयन; जैसे—नेत्र-दान, नेत्र-चिकित्सालय।

नेवला

नेवला पुं. गिलहरी जैसा भूरे रंग का एक जानवर उ.—नेवला साँप का दुश्मन होता है (दे. चित्र)।

नोक स्त्री. किसी चीज़ का बारीक सिरा; जैसे—सूई की नोक, तलवार की नोक।

नोचना स. क्रि. किसी चीज़ को पकड़कर झटके से उखाड़ना; जैसे— नाखून से नोचना, बाल नोचना, फूल नोचना।

नोट पुं. **1.** काग़ज़ी सिक्का; जैसे—एक का नोट, दस का नोट। **2** याददाश्त के लिए लिखी गई बात; उ.—मैंने सारी बातें डायरी में नोट कर ली हैं।

नोटिस स्त्री. **1.** सूचना; जैसे—मीटिंग की नोटिस। **2.** चेतावनी; जैसे— मकान ख़ाली करने की नोटिस।

नौ वि. आठ और एक का जोड़, 9।

नौ दो ग्यारह होना चंपत हो जाना; उ. —पिताजी को आता देख नटखट श्यामू नौ दो ग्यारह हो गया।

नौकर पुं. दास, सेवक।

नौकरी स्त्री. सेवा, चाकरी; उ.—मेरे भाई को पाँच सौ रुपए की नौकरी मिल गई है।

नौजवान वि. नवयुवक।

न्यायालय पुं. मुक़दमों के फ़ैसले करने का स्थान, अदालत, कोर्ट।

न्याय पुं. सही फ़ैसला, इंसाफ़।

न्यारा वि. औरों से अलग, निराला, अनोखा।

न्योछावर स्त्री. श्रद्धा सहित देना, अर्पण; उ.—देश की आज़ादी के लिए हज़ारों वीरों ने अपने प्राण न्योछावर कर दिए।

न्योता पुं. निमंत्रण; उ.—मुझे तुम्हारे विवाह का न्योता मिल गया है।

प

पंक पुं. दे. 'कीचड़'।

पंकज पुं. कीचड़ में उगनेवाला एक फूल, कमल।

पंक्ति स्त्री. क़तार, लाइन; उ.—बस के लिए पंक्ति में खड़े लोग अपनी बारी का इंतज़ार कर रहे हैं (दे. चित्र)।

पंक्ति

पंख पुं. पक्षियों की पीठ पर लगे दो पर जिनसे वे उड़ते हैं, डैना; उ.— कबूतर ने अपने पंख फैलाए और आकाश में उड़ गया।

पंखा पुं. एक चीज़ जिसके हिलने से हवा आती है; जैसे—बिजली का पंखा।

पँखुड़ी (पँखड़ी) स्त्री. फूल की कोमल पत्तियाँ।

पंगु वि. जो पैर से चल-फिर न सके, लँगड़ा।

पंच (I) पुं. 1. दूसरों के झगड़े का फ़ैसला करनेवाला। 2. पंचायत का सदस्य। (II) वि. पाँच; जैसे—पंचनद।

पंचम वि. क्रम में पाँचवाँ।

पंचमी स्त्री. पखवारे का पाँचवाँ दिन, महीने के दो में से किसी भी एक पक्ष की पाँचवीं तिथि।

पंचवर्षीय वि. पाँच सालवाला; जैसे—पंचवर्षीय योजना।

पँचानबे वि. नब्बे और पाँच का जोड़, 95।

पंचायत स्त्री. किसी झगड़े का फ़ैसला करने के लिए चुने गए लोगों की मंडली, लोक-अदालत, पंचों की सभा।

पंछी पुं. पक्षी, चिड़िया।

पंजर पुं. हड्डियों का ढाँचा, ठठरी।

पंजा पुं. 1. आदमी का उँगुलियों और हथेली सहित हाथ का या पाँचों अँगुलियों सहित पैर का अगला भाग। 2. पशु-पक्षियों के पैर का अगला भाग जिससे वे कुछ पकड़ते हैं; उ. —बिल्ली ने झपट कर अपने पंजे में चुहिया को दबोच लिया।

पंडा पुं. किसी तीर्थ-स्थान या मंदिर का पुजारी; उ.—तीर्थों के अधिकतर पंडे अपने यजमान का इतिहास लिख कर रखते हैं।

पंडाल पुं. दे. 'मंडप'।

पंडित पुं. 1. किसी भाषा या विषय का

पूरा जानकर, विद्वान; उ.—शर्मा जी अँगरेज़ी और संस्कृत दोनों भाषाओं के पंडित हैं। **2.** ब्राह्मण, पुरोहित; उ. —पंडित जी कथा सुना रहे हैं।

पंद्रह वि. दस और पाँच का जोड़, 15।

पंप पुं. गैस भरने या निकालने या किसी तरल पदार्थ को ऊपर खींचने का यंत्र (दे. चित्र)।

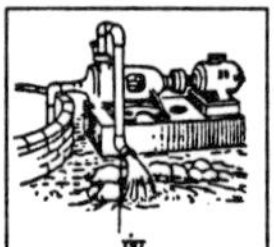
पंप

पंसारी पुं. मसाले, जड़ी-बूटियाँ और घर का रोज़मर्रा का सामान बेचनेवाला दुकानदार।

पकड़ स्त्री. **1.** पकड़ने की स्थिति, पकड़ने की क्रिया, गिरफ्त; उ.—चौकीदार की मज़बूत पकड़ के कारण चोर भाग न सका। **2.** समझ उ.—अभी तक रामू की बीमारी पकड़ में नहीं आई है।

पकड़ना स. क्रि. **1.** थामना; जैसे—छड़ी पकड़ना, हाथ पकड़ना। **2.** गिरफ़्तार करना; जैसे—चोर पकड़ना।

पकना अ. क्रि. **1.** अनाज फल आदि का तैयार होना, कच्चापन दूर होना; उ.—'आम पक गए हैं, तोड़ लाओ।' **2.** आँच या गरमी से तैयार हो कर खाने लायक बनना; जैसे—दाल पकना, रोटी पकना।

पकवान पुं. घी तेल आदि में तली हुई मीठी या नमकीन चीज़।

पकाना स. क्रि. किसी कच्ची चीज़ को गरमी पहुँचा कर उसको खाने लायक बनाना; जैसे—आम को पकाना, खाना पकाना।

पकौड़ा पुं. बेसन या दाल की पीठी से तलकर बनाया गया नमकीन पकवान, बड़ी पकौड़ी।

पक्का वि. **1.** मज़बूत; जैसे—पक्का धागा। **2.** निश्चित; जैसे—सौदा पक्का होना, विवाह की बात पक्की होना।

पक्ष पुं. **1.** तरफ़, और; उ.—'तुम किसके पक्ष में हो, रामू के या मेरे ?' (विलोम : विपक्ष)। **2.** पंद्रह दिन, पखवारा; उ.—हर मास में दो पक्ष (शुक्ल पक्ष और कृष्ण पक्ष) होते हैं।

पक्षी पुं. दे. 'पंछी'।

पगडंडी स्त्री. पैदल चलने से खेत, जंगल या मैदान में बना हुआ पतला रास्ता; उ.—यह पगडंडी सीधे मेरे घर तक जाती है।

पगड़ी

पगड़ी स्त्री. सिर पर लपेट कर बाँधी जाने-वाली लंबी पट्टी, साफ़ा (दे. चित्र)।

पगला वि. **1.** नासमझ, बेअक्ल; उ. —'उसकी बात छोड़ो, वह तो पगला है।' **2.** दे. 'पागल'।

पचना अ. क्रि. हज़म होना; जैसे—खाना पचना।

पचपन वि. पचास और पाँच का जोड़, 55।

पचहत्तर वि. सत्तर और पाँच का जोड़, 75।

पचाना स. क्रि. हज़म करना; उ.—तली हुई चीज़ों को पचाना मुश्किल होता है।

पचास वि. चालीस और दस का जोड़,

50।

पचासी वि. अस्सी और पाँच का जोड़, 85।

पच्चीकारी स्त्री. एक रंग की चीज़ को दूसरे रंग की चीज़ में खोद कर जड़ना; जैसे—संगमरमर पर रंगीन पत्थरों से की हुई पच्चीकारी।

पच्चीस वि. बीस और पाँच का जोड़, 25।

पछताना अ. क्रि. कोई ग़लत काम हो जाने पर उसके लिए बाद में दुखी होना, पश्चात्ताप, करना, अफ़सोस करना; उ.—फेल हो जाने पर रमेश पछता रहा है कि उसने पढ़ाई क्यों नहीं की।

पछाड़ना स. क्रि. 1. कुश्ती या लड़ाई में पटकना; उ.—आज दंगल में नत्थू पहलवान ने कल्लू पहलवान को पछाड़ दिया। 2. हराना; जैसे—पढ़ाई में औरों को पछाड़ना।

पटकना स. क्रि. ज़ोर से नीचे गिराना; उ.—ननकू ने मारे ग़ुस्से के किताबें ज़मीन पर पटक दीं।

पटना अ. क्रि. 1. मेल खाना, बनना; उ.—सुरेश की विनोद से बहुत पटती है। 2. भर जाना; उ.—कुआँ कीचड़ से पट गया है। 3. सींचा जाना; उ.—खेत पट गया है। 4. तय होना; जैसे—मामला पटना, रिश्ते का पटना।

पटरी

पटरा पुं. 1. काठ का पतला लंबा टुकड़ा, तख़्ता। 2. चौकी, पाटा।

पटरी स्त्री. 1. तख़्ती। 2. रेल की लाइन (दे. चित्र)।

पटवारी पुं. गाँव की ज़मीन और लगान का हिसाब रखनेवाला, लेखपाल।

पटसन पुं. एक पौधा जिसकी छाल के रेशे से बोरा रस्सी आदि बनते हैं, पाट, जूट।

पटाख़ा पुं. एक आतिशबाज़ी जिसके फटने से आवाज़ होती है।

पटाना स. क्रि. 1. किसी को किसी काम के लिए तैयार कर लेना; उ.—मैंने रशीद को साथ चलने के लिए पटा लिया है। 2. तय करना; उ.—मैंने यह सौदा अस्सी रुपए में पटाया है।

पटेल पुं. 1. गाँव का मुखिया, नंबरदार। 2. गुजराती कुर्मियों की एक उपाधि।

पट्टी

पट्टी स्त्री. 1. कपड़े कागज़ धातु आदि का पतला लंबा टुकड़ा। 2. कपड़े का लंबा और पतला टुकड़ा जो घाव आदि पर बाँधा जाता है, बैंडेज। 3. लिखना सीखने की काठ की पटिया (दे. चित्र)। मु. **पट्टी पढ़ाना** किसी को उल्टी-सीधी बातें समझा कर अपना मतलब साधना; उ.— लालू ने राजू को पट्टी पढ़ा कर उसका मकान ऐंठ लिया।

पठार पुं. ऊँची जगह पर मीलो तक फैली हुई पथरीली भूमि; जैसे—दक्षिण भारत का पठार, तिब्बत का पठार।

पड़ना अ. क्रि. 1. गिरना; जैसे—बारिश के छींटे पड़ना, फिसल कर गिर पड़ना। 2. लाचार हो कर कुछ करना; उ.—मुझे यह किताब देने के लिए यहाँ आना पड़ा। 3. लेटना;

उ.—वह बिस्तर पर पड़ा है।

पड़ाव पुं. 1. यात्रा के बीच कहीं ठहरने का स्थान; उ.—हमारा अगला पड़ाव रोहतांग दर्रा है।

पड़ोस पुं. 1. किसी के घर के आस-पास के घर, आसपास का स्थान; उ.—राम हमारे पड़ोस में ही रहता है।

पड़ोसी पुं. पड़ोस में रहनेवाला।

पढ़ना स. क्रि. 1. छपी या लिखी हुई बात का मन ही मन या बोलकर उच्चारण करना; उ.—मैं अख़बार पढ़ रहा हूँ। 2. शिक्षा लेना; उ.—मैं इस स्कूल में पढ़ता हूँ।

पढ़ाई स्त्री. पढ़ने का काम; उ.—इस विद्यालय में आठवीं कक्षा तक पढ़ाई होती है।

पढ़ाना स. क्रि. शिक्षा देना; उ.—मास्टर जी क्लास में बच्चों को पढ़ा रहे हैं।

पतंग स्त्री. सींक की कमानियों पर काग़ज़ मढ़ कर बनाई हुई एक चीज़ जिसे डोर से हवा में उड़ाया जाता है, गुड्डी, कनकौवा; उ.—रामू की पतंग आकाश में ऊँची उड़ रही है।

पतंगा पुं. उड़नेवाला कीड़ा, फतिंगा; उ.—बिजली के लट्टू के चारों ओर ढेरों पतंगे मँडरा रहे हैं।

पतझड़ पुं. पेड़ों से पत्तियों के गिरने का मौसम, पतझर।

पतन पुं. नीचे गिरना, गिरावट, अवनति; उ.—औरंगज़ेब के बाद मुग़ल साम्राज्य का पतन होने लगा (विलोम : उत्थान)।

पतला वि. 1. दुबला; जैसे—पतला आदमी। 2. कम मोटाईवाला; जैसे—पतला कपड़ा। 3. सँकरा; जैसे—पतला रास्ता, पतली पट्टी।

पतलून स्त्री. अँगरेज़ी पाजामा, पैंट।

पतवार स्त्री. 1. नाव के पिछली ओर लगा हुआ दिशा बदलने के काम आनेवाला एक तिकोना डंडा।

पता पुं. 1. ठिकाना; उ.—'इस लिफ़ाफ़े पर पता लिख कर डाक के बंबे में डाल दो।' 2. जानकारी; उ.—मुझे तुम्हारी बीमारी का पता नहीं था।

पताका स्त्री. दे. 'झंडा'।

पति पुं. 1. मालिक, स्वामी; जैसे—भूपति। 2. स्त्री. के लिए वह पुरुष जिससे उसका विवाह हुआ हो, शौहर।

पत्तल स्त्री. पत्तों से बनाई हुई थाली जैसी एक चीज़; उ.—बरातियों की पत्तल में कई पकवान रखे हैं।

पत्ता पुं. 1. पेड़-पौधों का एक हरा चिपटा अंग, पत्र; उ.—वसंत ऋतु में पेड़-पौधे पत्तों से लद जाते हैं। 2. ताश का कार्ड; उ.—ताश में बावन पत्ते होते हैं।

पत्थर पुं. ज़मीन का कड़ा पिंड, चट्टान का टुकड़ा।

पत्नी स्त्री. पुरुष के लिए वह स्त्री जिससे उसका विवाह हुआ हो; उ.—सीता राम की पत्नी थीं।

पत्र पुं. 1. पेड़ का पत्ता, पत्ती, जैसे—बिल्व-पत्र। 2. चिट्ठी; उ.— 'मुझे कल की डाक से आपका पत्र मिला।'

पत्रिका स्त्री. एक निश्चित समय पर निकलनेवाली पुस्तिका; जैसे— साप्ताहिक पत्रिका, मासिक पत्रिका, वार्षिक

पत्रिका।

पथ पुं. रास्ता, राह, मार्ग।

पथरीला वि. पत्थरोंवाला; जैसे—पथरीली ज़मीन।

पथिक पुं. राही, मुसाफ़िर।

पद पुं. 1. पाँव, पैर; जैसे—पदचिह्न। 2. ओहदा; जैसे—मंत्री का पद।

पदचिह्न पुं. पैर के निशान।

पदक पुं. सम्मान चिह्न, तमग़ा, मेडल; उ.—पी. टी. उषा ने 10 वें एशियाई खेलों में चार स्वर्ण-पदक जीते।

पदवी स्त्री. राज्य या किसी संस्था द्वारा दिया गया सम्मान-सूचक नाम, उपाधि, ख़िताब।

पदार्थ पुं. जो जगह घेरे या जिसमें भार हो, चीज़, वस्तु।

पधारना अ. क्रि. 1. आना (बड़े या सम्माननीय व्यक्ति के लिए काम में लाया जाने वाला शब्द); उ.—सभापति जी अभी-अभी सभा में पधारे हैं। 2. जाना; उ.—वे अपना भाषण दे कर अभी ही यहाँ से पधारे हैं।

पनघट पुं. पानी भरने की जगह, घाट।

पनचक्की

पनचक्की स्त्री. पानी के बहाव की शक्ति से चलनेवाली चक्की (दे. चित्र)।

पनडुब्बी

पनडुब्बी स्त्री. पानी के भीतर चलनेवाला युद्ध-पोत, सबमैरिन (दे. चित्र)।

पनवाड़ी पुं. पान बचेनेवाला, तमोली।

पनीर पुं. फाड़े हुए दूध का थक्का, छेना।

पन्ना पुं. 1. पृष्ठ; उ.—यह पचास पन्नों की पुस्तक है। 2. हरे रंग का एक क़ीमती पत्थर।

पपड़ी स्त्री. सूखी और सिकुड़ी हुई परत; जैसे—घाव पर जमी पपड़ी, दूध पर जमी मलाई की पपड़ी।

पपीता पुं. बाहर से हरा और भीतर से पीला एक मीठा फल।

पपीहा पुं. सुरीली बोली बोलनेवाला एक पक्षी चातक; उ.—पपीहा वर्षा ऋतु में 'पी कहाँ, पी कहाँ' की टेर लगाता रहता है।

परंतु अ. पर, लेकिन, किंतु; उ.—मैं राम के घर गया था, परंतु वह नहीं मिला।

परंपरा स्त्री. पहले से चली आ रही रीति रिवाज, प्रथा; उ.—हमारे यहाँ विवाह के समय अग्नि के फेरे लगाने की परंपरा है।

पर **(I)** अ. दे. 'परंतु'। **(II)** पुं. डैना, पंख; जैसे—चिड़िया के पर। **(III)** वि. ग़ैर, दूसरा; जैसे—पर+देश= परदेश, पर+उपकार=परोपकार।

परकार पुं. पेंसिल लगा कर गोल आकृति खींचने का एक छोटा यंत्र।

परख स्त्री. 1. जाँच; उ.—मुझे इस हीरे की परख करानी है। 2. पहचान; उ.—उसे असली मोती की परख है।

परखना स. क्रि. ग़लत-सही की पहचान करना, जाँचना; उ.—जौहरी ही असली हीरे को परख सकता है।

परचा पुं. 1. काग़ज़ का टुकड़ा; उ.—इस परचे पर अपना पता लिखा दो। 2. प्रश्न-पत्र; उ.—इस बार गणित का परचा बड़ा कठिन था। 3. प्रचार

के लिए बाँटा जानेवाला छपा हुआ काग़ज़; जैसे—चुनाव का परचा।

परचून पुं. आटा चावल दाल आदि के साथ और भी कई तरह का खुदरा सामान; उ.—'ज़रा नुक्कड़ की परचून की दुकान से आधा किलो चीनी लाना।'

परछाई स्त्री. **1.** जल या दर्पण में पड़नेवाली शरीर की छाया। **2.** एक ओर प्रकाश पड़ने से दूसरी ओर बननेवाला छाया चित्र; उ.—धूप में खेलते समय हमारी परछाईं भी हमारे साथ भागती है।

परतंत्र वि. दूसरे के अधीन, पराधीन; उ.—सन् 1947 के पहले हमारा देश परतंत्र था (विलोम : स्वतंत्र)।

परत स्त्री. एक सतह पर दूसरी संतह का जमाव, तह; जैसे—दूध पर मलाई की परत, किताबों पर धूल की परत।

परदा पुं. कुछ ढकने के लिए बनाई हुई सींक कपड़े आदि की चीज़, आड़, आवरण; जैसे—खिड़की का परदा, रंगमंच का परदा।

परदादा पुं. पिता का दादा।

परदेशी पुं. जिसका घर दूसरे देश में हो, दूसरे देश में रहनेवाला।

परम वि. **1.** सबसे ऊँचा, चरम; जैसे—परम शांति, परम आनंद। **2.** सबसे अधिक, अत्यधिक; जैसे—परम पूज्य।

परमाणु पुं. पदार्थ का छोटे से छोटा कण या भाग।

परमात्मा पुं. ईश्वर, भगवान।

परमेश्वर पुं. दे. 'परमात्मा'।

परलोक पुं. वह काल्पनिक संसार जहाँ प्राणी मरने के बाद जाता है, दूसरा लोक मु. **परलोक सिधारना** मृत्यु होना, मरना।

परवल पुं. लता में होनेवाली आकार में छोटे बेलन जैसी एक हरी सब्ज़ी।

परवाह स्त्री. चिंता, फ़िक्र; उ.—'तुम ज़रा भी नहीं पढ़ते, क्या तुम्हें फ़ेल होने की कोई परवाह नहीं ?'

परसों अ. **1.** बीते हुए कल के पहले का दिन; उ.—'जी, मैं परसों भी आया था।' **2.** आनेवाले कल के बाद आनेवाला दिन; उ.—'मैं परसों आऊँगा।'

परस्पर अ. आपस में, एक-दूसरे से; उ. —इन दोनों भाइयों में परस्पर बहुत प्रेम है।

परहेज़ पुं. किसी चीज़ से बचना, संयमपूर्वक रहना; उ.—डाक्टर ने उमेश को खट्टी चीज़ों से परहेज़ करने को कहा है।

पराँठा पुं. तवे पर घी लगा कर सेंकी हुई रोटी।

पराक्रम पुं. वीरता, शौर्य, पुरुषार्थ; उ.—हमारे इतिहास में राजपूतों और मराठों के पराक्रम की बहुत-सी कहानियाँ हैं।

पराजय स्त्री. हार; उ.—बांग्ला देश की लड़ाई में पाकिस्तान की पराजय हो गई (विलोम : विजय)।

परात स्त्री. मुड़े हुए बड़े किनारोंवाली बड़ी थाली; उ.—हलवाई परात में मिठाइयाँ सजा कर बेच रहा है (दे. चित्र 'खोमचा')।

पराधीन वि. दे. 'परतंत्र'।

पराया वि. **1.** दूसरा, ग़ैर; जैसे—पराया

आदमी। **2.** दूसरे का, ग़ैर का; जैसे—पराया धन।

परास्त वि. हारा हुआ, पराजित; उ.—गामा पहलवान ने असलम पहलवान को चुटकियों में परास्त कर दिया।

परिचय पुं. जान-पहचान; उ.—'अपने मित्र से मेरा परिचय करा दो।'

परिचित वि. जिससे जान-पहचान हो, जाना-पहचाना; जैसे—परिचित व्यक्ति, परिचित स्थान।

परिणाम पुं. दे. 'नतीजा'।

परिधान पुं. पहनने का वस्त्र; उ.— साड़ी भारतीय स्त्रियों का परिधान है।

परिधि स्त्री. चौहद्दी, घेरा; जैसे—वृत्त की परिधि, पृथ्वी की परिधि।

परिमाण पुं. माप, तौल; उ.—'क्या यह दो किलो दूध है ? मुझे तो परिमाण में कम लग रहा है।'

परिवर्तन पुं. किसी चीज़ का पहले जैसा न रहना, बदलाव; जैसे—रेल के आने या जाने के समय में परिवर्तन, मौसम में परिवर्तन।

परिवहन पुं. यात्रियों और माल ढोने का काम, ट्रांसपोर्ट; जैसे—जहाज़, रेल, विमान, लॉरियाँ आदि परिवहन के साधन हैं।

परिवार पुं. घर के लोग, कुटुंब; उ.—हमारे परिवार में पाँच लोग हैं।

परिश्रम पुं. मेहनत; उ.—यदि तुम थोड़ा और परिश्रम करो तो तुम्हें बहुत बढ़िया नंबर मिल सकते हैं।

परिश्रमी वि. मेहनती।

परिषद स्त्री. सलाह देने या विचार करने या प्रबंध करने के लिए नियुक्त सदस्यों की सभा, समिति; जैसे—ज़िला परिषद।

परिस्थिति स्त्री. स्थिति, अवस्था, हालात; उ.—जगह-जगह दंगे होने के कारण देश की परिस्थिति बहुत ख़राब हो रही है।

परी

परी स्त्री. आकाश में उड़नेवाली एक काल्पनिक सुंदरी, अप्सरा (दे. चित्र)।

परीक्षक पुं. परीक्षा लेनेवाला, जाँच करनेवाला; उ.—हमारे गणित के परीक्षक बहुत कड़ाई से नंबर देते हैं।

परीक्षा स्त्री. **1.** इम्तहान; जैसे—तिमाही परीक्षा, वार्षिक परीक्षा। **2.** जाँच; जैसे—ख़ून की परीक्षा।

परे अ. दूर, अलग; उ.—यह बात मेरी समझ के परे है।

परेड स्त्री. सैनिकों या पुलिस की क़वायद; उ.—26 जनवरी को गणराज्य दिवस पर हर बड़े शहर में परेड होती है।

परेशान वि. चिंतित, व्याकुल; उ.—माँ बेटे की बीमारी से बहुत परेशान है।

परोपकार पुं. दूसरों की भलाई।

परोपकारी वि. दूसरों की भलाई करनेवाला; उ.—परोपकारी राजा शिवि ने कबूतर के प्राण बचाने के लिए अपना मांस दान कर दिया।

परोसना (परसना) स. क्रि. सामने खाना रखना; उ.—'माँ ने खाना परोस दिया है, झट से खा लो।'

पर्यटक पुं. भ्रमण करनेवाला, देश-विदेश घूमनेवाला; उ.—भारत में ताजमहल पर्यटकों के विशेष आकर्षण का केंद्र

है।

पर्यटन पुं. विभिन्न जगहों का भ्रमण, देश-दर्शन; उ.–पर्यटन से ज्ञान बढ़ता है।

पर्यन्त अ. तक; उ.–वह मृत्यु पर्यन्त दुखियों की सेवा करता रहा।

पर्याप्त वि. जितना चाहिए उतना, काफ़ी।

पर्याय पुं. उसी अर्थवाला दूसरा शब्द, समानार्थी; उ.–'कमल' का पर्याय 'पंकज' है।

पर्यावरण पुं. वायुमंडल और परिवेश।

पर्व पुं. त्योहार; उ.–दुर्गा पूजा बंगाल का मुख्य पर्व है।

पर्वत पुं. दे. 'पहाड़'।

पर्वतारोहण

पर्वतारोहण पुं. पहाड़ पर चढ़ने का काम (दे. चित्र)।

पलंग पुं. बड़े आकार की चारपाई।

पल पुं. समय का एक छोटा भाग जो चौबीस सेकण्ड के बराबर होता है।

पलक स्त्री. आँखों को ढकनेवाला चमड़ी का पतला परदा जिसके गिरने से आँखें मुँदती और उठने से खुलती हैं। मु. **पलक झपकते ही** तुरंत, पल भर में; उ.–मेरे पलक झपकते ही चोर बटुवा ले कर भाग गया।

पलटन स्त्री. सेना, फ़ौज।

पलटना अ. क्रि. **1.** पीछे मुड़ना; जैसे–पलट कर देखना। **2.** वापस आना, लौटना; जैसे–पलट कर आना। **3.** एकदम बदल जाना; उ.–नटखट पीटर का स्वभाव शान्त अहमद के साथ रह कर एकदम पलट गया।

पलड़ा पुं. तराजू का पल्ला। मु. **पलड़ा भारी होना** एक ओर ज़्यादा वज़न होना, पक्ष मज़बूत होना; उ.–इन दो खिलाड़ियों के आ जाने से हमारी टीम का पलड़ा भारी हो गया है।

पलथी स्त्री. टाँगे मोड़ कर बैठने की स्थिति; उ.–पैंट पहनने से पलथी मार कर बैठने में दिक़्क़त होती है।

पलना अ. क्रि. पाला-पोसा जाना, बड़ा किया जाना; उ.–गीता अपने मामा के घर पल कर बड़ी हुई है।

पल्ला पुं. **1.** कपड़े का छोर, आँचल, दामन; जैसे–साड़ी का पल्ला। **2.** किवाड़ तराजू आदि के दो हिस्सों में एक हिस्सा; उ.–किवाड़ का दाहिना पल्ला बंद है और बायाँ खुला।

पवन पुं. दे. 'हवा'।

पवित्र वि. शुद्ध, स्वच्छ, निर्मल; जैसे–पवित्र जल।

पशु पुं. चौपाया, जानवर; उ.–गाय एक पालतू पशु है।

पश्चात् अ. पीछे, बाद, उपरांत; उ.–राम डॉक्टरी पास करने के पश्चात् गाँवों में जा कर काम करेगा।

पश्चात्ताप पु. दे. 'पछतावा'।

पश्चिम पुं. वह दिशा जिसमें सूरज अस्त होता है, पूरब से उलटी दिशा।

पसंद (I) वि. जो अच्छा लगे; उ.–मुझे मिठाई बहुत पसंद है। **(II)** स्त्री. रुचि; उ.–'तुम्हारी क्या पसंद है, बताओ ?'

पसली

पसली स्त्री. मनुष्यों और पशुओं के शरीर में छाती के पंजर की आड़ी और

गोलाकार हड्डियों में से कोई भी हड्डी (दे. चित्र)। मु. **हड्डी-पसली एक करना** बुरी तरह मारना; उ.—मास्टरजी हमेशा कहते रहते हैं कि जो ऊधम करेगा उसकी हड्डी-पसली एक कर दूँगा।

पसारना अ. क्रि. फैलाना; जैसे—कपड़े पसारना, आँचल पसारना।

पसीजना अ. क्रि. **1.** गरमी के कारण किसी ठोस चीज़ में से उसके द्रव अंश का निकलना; जैसे—मक्खन का पसीजना। **2.** हृदय में दया पैदा होना; उ.—चोर की दुख भरी कहानी सुन कर न्यायाधीश का भी मन पसीज गया।

पसीना पुं. गरमी या मेहनत के कारण शरीर से निकालनेवाला द्रव, स्वेद; उ.—मुन्ना पसीने से लथपथ है, फिर भी खेले जा रहा है।

पस्त वि. हारा हुआ, थका हुआ।

पहचान पुं. **1.** परिचय, लक्षण, चिह्न; उ.—अपने लड़के की कोई पहचान बताओ। **2.** फ़र्क करने की समझ, परख; उ.—मुझे असली-नक़ली हीरे की पहचान नहीं है।

पहनना स. क्रि. धारण करना; जैसे—कपड़े पहनना, गहने पहनना।

पहनावा पुं. पहरावा, परिधान, पोशाक; उ.—पैंट अब आम लोगों का पहनावा हो गया है।

पहर पुं. एक दिन का आठवाँ भाग, तीन घंटे का समय; उ.—राम यहाँ रोज़ तीसरे पहर आता है।

पहरा पुं. रखवाली, चौकसी; उ.—इस मुहल्ले में दो चौकीदार पहरा देते हैं।

पहरेदार पुं. चौकीदार, संतरी।

पहलवान

पहलवान पुं. ऐसा तगड़ा आदमी जो कुश्ती लड़ता है। (दे. चित्र)।

पहला वि. जो क्रम में एक के स्थान पर हो, प्रथम; उ.—राम और श्याम पहले दरजे में पढ़ते हैं।

पहले अ. **1.** शुरू में, आरंभ में; उ.—'पहले तुम गाना गाओ।' **2.** पूर्व काल में, पीछे; उ.—'यहाँ आने के पहले तुम कहाँ रहते थे ?'

पहाड़ पुं. पर्वत, गिरि; उ.—हिमालय पहाड़ की चोटी संसार की सबसे ऊँची चोटी मानी जाती है।

पहाड़ा पुं. अंकों के गुणनफल याद करने की सूची; जैसे—दो एकम दो, दो दूनी चार।

पहिया पुं. चक्का; जैसे—गाड़ी का पहिया।

पहुँचना अ. क्रि. एक जगह से दूसरी जगह आ जाना; उ.—'देख लो, मैं ठीक सात बजे पहुँच गया हूँ।'

पहुँचाना स. क्रि. एक जगह से दूसरी जगह ले जाना; उ.—रामू कल घर आकर मेरी किताबें पहुँचा गया।

पहेली स्त्री. घुमा-फिरा कर पूछी गई बात, बुझौवल; उ.—'कटोरे में कटोरा, बेटा बाप से भी गोरा' इस पहेली का जवाब है 'नारियल'।

पाँच वि. चार और एक का जोड़, 5।

पाँव पुं. पैर।

पाइप पुं. नली, नल; जैसे—गैस का पाइप, पानी का पाइप।

पाउडर पुं. **1.** पिसा हुआ पदार्थ, चूर्ण; जैसे–दुग्ध पाउडर। **2.** चेहरे शरीर आदि पर लगाने का महीन ख़ुशबूदार चूरा।

पॉकेट पुं. दे. 'जेब'।

पागल वि. जिसका दिमाग़ ख़राब हो।

पागलपन पुं. पागल होने की अवस्था।

पाजामा (पायजामा) पुं. कमर के नीचे पहना जानेवाला पतलून से मिलता-जुलता एक वस्त्र।

पाजी वि. दुष्ट, बदमाश।

पाज़ेब स्त्री. दे. 'पायल'।

पाट पुं. **1.** दे. 'पटसन'। **2.** फैलाव; उ.–इस नदी का पाट बहुत चौड़ा है। **3.** एक तरह का रेशम। **4.** चक्की के दो भागों में से एक।

पाटना स. क्रि. ख़ाली जगह को भर कर समतल करना; उ.–'यह गड्ढा मिट्टी से पाट दो।'

पाठ पुं. **1.** सबक; उ.–मैंने अपना पाठ याद कर लिया है। **2.** पढ़ने की क्रिया; जैसे–कविता-पाठ।

पाठक पुं. पढ़नेवाला।

पाठशाला स्त्री. विद्यालय, स्कूल।

पात्र पुं. **1.** बरतन; जैसे–दूध रखने का पात्र। **2.** उपन्यास कहानी नाटक आदि के चरित्र; उ.–गोदान उपन्यास में मुख्य पात्र 'होरी' है। **3.** योग्य; जैसे–विश्वास पात्र (विश्वास करने योग्य)।

पादरी पुं. ईसाई पुरोहित; उ.–पादरी का ढीला-ढाला लंबा चोगा दूर से ही नजर आ रहा है।

पान पुं. **1.** पीने की क्रिया; जैसे–विष पान। **2.** लता में होनेवाला एक चौड़ा हरा पत्ता जो कत्था चूना सुपारी आदि के साथ स्वाद के लिए चबाया जाता है।

पाना स. क्रि. किसी चीज़ का मिलना, प्राप्त करना; जैसे–पुरस्कार पाना, फल पाना।

पानी पुं. **1.** जल; जैसे–पीने का पानी। **2.** चमक कांति; उ.–उसके चेहरे पर पानी है।

पाप पुं. बुरा काम (विलोम : पुण्य)।

पापड़ पुं. मूँग उड़द आदि के आटे से बनी हुई एक मसालेदार पतली रोटी जैसी चीज़।

पाबंदी स्त्री. **1.** रोक, प्रतिबंध; जैसे–जुलूस निकालने पर पाबंदी। **2.** समय, नियम, वचन आदि का बंधन; जैसे–वक्त की पाबंदी।

पायल स्त्री. पैरों में पहनने का घुंघरूदार या छोटे मनकोंवाला गहना, पाज़ेब।

पाया पुं. **1.** कुरसी, मेज़, पलंग आदि के पैर; उ.–मेरी कुर्सी का एक पाया टूट गया है।

पारंगत वि. पूरा जानकार, निपुण; उ.–सुबोध गायन विद्या में पारंगत है।

पार पुं. किसी चीज़ का दूसरी ओर का किनारा, जैसे–नदी के पार, समुद्र के पार, जंगल के पार।

पारखी पुं. जो परख कर सके, परखनेवाला, पहचाननेवाला; जैसे– कला का पारखी, रत्नों का पारखी।

पारदर्शी

पारदर्शी वि. जिसके आर-पार दिखाई दे; उ. –खिड़की का शीशा

पारदर्शी होने के कारण मुझे सड़क के पेड़, मकान आदि दिखाई दे रहे हैं (दे. चित्र)।

पारा पुं. एक चमकीली चिकनी सफ़ेद और तरल धातु, पारद, मर्करी; उ.– थर्मामीटर का पारा 104 डिग्री बुख़ार दिखा रहा है। **मु. पारा चढ़ना** ज़ोर से गुस्सा आना; उ.– वह बड़ा गुस्सैल है, बात-बात पर उसका पारा चढ़ जाता है।

पारितोषिक पुं. इनाम, पुरस्कार; उ.– कांता ने खेल और पढ़ाई दोनों में पारितोषिक जीते हैं।

पारी स्त्री. बारी, पाली; उ.–'मंजु रुको, अपनी पारी आने पर पासा फेंकना।'

पार्क पुं. हवाख़ोरी और बच्चों के खेलने के लिए शहरों में बनाया गया बड़ा बाग़।

पार्टी स्त्री. **1.** दल; जैसे–कांग्रेस पार्टी, कम्युनिस्ट पार्टी। **2.** एक पक्ष; जैसे–मुक़दमें में जीतनेवाली या हारनेवाली पार्टी, व्यापार में माल ख़रीदने या बेचनेवाली पार्टी। **3.** भोज; जैसे–विवाह की पार्टी।

पार्सल पुं. रेल, जहाज, विमान आदि से डाक द्वारा भेजे जानेवाले बंडल; उ.–किताबों का यह पार्सल दिल्ली से आया है।

पालक पुं. **1.** एक तरह का पत्ती साग। **2.** पालनेवाला, रक्षक; जैसे–गो- पालक, पशु-पालक।

पालकी स्त्री. एक सवारी जिसे आदमी अपने कंधों पर उठाते हैं; उ.– कहारों ने दुल्हन के बैठते ही पालकी उठा ली।

पालतू वि. पाला हुआ; जैसे–पालतू कुत्ता।

पालन वि. **1.** भरण-पोषण, परवरिश; जैसे–बच्चे का पालन। **2.** निभाना, मानना; जैसे–नियमों को पालन, आज्ञा का पालन।

पालना स. क्रि. खिला-पिला कर बड़ा करना; जैसे–बच्चा पालना।

पालना पुं. बच्चों को झुलानेवाला छोटा झूला; उ.–'जसोदा हरि पालने झुलावै'।

पाला पुं. **1.** हवा में मिले हुए भाप के कण जो अधिक ठंड से सफ़ेद परत के रूप में ज़मीन पर जम जाते हैं, तुषार, हिम। **2.** वास्ता; उ.–'बच्चू, बड़ी हेकड़ी दिखा रहे हो, अभी बताता हूँ कि किससे पाला पड़ा है।'

पॉलिश स्त्री. वह मसाला जिसको रगड़ने से किसी चीज़ में चमक आती है; जैसे–बूट पालिश।

पाव पुं. एक सेर का चौथा भाग, एक चौथाई; जैसे–पाव भर आटा।

पावक पुं. दे. 'आग', उ.–'छिति जल पावक गगन समीरा पंच-रचित अति अधम सरीरा' (रामचरित मानस)।

पावन वि. पवित्र, शुद्ध।

पावती स्त्री. रसीद।

पावरोटी स्त्री. मैदा, आटे को ख़मीर से फुला कर बनाई हुई रोटी, डबल रोटी।

पास पुं. निकट, समीप; जैसे–घर के पास।

पास पुं. अनुमति-पत्र; जैसे–नाटक का पास।

पास वि. उत्तीर्ण; जैसे—परीक्षा में पास।

पास-पास अ. एक-दूसरे के निकट, अगल-बगल; उ.—हम दोनों के घर पास-पास हैं।

पाहुना पुं. अतिथि, मेहमान।

पिंजरा

पिंजरा पुं. तीलियों सलाख़ों आदि से बना एक प्रकार का बक्सा जिसमें पशु-पक्षी बंद रखे जाते हैं; जैसे—शेर का पिंजरा, तोते का पिंजरा (दे. चित्र)।

पिकनिक स्त्री. खेलने-कूदने, घूमने-फिरने और खाने-पीने के लिए किसी खुली जगह या दर्शनीय स्थान में जाना, वन-भोज।

पिघलना अ. क्रि. **1.** गरमी पा कर किसी ठोस चीज़ का तरल हो जाना; उ.—'आइसक्रीम पिघल रही है, जल्दी खाओ।' **2.** पसीजना, दया आना; उ.—'सोनू को रोता देख मास्टर जी का हृदय पिघल गया।'

पिघलाना स. क्रि. गरमी पहुँचा कर किसी ठोस पदार्थ को तरल बनाना; जैसे—लोहा पिघलाना, घी पिघलाना।

पिचकना अ. क्रि. किसी फूली हुई चीज़ का दब जाना; उ.—हवा निकल जाने से गुब्बारा पिचक गया।

पिचकारी स्त्री. एक नली जिसमें भर कर पानी रंग आदि छिड़के जाते हैं; उ. —कमल ने जैसे ही पिचकारी में रंग भरा, रमा भाग गई।

पिछड़ना अ. क्रि. पीछे रह जाना; जैसे—दौड़ में पिछड़ना, पढ़ने में पिछड़ना।

पिछला वि. **1.** अगला का उलटा, पीछे का; उ.—बदमाश राजू को मास्टर जी ने पिछली पंक्ति में बैठा दिया। **2.** बीता हुआ; जैसे—पिछला साल।

पिछवाड़ा पुं. किसी मकान या स्थान के पीछे का भाग।

पिटना अ. क्रि. **1.** मार खाना, पीटा जाना; उ.—अकेला होने के कारण वह गुंडों से पिट गया। **2.** हारना; उ.—आज हमारी टीम सुधा की टीम से पिट गई।

पिटाई स्त्री. पीटने का काम, मार; उ. —चुग़ली खाने के कारण आज उसकी ख़बू पिटाई हुई।

पिटारी स्त्री. एक ढक्कनदार टोकरी; उ. —सँपेरे ने अपनी पिटारी में से बीन बजा कर लम्बा साँप निकाला।

पिट्ठू वि. हर बात में हाँ में हाँ मिलानेवाला, चमचा; उ.—'ज़रा देखो इस पिट्ठू को, कैसे उसकी हर बात में सिर हिला देता है।'

पिता पुं. बाप (स्त्री. माता)।

पितामह पुं. पिता का पिता, दादा।

पित्ती स्त्री. एक रोग जिसमें शरीर पर लाल चकत्ते या दाने हो जाते हैं और जिनमें बहुत खुजली होती है।

पिन स्त्री. पतली-नुकीली कील (आलपीन); उ.—काग़ज़ों को इकट्ठा करके इनमें पिन लगा दो।

पिपरमिंट पुं. पुदीने की जाति के एक पौधे का सत जिसका खासकर प्रयोग दवाओं में होता है; उ.—कई आदमी पान के साथ भी पिपरमिंट खाते हैं।

पिपासा स्त्री. **1.** प्यास **2.** लोभ।

पिरोना स. क्रि. **1.** सूई के छेद में धागा

डालना; जैसे—सूई पिरोना। **2.** धागे में मनके, फूल, मोती आदि पहनाना; जैसे—हार पिरोना।

पिलपिला वि. बहुत नरम, पिचपिचा; उ.—यह ख़रबूज़ा सड़ कर एकदम पिलपिला हो गया है।

पिलाना स. क्रि. पीने के लिए देना, पान कराना; उ.—मैंने मरीज़ को दवा पिला दी है।

पिल्ला पुं. कुत्ते का बच्चा; उ.—भूरा पिल्ला टुकुर-टुकुर ताक रहा है।

पिसना अ. क्रि. किसी चीज़ का चूरे में बदल जाना; उ.—चक्की में गेहूँ पिस रहा है।

पिसाई स्त्री. **1.** पीसने का काम; उ.—आजकल चने, गेहूँ आदि की पिसाई मशीन से होती है। **2.** पीसने की मज़दूरी; उ.—इस आटे की पिसाई दो रुपए है।

पीसना स. क्रि. पीसने का काम कराना; उ.—मैं गेहूँ पिसाने चक्क़ी पर जा रहा हूँ।

पिस्तौल

पिस्तौल स्त्री. छोटी बंदूक, तमंचा (दे. चित्र)।

पिस्सू पुं. सड़ी हुई चीज़ से पैदा होनेवाला एक छोटा कीड़ा।

पीक स्त्री. पान का थूक; उ.—श्याम में पान की पीक इधर-उधर थूकने की बुरी आदत है।

पीछा पुं. पिछला भाग; मु. **पीछा करना** पीछे जाना; उ.—चौकीदार ने बहुत दूर तक चोर का पीछा किया।

पीछे अ. **1.** पीठ की ओर, सामने का उलटा; उ.—ज़रा अपने पीछे देखो तो कौन है ! **2.** बाद में, पश्चात्; उ.—'मैं पहले जाता हूँ, तुम पीछे आना।'

पीटना स. क्रि. मारना; उ.—'तुमने बच्चे को क्यों पीटा ?'

पीठ स्त्री. शरीर के पीछे का कंधे से कमर तक का भाग; **मु. पीठ थपथपाना** पीठ ठोंक कर शाबाशी देना; उ.—कई विषयों में प्रथम आने पर हेडमास्टर जी ने मोहन की पीठ ज़ोर से थपथपाई।

पीठी स्त्री. भिगो कर पीसी हुई दाल।

पीड़ा स्त्री. दर्द, तकलीफ़, कष्ट।

पीड़ित वि. **1.** सताया हुआ, दुःखी; जैसे—अत्याचारों से पीड़ित। **2.** किसी चीज़ से ग्रस्त; जैसे— बाढ़-पीड़ित, रोग से पीड़ित।

पीढ़ा पुं. बैठने की छोटी चौकी, मोढ़ा; उ.—'बहू को पीढ़े पर बैठाओ।'

पीढ़ी स्त्री. **1.** किसी व्यक्ति के वंश की कोई कड़ी; उ.—पिछली पीढ़ी में हमारे परिवार के चार व्यक्ति वकील थे। **2.** किसी ख़ास समय में समान उम्र के लोगों का समूह; उ.—नई पीढ़ी और पुरानी पीढ़ी के विचारों में अंतर रहता ही है।

पीतल पुं. ताँबे और जस्ते से बनी एक पीली धातु।

पीताम्बर पुं. पीला वस्त्र; उ.—कृष्ण पीताम्बर पहनते थे।

पीना स. क्रि. तरल पदार्थ को गले से नीचे उतारना; जैसे—पानी पीना।

पीपल पुं. बरगद की तरह का एक विशाल पेड़।

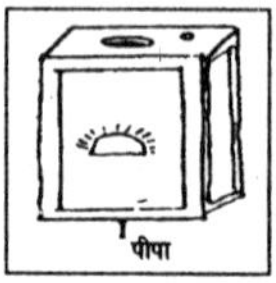

पीपा पुं. लकड़ी टीन आदि का बना बड़ा बरतन जिसमें ज़्यादातर तरल पदार्थ रखे जाते हैं (दे. चित्र)।

पीला वि. हलदी या सोने के रंग का, पीत; उ.–गेंदे का फूल पीले रंग का होता है।

पीलिया पुं. जिगर (लीवर) की ख़राबी से होनेवाली एक बीमारी जिसमें सारा शरीर पीला पड़ जाता है।

पीसना स. क्रि. **1.** चूरा बनाना; जैसे–आटा पीसना। **2.** पानी मिला कर बारीक करना, जैसे–चटनी पीसना, भाँग पीसना।

पीहर पुं. विवाहित स्त्री के माँ-बाप का घर, मायका, नैहर; उ.–मेरी माँ का पीहर मेरा ननिहाल है।

पुंल्लिग पुं. पुरुषवाचक शब्द; उ.–लड़का, बैल, कमरा, सिर आदि पुल्लिंग शब्द हैं।

पुआ पुं. पूरी की तरह का एक मीठा पकवान।

पुआल पुं. दाने निकाले हुए धान के सूखे डंठल जो पशुओं के चारे और घरों को छाने के काम आते हैं, पयाल।

पुकार स्त्री. **1.** ज़ोर से नाम ले कर दी गई आवाज़; जैसे–कचहरी में पुकार। **2.** सहायता के लिए की गई प्रार्थना; उ.–द्रौपदी की पुकार सुनते ही श्रीकृष्ण ने चीर बढ़ा कर उसकी रक्षा की।

पुकारना स. क्रि. नाम ले कर आवाज़ लगाना; उ.–रामू को पुकारने पर भी वह नहीं आया।

पुचकारना स. क्रि. प्यार से मनाना, चुमकारना; उ.–माँ रोती बच्ची को पुचकार कर चुप करा रही है।

पुजारी पुं. पूजा करनेवाला; उ.–मंदिर में पुजारी जी आरती कर रहे हैं।

पुड़िया स्त्री. काग़ज़ के भीतर कोई चीज़ रख कर उसे लपेट और मोड़ कर बनाया हुआ एकदम छोटा सा बंडल; जैसे–नमक की पुड़िया, दवा की पुड़िया।

पुण्य पुं. भलाई का काम, धर्म का काम (विलोम : पाप)।

पुतला पुं. किसी की शक्ल की नक़ल करके बनाया गया बड़ा गुड्डा; उ.–दशहरे पर कई जगह रावण का पुतला जलाया जाता है।

पुतली स्त्री. **1.** गुड़िया। **2.** आँख के बीच का काला भाग।

पुताई स्त्री. **1.** पोतने का काम; जैसे–घर में चूने या गोबर की पुताई। **2.** पोतने की मज़दूरी।

पुत्र पुं. बेटा, लड़का।

पुदीना पुं. छोटी हरी सुगंधित पत्तियोंवाला एक छोटा पौधा; उ.–'आह ! पुदीने की चटनी खा कर तो मज़ा आ गया।'

पुनः अ. फिर; उ.–'इस कविता को पुनः पढ़ो तो अर्थ समझ में आ जाएगा।'

पुरखा पुं. दादा-परदादा, पूर्वज; उ.–यह घर हमारे पुरखों का बनवाया हुआ है।

पुरस्कार पुं. इनाम, पारितोषिक; उ.–मुझे गणित में प्रथम आने पर पुरस्कार मिला है।

पुराण पुं. प्रसद्धि हिंदू धर्म-ग्रंथ जिनकी

संख्या अठारह मानी जाती है।

पुराना वि. जो नया न हो, पहले का; जैसे—पुराना मंदिर, पुराना कपड़ा।

पुरुष पुं. मर्द, नर; उ.—पहले के नाटकों में पुरुष ही स्त्री का अभिनय भी करते थे।

पुरुषार्थ पुं. उद्यम, कड़ी मेहनत; उ.—अपने पुरुषार्थ से राजा भगीरथ गंगा को पहाड़ से धरती पर ले आए।

पुरोहित पुं. पूजा-पाठ, विवाह आदि करानेवाला पंडित।

पुर्ज़ा पुं. 1. मशीन के छोटे अंग; उ.—इस घड़ी के कई पुर्ज़े ख़राब हैं। 2. काग़ज़ का टुकड़ा; उ.—इस पुर्ज़े पर मेरा हिसाब लिखा है।

पुल पुं. आर-पार जाने के लिए लकड़ी या लोहे का बना रास्ता, सेतु; उ.— कलकत्ते का हावड़ा पुल गंगा नदी पर बना हुआ है (दे. चित्र)।

पुलाव पुं. चावल में सब्ज़ी मेवा आदि डाल कर बनाया हुआ पकवान।

पुलिंदा पुं कपड़े काग़ज़ आदि में लपेट कर और रस्सी से बाँध कर बनाया हुआ बंडल।

पुलिस स्त्री. 1. जान-माल की रक्षा और शांति व व्यवस्था बनाए रखने के लिए बना सरकारी विभाग। 2. सिपाही (दे. चित्र)।

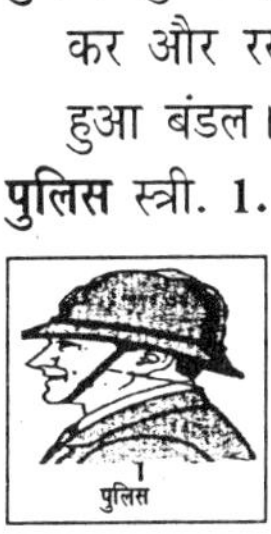

पुष्ट वि. मज़बूत, बलवान; जैसे—पुष्ट मांसपेशियाँ।

पुष्प पुं. दे. 'फूल'।

पुस्तक स्त्री. किताब, पोथी; उ.—यह पाँचवीं कक्षा की पुस्तक है।

पुस्तकालय पुं. जहाँ पढ़ने के लिए किताबें मिलती हैं, लाइब्रेरी; उ.—हमारे राष्ट्रीय पुस्तकालय में लाखों किताबें हैं।

पूँछ स्त्री. जानवरों के पिछले भाग में लटकता हुआ एक लचीला अंग, दुम; उ.—गाय अपनी पूँछ से मक्खियाँ उड़ा रही है।

पूँजी स्त्री 1. जोड़ा हुआ रुपया-पैसा, जमा धन; उ.—मैंने अपनी सारी जमा-पूँजी इस मकान में लगा दी है। 2. व्यापार या उद्योग में लगाया जानेवाला रुपया-पैसा, मूल धन; उ.—यह कारख़ाना दस हज़ार रुपए की पूँजी से शुरू हुआ था।

पूछ स्त्री. क़द्र, आदर; उ.—विद्वान होने के कारण दुबे जी की बहुत पूछ है।

पूछताछ स्त्री. पक्की जानकारी के लिए सवाल करना, जाँच-पड़ताल; उ.—'तुम्हारे घर हुई चोरी के बारे में पुलिस मुहल्ले में पूछताछ कर रही है।'

पूछना स. क्रि. 1. कुछ जानने के लिए प्रश्न करना; उ.—वह स्टेशन का रास्ता पूछ रहा था। 2. खोज खबर लेना; उ.—राम तुम्हारे बारे में पूछ रहा था।

पूजना स. क्रि. पूजा करना, आराधना करना।

पूजनीय वि. आदरणीय, पूज्य; उ.— मोहन ने चिट्ठी में लिखा 'पूजनीय पिताजी, सादर प्रणाम'।

पूजा स्त्री. आराधना, उपासना; उ.—माँ

पूजा करने मंदिर गई है।

पूज्य वि. दे. 'पूजनीय'।

पूड़ी (पूरी) स्त्री. घी तेल आदि में तल कर छानी जानेवाली चपाती।

पूत पुं. बेटा, पुत्र, जैसे–कपूत, सपूत।

पूरब पुं. दे. 'पूर्व'।

पूरा वि. सारा, कुल, भरपूर, पूर्ण; जैसे–पूरा घर, पूरे लोग, पूरी सभा (स्त्री. पूरी)।

पूरी स्त्री. **1.** दे. 'पूड़ी'। **2.** दे. 'पूरा'।

पूर्ण वि. **1.** भरा हुआ, पूरा; उ.–इस कार्यालय में सारे स्थान पूर्ण हो गए हैं। **2.** समाप्त, ख़त्म; उ.–मकान की मरम्मत का कार्य पूर्ण हो गया है। **3.** सब का सब, समूचा, समग्र, अखंड; जैसे–पूर्ण समाचार, पूर्ण परमात्मा।

पूर्णमासी स्त्री. दे. 'पूर्णिमा'।

पूर्णांक पुं. किसी प्रश्न-पत्र के लिए निर्धारित कुल अंक; उ.–हिंदी के परचे का पूर्णांक एक सौ हैं।

पूर्णिमा स्त्री. चंद्रमा की अंतिम तिथि और शुक्ल पक्ष का पंद्रहवाँ दिन जब चाँद पूरी तरह खिला होता है, पूर्णमासी, पूनो।

पूर्ति स्त्री. कमी पूरा करने का काम; उ.–'इस वाक्य में दिए गए रिक्त स्थानों की पूर्ति करो।'

पूर्व **(I)** पुं. चारों दिशाओं में से वह दिशा जिधर से सूर्य उगता है, पूरब; उ.–पूर्व में लाली छा गई है, बस सूर्य निकलनेवाला है। **(II)** अ. पहले; उ.–दो वर्ष पूर्व मैं मद्रास गई थी। **(III)** वि. पहले का; जैसे–पूर्व काल।

पूर्वज पुं. दे. 'पुरखा'।

पूर्वी वि. पूर्व का, पूर्व दिशा में स्थित; उ.–असम पूर्वी भारत में है।

पूस पुं. मार्गशीर्ष के बाद और माघ के पहले आनेवाला महीना, पौष; उ.–पूस में बहुत सर्दी पड़ती है।

पृथक वि. अलग।

पृथ्वी स्त्री. वह ग्रह जिस पर हम रहते हैं, धरती; उ.–पृथ्वी सूर्य के चारों ओर घूमती है (दे. चित्र)।

पृष्ठ पुं. **1.** किसी चीज़ का पिछला हिस्सा, पीठ; उ.–हमारे मकान के पृष्ठ भाग में मैदान है। **2.** पन्ना; उ.–इस कोश में तीन सौ पृष्ठ हैं।

पेंदा पुं. किसी चीज़ के एकदम नीचे का हिस्सा, तला; जैसे–लोटे का पेंदा, बालटी का पेंदा।

पेंसिल स्त्री. काठ के लंबोतरे खोल में डाली हुई एक विशेष प्रकार के मसाले की सलाई जो लिखने के काम आती है।

पेच पुं. **1.** घुमावदार कील, स्क्रू; उ.–'मशीन के सब ढीले पेच कस दो।' **2.** चारों ओर लपेटी जानेवाली चीज़ का प्रत्येक फेरा या लपेट; जैसे–पगड़ी का पेच। **3.** ऐसी स्थिति जिसमें घुमाव या चक्कर हों; जैसे–पेचदार बातें।

पेचकश पुं. घुमावदार कील को कसने या ढीला करने का औज़ार, स्क्रू ड्राइवर।

पेचिश स्त्री. एक रोग जिसमें मरोड़ के साथ बार-बार पाख़ाना होता है।

पेट पुं. **1.** छाती से नीचे कमर तक फ़ैला हुआ अंग, उदर; उ.–'तुम्हारा पेट निकल रहा है, रोज़ कसरत किया

करो।' **2.** पेट के भीतर की वह थैली जिसमें भोजन पचता है; उ.–'मेरा पेट भरा है, मैं कुछ नहीं खाऊँगा।'

पेटी स्त्री. **1.** बक्सा; उ.–'मेरी पेटी में ताला लगा दो।' **2.** कमर पर पतलून कसने की पट्टी, बेल्ट।

पेटीकोट पुं. स्त्रियों द्वारा साड़ी के नीचे पहना जानेवाला एक वस्त्र, साया, लहँगा।

पेटू वि. अधिक खानेवाला; उ.–पेटू पंडित जी सबके हिस्से की जलेबियाँ खा गए।

पेट्रोल पुं. साफ़ किया हुआ एक खनिज तेल; उ.–पेट्रोल से मोटर गाड़ी, स्कूटर, हवाई जहाज़ आदि चलते हैं।

पेठा पुं. **1.** सफ़ेद कुम्हड़ा; उ.–आज पेठे की सब्ज़ी बढ़िया बनी है। **2.** सफ़ेद कुम्हड़े से बनी मिठाई; उ.–आगरे का पेठा बहुत मशहूर है।

पेड़ पुं. दरख़्त, वृक्ष; उ.–बच्चे पेड़ से आम तोड़ रहे हैं।

पेड़ा पुं. खोए से बननेवाला एक मीठा पकवान।

पेपर पुं. **1.** कागज़ **2.** अख़बार; उ.–आज के पेपर में असम में बाढ़ आने की ख़बर थी। **3.** परचा; उ.–मुझे गणित के पेपर में सौ में सौ अंक मिले हैं।

पेय (I) वि. पीने लायक **(II)** पुं. पीने की चीज़ उ.–इस दुकान में दूध, शरबत, लस्सी आदि पेय मिलते हैं।

पेशगी स्त्री. वे पैसे जो किसी को कोई काम करने के लिए काम के पहले दिए जाएँ, अग्रिम, एडवांस; जैसे–तनख़्वाह में से पेशगी लेना।

पेशा पुं. धंधा, व्यवसाय; उ.–आत्माराम का पेशा वकालत है।

पेशाब पुं. मूत, मूत्र।

पैंट स्त्री. अंगरेज़ी पाजामा, पतलून।

पैंतालीस वि. चालीस और पाँच का जोड़, 45।

पैंतीस वि. तीस और पाँच का जोड़, 35।

पैंसठ वि. साठ और पाँच का जोड़, 65।

पैकेट पुं. चीज़ों को सटा कर और एक दूसरे पर जमा कर बनाया हुआ डिब्बा, छोटा पुलिंदा, बंडल; जैसे–बिस्कुट का पैकेट, सिगरेट का पैकेट।

पैग़म्बर पुं. ईसाई, इस्लाम आदि धर्मों में ईश्वर का दूत माना जानेवाला व्यक्ति; जैसे–पैग़म्बर मुहम्मद, पैग़म्बर मूसा।

पैतृक वि. पिता के कुल से संबंधित, पुरखों का, पुश्तैनी; उ.–यह खेत हमारी पैतृक संपत्ति है।

पैदल (I) वि. पाँव-पाँव चलनेवाला; जैसे–पैदल सेना। **(II)** अ. पैरों से; उ.–राजा साहब पैदल ही चले आ रहे हैं।

पैदा वि. उत्पन्न, जनमा हुआ; उ.–कल श्यामलाल के घर बेटा पैदा हुआ।

पैदाइश स्त्री. जन्म, उत्पत्ति।

पैदावार स्त्री. उपज, फ़सल; उ.–बारिश अच्छी हो जाने के कारण इस साल अनाज की पैदावार बढ़िया होगी।

पैना वि. तेज़, तीखा, धारदार; जैसे–पैना

चाक़ू।

पैमाइश स्त्री. नापने की क्रिया; जैसे—ज़मीन की पैमाइश।

पैमाना पुं. **1.** मापने का उपकरण, मापदंड। **2.** शराब पीने का प्याला, जाम।

पैर पुं. पाँव, चरण; उ.—अधिक चलने के कारण मेरे पैर दुख रहे हैं।

पैराग्राफ़ पुं. आपस में संबंधित वाक्यों का समूह, अनुच्छेद; उ.—विज्ञान पर लिखे इस लेख के तीसरे पैराग्राफ़ में विज्ञान के लाभ और चौथे में हानि का वर्णन है।

पैराशूट

पैराशूट पुं. आकाश में उड़ते हुए हवाई जहाज़ से कूदने का छाता, हवाई छतरी (दे. चित्र)।

पैसा पुं. **1.** एक सिक्का जो रुपए का सौवाँ हिस्सा होता है। **2.** धन-संपत्ति, दौलत, माल; उ.—त्रिभुवन बहुत पैसेवाला है।

पोंछना स. क्रि. कपड़े, कागज़, हाथ आदि से साफ़ करना; जैसे—मेज़ पोंछना, फ़र्श पोंछना,. आँसू पोंछना।

पोखर (पोखरा) पुं. छोटा तालाब।

पोटली स्त्री छोटी गठरी; उ.—इस पोटरी में मेरे कपड़े हैं।

पोटाश (पोटास) पुं. एक तरह का क्षार जो खाद, साबुन आदि बनाने के काम आता है।

पोत पुं. पानी का,जहाज़, जैसे—युद्ध-पोत, जल-पोत।

पोतना स. क्रि. रंग, चूना, गोबर आदि से लेप करना; जैसे—चौका पोतना, दीवार पोतना।

पोता पुं. बेटे का बेटा।

पोथी स्त्री. दे. 'किताब'।

पोपला वि. बिना दाँत का; उ.—दाँत गिर जाने से उसका मुँह पोपला हो गया है।

पोर स्त्री. **1.** अँगूठे या उँगलियों के जोड़ों के बीच का हिस्सा **2.** दो गाँठों के बीच का हिस्सा; जैसे—बाँस की पोर, ईख की पोर।

पोल स्त्री. किसी चीज़ के अंदर का खोखलापन; मु. **पोल खुलना** भेद प्रकट होना, असली बात का प्रकट होना; उ.—'हुँआ-हुँआ' करते ही शेर की खाल ओढ़े हुए सियार की पोल खुल गई।

पोला वि. अंदर से खाली, खोखला; जैसे—पोला बाँस।

पोशाक स्त्री. पूरा पहनावा; जैसे—राजा की पोशाक, दूल्हे की पोशाक।

पोस्ट स्त्री. डाक; उ.—तुम आज ही यह चिट्ठी पोस्ट से भेज देना। **पोस्ट ऑफ़िस** पुं. डाक घर, डाक खाना; उ.—तुम पोस्ट ऑफ़िस जा कर यह पार्सल लगा दो। **पोस्ट-कार्ड** पुं. वह कार्ड जिस पर डाक टिकट छपा रहता है; उ.—'वहाँ पहुँचते ही राज़ी-खुशी का पोस्टकार्ड डाल देना।' **पोस्टमैन** पुं. डाक बाँटनेवाला, डाकिया।

पौ स्त्री. सूर्य निकलने के पहले की हलकी रोशनी; उ.—राम पौ फटते ही उठ कर पढ़ने बैठ जाता है।

पौत्र पुं. बेटे का बेटा, पोता।

पौधा पुं. छोटा पेड़; उ.—यह गुलाब का

पौधा है।

पौना वि. तीन-चौथाई; जैसे—पौना गिलास दूध, पौने नौ बजे।

पौराणिक वि. पुराणों से संबंधित, प्राचीन; उ.—अधिकतर पौराणिक कथाओं में एक न एक सीख रहती है।

पौष्टिक वि. पुष्ट करने वाला, बलकारक; उ.—बच्चों के शारीरिक विकास के लिए पौष्टिक भोजन आवश्यक है।

प्याऊ पुं. जहाँ प्यासों को पानी पिलाया जाता है; उ.—पहले गर्मी के दिनों में जगह-जगह प्याऊ लग जाते थे।

प्याज

प्याज़ पुं. एक तीखा चरपरा तेज़ गंधवाला कंद (दे. चित्र)।

शतरंज (प्यादा)

प्यादा पुं. 1. पैदल चलनेवाला सिपाही। 2. शतरंज का सबसे छोटा मोहरा (दे. चित्र)।

प्यार पुं. प्रेम, दुलार।

प्याला

प्याला वि. मिट्टी धातु आदि का बना हुआ छोटा कटोरा (दे. चित्र)।

प्लास्टिक पुं. एक ऐसा रासायनिक पदार्थ जिसे ताप से नरम करके मनचाहा आकार दिया जा सकता है; जैसे—प्लास्टिक का गिलास, प्लास्टिक की बाल्टी।

प्यास स्त्री. पानी पीने की इच्छा, पिपासा।

प्यासा वि. जिसे प्यास लगी हो; उ.—प्यासों को पानी पिलाना बहुत अच्छा काम है।

प्लेट स्त्री. धातु, मिट्टी आदि से बनी तश्तरी, रकाबी।

प्लेटफ़ार्म पुं. स्टेशन पर बना हुआ लंबा चबूतरा; उ.—'रेल प्लेटफ़ार्म पर लग गई है, जल्दी सामान चढ़ाओ।

प्रकट (प्रगट) वि. जो सामने आ गया हो, ज़ाहिर, प्रत्यक्ष; जैसे—भेद प्रकट होना विचार प्रकट करना (विलोम : गुप्त)।

प्रकांड वि. बहुत बड़ा, बहुत ज्यादा; उ.—शास्त्री जी संस्कृत के प्रकांड विद्वान हैं।

प्रकार पुं. क़िस्म, तरह, भाँति; उ.—इस जंगल में अनेक प्रकार के पेड़ हैं।

प्रकाश पुं. रोशनी; जैसे—सूर्य का प्रकाश, लालटेन का प्रकाश (विलोम : अंधकार)।

प्रकृति स्त्री. 1. पेड़, पौधे, नदी, पहाड़ आदि; उ.—जंगल कटने से और बड़े मकान बनने से प्रकृति नष्ट हो रही है। 2. स्वभाव; उ.—वह बहुत दुष्ट प्रकृति का आदमी है।

प्रकोप पुं. किसी भी चीज़ का भयानक रूप; जैसे—हैज़े का प्रकोप, बाढ़ का प्रकोप।

प्रखंड पुं. ज़िले का एक अंग, ब्लॉक; उ.—हमारे प्रखंड में चार पंचायतें हैं।

प्रख्यात वि. प्रसिद्ध, मशहूर, विख्यात; उ.—रामचंद्र शुक्ल हिंदी के प्रख्यात आलोचक थे।

प्रगतिशील वि. 1. जो उन्नति की ओर बढ़ रहा है; जैसे—प्रगतिशील देश, जाति आदि। 2. जिसके विचार रुढ़ि विरोधी हों; जैसे— प्रगतिशील लेखक, प्रगतिशील नेता।

प्रचंड वि. बहुत तेज़, उग्र, भीषण; जैसे—प्रचंड गरमी, प्रचंड गुस्सा।

प्रचलन पुं. रिवाज, प्रचार; उ.—कई आदिवासी जातियों में हड्डी के गहने पहनने का प्रचलन है।

प्रचलित वि. जिसका चलन हो, चालू; जैसे—प्रचलित पुस्तक, प्रचलित फ़ैशन।

प्रचार पुं. **1.** किसी चीज़ को प्रसिद्ध करने या फैलाने का काम; उ.—दुकानदार विज्ञापन करके अपने माल का प्रचार करते हैं। **2.** किसी चीज का चलन; उ.—इन दिनों टेलीविज़न का प्रचार बहुत बढ़ गया है।

प्रजा स्त्री. **1.** राजा द्वारा शासित लोग। **2.** जनता।

प्रजातंत्र पुं. लोगों का राज्य, जनता का राज्य, लोकतंत्र; उ.—प्रजातंत्र में सारे नागरिकों के समान अधिकार होते हैं।

प्रण पुं. पक्का निश्चय, प्रतिज्ञा; उ.—कृष्ण ने प्रण किया था कि वे महाभारत युद्ध में शस्त्र धारण नहीं करेंगे।

प्रणाम पुं. हाथ जोड़ कर आदर प्रकट करना, नमस्कार, अभिवादन।

प्रणाली स्त्री. ढंग, पद्धति, तरीका; जैसे—मीट्रिक प्रणाली।

प्रताप पुं. महानता, तेज, बड़ाई।

प्रति उपसर्ग जो किसी शब्द के पहले जुड़कर इस शब्द का अर्थ उल्टा करे; जैसे—प्रतिदान का अर्थ है बदले में दिया जाने वाला दान।

प्रति स्त्री. समाचार-पत्र व पुस्तकों आदि की एक समय में छपनेवाली संख्या, कॉपी; उ.—इस किताब की दो हज़ार प्रतियाँ छपी हैं। **2.** कई एक सी चीज़ों में एक की नक़ल, कॉपी, उ.—'मुझे भी इस किताब की एक प्रति चाहिए।'

प्रति वि. हर एक; उ.—'मुझे बीस रुपए प्रतिदिन के हिसाब से मज़दूरी दे दें।'

प्रतिकूल वि. विपरीत, विरुद्ध; उ.—उसके विचार मेरे विचारों के प्रतिकूल हैं।

प्रतिज्ञा स्त्री. दृढ़ संकल्प, प्रण, कसम; उ.—आज़ादी के पहले बहुत से लोगों ने सिर्फ़ स्वदेशी चीज़ें इस्तेमाल करने की प्रतिज्ञा की थी।

प्रतिनिधि पुं. वह व्यक्ति जो किसी की ओर से काम करे; उ.—विधान सभाओं या संसद में जनता अपने प्रतिनिधि चुन कर भेजती है।

प्रतिबंध पुं. रुकावट, पाबंदी; जैसे—जुलूस निकालने पर प्रतिबंध।

प्रतिबिंब पुं. शीशे और जल में पड़नेवाली परछाईं, छाया; उ.—अलाउद्दीन ख़िलजी पद्मिनी का प्रतिबिंब शीशे में देख कर उस पर मुग्ध हो गया था (दे. चित्र)।

प्रतिभा स्त्री. असाधारण मानसिक शक्ति, प्रखर बुद्धि, मेधा।

प्रतियोगिता स्त्री. होड़, मुक़ाबला; जैसे—कुश्ती प्रतियोगिता, दौड़ प्रतियोगिता।

प्रतियोगी पुं. प्रतियोगिता या मुक़ाबले में शामिल होनेवाला; उ.—दौड़ प्रतियोगिता में पंद्रह प्रतियोगी हैं।

प्रतिशत वि. प्रति सौ के पीछे, फ़ीसदी उ.—मुझे इम्तहान में पूर्णांक एक हज़ार में से आठ सौ अर्थात् अस्सी प्रतिशत अंक मिले हैं।

प्रतीक पुं. चिह्न, निशान; उ.—हमारे तिरंगे झंडे का सफ़ेद रंग शांति का प्रतीक है।

प्रतीक्षा स्त्री. राह देखना, इंतज़ार; उ.—मैं कल सारे दिन तुम्हारी प्रतीक्षा करता रहा।

प्रतीत वि. लगना, मालूम पड़ना; उ.—मुझे ऐसा प्रतीत हो रहा है, जैसे कि मैंने आपको पहले भी कहीं देखा है।

प्रत्यक्ष वि. जो आँखों के सामने हो; उ.—अलादीन ने जैसे ही चिराग़ मला, जिन प्रत्यक्ष हो कर बोला, 'हुजूर काम बताएँ।' **2.** सीधा; जैसे—प्रत्यक्ष सम्पर्क।

प्रत्येक वि हर एक; उ.—इस दुकान में प्रत्येक साड़ी पर दाम लिखे हुए हैं।

प्रथम वि. गिनती में जिसका स्थान पहला हो, अव्वल, पहला; उ.—मैं कक्षा में प्रथम आया हूँ।

प्रथा स्त्री. रिवाज, रीति, परिपाटी; जैसे—दहेज-प्रथा।

प्रदर्शन पुं. **1.** दिखावा; उ.—ऊटपटाँग ख़र्चे करके वह अपने पैसे का भोंड़ा प्रदर्शन करता रहता है। **2.** जुलूस आदि निकाल कर किसी बात का विरोध करना; उ.—मज़दूरों ने महँगाई के ख़िलाफ प्रदर्शन किया।

प्रदर्शनी स्त्री. जहाँ दिखाने के लिए चीज़ें सजाई जाएँ, नुमाइश; उ.—यह हस्तकला की प्रदर्शनी है (दे. चित्र 'नुमाइश')।

प्रदान पुं. देना; उ.—'मुझे घर जाने की अनुमति प्रदान करें।

प्रदेश पुं. किसी देश का एक निश्चित इलाका, राज्य, क्षेत्र; जैसे—पर्वतीय प्रदेश, उत्तर प्रदेश।

प्रधान **(I)** वि. प्रमुख, सबसे बड़ा; जैसे—प्रधान मंत्री। **(II)** मुखिया, सरदार; उ.—भोला के पिता गाँव के प्रधान हैं।

प्रपात पुं. ऊँचाई से गिरती हुई पानी की बड़ी धारा, बड़ा झरना; उ.—नियाग्रा प्रपात संसार का सबसे बड़ा प्रपात माना जाता है।

प्रबन्ध पुं. व्यवस्था, इंतजाम; उ.—विवाह का पूरा प्रबन्ध बहुत अच्छी तरह हो गया।

प्रबंधक पुं. प्रबंध करनेवाला, मैनेजर; जैसे—कारख़ाने का प्रबंधक।

प्रबल पुं जोरदार; जैसे—प्रबल इच्छा, प्रबल विरोध।

प्रभात पुं. सुबह, तड़का।

प्रभाव पुं. असर; उ.—राम श्याम के प्रभाव में आ कर खूब पढ़ने लगा है।

प्रभावशाली वि. प्रभाव डालनेवाला; उ.—लोकमान्य तिलक अत्यंत प्रभावशाली वक्ता थे।

प्रभावित वि. जिस पर असर पड़ा हो, किसी के प्रभाव में आया हुआ; उ.—गाँधी जी के विचारों से प्रभावित होकर भारतवासियों ने अँगरेजी सरकार के ख़िलाफ सत्याग्रह किया।

प्रभु पुं. भगवान, ईश्वर।

प्रभुत्व पुं. अधिकार, मिल्कियत; उ.—एक समय अँगरेज़ों का प्रभुत्व पृथ्वी के तीन-चौथाई हिस्से पर था।

प्रमाण पुं. ऐसी बात या कार्य जिससे किसी बात को साबित किया जा सके, सबूत; उ.—यह धुआँ इस बात का प्रमाण है, कि यहीं कहीं आग जल

रही है।

प्रमाण-पत्र पुं. किसी कार्य के लिए दिया गया लिखित सबूत, सर्टिफिकेट।

प्रमुख वि. प्रधान, मुख्य; जैसे—प्रमुख बात, प्रमुख अधिकारी।

प्रयत्न पुं. कोशिश, चेष्टा, प्रयास; उ.—'यदि तुम प्रयत्न करो तो इस तैराकी प्रतियोगिता में प्रथम आ सकते हो।'

प्रयत्नशील वि. चेष्टा या कोशिश में लगा हुआ; उ.—वह नया व्यापार करने के लिए प्रयत्नशील है।

प्रयोग पुं. **1.** इस्तेमाल, व्यवहार; जैसे—बातचीत में अच्छे शब्दों का प्रयोग, भोजन में नमक का प्रयोग। **2.** किसी चीज़ या कोई आविष्कार करने के लिए किया जाने वाला काम।

प्रवचन पुं. उपदेश, व्याख्यान; जैसे—संतों का प्रवचन, गीता पर प्रवचन।

प्रवाह पुं. बहने की क्रिया, बहाव, धारा; उ.—यहाँ नदी का प्रवाह तेज़ है।

प्रविष्ट वि. जो दाख़िल हो गया है, घुसा हुआ, अंदर गया हुआ; जैसे— अस्पताल में प्रविष्ट, कमरे में प्रविष्ट।

प्रवेश पुं. **1.** किसी स्थान के अंदर जाने का काम, भीतर जाना, घुसना; उ.—यहाँ प्रवेश करना मना है। **2.** दाख़िला; उ.—मुझे आठवीं कक्षा में प्रवेश मिल गया है।

प्रवेश-पत्र पुं. भीतर जाने का अनुमति-पत्र, पास, टिकट; उ.—'हॉल के दरवाज़े पर अपना प्रवेश-पत्र दिखा देना।'

प्रशंसा स्त्री. बड़ाई, सराहना, तारीफ; उ.—रमा कांता के अच्छे स्वभाव की प्रशंसा कर रही थी।

प्रशाखा स्त्री. शाखा से निकली हुई छोटी शाखा, टहनी; उ.—इस पेड़ की शाखाएँ-प्रशाखाएँ फूलों से लदी हुई हैं।

प्रशासक पुं. शासन या संचालन करने वाला अधिकारी; उ.—नगरपालिका में योग्य प्रशासक के आने से नगर में अनेक सुधार हुए हैं।

प्रशासन पुं. किसी देश नगर या संस्था के संचालन की व्यवस्था; जैसे—विद्यालय का प्रशासन, नगरपालिका का प्रशासन।

प्रशिक्षण पुं. किसी ख़ास विषय की व्यावहारिक शिक्षा, ट्रेनिंग; जैसे—सिपाहियों का प्रशिक्षण, तैराकी का प्रशिक्षण।

प्रश्न पुं. किसी विषय पर पूछी गई बात।

प्रश्न-पत्र पुं. सवालों का परचा; उ.—इस साल गणित का प्रश्न-पत्र बहुत कठिन था।

प्रश्नोत्तर पुं. सवाल-जवाब; उ.—आज क्लास में सिर्फ़ भूगोल पर प्रश्नोत्तर होंगे।

प्रसंग पुं. विषय, प्रकरण, संदर्भ; उ.—इस घटना के प्रसंग में मैं सब कुछ सुन चुका हूँ।

प्रसन्न वि. आनंदित, ख़ुश; उ.—परीक्षा में पास होने के कारण मैं बहुत प्रसन्न हूँ।

प्रसन्नता स्त्री. ख़ुशी; उ.—'तुम्हारे आने से मुझे बहुत प्रसन्नता हुई है।'

प्रसाद पुं. **1.** कृपा; उ.—'आपके प्रसाद

से ही मैं अपने काम में सफल हो सका।' 2. देवता को चढ़ाई गई वस्तु; उ.—'भगवान का प्रसाद ले लो।'

प्रसिद्ध वि. मशहूर, नामी; उ.—ताजमहल सारी दुनिया में प्रसिद्ध है।

प्रसिद्धि स्त्री. ख्याति, नाम; उ.— नाटककार के रूप में शेक्सपीयर की बहुत प्रसिद्धि है।

प्रस्ताव पुं. 1. किसी मत की रीतिपूर्वक या नियम के अनुसार की गई अभिव्यक्ति; उ.—हमारे विद्यालय की प्रबंध समिति ने सर्वसम्मति से विद्यालय के लिए नया मकान बनाने का प्रस्ताव पास किया। 2. किसी कार्य को करने का सुझाव; उ.—'मेरा प्रस्ताव है कि आज पढ़ाई न कर सिर्फ़ खेला जाए।'

प्रस्तुत वि. तैयार उ.—'मैं चलने को प्रस्तुत हूँ।'

प्रस्थान पुं. गमन, रवाना होना; उ.—मैं कल कालका मेल से दिल्ली प्रस्थान करूँगा।

प्रहरी पुं. पहरेदार, चौकीदार; उ.—हमारी सीमाओं के प्रहरी हमारे जवान हैं।

प्रहार पुं. चोट, आघात, वार; जैसे—तलवार का प्रहार, लाठी का प्रहार।

प्रांगण पुं. आँगन, आहाता; उ.—स्वाधीनता दिवस के अवसर पर आज हमारे स्कूल के प्रांगण में झंडा फहराया जाएगा।

प्रांतीय वि. प्रांत का; जैसे—प्रांतीय प्रशासन, प्रांतीय समाचार।

प्राइमरी वि. शुरू का, बुनियादी, प्राथमिक; उ.—हम प्राइमरी स्कूल में पढ़ते हैं।

प्राकृतिक वि. प्रकृति से संबंधित; उ.—अरुणाचल की प्राकृतिक छटा बहुत मनोहर है।

प्राचीन वि. बहुत दिनों का, पुराना; जैसे—प्राचीन इतिहास, प्राचीन सभ्यता।

प्राण पुं. जान, जीवन; उ.—माँ को बेटा अपने प्राणों से भी प्यारा होता है। मु. **प्राण पखेरू उड़ना** मर जाना; उ.—वह छत से गिरा और उसके प्राण पखेरू उड़ गए। **मुं. प्राणों की बाज़ी लगाना** जान ख़तरे में डाल कर कुछ करना; उ.—प्रकाश ने अपने प्राणों की बाज़ी लगा कर राम को आग से बचा लिया।

प्राणदंड पुं. मौत की सज़ा, फाँसी; उ.—सरला के हत्यारे को प्राणदंड दिया गया।

प्राणी पुं. जिसमें प्राण हों, जीव-जंतु, जीव।

प्रातः पुं. सुबह; उ.—मैं प्रातः पाँच बजे उठ कर सैर करने जाता हूँ।

प्रातःकाल पुं. सुबह का समय; उ.—'जागो, प्रातःकाल हो गया।'

प्राथमिक वि. पहले-पहल का, आरंभिक, बुनियादी; जैसे—प्राथमिक शिक्षा, प्राथमिक विद्यालय।

प्राप्त वि. मिला हुआ, पाया हुआ; उ.—मुझे आज हरिराम की चिट्ठी प्राप्त हुई है।

प्रायः अ. 1. बहुधा, अधिकतर, अक्सर; उ.—अशोक प्रायः मुझे पुस्तकालय में मिलता है। 2. लगभग, क़रीब- करीब; उ.—यह काम प्रायः पूरा हो चुका है।

प्रायद्वीप पुं. तीन ओर पानी से घिरा हुआ भू-भाग जैसे—दक्षिण भारत का प्रायद्वीप (दे. चित्र पृ. 127)।

प्रारंभ पुं. शुरू, आरंभ; उ.—कल से हमारी तीर्थयात्रा आरंभ होगी।

प्रारंभिक वि. शुरू में होनेवाला; उ.—प्रारंभिक कठिनाइयों के बाद श्यामू ने अपना कारोबार अच्छा जमा लिया।

प्रारब्ध पुं. भाग्य, क़िस्मत।

प्रारूप पुं. **1.** किसी योजना का कच्चा रूप; उ.—'यह तो इस योजना का प्रारूप मात्र है, अभी तो इसमें कई सुधार होंगे।' **2.** मसौदा, ड्राफ्ट; उ.—'तुम इस चिट्ठी का प्रारूप तैयार करो।'

प्रार्थना स्त्री. **1.** ईश्वर या देवता को भक्तिपूर्वक किया गया निवेदन। **2.** विनती।

प्रार्थना-पत्र पुं. अर्ज़ी, आवेदन-पत्र; उ.—मैंने छुट्टी के लिए प्रार्थना-पत्र भेज दिया है।

प्रार्थी पुं. प्रार्थना करनेवाला, माँगनेवाला, आवेदक; जैसे—नौकरी के लिए प्रार्थी, चुनाव के लिए प्रार्थी।

प्रिंसिपल पुं. स्कूल या कॉलेज का प्रधानाचार्य; उ.—हमारे प्रिंसिपल साहब अनुशासन के मामले में बहुत सख़्त हैं।

प्रिय वि. प्यारा; उ.—मुझे मेरी छोटी बहिन बहुत प्रिय है।

प्रियदर्शी वि. सबको प्रेम से देखनेवाला; उ.—सम्राट अशोक का एक नाम प्रियदर्शी भी था।

प्रेम पुं. प्यार, लगाव; उ.—मुझे अपनी माँ से बहुत प्रेम है।

प्रेमी पुं. प्रेम करनेवाला; जैसे— देश-प्रेमी।

प्रेरणा स्त्री. किसी काम में लगने की इच्छा जगाना, प्रोत्साहन देना; उ.—गाँधी जी की प्रेरणा से लाखों लोग आज़ादी की लड़ाई में कूद पड़े।

प्रेस पुं. छापाख़ाना।

प्रोत्साहन पुं. बढ़ावा, प्रेरणा, उत्साह; उ.—अपने डॉक्टर पिता के प्रोत्साहन से ही मैं डॉक्टर बना हूँ।

प्रोफ़ेसर पुं. **1.** कालेज का अध्यापक। **2.** विश्वविद्यालय के प्राध्यापक की एक उपाधि, आचार्य।

फ

फंकी स्त्री. **1.** फ़ांक कर खाने की चीज़, जैसे—चूरन की फ़ंकी। **2.** किसी चीज़ का निश्चित मात्रा में फाँका जानेवाला चूरा; उ.—मुझे इस दवा की एक फंकी रोज़ लेनी है।

फंड पुं. इकट्ठा किया हुआ पैसा, निधि,

कोष; जैसे—बाढ़-राहत फंड।

फंदा पुं. 1. रस्सी तार आदि का बना

फाँसने का घेरा; जैसे—चिड़ीमार का फंदा (दे. चित्र)। **2.** धोखा, प्रपंच, जाल; उ.—राम के फंदे में फँस कर श्याम ने अपने सारे पैसे गँवा दिए।

फँसना अ. क्रि. **1.** फंदे में पड़ना; जैसे—चिड़ियों का फँसना। **2.** चाल का शिकार होना; उ.—राम श्याम की मीठी-मीठी बातों में फँस कर धोखा खा गया। **3.** उलझना, अटकना; उ.—गाड़ी कीचड़ में फँस गई है।

फँसाना स. क्रि. **1.** फंदे में लाना; जैसे—चिड़िया फँसाना। **2.** वश में करना; उ.—बेईमान दुकानदार ने चतुराई से ग्राहक फँसा लिया। **3.** उलझाना; उ.—पॉकेटमार ने बातों में फँसा कर मेरी जेब काट ली।

फ़कीर पुं. **1.** (मुसलमान) साधु; जैसे—फ़कीर की मज़ार। **2.** भीख माँगनेवाला; उ.—दरगाह के बाहर कुछ फ़कीर भीख के लिए खड़े हैं।

फक्कड़ वि. **1.** मस्तमौला, सुख-दुख से लापरवाह; उ.—कबीर एक फक्कड़ संत थे। **2.** जिसके पास कुछ न हो, गरीब।

फज़ूल वि. निरर्थक, बेकार।

फटकना स. क्रि. सूप में ले कर अनाज का कूड़ा-करकट निकालना, झाड़ना, झटकना।

फटकना अ. क्रि. पहुँचना (यह ज़्यादातर फटकने न देना के रूप में इस्तेमाल होता है); जैसे—'वह मेरे पास फटक नहीं सकता'; 'मैं उसे अपने पास फटकने तक नहीं देता हूँ।'

फटकार स्त्री. डाँट, झिड़की; उ.—पिता की फटकार सुनते ही मुन्ना चुपचाप बैठ गया।

फटकारना स. क्रि. डाँटना, झिड़कना; उ.—हमारे नए मास्टर जी जरा-सी गलती होने पर भी लड़कों को बुरी तरह फटकारने लगते हैं।

फटना अ. क्रि. **1.** किसी दबाव या धक्के से दरार पड़ना, चिर जाना; उ.—सन् 1934 और 1988 में बिहार की बहुत सारी जमीन भूकम्प से फट गई थी। **2.** फूटना; जैसे—बम फटना।

फटाफट अ. झटपट, तुरंत।

फड़कना स. क्रि. शरीर के किसी अंश का रुक-रुक कर थोड़ा काँपना; जैसे—आँख फड़कना, बाँह फड़कना।

फड़फड़ाना स. क्रि. पंखों या डैनों को इस तरह हिलाना कि उनसे फड़फड़ शब्द हो; उ.—कबूतर अपने पर फड़फड़ा कर उड़ चला।

फण पुं. साँप का सिर, फन (दे. चित्र)।

फ़न पुं. हुनर कला; उ.—अहमद मूर्तियाँ बनाने के फ़न में माहिर है।

फफूँद स्त्री. सीलन के कारण चीज़ों पर जम जानेवाली काई की तरह की हरी या सफ़ेद परत।

फफोला पुं. चमड़ी पर उभरा हुआ पानीदार छाला; उ.—गर्म तेल के छीटों से उसके हाथ पर फफोले पड़ गए

हैं।

फबना अ. क्रि. शोभा देना, सुंदर लगना, जँचना; उ.—सीता पर लाल साड़ी खूब फब रही है।

फ़रनीचर पुं. काठ लोहे आदि से बना घर या दफ्तर में काम आनेवाला सामान; जैसे—पलंग, सोफा, अलमारी, मेज़ आदि को फ़रनीचर कहते हैं।

फ़रमाइश स्त्री. इच्छित वस्तु की माँग; जैसे—गाने की फ़रमाइश, मिठाई की फ़रमाइश।

फ़रमान पुं. आदेश, आज्ञा, हुक्म; जैसे—सरकारी फ़रमान।

फ़रलांग पुं. दूरी का एक माप; उ.— एक मील में आठ फ़रलांग होते हैं।

फ़रवरी स्त्री. ईसवी सन् का दूसरा महीना।

फ़रियाद स्त्री. अन्याय या अत्याचार से बचाने के लिए की गई शिकायत, विनती, प्रार्थना; उ.—जहाँगीर अपनी प्रजा की फ़रियाद खुद सुनता था।

फ़रिश्ता पुं. देवदूत।

फ़र्क़ पुं. भेद, अंतर; उ.—राम और श्याम के स्वभाव में बड़ा फर्क़ है।

फ़र्ज़ पुं. करने योग्य काम, कर्त्तव्य; उ.—माता-पिता की सेवा करना हर व्यक्ति का फ़र्ज़ है।

फ़र्श पुं. पक्की ज़मीन; उ.—'फ़र्श पर दरी बिछा दो।'

फल 1. पेड़ पौधों में लगनेवाले गूदेदार बीज कोष। 2. परिणाम, नतीजा; जैसे—मेहनत का फल, परीक्षा फल।

फलना अ. क्रि. फल लगना; उ.— गर्मी में आम फलता है।

फलना-फूलना पुं. उन्नति करना; उ.—उसका व्यापार आजकल खूब फल-फूल रहा है।

फलाहार पुं. ऐसा भोजन जिसमें अनाज न हो; उ.—मेरी माँ एकादशी के दिन फलाहार करती है।

फली स्त्री. लंबोतरे पतले फल जिनमें दाने या बीज होते हैं, छीमी; जैसे—सेम की फली, मटर की फली।

फ़व्वारा (फुहारा, फ़ौआरा) पुं. जिस चीज़ से पानी की फुहारें निकलें; उ.—इस बाग़ में कई फव्वारे लगे हैं। (दे. चित्र)।

फ़सल स्त्री. खेत की उपज; उ.—इस बार हमारे इलाक़े में धान की फ़सल अच्छी हुई है।

फहराना स. क्रि. हवा में लहराना; उ. —पंद्रह अगस्त को लाल क़िले पर राष्ट्र का झंडा फहराया जाता है।

फाँक स्त्री. 1. फल आदि का लंबोतरा टुकड़ा; जैसे—पपीते की फाँक, संतरे की फाँक। 2. दरार; जैसे—दीवार या लकड़ी में फाँक।

फाँकना स. क्रि. हथेली पर रख कर मुँह में डालना; जैसे—चूरन फाँकना।

फाँदना स. क्रि. कूद का लाँघना; उ.—चोर दीवार फाँद कर भाग गया।

फाँसना स. क्रि. दे. 'फसाना।'

फाँसी स्त्री. 1. गले में डाले जानेवाला फंदा। 2. मृत्युदंड, मौत की सज़ा; उ.—क़त्ल के जुर्म में उसे फाँसी दी गई है।

फ़ाक़ा पुं. खाना न खाना, उपवास।

फाटक पुं. बड़ा दरवाज़ा, प्रदेश-द्वार; उ.—फाटक पर दरबान बैठा हुआ है।

फाड़ना स. क्रि. 1. कागज़, कपड़े, लकड़ी, आदि के टुकड़े करना; उ.—कागज़ फाड़ कर चिप्पी बना लो। कपड़ा फाड़ कर दर्ज़ी को दे दो। 2. दूध से उसके पानी को खटाई देकर अलग करना; उ.—मैंने एक सेर दूध का छेना फाड़ लिया है।

फ़ायदा पुं. लाभ, नफ़ा।

फ़ायर ब्रिगेड पुं. दे. 'दमकल'।

फ़ॉर्म पुं. वह छपा हुआ कागज़ जिसमें पूछी गई बातों की जानकारी भरनी पड़ती है।

फालतू वि. बिना जरूरत का; जैसे—फालतू सामान। 2. बेकार, निकम्मा; जैसे—फालतू आदमी।

फ़ालसा पुं. बैंगनी रंग का छोटे बेर जैसा एक फल।

फावड़ा पुं. मिट्टी खोदने और हटाने का एक औज़ार (दे. चित्र)।

फाहा पुं. रुई का टुकड़ा; जैसे—इत्र का फाहा, दवा का फाहा।

फ़िक्र स्त्री. दे. 'चिंता'।

फिटकिरी स्त्री. नमक की डली की तरह का एक खनिज पदार्थ।

फिरंगी पुं. अँग्रेज़ या यूरोपियन, विदेशी गोरा; उ.—आज़ादी से पहले हमारे देश में फिरंगी ही बड़े सरकारी अफ़सर बनाए जाते थे।

फिर अ. दुबारा, पुनः।

फिरना अ. क्रि. 1. घूमना; जैसे—पहिए का फिरना। 2. लौटना। **मु. दिन फिरना** स्थिति का लौटना; उ.—नौकरी लगने से सुबोध के भी दिन फिरे।

फिराना स. क्रि. घुमाना; जैसे—चरखी फिराना।

फ़िल्म स्त्री. 1. दे. 'सिनेमा'। 2. वह पट्टी जिस पर कैमरे से फ़ोटो खींची जाती है।

फिसड्डी वि. सबसे पीछे रहनेवाला, निकम्मा।

फिसलना अ. क्रि. 1. फिसलन के कारण रपट जाना; उ.—राम कीचड़ में फिसल कर गिर पड़ा। 2. अपने कर्त्तव्य से डिगना; उ.—घूस के लालच में वह फिसल गया।

फीका वि. 1. बेमज़ा, बिना स्वाद का; जैसे—फीका फल। 2. जो चटकीला न हो; जैसे—फीका रंग।

फ़ीता पुं. रेशम सूत प्लास्टिक आदि की बनी पतली लंबी पट्टी; जैसे—जूते का फ़ीता, नापने का फ़ीता (दे. चित्र)।

फ़ीरोज़ा पुं. हरापन लिए हुए नीले रंग का एक कीमती पत्थर।

फ़िरोज़ी वि. हरापन लिए नीले रंग का, जैसे—फ़िरोज़ी दुपट्टा।

फ़ीस स्त्री. मेहनताना, शुल्क; जैसे—डॉक्टर की फ़ीस, स्कूल की फ़ीस।

फुंकार स्त्री. साँप द्वारा हवा के साथ निकाली जानेवाली आवाज, फुफकार; जैसे—साँप की फुंकार।

फुंसी स्त्री. चमड़ी पर निकलनेवाली छोटी फुड़िया।

फ़ुट पुं. लंबाई की एक नाप; उ.—12 इंच का एक फ़ुट होता है।

फुटकर वि. खुदरा; जैसे—फुटकर सामान की दुकान।

फ़ुटबॉल पुं. **1.** चमड़े की बड़ी गेंद जो पैरों से ठोकर मार कर खेली जाती है। **2.** गेंद से खेला जानेवाला खेल; उ.—पेले फुटबॉल का प्रसिद्ध खिलाड़ी है।

फ़ुटपाथ पुं. (सड़क के अगल-बगल) पैदल चलने का रास्ता (दे. चित्र)।

फुदकना अ. क्रि. **1.** छोटी- छोटी छलाँगें भरते हुए चलना; उ.—चिड़िया आँगन में फुदक रही है। **2.** उत्साह और आनंद के कारण टिक कर बैठ न पाना; उ.—भाई के आ जाने से बहन खुशी में फुदकती फिर रही है।

फुरती (फुर्ती) स्त्री. तेज़ी, चुस्ती; उ.—उसके काम में बहुत फुरती है।

फुरतीला वि. तेज़, चुस्त।

फ़ुरसत स्त्री. ख़ाली समय, अवकाश; उ.—'फुरसत मिले तो कल यहाँ चले आना।'

फुलका पुं. पतली रोटी, चपाती।

फुलझड़ी स्त्री. एक तरह की आतिशबाज़ी जिससे चिनगारियाँ झड़ती हैं (दे. चित्र)।

फुलवाड़ी स्त्री. फूलों का छोटा बगीचा, पुष्प-वाटिका; उ.—मैंने अपनी फुलवाड़ी में गुलाब, चंपा, गेंदा, जूही आदि फूल लगाए हैं।

फुहार स्त्री. नन्ही-नन्ही बूँदों की झड़ी, झींसी; उ.—सावन में वर्षा की हलकी फुहार में झूला झूलने का आनंद ही निराला है।

फूँक स्त्री. मुँह से ज़ोर से निकाली हुई हवा।

फूँकना स. क्रि. **1.** होठों को मिला कर बीच में ज़ोर से हवा छोड़ना; जैसे—चूल्हे को फूँकना, बाँसुरी फूँकना। **2.** जलाना; जैसे—मुर्दा फूँकना। **3.** नष्ट करना; जैसे—घर फूँकना।

फूट स्त्री. आपसी अनबन, मतभेद; उ.—भाइयों की फूट का लाभ दूसरे लोग लाभ उठाते हैं।

फूटना अ. क्रि. **1.** टूट जाना; जैसे—घड़ा फूटना। **2.** प्रकट होना, बाहर आना; जैसे—कोंपल फूटना। मु. **फूटी कौड़ी पास में न होना** बिलकुल कंगाल होना; उ.—जुए के कारण उसके पास फूटी. कौड़ी तक नहीं बची।

फूफा पुं. बुआ का पति (स्त्री. : फूफी)।

फूल पुं. पुष्प, सुमन।

फूलदान पुं. फूल रखने का बरतन।

फूलना अ. क्रि. **1.** पेड़-पौधों में फूल आना; उ.—बाग़ में कई पेड़ फूलने लगे हैं। **2.** खूब खुश होना; उ.— राम का मन अपनी तारीफ़ सुन कर खूब फूल रहा है। **3.** सूजन आना; उ.—मोच के कारण उसका पैर फूल गया। **4.** हवा भरने से आकार का बढ़ना; जैसे—गुब्बारा फूलना।

फूस पुं. सूखी घास; जैसे—फूस का छप्पर।

फूहड़ वि. भद्दे ढंग से काम करनेवाला; उ.—'यह घिचपिच लिखाई किस फूहड़

लड़के की है ?'

फेंकना स. क्रि. एक जगह से दूसरी जगह पर गिरा देना; उ.—गेंद फेंकना, कूड़ा फेंकना।

फेंटना स. क्रि. अच्छी तरह मिलाना; जैसे—बेसन फेंटना, अंडा फेंटना।

फेन पुं. झाग; जैसे—साबुन का फेन।

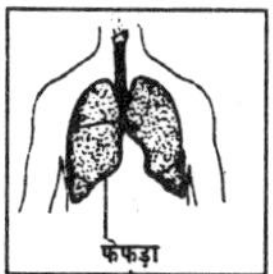
फेफड़ा

फेफड़ा पुं. शरीर का साँस लेनेवाला अंग (दे. चित्र)।

फेर पुं. चक्कर; उ.—आजकल वह पैसे कमाने के फेर में पड़ा है।

फेरना स. क्रि. **1.** घुमाना; जैसे—माला फेरना। **2.** सहलाना; जैसे—शरीर पर हाथ फेरना।

फेरा पुं. **1.** परिक्रमा; जैसे—विवाह के फेरे, मंदिर के फेरे। **2.** चक्कर; उ.—ज़्यादा सामान के कारण कुली को कई फेरे करने पड़े।

फ़ेल वि. जो पास न हो, असफल अनुत्तीर्ण; उ.—नंदू सिर्फ़ चार नंबरों से फ़ेल हो गया।

फ़ैक्ट्री स्त्री. कारख़ाना।

फैलाना अ. क्रि. इधर-उधर बढ़ना, पसरना।

फैलाना स. क्रि. **1.** पसारना; जैसे—पाँव फैलाना। **2.** प्रचार करना; जैसे—विचारों को फैलाना।

फैलाव पुं. विस्तार, पसारा।

फ़ैशन पुं. ढंग, रिवाज, नया चलन; जैसे—टाई पहनने का फ़ैशन।

फ़ैसला पुं. निबटारा, निर्णय; जैसे—मुक़दमे का फ़ैसला।

फ़ोटो पुं. कैमरे से खींचा गया चित्र।

फोड़ना स. क्रि. टुकड़े करना, तोड़ना; जैसे—पत्थर फोड़ना, सुपारी फोड़ना।

फोड़ा पुं. बड़ी फुंसी; उ.—राम के हाथ पर फोड़ा फूटने से घाव हो गया है।

फ़ौज स्त्री. सेना, मिलिट्री।

फ़ौज़ी **(I)** वि. फ़ौज से संबंधित; जैसे—फ़ौजी गाड़ी, फ़ौज़ी सामान। **(II)** पुं. सेना का सिपाही, सैनिक।

फ़ौरन अ. तुरंत, जल्दी, झटपट; उ.—डाक में चिट्ठी डाल कर फ़ौरन वापस आओ।

फ़ौलाद पुं. कड़ा लोहा, इस्पात, स्टील; उ.—फ़ौलाद का पहला कारखाना साक्षी (जमशेदपुर) में लगा था।

फ़ौलादी वि. **1.** लोहे का बना हुआ; जैसे—फ़ौलादी टोप। **2.** बहुत मज़बूत; जैसे—फ़ौलादी शरीर।

फ़ौवारा पुं. दे. 'फ़व्वारा'।

फ्रॉक पुं. लड़कियों के पहनने का एक वस्त्र।

फ़्रेम

फ़्रेम पुं. चौखटा; जैसे—फोटो फ़्रेम चश्मे का फ़्रेम (दे. चित्र)।

ब

बँगला पुं. खुली जगह पर बना एक मंज़िला मकान; उ.—हमारे अफ़सर का बँगला बहुत हवादार है।

बंगला (बांगला) स्त्री. बंगाल की भाषा; उ.—रवींद्रनाथ बंगला के बहुत बड़े कवि थे।

बंजर वि. ऊसर, अनुपजाऊ; उ.—बंजर धरती में खेती नहीं हो सकती।

बंजारा (बनजारा) पुं. गाँव-गाँव में घूम कर माल बेचनेवाला, घुमंतू।

बँटना अ. क्रि. अलग-अलग हिस्सों में विभाजित होना; उ.—बच्चे दो दलों में बँट कर खेलने लगे।

बँटाई स्त्री. **1.** अपने खेत को किसी और से जुतवा कर उसकी फ़सल में हिस्सा लेना। **2.** रस्सी सूत आदि को मरोड़ने की क्रिया।

बंडल पुं. गड्डी; जैसे—नोटों का बंडल, कापियों का बंडल।

बंद वि. **1.** जो खुला न हो; जैसे—बंद लिफ़ाफ़ा, बंद कमरा। **2.** घिरा हुआ या रुका हुआ; उ.—चोर जेल में बंद है; सामान कमरे में बंद है। **3.** जो चालू न हो; जैसे—मशीन बंद है; गाड़ियों का आना-जाना बंद है।

बंदगोभी स्त्री. गोभी की एक क़िस्म जिसमें पत्ते ही पत्ते होते हैं, करमकल्ला।

बंदनवार स्त्री. शुभ अवसरों पर दीवार, मंडप आदि पर बाँधी जानेवाली फूल-पत्ते की झालर।

बंदर पुं. मनुष्य से मिलता-जुलता एक स्तनपायी चौपाया।

बंदरगाह पुं. समुद्र के किनारे बसा शहर जहाँ जहाज़ माल उतारते और लादते हैं; उ.—कोचीन, बंबई, कलकत्ता, मद्रास आदि हमारे देश के बंदरगाह हैं।

बंदी पुं. क़ैदी।

बंधक वि. वह चीज़ जो उधार लेने के बदले में दी जाए, रेहन, गिरवी; उ.—माँ ने बेटे की फ़ीस चुकाने के लिए अपनी चूड़ियाँ बंधक रख कर महाजन से पैसे लिए।

बंधन पुं. **1.** वह चीज़ जिससे किसी वस्तु या व्यक्ति को बाँधा जाए; जैसे—रस्सी का बंधन, मित्रता का बंधन। **2.** पाबंदी, प्रतिबंध; जैसे—घूमने-फिरने पर बंधन।

बंधु पुं. मित्र, भाई।

बंबा पुं. **1.** पानी का नल। **2.** चिट्ठी डालने का डाक-बक्सा।

बंसी (वंशी) स्त्री. **1.** बाँस की नली से बना हुआ एक प्रकार का बाजा, बाँसुरी; उ.—कृष्ण बहुत मधुर बंसी बजाते थे। **2.** मछली फँसाने का काँटा; उ.—राम की बंसी में एक बड़ी मछली फँसी है।

बकना अ. क्रि. बकवास करना, बड़बड़ाना।

बकरी स्त्री. दूध देनेवाला एक चौपाया पशु (पुं.—

बकरा) (दे. चित्र)।

बकलस पुं. पीतल लोहे आदि का छल्ला जिससे तसमे कसे जाते हैं, बकसुआ।

बकवास स्त्री. बेकार बकबक, बकवाद।

बक्सा पुं. संदूक, बक्स; उ.–बक्स में कपड़े रख दो।

बख़िया पुं. दोहरे टाँकों की सिलाई। मु. **बख़िया उधेड़ना** भेद खोलना, भंडा फोड़ना; उ.–कल की सभा में पत्रकारों ने भ्रष्ट नेता के बख़िये उधेड़ दिए।

बखेड़ा पुं. झमेला, झंझट; उ.–सोनू हर काम में कुछ न कुछ बेखड़ा खड़ा कर देता है।

बग़ल स्त्री. 1. बाँह के नीचे का गड्ढा, काँख; उ.–मेरी बग़ल में एक फोड़ा निकल आया है। 2. एकदम पास; उ.–मेरे घर के बग़ल में विमला का घर है।

बगिया स्त्री. फुलवारी, छोटा बगीचा; उ.–हमारी बगिया में रंग-बिरंगे फूल खिले हैं।

बगुला पुं. लंबी चोंच और लंबी टांगोंवाला एक सफेद पक्षी; उ.–बगुला हमेशा मछली की ताक में रहता है (दे. चित्र)।

बगुला

बगुलाभगत पुं. ढोंगी या कपटी आदमी।

बग़ैर अ. बिना।

बघार पुं. छौंक।

बघारना स. क्रि. छौंकना, तड़का लगाना। **मु. शेखी बघारना** रोब जमाना, घमंड दिखाना।

बचत स्त्री. जो रक़म ख़र्च से बच जाए, बचा हुआ पैसा; उ.–वह अपनी सारी बचत पुस्तकें ख़रीदने में लगा देता है।

बचना अ. क्रि. 1. बाक़ी रह जाना; उ.–मेरे पास केवल 50 पैसे बचे हैं। 2. दूर रहना; उ.–हमें ग़लत आदतों से बचना चाहिए। 3. सुरक्षित रह जाना; उ.–बाज़ार में आग लगी, पर रामू की दुकान बच गई।

बचपन पुं. लड़कपन, बाल्यावस्था; उ.–कृष्ण बचपन में बहुत नटखट थे।

बचाना स. क्रि. 1. रक्षा करना; उ.–रहीम ने मुझे गुंडों से बचा लिया। 2. ख़र्च से कुछ रख लेना; उ.–उसने यह क़लम अपने ज़ेब-ख़र्च के पैसे बचा कर ख़रीदी है।

बचाव पुं. रक्षा; जैसे–ठंड से बचाव, हमले से बचाव।

बच्चा पुं. शिशु।

बछड़ा पुं. गाय का बच्चा। (स्त्री. बछिया) (दे. चित्र)।

बछेड़ा पुं. घोड़े का बच्चा।

बजना अ. क्रि. 1. आघात करने से आवाज़ होना; जैसे–घंटा बजना, सितार बजना, नगाड़ा बजना। 2. घड़ी का समय होना; उ.–अभी चार बजे हैं। 3. बाजे से आवाज़ निकलना; जैसे–ग्रामोफ़ोन का रिकार्ड बजना।

बजरंगबली पुं. श्री हनुमान।

बजरी स्त्री. पत्थर के छोटे-छोटे टुकड़े, कंकड़, उ.–सड़क पर बजरी बिछाई गई है।

बज़ाज़ पुं. कपड़ा बेचनेवाला।

बजाना स. क्रि. आघात करके आवाज़ निकालना; जैसे–घंटा, ताली, सितार आदि बजाना।

बज़ाय अ. स्थान पर, बदले में; उ.—राम के बजाय श्याम को टीम में लेना अच्छा रहेगा।

बट (वट) पुं. दे. 'बरगद'।

बटन पुं. **1.** कुरते कोट आदि में लगनेवाली घुंडी, बोताम। **2.** बिजली रेडियो आदि का स्विच।

बटना स. क्रि. सूत रस्सी आदि को ऐंठना, मरोड़ना।

बटलोई स्त्री. छोटी देगची; उ.—माँ बटलोई में दाल बना रही है।

बटुआ पुं. रुपए-पैसे रखने का छोटा थैला, मनी बैग।

बटेर स्त्री. तीतर जैसी छोटी चिड़िया।

बटोरना स. क्रि. बिखरी हुई चीज़ को इकट्ठा करना, समेटना; उ.—उसने झाड़ू से सारा कूड़ा बटोर कर फेंक दिया।

बट्टा पुं. सिल पर कोई चीज़ पीसने के काम आनेवाला पत्थर, लोढ़ा।

बड़बड़ाना अ. क्रि. अस्पष्ट रूप से कुछ बोलना; जैसे—गुस्से या दुख से बड़बड़ाना, नींद में बड़बड़ाना।

बड़ा (I) वि. छोटे का उलटा; जैसे—बड़ा विशाल मकान, बड़ा पेड़, बड़ा लड़का। **(II)** पुं. दाल की पीठी से बना एक नमकीन पकवान।

बड़ाई स्त्री. तारीफ़ प्रशंसा; उ.—मास्टर जी रवि के अच्छे व्यवहार की बड़ाई कर रहे थे।

बढ़ई पुं. लकड़ी का काम करनेवाली एक जाति, काठ मिस्तरी; उ.—बढ़ई कुर्सियाँ बना रहा है।

बढ़ना अ. क्रि. **1.** पहले से अधिक होना, बड़ा होना, फैलना; उ.—वर्षा ऋतु में नदी में पानी बढ़ जाता है। **2.** और आगे जाना; उ.—यात्री स्टेशन की ओर बढ़ चले।

बढ़ाना स. क्रि. ज़्यादा करना, फैलाना; उ.—श्याम ने दिन-रात पढ़ कर अपना ज्ञान बढ़ाया है। **2.** आगे करना; उ. —'ज़रा वह गिलास इधर बढ़ा दें।'

बढ़िया वि. बहुत अच्छा; जैसे—बढ़िया माल, बढ़िया नंबर।

बढ़ोतरी स्त्री. लगातार बढ़ना, उन्नति; उ. —उसकी तनख़्वाह में पाँच रुपए की बढ़ोतरी हुई है।

बताना स. क्रि. बात कहना, सूचित करना; जैसे—सच-सच बताना, समय बताना।

बताशा (बतासा) पुं. चीनी की फूली-फूली हलकी मिठाई।

बत्तख़ स्त्री. हंस जैसी पानी की एक चिड़िया (दे. चित्र)।

बत्ती स्त्री. **1.** रूई या कपड़ा ऐंठ कर बनाई हुई छोटी-सी पूनी जिसे दीए के तेल में रख कर जलाया जाता है। **2.** रोशनी देनेवाली चीज़; जैसे—मोमबत्ती, बिजली की बत्ती।

बत्तीस वि. तीस और दो का जोड़, 32।

बत्तीसी स्त्री. बत्तीसों दाँत, दाँतों का पूरा सेट; उ.—बंदर के करतब देख कर नत्थू बत्तीसी निकाल कर हँसने लगा।

बथुआ पुं. एक तरह का पत्तियों का साग।

बदतमीज़ वि.अशिष्ट, असभ्य; उ.—वह बड़ा बदतमीज़ है बड़ों से भी तू-तू करके बात करता है।

बदन पुं. शरीर, देह; उ.—राम का बदन

बड़ा गठीला है।

बदलना (I) स. क्रि परिवर्तन करना; जैसे—कपड़े बदलना, मकान बदलना। **(II)** अ. क्रि. परिवर्तित होना; जैसे—दुनिया बदल रही है, गाड़ी का समय बदल गया है।

बदला पुं. जवाब में किया जानेवाला काम, प्रतिशोध, पलटा; उ.—चाणक्य ने राजा नंद से अपने अपमान का बदला लिया। **2.** एक चीज़ दे कर उसकी जगह दूसरी चीज़ लेना, विनिमय।

बदली स्त्री. **1.** घिरे हुए बादल; उ.—बदली छाई है, बारिश होगी। **2.** तबादला, स्थानांतरण; उ.—उसकी बदली कलकत्ते से पटना हुई है।

बदहज़मी स्त्री. खाया-पिया न पचना, अपच; उ.—भारी चीज़ें खाने से बदहज़मी हो जाती है।

बधाई स्त्री. मुबारकबाद; उ.—मैंने संजय को जन्मदिन की बधाई दी।

बधिक पुं. बध करने वाला, हत्यारा।

बनना अ. क्रि. तैयार होना; उ.—राम का मकान बनना शुरू हो गया है।

बनाना स. क्रि. रचना करना, निर्माण करना; जैसे—खिलौने बनाना, घर बनाना।

बनावट स्त्री. गठन, आकार-प्रकार; उ.—श्यामा के हार की बनावट बहुत सुंदर है।

बनावटी वि. नक़ली, कृत्रिम; जैसे—बनावटी बातें।

बनिया पुं. व्यापारी, वैश्य; जैसे—बनिए की दुकान।

बनियाइन स्त्री. **1.** कुरते आदि के अंदर पहना जानेवाला वस्त्र, गंजी। **2.** बनिए की स्त्री।

बबुआ पुं. **1.** गुड्डा। **2.** बच्चों के लिए प्यार भरा संबोधन।

बबूल पुं. एक कँटीला झाड़, कीकर।

बम पुं. बारूद का गोला जिससे जान-माल का नुक़सान होता है।

बया पुं. एक छोटी चिड़िया जिसका घोंसला पेड़ से लटका रहता है।

बयान पुं. दे. 'वर्णन'।

बयालीस वि. चालीस और दो का जोड़, 42।

बयासी वि. अस्सी और दो का जोड़, 82।

बरगद पुं. एक पेड़ जिसकी टहनियाँ नीचे आ कर जड़ें बन जाती हैं, वटवृक्ष, बट।

बरछा पुं. भाला।

बरतन (बर्तन) पुं. पात्र; उ.—कटोरा, कड़ाही, थाली आदि बरतन हैं।

बरदाश्त स्त्री. सहन करने की क्रिया या भाव; उ.—अन्याय बरदाश्त करना पाप है।

बरफ़ी (बर्फ़ी) स्त्री. जमा कर बनाई हुई चौकोर मिठाई; जैसे—खोए की बरफ़ी, नारियल की बरफ़ी।

बरफ़ीला (बर्फ़ीला) वि. बर्फ़वाला; जैसे—बरफ़ीला प्रदेश, बरफ़ीला हवाएँ।

बरबस अ. इच्छा के विरुद्ध, ज़बरदस्ती; उ.—करीम बरबस रहीम के घर में घुस गया।

बरबाद वि. नष्ट, तबाह।

बरबादी स्त्री. तबाही, विनाश।

बरमा पुं. लकड़ी में छेद करने का औज़ार।

बरस पुं. साल, वर्ष।

बरसना अ. क्रि. वर्षा होना, बारिश होना; उ.–पानी बरस रहा है।

बरसाती (I) वि. बरसात का, बरसात में होनेवाला; जैसे–बरसाती तरकारियाँ। मु. **बरसाती मेढक** थोड़े समय रहनेवाला; उ.–चुनाव हारते ही नेताजी के चमचे बरसाती मेढकों की तरह ग़ायब हो गए। **(II)** स्त्री. **1.** बारिश से बचने के लिए पहना जानेवाला रबर का लंबा कोट। **2.** छत पर बना कमरा।

बरसाना स. क्रि. वर्षा के पानी की तरह गिराना; जैसे–फूल बरसाना, गोले बरसाना।

बरात (बारात) स्त्री. विवाह के समय दूल्हे के साथ जानेवाले लोगों का दल, दूल्हे की सवारी का जुलूस।

बराती (बाराती) पुं. विवाह में वर-पक्ष की तरफ़ से शामिल होनेवाले लोग।

बराबर (I) वि. **1.** समान, एक जैसा; उ.–सीमा और रीना की लंबाई बराबर है। **2.** समतल; उ.–ऊबड़ खाबड़ ज़मीन बराबर कर दी गयी है। **(II)** अ. लगातार, प्रायः; उ.–मैं उसे यहाँ न थूकने के लिए बराबर टोकता रहता हूँ।

बराबरी स्त्री. समानता, तुलना; उ.– तेज़ दौड़ने में उषा की बराबरी कोई नहीं कर सकता।

बरामदा पुं. कमरे के बाहर खुली छतदार जगह, बरांडा, ओसारा; उ.–'बरामदे में कुर्सियाँ लगा दो।'

बर्ताव (बरताव) पुं. व्यवहार, सलूक; उ.–राम सबके साथ मधुर बर्ताव करता है।

बर्फ़ स्त्री. जमा हुआ पानी, पानी का ठोस रूप।

बर्बर वि. असभ्य, जंगली; जैसे–बर्बर व्यवहार, बर्बर जाति।

बर्रे पुं. मधुमक्खी और भौंरे से मिलता-जुलता एक कीड़ा, भिड़; उ.–बर्रे ने बच्चे को डंक मार दिया।

बल पुं. **1.** ताक़त, ज़ोर, शक्ति; जैसे–शारीरिक बल, बुद्धि-बल। **2.** सिलवट, मरोड़; जैसे–रस्सी में बल।

बलवान वि. दे. 'बलशाली'।

बलशाली वि. बलवान, ताक़तवर; उ.–भीम बहुत बलशाली योद्धा थे।

बलहीन वि. कमज़ोर, शक्तिहीन, दुर्बल।

बला स्त्री. संकट, विपत्ति, आफ़त।

बलि स्त्री. देवी-देवता को दी जानेवाली भेंट (विशेषतः किसी जीव की); जैसे–पशुबलि, नरबलि।

बलिदान पुं. किसी महान कार्य के लिए प्राण देना, कुरबानी; उ.–भगत सिंह ने देश के लिए अपना बलिदान कर दिया।

बलिष्ठ वि. बहुत बलवान, शक्तिशाली, ताकतवर।

बली वि. दे. 'बलशाली'।

बल्कि अ. इसके स्थान पर, अपितु; उ.–'मैं नहीं, बल्कि आप ही वहाँ चले जाएँ।'

बल्ब पुं. बिजली का लट्टू; उ.—यह बल्ब फ़्यूज़ हो गया है (दे. चित्र)।

बल्ला पुं. गेंद मारने का काठ का डंडा, बैट; जैसे— क्रिकेट का बल्ला (दे. चित्र)।

बल्ली स्त्री. मोटी लंबी लकड़ी।

बसंत पुं. दे. 'वसंत'।

बसंती वि. **1.** वसंत ऋतु का; जैसे—बसंती हवा, बसंती फूल। **2.** हलका पीला रंग उ.—सरस्वती पूजा पर मैं बसंती साड़ी पहनूँगी।

बस स्त्री. यात्रियों को ले जानेवाली एक गाड़ी; उ.—'जल्दी चढ़ो, बस छूटनेवाली है' (दे. चित्र)।

बस **(I)** अ. रोकने के लिए कहा जानेवाला शब्द; उ.—'बस, मुझे और गुस्सा मत दिलाओ।' **(II)** वि. **1.** काफी; उ.—'बस इतना ही चाहिए। **2.** सिर्फ़, केवल; उ.—'मुझे बस एक ही मिनट का काम है'।

बसना अ. क्रि. निवास करना, रहना; उ.—इन झोंपड़ियों में मज़दूर बसे हुए हैं।

बसाना स. क्रि. आबाद करना; जैसे—नगर बसाना, घर बसाना।

बसूला पुं. लकड़ी छीलने का एक औज़ार।

बसेरा पुं. रहने की जगह; जैसे—चिड़ियों का बसेरा, रैन बसेरा।

बस्ता पुं. **1.** वह कपड़ा जिसमें किताबें काग़ज़-पत्र बाँधे जाएँ, बेठन। **2.** एक छोटा थैला जिसमें बच्चे अपनी किताब कापी आदि रखते हैं।

बस्ती स्त्री. **1.** आबादी। **2.** घरों का समूह।

बहत्तर वि. सत्तर और दो का जोड़, 72।

बहँगी स्त्री. बाँस की लचीली पट्टी के दोनो ओर छींका लटका कर बनाया हुआ बोझा ढोने का साधन, काँवर।

बहन (बहिन) स्त्री. एक ही माँ-बाप की बेटी, भगिनी।

बहना अ. क्रि. **1.** किसी तरल पदार्थ का ढलान की ओर जाना। **2.** तेज़ी से किसी ओर चलायमान होना; जैसे—हवा का बहना, किसी के प्रभाव में बहना।

बहनोई पुं. बहन का पति, जीजा।

बहरा वि. जो सुन न सके।

बहलाना स. क्रि. इधर-उधर ध्यान बँटा कर खुश करना, भुलावा देना; उ.—माँ रोते बच्चे को खिलौना दे कर बहला रही है।

बहस स्त्री. वाद-विवाद, खंडन-मंडन, सवाल-जवाब।

बहादुर वि. वीर, शूर, सूरमा।

बहादुरी स्त्री. वीरता, शूरता।

बहाना पुं. गढ़ा गया झूठा कारण; उ.—वह बीमारी का बहाना बना कर आज स्कूल नहीं गया।

बहाना स. क्रि. तरल चीज़ को ढालना; जैसे—आँसू बहाना, पानी बहाना।

बहार स्त्री. **1.** वसंत; जैसे—बहार का मौसम। **2.** रौनक; उ.—चारों ओर फूलों की बहार आई हुई है।

बहाव पुं. बहने की क्रिया, प्रवाह उ.—

यहाँ नदी का बहाव बहुत तेज़ है।

बहिष्कार पुं. बाहर करना, संबंध तोड़ना, बायकाट; उ.—कल पंचों ने कल्लू का समाज से बहिष्कार कर दिया।

बहिष्कृत वि. जिसका बहिष्कार किया गया हो।

बही स्त्री. लेन-देन का हिसाब लिखने की किताब, रजिस्टर।

बहुत वि. ज़्यादा, अधिक (विलोम : थोड़ा)।

बहुतायत स्त्री. पर्याप्त से अधिक होना, अधिकता; उ.—खाड़ी के देशों में मिट्टी के तेल की बहुतायत है।

बहुतेरा अ. बहुत-बहुत; उ.—मैंने उसे बहुतेरा समझाया, पर वह नहीं माना।

बहुधा अ. अक्सर, प्रायः, ज़्यादातर; उ.—राम यहाँ बहुधा आता है।

बहुमत पुं. आधे से ज़्यादा लोगों का मत; उ.—भारत में सरकार का चुनाव बहुमत से होता है।

बहुमूल्य वि. कीमती, अधिक मूल्य का; उ.—समय बहुमूल्य है, इसे मत गँवाओ।

बहू स्त्री. 1. बेटे की पत्नी, पतोहू। उ.—सीता दशरथ की बड़ी बहू थी। 2. पत्नी; उ.—यह सुरेश की बहू है।

बहेलिया पुं. चिड़िमार, शिकारी; उ.—बहेलिये ने पक्षियों को फँसाने के लिए जाल बिछा रखा है।

बाँका वि. 1. टेढ़ा, तिरछा; जैसे—कृष्ण की बाँकी मुद्रा। 2. छैल-छबीला; जैसे—बाँका जवान।

बाँग स्त्री. 1. मुर्गे की पुकार; उ.—'उठो, मुर्गा बाँग दे रहा है।' 2. नमाज़ पढ़ने के लिए लगाई गई मुल्ला की पुकार, अज़ान।

बाँचना स. क्रि. पढ़ना; उ.—'ज़रा यह चिट्ठी बाँच दो।'

बाँटना स. क्रि. 1. वितरित करना; उ.—सेठ जी गरीबों को अनाज बाँट रहे हैं। 2. हिस्से करना; उ.—भाइयों ने पिता की जायदाद आपस में बाँट ली।

बाँध पुं. नदी के पानी को रोकने के लिए बनाया गया कच्चा या पक्का घेरा; जैसे—भाखड़ा बाँध (दे. चित्र)।

बाँधना स. क्रि. डोरी रस्सी आदि से किसी चीज़ के दो सिरों को आपस में कसना; जैसे—बंडल बाँधना, गठरी बाँधना।

बाँस पुं. गन्ने जैसी गाँठोंवाला एक पोला पौधा।

बाँसुरी स्त्री. दे 'बंसी'।

बाँह स्त्री. कलाई से कंधे तक का अंग, भुजा, बाहु।

बाइबिल स्त्री. ईसाइयों की धर्म-पुस्तक।

बाईस वि. बीस और दो का जोड़, 22।

बाक़ी वि. बचा हुआ, शेष; उ.—कल मेरे पास दस रुपए थे, आज सिर्फ़ दस पैसे बाक़ी रह गए हैं।

बाग़ पुं. घेरी हुई वह जगह जहाँ सुंदर ढंग से फल-फूल लगे हों, फुलवारी, उपवन।

बागडोर स्त्री. लगाम।

बाग़वान पुं. माली।

बाग़वानी स्त्री. पेड़-पौधों को उगाने और उनकी देख-रेख करने का काम।

बाज़ पुं. एक शिकारी पक्षी; उ.—बाज ने उड़ते

कबूतर को दबोच लिया (दे. चित्र)।

बाजरा पुं. एक मोटा अनाज; जैसे—बाजरे की रोटी।

बाजा पुं. बजाने का यंत्र; उ.— हारमोनियम, तबला, सितार, बाँसुरी आदि सब बाजे हैं।

बाज़ार पुं. जहाँ तरह-तरह की चीज़ें बिकती हैं; उ.—मुझे बाज़ार से सब्जी लानी है।

बाज़ी स्त्री. दे. 'शर्त'।

बाज़ीगर पुं. तरह-तरह के खेल और करतब दिखानेवाला, नट।

बाट पुं. **1.** रास्ता। **2.** तौलने का बटखरा; उ.—तराजू और बाट ला कर गेहूँ तौल लो।'

बाड़ स्त्री. कँटीली झाड़ियों की दीवार; उ. —इस खेत के चारों ओर बाड़ लगी हुई है।

बाड़ा पुं. चारों ओर से घिरी हुई जगह; जैसे—पशुओं का बाड़ा।

बाड़ी स्त्री. **1.** छोटी फुलवारी, बगिया। **2.** घर, मकान।

बाढ़ स्त्री. नदी का उफान, सैलाब; उ.—बाढ़ के कारण इस साल सारी फ़सल चौपट हो गई।

बाण पुं. धनुष पर चढ़ा कर छोड़ा जानेवाला एक अस्त्र, तीर।

बात स्त्री. कथन, वचन; उ.—'मैं तुम्हारी बात नहीं समझा।'

बातचीत स्त्री. आपस में की जानेवाली बात, वार्तालाप; उ.—'पुस्तकालय में बातचीत मत करो।'

बातूनी वि. अधिक बोलनेवाला, वाचाल; उ.—'मैं इस बातूनी आदमी की बक-बक से तंग आ गया हूँ।'

बाद अ. पीछे, पश्चात; उ.—'तुम दो बजे के बाद आना।' **बाद में** अ. पीछे, भविष्य में; उ.—'तुम यह काम बाद में कर लेना।'

बादल पुं. हवा में ऊँचाई पर उड़नेवाली भाप, मेघ; उ.—'आकाश में बादल छाए हैं, पानी बरसेगा।'

बादशाह पुं. राजा; उ.—मुग़ल बादशाहों में अकबर सबसे लोकप्रिय था।

बादाम पुं. कड़े खोलवाला एक प्रसिद्ध मेवा (दे. चित्र)।

बादामी वि. बादाम के रंग का, गेहुँआ; जैसे—बादामी कागज़।

बाधक वि. रुकावट या अड़चन पैदा करनेवाला; उ.—'किसी के काम में बाधक मत बनो।'

बाधा स्त्री. अड़चन, रुकावट; उ.—बाधाओं से डट कर मुकाबला करना चाहिए।

बानवे वि. नब्बे और दो का जोड़, 92।

बाप पुं. पिता।

बाबा पुं. **1.** पिता का पिता दादा, पितामह। **2.** साधु; उ.—द्वार पर कोई बाबा खड़े हैं।

बाबू पुं. **1.** क्लर्क; जैसे—रेलवे के बाबू, दफ़्तर के बाबू। **2.** सजा-धजा पुरुष; उ.—उसे देखो ! हर वक्त कैसा बाबू बना फिरता है ?

बायाँ वि. दाहिने का उलटा, पूरब की ओर मुँह होने पर उत्तर की ओर पड़नेवाला, वाम।

बारंबार अ. बार-बार।

बार स्त्री. दफ़ा, मर्तबा; जैसे—दो बार,

कई बार।

बारह वि. दस और दो का जोड़, 12।

बारहसिंघा

बारहसिंघा पुं. हिरन की तरह का एक पशु जिसके सींगों में कई शाखाएँ होती हैं (दे. चित्र)।

बारिश स्त्री. बरसात, वर्षा।

बारी स्त्री. क्रमवार अवसर, पारी; उ.–राम के बाद मेरे खेलने की बारी आएगी।

बारीक वि. महीन, पतला; जैसे–बारीक सूत, बारीक अक्षर।

बारूद स्त्री. एक मसाला जो आग लगने पर भड़क उठता है; उ.–बम में बारूद भरा रहता है।

बारे में अ. विषय या संबंध में; उ.–'उनके बारे में आपकी क्या राय है ?'

बाल पुं. केश; उ.–रमा के बाल घने हैं।

बाल पुं. लड़का, बालक; जैसे–बाल-हठ।

बाल-बच्चे पुं. संतान, लड़केबाले।

बॉल

बॉल पुं. गेंद; जैसे–क्रिकेट का बॉल, फ़ुटबॉल (दे. चित्र)।

बालक पुं. 1. वह लड़का जिसकी उम्र 15-16 वर्ष से ज़्यादा न हो; उ.– यह बालक चौथी कक्षा में पढ़ता है। 2. पुत्र; उ.–यह मेरा बालक है।

बालचर पुं. सामाजिक सेवा करने का प्रशिक्षण प्राप्त बालक-बालिकाएँ, स्काउट; उ.–डूबते को बचाना, आग बुझाना आदि बालचर के कर्त्तव्य हैं।

बालटी (बाल्टी) स्त्री. लोहे पीतल आदि का बना पानी भरने या रखने का बड़ा बरतन, डोल।

बाला स्त्री. लड़की।

बाला पुं. कान में पहनने की बड़ी बाली।

बालिका स्त्री. 1. छोटी लड़की। 2. कन्या।

बाली स्त्री. 1. कान में पहनने का गोल गहना। 2. गेहूँ धान आदि की बाल।

बालू पुं. रेत।

बावन वि. पचास और दो का जोड़, 52।

बावला वि. पगला, पागल।

बावली (बावड़ी) स्त्री. 1. सीढ़ीदार छोटा तालाब या कुआँ। 2. पागल स्त्री।

बास स्त्री. गंध, महक; जैसे–फूलों की बास।

बासठ वि. साठ और दो का जोड़, 62।

बासी वि. 1. पिछले दिन का; जैसे–बासी रोटी। 2. पुराना, जो ताज़ा न हो; जैसे–बासी ख़बर।

बाहर वि. अंदर का उलटा, उ.–'तुम बाहर बैठो।'

बाहु स्त्री. बाँह, भुजा।

बिंदी स्त्री. 1. शून्य का सूचक चिह्न, सिफ़र। 2. अनुस्वार, बिंदु; जैसे–'पं.' में बिंदी लगी है। 3. स्त्रियों द्वारा माथे पर लगाया जाने वाला गोल टीका।

बिंदु पुं. 1. बूंद, कतरा। 2. सिफ़र, शून्य, जीरो।

बिंधना अ. क्रि. छिद जाना; उ.–अर्जुन के बाण से मछली की आँख बिंध गई।

बिकना अ. क्रि. बिक्री होना, बेचा जाना।

बिकाऊ वि. जो बचेने के लिए हो; उ.–यह मकान बिकाऊ है।

बिक्री स्त्री. बेचना; उ.–मुझे अपना मकान बिक्री करना है।

बिखरना अ. क्रि. **1.** फैल जाना; जैसे–मोती बिखरना, दाने बिखरना। **2.** अलग-अलग या दूर-दूर होना; उ.–अब उनका परिवार बिखर गया है।

बिखेरना स. क्रि. छितराना; जैसे–खेत में बीज बिखेरना, मुर्ग़ियों के लिए चुग्गा बिखेरना।

बिगड़ना अ. क्रि. **1.** ख़राब हो जाना; उ.–घड़ी बिगड़ गई है। **2.** नाराज़ होना; उ.–समय पर खाना न खाने के कारण माँ बिगड़ रही है।

बिगाड़ना स. क्रि. ख़राब कर देना; उ.–दर्ज़ी ने मेरा कोट बिगाड़ दिया।

बिगुल

बिच्छू

बिगुल पुं. तुरही जैसा एक बाजा (दे. चित्र)।

बिच्छू पुं. एक छोटा ज़हरीला जंतु जो डंक मारता है। (दे. चित्र)।

बिछना अ. क्रि. फैल जाना; उ.– बिस्तर बिछ गया है।

बिछाना स. क्रि. फैलाना; उ.–यहाँ मुझे अपना बिस्तर बिछाना है।

बिछुड़ना अ. क्रि. अलग होना, जुदा होना; उ.–माँ से बिछुड़ने पर बच्चा रो रहा है।

बिछौना पुं. बिस्तर, बिछावन।

बिजली स्त्री. **1.** बादलों के टकराने से पैदा होनेवाली कौंध। **2.** रगड़ से पैदा की गई शक्ति, इलेक्ट्रिसिटी।

बिटिया स्त्री. बेटी।

बिठाना स. क्रि. बैठाना ; उ.–'मेहमानों को बैठक में बिठाओ।'

बिताना स. क्रि. व्यतीत करना, गुज़ारना; उ.–हमने छुट्टियाँ पहाड़ पर बिताईं।

बित्ता पुं. हाथ फैलाने पर अँगूठे से छोटी उँगली तक की नाप, बालिश्त।

बिना अ. बगैर; उ.–'राम ! तुम्हारे बिना यह काम नहीं हो सकता।'

बिनौला पुं. कपास का बीज; उ.– 'कपास ओट कर उसमें से बिनौले छाँट दो।'

बिफरना अ. क्रि. बिगड़ना, नाराज़ हो जाना।

बियाबान पुं. सुनसान, उजाड़ जंगल।

बिरादरी स्त्री. अपने कुटुंब या जाति के लोगों का समूह, भाई-बंधु।

बिल पुं. साँप, चूहे आदि द्वारा जमीन या दीवार में खोद कर बनाया हुआ लंबा छेद जो इनका घर होता है।

बिल पुं. **1.** पैसे चुकाने का माँग-पत्र; जैसे–दुकादार का बिल, बिजली का बिल। **2.** विधेयक; जैसे–संसद या विधानसभा में प्रस्तुत बिल।

बिलकुल अ. एकदम, पूरी तरह; उ.–मैं बिलकुल ठीक हूँ।

बिलखना अ. क्रि. फूट-फूट कर रोना।

बिलाव पुं. बिल्ला, नर बिल्ली।

बिलोना स. क्रि. मथना; उ.–दही बिलोने से मक्खन निकलता है।

बिल्ली स्त्री. शेर की जाति का एक छोटा घरेलू जंतु; उ.–बिल्ली मेरा दूध पी गई।

बिवाई स्त्री. पैर के तलवों का फटना।

बिस्कुट पुं. मैदा अरारोट आदि से बनी एक मीठी या नमकीन करारा व्यंजन।

बिस्तर पुं. बिछौना; उ.–'बिस्तर झाड़ लो।'

बीच अ. दरमियान, मध्य।

बीचोबीच अ. एकदम बीच में; उ.– नौका झील के बीचोबीच डूब गई।

बीज पुं. किसी चीज़ का दाना जिससे फिर पौधा या पेड़ उग सकता हो; जैसे–गेहूँ के बीज, पपीते के बीज।

बीजगणित पुं. वह गणित जिसमें हल करते समय संख्याओं को अक्षर मान लिया जाता है, अलजबरा।

बीजक पुं. माल की ब्योरेवार सूची जो ख़रीदार के पास भेजी जाती है।

बीड़ी स्त्री. पत्ते में लपेट कर बनाई हुई सिगरेट जैसी एक चीज़।

बीतना अ. क्रि. गुज़रना, व्यतीत होना; उ.–बातों ही बातों में आधी रात बीत गई।

बीमार वि. दे. 'रोगी'।

बीमारी स्त्री. रोग; जैसे–चेचक की बीमारी, हैज़े की बीमारी।

बीवी स्त्री. स्त्री, पत्नी; उ.–अब्दुल की बीवी बीमार है।

बीस वि. दस और दस का जोड़, दस से दूनी संख्या, 20।

बुंदा पुं. स्त्रियों का कान में लटकनेवाला एक छोटा गहना।

बुआ (बूआ) स्त्री. पिता की बहन।

बुकनी स्त्री. बारीक चूरा; जैसे–धनिए या मिर्च की बुकनी।

बुख़ार पुं. ज्वर, ताप; उ.–मोहन को सौ डिग्री बुख़ार है।

बुज़दिल वि. कमज़ोर दिलवाला, कायर।

बुज़ुर्ग पुं. बड़ी उम्रवाला, बड़ा; उ.–बुज़ुर्गों का आदर करना चाहिए।

बुझना अ. क्रि. जलना बंद हो जाना; उ.–दीया बुझ गया (विलोम : जलना)।

बुझाना स. क्रि. जलना बंद कर देना; उ.–दमकल ने आ कर आग बुझाई (विलोम : जलाना)।

बुड्ढा वि. वृद्ध, बूढ़ा।

बुढ़ापा पुं. वृद्धावस्था।

बुढ़िया स्त्री. बूढ़ी स्त्री, वृद्धा।

बुद्धि स्त्री. अक़्ल, समझ; उ.–अपनी बुद्धि के कारण ही मनुष्य अन्य प्राणियों से श्रेष्ठ है।

बुद्धिमान वि. अक़्लमंद, समझदार; उ.– बुद्धिमान आदमी हमेशा सोच- समझकर काम करता है।

बुद्धू वि. मूर्ख, बेवक़ूफ़।

बुधवार पुं. मंगलवार के बाद का और बृहस्पतिवार के पहले का दिन।

बुनना स. क्रि. सूत, ऊन, तार आदि से बुनाई करना; जैसे–दरी बुनना, स्वेटर बुनना, चटाई बुनना।

बुनाई स्त्री. बुनने का काम या मज़दूरी।

बुनावट स्त्री. बुनने का ढंग, बुनाई; जैसे–स्वेटर की बुनावट।

बुरा वि. ख़राब, ग़लत।

बुराई स्त्री. **1.** ख़राबी, दोष, दुर्गुण; उ.–इस योजना में कई बुराइयाँ हैं। **2.** निंदा, शिकायत; उ.–पीठ पीछे किसी की बुराई नहीं करनी चाहिए।

बुरादा पुं. काठ को चीरने पर निकलनेवाला महीन चूरा।

बुर्ज पुं. मीनार; उ.—किले के बुर्ज दूर से दिखाई दे रहे हैं।

बुलबुल स्त्री. मीठी आवाज़वाली एक चिड़िया।

बुलबुला पुं. बुल्ला, बुदबुदा; उ.—बच्चे पानी में साबुन घोल कर बुलबुले बना रहे हैं।

बुलवाना स. क्रि. **1.** किसी से कोई बात कहलवा लेना; उ.—थानेदार ने चोर की पिटाई कर उससे सारी बातें बुलवा लीं। **2.** किसी को किसी के द्वारा बुला भेजना; उ.— आज उसने मुझे अपने घर बुलवाया है।

बुलाना स. क्रि. किसी को अपने पास आने के लिए इशारा करना या कहना।

बुलावा पुं. आने के लिए कहलाना, निमंत्रण; जैसे—मित्रों को दावत का बुलावा देना।

बुहारी स्त्री. झाड़ू, उ.—'घर में बुहारी दे दो।'

बूँद स्त्री. किसी तरल पदार्थ का छोटा-सा कण, क़तरा; जैसे—पानी की बूँद, खून की बूँद।

बूँदी स्त्री. बेसन की बनी एक मिठाई जो देखने में बड़ी बूँद जैसी होती है, बुँदिया; जैसे—बूँदी के लड्डू।

बू स्त्री. **1.** गंध, बास। **2.** दुर्गंध।

बूझना स. क्रि. किसी गूढ़ बात को जानना, समझना; जैसे—पहेली बूझना।

बूटी स्त्री. **1.** दवा के काम आनेवाली पौधे की जड़ या पत्ती, जड़ी। **2.** कागज कपड़े आदि पर बने हुए बेल-बूटे।

बूढ़ा पुं. वृद्ध, बुड्ढा।

बूरा पुं. **1.** भूरे रंग की कच्ची चीनी। **2.** दुबारा पका कर साफ़ की गई महीन चीनी।

बृहस्पतिवार पुं. बुधवार के बाद का और शुक्रवार के पहले का दिन, गुरुवार।

बेंच

बेंच स्त्री. काठ की पायेदार लंबी पट्टी जिस पर कई लोग बैठ सकते हैं (दे. चित्र)।

बे अ. बिना, बग़ैर; जैसे—बेदम (बिना दम का), बेकार (बिना काम का), बेईमान (बिना ईमान का)।

बेगम स्त्री. 1. विवाहित मुसलमान स्त्रियों के लिए सम्मान-सूचक शब्द। **2.** बादशाह या अमीर की पत्नी। **3.** ताश में रानी की तस्वीरवाला पत्ता।

बेगार स्त्री. बिना पैसा दिए करवाया गया काम।

बेचना स. क्रि. पैसे ले कर बदले में कुछ देना; उ.—मैं कंघे बेचता हूँ।

बेचारा वि. लाचार, दयनीय।

बेटा पुं. पुत्र, लड़का।

बेड़ा पुं. **1.** बाँस के टट्टर से बनी खुली नाव। **2.** बहुत-सी नावों या जहाज़ों का समूह।

बेड़ी स्त्री. कैदियों के पैरों में डाली जानेवाली जंजीर जिससे वे भाग न सकें।

बेर पुं. झाड़ी में लगनेवाला एक छोटा खट्टा-मीठा फल।

बेल पुं. कड़े छिलकेवाला गूदेदार फल।

बेल स्त्री. लता; जैसे—कद्दू की बेल, करेले की बेल।

बेलन पुं. रोटी बेलने के काम आनेवाला लकड़ी का एक उपकरण।

बेला पुं. एक छोटा सुगंधित सफ़ेद फूल जो गर्मियों में खिलता है।

बेला स्त्री. समय, वक़्त; जैसे—साँझ की बेला।

बेवकूफ़ वि. मूर्ख, बुद्धू।

बेसन पुं. चने का आटा।

बेहतर वि. ज्यादा अच्छा; उ.—'बेहतर होता यदि तुम ही मेरे घर आ जाते।'

बैंक पुं. ब्याज पर रुपए का लेन-देन करनेवाली संस्था।

बैंगन पुं. ललाई लिए हुए एक गहरा नीला फल जो तरकारी के काम आता है, भंटा।

बैंगनी वि. बैंगन के रंग का, जामुनी; जैसे—बैंगनी साड़ी।

बैंड पुं. **1.** अंग्रेजी बाजा। **2.** बाजा बजानेवालों का दल; उ.—रामू के विवाह पर शहर से बैंड आया था।

बैटरी स्त्री. धातु से बनी गोल डिबिया या बड़ा आयताकार डिब्बा जिसमें बिजली पैदा करनेवाले पदार्थ भरे रहते हैं।

बैठक स्त्री. **1.** बैठने का कमरा, ड्रॉइंग रूम। **2.** सभा, मीटिंग।

बैठना अ. क्रि. **1.** आसीन होना; उ.—राम पहले खड़ा था, अब बैठ गया है। **2.** पानी आदि में घुली हुई किसी चीज़ का तल में जा कर लगना; उ.—चीनी, प्याले के तल में बैठ गई है।

बैठाना स. क्रि. **1.** बैठने का काम कराना; जैसे—चौकी पर बैठाना, घोड़े पर बैठाना। **2.** स्थापित करना; जैसे—कारखाना बैठाना।

बैर पुं. शत्रुता, दुश्मनी।

बैरी पुं. शत्रु, दुश्मन।

बैल पुं. गाय का नर; जैसे—बैल-गाड़ी, कोल्हू का बैल।

बैलून पुं. हवा भरा हुआ रबड़ का थैला जो आकाश में उड़ता है, गुब्बारा (दे. चित्र)।

बैसाखी स्त्री. **1.** वह लाठी जिसके सहारे लँगड़े चल सकते हैं। **2.** बैशाखी पूर्णिमा को मनाया जानेवाला पंजाबियों का त्योहार।

बोआई (बुवाई) स्त्री. **1.** खेत में बीज बोने का काम। **2.** बोने की मज़दूरी।

बोतल स्त्री. बड़ी शीशी; उ.—इस बोतल में तेल भरा है (दे. चित्र)।

बोना स. क्रि. बीज को ज़मीन में डालना।

बोरा पुं. टाट का बड़ा थैला; उ.—यह गेहूँ का बोरा है (लघु. : बोरी) (दे. चित्र)।

बोर्ड पुं. **1.** काठ की चौकोर पट्टी **2.** गत्ता, मोटी दफ़्ती। **3.** परिषद; जैसे—माध्यमिक शिक्षा बोर्ड, म्युनिसिपल बोर्ड।

बोल पुं. मुँह से निकले शब्द; उ.—'कड़वे बोल मत बोलो।'

बोलचाल स्त्री. बातचीत; उ.—कांता से मेरी बोलचाल बंद है।

बोलना अ. क्रि. मुँह से शब्द का उच्चारण करना, कहना।

बोली स्त्री. **1.** आवाज। **2.** भाषा उपभाषा और ऐसी क्षेत्रीय भाषा जिसकी लिपि मुख्य भाषा जैसी हो; जैसे—अवधी, ब्रज, मैथिली आदि बोलियाँ हैं जो देवनागरी लिपि में लिखी जाती हैं। **3.** नीलामी के समय ख़रीदार की ओर से बोला गया दाम।

बोहनी स्त्री. दुकान खोलने पर पहली बिक्री।

बौखलाना अ. क्रि. खिसियाना, बुरी तरह झल्लाना।

बौछार स्त्री. **1.** हवा के झोंकों से वर्षा की झड़ी का तिरछा गिरना। **2.** किसी चीज़ का झड़ी की तरह लगातार बरसना; जैसे—गोलियों की बौछार।

बौद्ध पुं. बुद्ध धर्म को माननेवाला।

बौना पुं. बहुत नाटा आदमी; उ.—सरकस का बौना तरह-तरह से मुँह बना कर बच्चों को हँसा रहा है।

बौर पुं. आम की मंजरी, मौर।

ब्याज पुं. सूद; उ.—सूदख़ोर महाजन भोलू को सौ रुपए उधार देकर उससे महीने में पाँच रुपए का ब्याज वसूल करने लगा।

ब्याह पुं. शादी, विवाह।

ब्राह्मण पुं. हिंदुओं के चार वर्णों में से एक।

ब्लाउज़ स्त्री. कंधे से कमर तक पहना जानेवाला स्त्रियों का वस्त्र।

ब्लेड पुं. इस्पात की बनी धारदार पत्ती; उ.—ब्लेड से दाढ़ी बनाई जाती है।

भ

भंग पुं. टूटना; जैसे—शांति-भंग, संधि-भंग।

भंगी पुं. सफ़ाई करनेवाला, मेहतर।

भंडार पुं. **1.** सामान रखने का कमरा; उ.—'भंडार से घी लाओ।' **2.** खज़ाना; उ.—हमारे शिक्षक ज्ञान के भंडार हैं। **3.** दुकान; जैसे—पुस्तक-भंडार, वस्त्र-भंडार।

भंडारा पुं. लंगर, साधु संन्यासियों आदि का भोज; जैसे—शिवरात्रि का भंडारा, रामनवमी का भंडारा।

भँवर पुं. नदी या समुद्र में पानी का तेज़ी से गोल-गोल घूमना; उ.—नाव भँवर में फँस कर डूब गई।

भँवरा पुं. दे. 'भौंरा'।

भक्त पुं. भक्ति करनेवाला, उपासक।

भक्ति स्त्री. प्रेमपूर्ण श्रद्धा।

भगदड़ स्त्री. डर के कारण लोगों का एक-साथ भागना; उ.—मेले में आग लगने से भगदड़ मच गई।

भगवती स्त्री. देवी, पार्वती।

भगवा पुं. **1.** गेरूए रंग का वस्त्र। **2.** भगवा रंग।

भगवान पुं. ईश्वर, परमेश्वर।

भगाना स. क्रि. **1.** दूर हटाना डरा-धमका कर भागने को विवश करना, खदेड़ना; उ.—उसने भिखारी को डाँट कर भगा दिया। **2.** दौड़ाना; उ.—वह घोड़े को तेज़ी से भगा रहा है।

भग्न वि. टूटा हुआ; जैसे—भग्न मंदिर।

भजन पुं. भक्तिपूर्ण कविता; जैसे—मीरा के भजन, सूरदास के भजन।

भजना स. क्रि. जप करना, भजन करना।

भटकना अ. क्रि. बहक जाना, ग़लत रास्ते जाना; उ.—मेरे घर का ठीक पता न होने के कारण सोनू भटकते-भटकते परेशान हो गया।

भट्ठा पुं. ईंट चूना आदि पकाने का बहुत बड़ा चूल्हा, बड़ी भट्टी।

भट्ठी स्त्री. बड़ा चूल्हा।

भड़कना अ. क्रि. **1.** उत्तेजित या क्रोधित होना; उ.—पटाख़ों की आवाज़ से घोड़ी भड़क गई। **2.** जल उठना; उ.—सूखी घास में चिनगारी पड़ते ही आग भड़क उठी।

भड़कीला वि. तड़क-भड़कवाला; जैसे—भड़कीली पोशाक।

भड़भूँजा पुं. चना, लाई आदि को भाड़ में भूनने वाला।

भतीजा पुं. भाई का बेटा (स्त्री. : भतीजी)।

भद्दा वि. कुरूप, बदसूरत।

भनक स्त्री. किसी घटना की पहले से मिली कच्ची जानकारी, आभास; उ. —पुलिस को भनक लग गई थी कि डाकू आज हमला करेंगे।

भभकना अ. क्रि. **1.** सहसा भड़क कर ज़ोरों से जलना; उ.—परसों अचानक पूरा जंगल आग से भभक उठा। **2.** जोर से गंध आना; उ.—नाला दुर्गंध से भभक रहा है।

भभकी स्त्री. झूठी धमकी, घुड़की; उ.—'चलो हटो ! मैं तुम्हारी भभकियों से नहीं डरता।'

भयंकर वि. डरावना, भीषण।

भय पुं. डर।

भयभीत वि. डरा हुआ।

भयानक वि. डरावना; जैसे—भयानक सपना, भयानक जंगल।

भरण-पोषण पुं. लालन-पालन; उ.—पिता की मृत्यु के बाद राम के चाचा ने उसका भरण-पोषण किया।

भरती (भर्ती) स्त्री. दाख़िला, प्रवेश; जैसे—स्कूल में भरती होना, सेना में भरती होना।

भरना (I) स. क्रि. ख़ाली जगह में कोई चीज़ डालना; जैसे—गड्ढे में मिट्टी भरना, गुब्बारे में हवा भरना, घड़े में पानी भरना, रिक्त स्थान में उपयुक्त शब्द भरना। **(II)** अ. क्रि. **1.** ख़ाली जगह में कोई चीज़ इकट्ठी होना; उ.—बरसात के पानी से तालाब भर गया है। **2.** घाव का ठीक होना; जैसे—घाव भरना। **3.** मन में कोई भाव आना; जैसे—गुस्से से भरना।

भरपूर (I) वि. खूब, बहुत सारा; जैसे—भरपूर ख़ुशी, भरपूर इनाम। **(II)** अ. पूरे तौर से; जैसे—भरपूर कोशिश करना।

भरपेट अ. **1.** पेट भर कर, उ.—हमारे देश में करोड़ों लोगों को भरपेट भोजन नहीं मिलता। **2.** जी भरकर; उ.—रमा

ने उमा के सामने कांता की भरपेट बुराई की।

भरमार स्त्री. बहुतायत, ढेर; उ.–इस बगीचे में रंग-बिरंगे फूलों की भरमार है।

भरसक अ. जहाँ तक हो सके, शक्ति भर; उ.–मैं इस काम को पूरा करने की भरसक कोशिश करूँगा।

भरोसा पुं. **1.** विश्वास; उ.–मुझे तुम पर पूरा भरोसा है। **2.** आसरा; उ.–मैं तुम्हारे भरोसे ही इतनी दूर से आया हूँ।

भला (I) वि. अच्छा, नेक; उ.–वह कभी धोखा नहीं दे सकता, बड़ा भला आदमी है। **(II)** अ. जोर देने के लिए काम में लिया जानेवाला शब्द; उ.–'भला, तुम वहाँ गए ही क्यों ?'

भलाई स्त्री. उपकार, नेकी।

भवदीय सर्व. आपका; उ.–'चिट्ठी के अंत में भवदीय लिख कर नीचे अपना नाम लिखो।'

भवन

भवन पुं. मकान, इमारत; जैसे– आकाशवाणी भवन (दे. चित्र)।

भवानी स्त्री. दुर्गा, पार्वती।

भविष्य पुं. आनेवाला समय; उ.–'जाओ, भविष्य में ऐसी गलती मत करना।'

भस्म पुं. राख; उ.–साधु ने शरीर पर भस्म मल रखा है।

भाँग स्त्री. एक पौधा जिसकी पत्तियाँ नशीली होती हैं; उ.–होली पर भाँग पी कर मोहन ने खूब हुड़दंग मचाया।

भाँडा पुं. बरतन, बासन। मु. **भाँड़ा फूटना** भेद प्रकट होना; उ.–अंत में मोहन की काली करतूतों का भाँडा फूट गया।

भाँति स्त्री. तरह; उ.–राम की आँखें कमल के फूल की भाँति सुंदर हैं।

भाँपना स. क्रि. समझ लेना, ताड़ जाना; उ.–'मैंने तुम्हारे मन की बात भाँप ली है।'

भाई पुं. **1.** एक ही माँ-बाप का बेटा, सहोदर। **2.** बिरादरी का कोई आदमी; उ.–हम सब भाई-भाई हैं।

भाग पुं. **1.** हिस्सा; जैसे–भारत का दक्षिणी भाग। **2.** गणित में किसी राशि को हिस्सों में बाँटने की क्रिया; उ.–आठ को दो से भाग देंगे तो उत्तर चार आएगा।

भागफल पुं. एक संख्या को दूसरी संख्या से भाग देने पर प्राप्त संख्या, वह संख्या जो भाज्य को भाजक से भाग देने पर प्राप्त हो; उ.–दस को दो से भाग देने पर भागफल पाँच होगा।

भागदौड़ स्त्री. किसी काम के लिए इधर से उधर भागना, दौड़-धूप; उ.–विवाह की भागदौड़ में किसी को बूढ़ी काकी का ध्यान नहीं रहा।

भागना अ. क्रि. **1.** दौड़ जाना; उ.–सिपाही को देखते ही चोर भागा। **2.** बचने की कोशिश करना, पलायन करना; उ.–तुम हमेशा कठिन काम से भागते रहते हो।

भागी पुं. हक़दार, अधिकारी; उ.–अच्छा काम करने से आदमी पुण्य का भागी बनता है औरा बुरा करने से पाप का।

भाग्य पुं. क़िस्मत, तक़दीर।

भाग्यवश अ. किस्मत से, संयोगवश; उ.–मैं श्याम को कई दिनों से ढूँढ़ रहा था कि भाग्यवश आज उससे पार्क में मुलाक़ात हो गई।

भाजी स्त्री. सब्ज़ी, तरकारी।

भाट पुं. राजाओं की स्तुति करनेवाला कवि, चारण; उ.–चंद बरदाई पृथ्वीराज के दरबार में भाट थे।

भाटा पुं. समुद्र के पानी का उतार (विलोम : ज्वार)।

भाड़ पुं. भड़भूँजे की भट्ठी।

भाड़ा पुं. किराया; जैसे–गाड़ी का भाड़ा, माल ढोने का भाड़ा।

भात पुं. पका हुआ चावल।

भादों पुं. विक्रम संवत् का छठा महीना; उ.–भादों में बहुत बारिश होती है।

भानजा पुं. बहन का बेटा।

भाना अ. क्रि. रुचना, अच्छा लगना; उ.–मुझे आम बहुत भाते हैं।

भानु पुं. सूरज।

भाप स्त्री. पानी की गैसीय अवस्था, वाष्प।

भाभी स्त्री. बड़े भाई की पत्नी, भौजाई।

भार पुं. **1.** बोझ; जैसे–दो क्विंटल का भार। **2.** ज़िम्मेदारी; उ.–सीताराम जी के बाद इस विद्यालय के संचालन का भार मोहन जी ने सँभाल रखा है।

भारती स्त्री. **1.** भारत की भाषा, हिंदी। **2.** ज्ञान की देवी सरस्वती।

भारतीय वि. भारतवर्ष का, हिंदुस्तानी; जैसे–भारतीय सभ्यता, भारतीय जनता।

भारी वि. **1.** वज़नी; उ.–यह बक्सा बहुत भारी है। **2.** बहुत ज़्यादा; उ.–भारी वर्षा के कारण रास्तों में पानी भर गया है।

भारी-भरकम वि. बहुत बड़ा और भारी; जैसे–भारी-भरकम पहलवान।

भाल पुं. मस्तक, माथा।

भाला पुं. एक अस्त्र जिसके सिरे पर लोहे का नुकीला फल लगा रहता है, बरछा।

भालू

भालू पुं. जानवर जिसका सारा शरीर घने बालों से ढँका रहता है, रीछ (दे. चित्र)।

भाव पुं. **1.** ख़याल, विचार; जैसे–किसी के लिए मन में दया का भाव आना। **2.** मुद्रा; उ.–उसके चेहरे के भाव बात रहे थे कि वह नाराज़ है। **3.** दर, कीमत; उ.–'आलू का क्या भाव है ?'

भावज स्त्री. दे. 'भाभी'।

भावना स्त्री. विचार, ख़याल; जैसे–देशप्रेम की भावना, बदले की भावना।

भावी **(I)** स्त्री. **1.** भविष्य में होकर रहनेवाली बात, होनी; उ.–'भावी को कौन टाल सकता है ?' **(II)** वि. होनेवाला; जैसे–भावी उत्तराधिकारी, भावी पत्नी।

भाषण पुं. व्याख्यान, लेक्चर; उ.–सभापति के भाषण के बाद सभा समाप्त हो गई।

भाषा स्त्री. जबान, बोली; उ.–हमारी राष्ट्रभाषा हिंदी है।

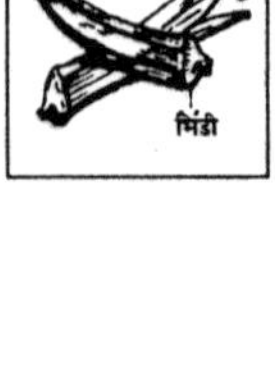
भिंडी

भिंडी स्त्री. आकार में हाथ की उँगलियों जैसी फली की तरह की एक

हरी तरकारी (दे. चित्र)।

भिक्षा स्त्री. भीख।

भिक्षु पुं. **1.** भिखमंगा। **2.** साधु, संन्यासी; जैसे–बौद्ध भिक्षु, जैन भिक्षु।

भिखमंगा पुं. भिखारी, भिक्षुक।

भिखारी पुं. भीख माँगनेवाला।

भिगोना स. क्रि. पानी में डुबो कर गीला करना; जैसे–कपड़ा भिगोना।

भिजवाना स. क्रि. पहुँचवाना, भेजने का काम करवाना; उ.–मैंने काग़ज़ राम के साथ भिजवा दिए थे।

भिड़ स्त्री. दे. 'बर्रे'।

भिड़ना अ. क्रि. टकराना; जैसे– पहलवानों का भिड़ना, गाड़ी का भिड़ना।

भिड़ंत स्त्री. मुठभेड़, टकराहट; उ.– ट्रक और ट्रेन की भिडंत में कई यात्री मर गए।

भिनभिनाना अ. क्रि. भिनभिन करना; उ.–मिठाई के थाल पर मक्खियाँ भिनभिना रही हैं।

भिन्न वि. **1.** अलग; उ.–राम का स्वभाव श्याम से बिलकुल भिन्न है। **2.** (गणित) वह अंक जो पूर्ण संख्या से कम हो; जैसे–3/4,1/2।

भिन्नता स्त्री. फ़र्क़, भेद; उ.–इन दोनों बहनों के स्वभाव में बड़ी भिन्नता है।

भिश्ती पुं. मशक (चमड़े का बड़ा थैला) से पानी ढोनेवाला।

भींचना स. क्रि. कस कर दबाना; जैसे–बाँहों में भींचना।

भीगना अ. क्रि. गीला होना; उ.– बारिश में सारे कपड़े भीग गए।

भीड़ स्त्री. भारी संख्या में लोगों का जमाव; जैसे–मेले की भीड़।

भीतर अ. अंदर; उ.–'भीतर चले जाओ।'

भीतरी वि. **1.** अंदर का; जैसे–भीतरी कमरा। **2.** छिपा हुआ; जैसे–भीतरी बात, भीतरी चोट।

भीनी वि. हलकी, मंद; जैसे–भीनी-भीनी सुगंध।

भीषण वि. भयानक, डरावना; जैसे–भीषण युद्ध।

भुक्खड़ वि. भूखा, कंगाल।

भुगतान पुं. पैसा चुकाना, अदायगी; जैसे–क़र्ज़ का भुगतान, बिल का भुगतान।

भुजंग पुं. साँप।

भुजा स्त्री. बाँह, बाहु।

भुजिया पुं. **1.** भुनी हुई तरकारी; जैसे–आलू का भुजिया। **2.** बेसन का लच्छेदार नमकीन पकवान, सेव; जैसे–बीकानेर का भुजिया।

भुट्टा

भुट्टा पुं. मकई की दानेदार वाली (दे. चित्र)।

भुनगा पुं. उड़नेवाला एक छोटा कीड़ा, फतिंगा।

भुनना अ. क्रि. **1.** आग में सिकना; उ.–पापड़ भुन गया है। **2.** छोटे सिक्कों में बदला जाना; जैसे–नोट भुनना।

भुनाना स. क्रि. छोटे सिक्कों में बदलवाना, तुड़वाना; उ.–मुझे सौ रुपए का नोट भुनाना है।

भुरभुरा वि. जो झट से टूटकर बिखर जाए, भंगुर; जैसे–भुरभुरी ईंट।

भुलक्कड़ वि. भूल जाने की आदत वाला; उ.–राम बहुत भुलक्कड़ है, शायद यहाँ आना ही भूल गया है।

भुलाना स. क्रि. याद न रखना, भूल जाना, विस्मरण करना; उ.–'तुमने तो मुझे बिलकुल भुला दिया।'

भुलावा पुं. छल, बहकावा; उ.–ठग भुलावा दे कर बच्चे को उठा ले गया।

भूँकना (भौंकना) अ. क्रि. **1.** कुत्ते का भौं-भौं करना। **2.** बेकार बोलते रहना; उ.–'उसकी बात छोड़ो वह तो यों ही भूँकता रहता है।

भू स्त्री. ज़मीन, धरती, पृथ्वी।

भूकंप पुं. पृथ्वी का काँपना, भूचाल; उ.–जापान में अकसर भूकंप के झटके लगते रहते हैं।

भूखंड पुं. भूमि का एक भाग।

भूख स्त्री. भोजन की इच्छा; उ.–'भूख लगी है, खाना लाओ।'

भूखा वि. **1.** जिसे भूख लगी हो; उ.–मैं सुबह से भूखा हूँ। **2.** किसी चीज़ को प्राप्त करने को इच्छुक; उ.–हम सब प्रेम के भूखे हैं।

भूगर्भ पुं. धरती का भीतरी भाग; उ.–कोयला, सोना आदि खनिज भूगर्भ में मिलते हैं।

भूगोल पुं. पृथ्वी और उसकी प्रकृति, जलवायु, उपज आदि के बारे में जानकारी देनेवाली विद्या; उ.–मुझे भूगोल में 70 अंक मिले हैं।

भूचाल पुं. दे. 'भूकंप'।

भूत पुं. **1.** एक काल्पनिक डरावना प्राणी, प्रेत; उ.–हम भूत-प्रेत में विश्वास नहीं करते। **2.** जो बीत गया हो; उ.–'भूत की छोड़ो, भविष्य की सोचो।'

भूतपूर्व वि. **1.** जो पहले हो चुका हो। **2.** जो पहले किसी पद पर रह चुका हो, जैसे–भूतपूर्व मुख्यमंत्री, भूतपूर्व राष्ट्रपति।

भूदान वि. **1.** ज़मीन का दान; उ.–विनोबा भावे ने भूदान आंदोलन चलाया था।

भूनना स. क्रि. आग से सेंकना; जैसे–रोटी या पापड़ भूनना।

भूमि स्त्री. ज़मीन, धरती।

भूरा वि. मिट्टी के रंग का, ख़ाकी।

भूरि-भूरि वि. बहुत अधिक; उ.–राम श्याम की भूरि-भूरि प्रशंसा कर रहा था।

भूल स्त्री. ग़लती, चूक; उ.–मैंने उसकी बात मान कर बड़ी भूल की।

भूलना स. क्रि. याद न रख पाना; उ.–मैं किताब लाना भूल गया।

भूल-भुलैया स्त्री. चक्करदार रास्ता जिसमें आदमी खो जाए; उ.– लखनऊ के इमामबाड़े की भूल- भुलैया से निकलना बड़ा मुश्किल है।

भूसा पुं. गेहूँ, जौ आदि के छिलके और डंठलों के महीन टुकड़े (लघु. : भूसी)।

भूस्खलन पुं. ज़मीन या शिलाखंडों का खिसक कर गिरना; उ.–बारिश में भूस्खलन के कारण पहाड़ों के रास्ते बंद हो जाते हैं।

भेंट स्त्री. **1.** मुलाक़ात; उ.–आज मेरी सुबोध से भेंट नहीं हुई। **2.** उपहार; उ.–मुझे जन्मदिन पर एक घड़ी भेंट में मिली है।

भेजना स. क्रि. एक जगह से दूसरी जगह रवाना करना, पठाना।

भेजा पुं. खोपड़ी के भीतर का गूदा, मग़ज़, दिमाग़।

भेड़ स्त्री. एक चौपाया जिसके रोएँ से ऊन बनता है। यह कम्बल भेड़ के ऊन से बना है (दे. चित्र)।

भेड़िया पुं. कुत्ते जैसा एक शिकारी जंगलीी जानवर (दे. चित्र)।

भेद पुं. **1.** छिपी हुई बात, रहस्य; उ.—खज़ाने का भेद किसी को मालूम न था। **2.** अंतर, फ़र्क़; उ.—गरीब और अमीर के बीच भेद मिटना चाहिए। **3.** प्रकार; उ.—संज्ञा के तीन भेद हैं।

भेदभाव पुं. भेद करने का भाव, पक्षपात; उ.—हमारे अध्यापक हम छात्रों में किसी तरह का भेदभाव नहीं करते।

भेदिया पुं. गुप्तचर, जासूस; उ.—कल दुश्मन का एक भेदिया पकड़ा गया।

भेदी वि. भेद जाननेवाला; उ.—'घर का भेदी लंका ढाहे'।

भेरी स्त्री. **1.** नगाड़ा, डंका, दुंदुभि। **2.** एक चोंगानुमा बाजा, तुरही।

भेली स्त्री. गुड़ या और किसी चीज़ की गोल बट्टी।

भैंस स्त्री. दूध देनेवाला एक मादा पशु—(नर : भैंसा)

भैया पुं. 'भाई' का संबोधनवाचक शब्द; उ.—'भैया, ज़रा दूध देना।'

भोंकना स. क्रि. शरीर में धँसाना, घुसेड़ना; उ.—गुंडे ने राहगीर को छुरा भोंक दिया।

भोंड़ा वि. भद्दा, बदशक्ल।

भोंदू वि. बुद्धू, घोंचू, गोबर-गणेश।

भोंपू पुं. **1.** जहाज़ कल-कारख़ाने आदि में बजनेवाली बड़ी सीटी; उ.—कारखाने का भोंपू दूर-दूर तक सुनाई दे रहा है। **2.** एक चोंगानुमा बाजा, तुरही; उ.—चनेवाला भोंपू से चिल्ला रहा है 'चना ज़ोर गरम' 3. बैंड में बजने वाला एक वाद्य (दे. चित्र)।

भोग पुं. **1.** सुख-दुःख आदि का अनुभव; जैसे—बीमारी के कारण दुःख का भोग, सफलता के कारण सुख का भोग। **2.** देवता को चढ़ाया जानेवाला प्रसाद।

भोगना स. क्रि. जीवन में सुख-दुःख का अनुभव करना, भुगतना।

भोजन पुं. खाने की चीज़, खाना; उ. —राम समय पर भोजन करता है।

भोजनालय पुं. जहाँ भोजन मिलता है।

भोज्य वि. खाने योग्य; जैसे—भोज्य पदार्थ।

भोर पुं. सुबह, प्रातःकाल।

भोला पुं. सीधा-सादा; उ.—राम इतना भोला है कि उसे हर कोई ठग लेता है।

भोलापन पुं. सीधापन।

भौंरा पुं. एक काला परदार कीड़ा जो फूलों का रस पीता है, भ्रमर।

भौंह स्त्री. आँख के ऊपर की हड्डी पर उगनेवाले बाल (दे. चित्र)। **मु. भौंहे तनना** गुस्से में आना; उ.— पाजी मोती को देखते ही मास्टर जी की भौंहे तन गईं।

भौगोलिक वि. भूगोल संबंधी; उ.– यह भारत का भौगोलिक मानचित्र है।

भौतिक वि. संसार से संबंधित, दुनियावी; जैसे–भौतिक सुख।

भ्रम पुं. गलत ज्ञान; उ.–उसे अँधेरे में रस्सी देखकर साँप का भ्रम हो गया।

भ्रमण पुं. घूमना; जैसे–प्रातःकाल का भ्रमण, विदेश-भ्रमण।

भ्रमर पुं. दे. भौंरा।'

भ्रष्ट वि. गिरा हुआ, पतित; जैसे– पथ-भ्रष्ट, धर्म-भ्रष्ट।

भ्रष्टाचार पुं. (भ्रष्ट + आचार) ग़लत आचरण, बेईमानी, घूसखोरी।

भ्राता पुं. भाई।

भ्रातृत्व पुं. भाईचारा, भाई का स्नेह।

म

मँगनी स्त्री. विवाह तय होने की रस्म, सगाई; उ.–रमेश की मँगनी रमा के साथ हुई है।

मंगल पुं. **1.** कल्याण, भलाई। **2.** एक ग्रह जो पृथ्वी के सबसे ज़्यादा नज़दीक है। **3.** मंगलवार।

मँगवाना (मँगाना) स. क्रि. किसी चीज़ को लाने का काम करवाना; उ.–राम ने मोहन से नई किताबें मँगवाई हैं।

मंच पुं. भाषण देने, नाटक खेलने आदि के लिए ज़मीन से कुछ ऊँचा बनाया गया स्थान, स्टेज।

मंजन पुं. दाँत साफ़ करने का चूरा; जैसे–कोयले का मंजल, लाल मंजन।

मंज़िल स्त्री. **1.** मकान का तल्ला; उ.–हम इस मकान की तीसरी मंज़िल पर रहते हैं। **2.** पहुँचने का स्थान, लक्ष्य; उ.–'चलते रहो, अभी मंजिल दूर है।'

मंजूर वि. जो मान लिया गया हो, स्वीकृत, कबूल; उ.–उसकी छुट्टी मंजूर कर ली गई है।

मंजूरी स्त्री. स्वीकृति; उ.–रमा को पिताजी से डॉक्टरी पढ़ने की मंजूरी मिल गई है।

मँझला वि. बीच का; उ.–हम तीन बहनों में मँझली का नाम रमा है।

मंडप पुं. बाँस, फूल, फूस, कपड़ा आदि छा कर शुभकार्य के लिए बनाया गया स्थान, मँड़वा; जैसे– विवाह मंडप, यज्ञ-मंडप।

मँडराना (मँडलाना) अ. क्रि. **1.** घूमते हुए उड़ना; जैसे–चील का आकाश में मँडराना। **2.** किसी के आस-पास चक्कर लगाना; जैसे–नेता जी के पास चमचों का मँडराना।

मंडल पुं. **1.** गोल घेरा, परिधि; जैसे– प्रभा-मंडल, भू-मंडल। **2.** इलाक़ा, डिवीज़न; जैसे–इलाहाबाद मंडल। **3.** समिति; जैसे–मंत्रि-मंडल, शिक्षा- मंडल।

मंडली स्त्री. टोली, समूह; जैसे—मित्र-मंडली, नाटक-मंडली।

मंडी स्त्री. ऐसा बाज़ार जहाँ आम तौर पर एक जैसी चीज़ें बिकती हैं, हाट; जैसे—अनाज मंडी, सब्ज़ी मंडी।

मंत्र पुं. **1.** देवताओं की स्तुति या जीवन-दर्शन संबंधित वेद के वाक्य; उ.—ऋग्वेद में सब से अधिक मंत्र हैं। **2.** जादू, सिद्धि; उ.—ऋषि ने मंत्र से शेर को वापस चूहा बना दिया। **3.** अचूक उपाय, गुर; उ.—'मुझे भी प्रथम आने का मंत्र सिखा दो।'

मंत्री पुं. राज्य के किसी विभाग का प्रधान, वज़ीर, मिनिस्टर; उ.—शिक्षा मंत्री, वाणिज्य मंत्री।

मंद वि. सुस्त, धीमा; उ.—गाड़ी मंद गति से चल रही है।

मंदा वि. **1.** धीमा; जैसे—मंदा व्यापार, मंदी नाड़ी। **2.** जिसके दामों में गिरावट आ गई हो, सस्ता; उ.— नई फ़सल आने से आजकल आलू का भाव मंदा है।

मंदिर

मंदिर पुं. **1.** देवस्थान; जैसे— शिव मंदिर, कृष्ण मंदिर आदि (दे. चित्र)। **2.** घर।

मई स्त्री. ईसवी सन् का पाँचवाँ महीना; उ.—मई में गरमी पड़ने लगती है।

मकई स्त्री. एक तरह का अनाज, मक्का; जैसे—मकई की रोटी, मकई की फ़सल।

मकड़ी स्त्री. एक कीड़ा जो अपने मुँह के रस से बारीक तार निकाल कर उससे जाला बुनता है। (दे. चित्र 'जाला')।

मक़बरा पुं. वह कब्र. जिस पर इमारत या गुबंद हो; उ.—अकबर का मकबरा सिकंदराबाद में है और हुमायूँ का दिल्ली में (दे. चित्र)।

मकरंद पुं. फूलों का रस; उ.—भौंरा कमल का मकरंद पी रहा है।

मकान पुं. रहने की जगह, घर।

मकोड़ा पुं. एक बड़ा-सा काला चींटा।

मक्का पुं. दे. 'मकई'।

मक्का पुं. मुसलमानों का सबसे बड़ा तीर्थस्थान जो अरब में है।

मक्कार वि. धूर्त, धोखेबाज़; उ.—मैंने उस पर विश्वास करके रुपए दिए थे, पर वह मक्कार निकला।

मक्कारी स्त्री. धोखेबाजी, धूर्तता।

मक्खन पुं. दही को मथ कर निकाला गया चिकना पदार्थ, नवनीत।

मक्खी स्त्री. एक छोटा परदार कीड़ा; उ. —जलेबियों पर मक्खियाँ भिनभिना रही हैं।

मक्खीचूस पुं. बहुत कंजूस; उ.—वह बड़ा मक्खीचूस है, एक पैसा भी नहीं देगा।

मख़मल स्त्री. एक नरम रोएँदार मोटा रेशमी कपड़ा।

मगर अ. किंतु, लेकिन, पर; उ.—'मैं आ तो जाता, मगर मुझे तेज़ बुख़ार था।'

मगर पुं. मगरमच्छ (दे. चित्र 'घड़ियाल')।

मग्ज (मगज) पुं. दिमाग़, भेजा।

मग्न (मगन) वि. किसी चीज़ में पूरी तरह लगा हुआ, तल्लीन; उ.—वह गाना गाने में मग्न है। **2.** डूबा हुआ; जैसे—जलमग्न जहाज़।

मचना अ. क्रि. छा जाना, फैलना; जैसे—शोर मचना, त्योहार की धूम मचना।

मचलना अ. क्रि. कुछ लेने की ज़िद करना; उ.—बच्चा मिठाई के लिए मचल रहा है।

मचली स्त्री. उलटी करने की इच्छा, मतली, उबकाई।

मचान पुं. बाँस या ट्टटर बाँध कर बनाया गया बैठने का स्थान; उ.— पेड़ पर बँधे मचान पर बैठा शिकारी शेर की प्रतीक्षा कर रहा है।

मचाना स. क्रि. ज़ोर-शोर से करना; जैसे—ऊधम मचाना, शोर मचाना।

मच्छर पुं. भन-भन करके उड़नेवाला कीड़ा जो काटता है और रोग भी फैलाता है।

मच्छरदानी स्त्री. मच्छरों से बचने के लिए जालीदार कपड़े को तान कर बनाया गया घेरा, मसहरी।

मछली स्त्री. पानी में रहनेवाला एक जीव, मीन।

मछुआ

मछुआ पुं. मछली पकड़ने-वाला, मछुआरा (दे. चित्र)।

मज़दूर पुं. शारीरिक श्रम कर के पैसे कमानेवाला; जैसे—कारख़ाने का मज़दूर, सामान ढोनेवाला मज़दूर।

मज़दूरी स्त्री. **1.** मज़दूर का काम। **2.** काम करने के बदले में मज़दूर को मिलनेवाले पैसे।

मज़बूत वि. **1.** दृढ़, पक्का; जैसे— मजबूत दिल, मज़बूत इरादा। **2.** ताक़तवर; जैसे—मज़बूत देह।

मज़बूती स्त्री. मज़बूत या पक्का होना, दृढ़ता।

मजबूर वि. जिसे बिना इच्छा के कुछ करना पड़े, लाचार, विवश; उ.—अकाल के कारण मजबूर होकर उसे भीख माँगनी पड़ी।

मजबूरी स्त्री. लाचारी, विवशता।

मज़हब पुं. धर्म; उ.—'मज़हब नहीं सिखाता आपस में बैर रखना'।

मज़ा पुं. आनंद, सुख; उ.—हमें मलाई बर्फ़ खाने में बड़ा मज़ा आया। मु. **मज़ा किरकिरा होना** आनंद में कमी होना, सारी ख़ुशी चौपट हो जाना; उ.—बारिश के कारण पिकनिक का सारा मज़ा किरकिरा हो गया।

मज़ाक़ पुं हंसी, दिल्लगी; उ.—किसी का मज़ाक़ नहीं उड़ाना चाहिए।

मज़ाक़िया वि. मज़ाक़ करनेवाला, हँसोड़।

मज़ार पुं. मक़बरा, समाधि; उ.—अजमेर में पीर सलीम चिश्ती का मज़ार है।

मजीरा पुं. कांसे की छोटी कटोरियों की जोड़ी जो बजाई जाती है।

मज़ेदार वि. जिसमें मज़ा आए, जिसमें आनंद आए; जैसे—मज़ेदार कहानी, मज़ेदार खाना।

मटकना अ. क्रि. नखरे के साथ अंगों को हिलाना; जैसे—मटक-मटक कर चलना।

मटका पुं. बड़ा घड़ा; उ.—मटके में पानी भरा है।

मटकाना स. क्रि. नखरे से अंगों को हिलाना-डुलाना; जैसे—कमर मट- काना, आँखें मटकाना।

मटकी स्त्री. छोटा मटका; उ.—मटकी में गुड़ रखा हुआ है।

मटमैला वि. मिट्टी के रंग का, गँदला; जैसे—मटमैला पानी।

मटर पुं. लंबी फली में होनेवाला एक अन्न (दे. चित्र)।

मटरगश्ती स्त्री. बिना मतलब घूमना-फिरना, आवारागर्दी।

मटियामेट वि. पूरी तरह नष्ट, तहस-नहस; उ.–'तुमने फ़ेल हो कर मेरी सारी आशाओं को मटियामेट कर दिया।'

मट्ठा (मठा) पुं. दहीका वह घोल जिसमें से मक्खन निकाल लिया गया हो, छाछ।

मठ पुं. साधु सन्यासियों के रहने का स्थान, आश्रम।

मढ़ना स. क्रि. **1.** चारों ओर से ढक देना; जैसे–किताब मढ़ना, **2.** थोपना; जैसे–किसी पर दोष मढ़ना।

मढ़ाई (मढ़वाई) स्त्री. **1.** मढ़ने का काम; उ.–इस ढोल की मढ़ाई करानी है। **2.** मढ़ने की मज़दूरी; उ.–इस तस्वीर की मढ़ाई दस रुपए है।

मणि स्त्री. कीमती रत्न।

मत अ. किसी काम को न करने के लिए कहा जानेवाला शब्द, न, नहीं; उ.–'उधर मत जाओ।'

मत पुं. विचार, सम्मति, राय; उ.–मेरा मत है कि यह मकान राम को मिलना चाहिए।

मत पुं. वोट; उ.–पिछले चुनाव में राम को कुल डेढ़ सौ मत मिले।

मतगणना स्त्री. वोटों की गिनती।

मतदाता पुं. वोट देनेवाला, वोटर।

मतदान पुं. वोट देना; उ.–मतदान सुबह सात बजे शुरू हो जाएगा।

मतभेद पुं. किसी बात पर अलग-अलग राय होना; उ.–शरारती किशन को अपनी मंडली में लेने के बारे में हम दोनों में मतभेद है।

मतलब पुं. **1.** अर्थ; उ.–'इस कविता का मतलब बताओ।' **2.** स्वार्थ; उ.–वह मेरे यहाँ पैसे लेने के मतलब से आया था।

मतलबी वि. सिर्फ़ अपना मतलब निकालने के लिए किसी से संबंध रखनेवाला, स्वार्थी।

मतली स्त्री. दे. 'मचली'।

मतवाला वि. **1.** नशे में चूर; उ.–वह शराब पी कर मतवाला हो रहा है। **2.** किसी धुन में मगन; उ.–मीरा कृष्ण के प्रेम में मतवाली हो गई थीं। **3.** उन्मत्त, पागल; जैसे– मतवाला हाथी।

मति स्त्री. बुद्धि।

मत्स्य पुं. मछली, मीन।

मत्स्यपालन पुं. मछलियाँ पालने का काम।

मथना स. क्रि. बिलोना; उ.–दही को मथने से मक्खन निकलता है।

मदद स्त्री. सहायता।

मददगार पुं. मदद करनेवाला, सहायक।

मदारी पुं. बंदर भालू आदि के खेल और करतब दिखानेवाला (दे. चित्र)।

मद्धिम वि. **1.** धुँधला, फीका; जैसे–मद्धिम प्रकाश। **2.** धीमा, आहिस्ता; जैसे–मद्धिम चाल, मद्धिम आवाज़। **3.** मध्यम।

मधु पुं. दे. 'शहद'।

मधुमक्खी स्त्री. वह मक्खी जो फूलों का रस चूस कर शहद इकट्ठा करती है (दे. चित्र)।

मधुर वि. मीठा; जैसे—मधुर वचन, मधुर स्वर; (विलोम : कटु)।

मधुरता स्त्री. मिठास; जैसे—वाणी की मधुरता।

मध्य पुं. बीच; उ.—मध्यप्रदेश देश के मध्य में है।

मध्याह्न पुं. दे. 'दोपहर'।

मन पुं. चित्त, दिल; उ.—आज मेरा मन बहुत प्रसन्न है। मु. **मन जीतना** मोह लेना; उ.—उसने अपने व्यवहार से सबका मन जीत लिया मु. **मन मारना** इच्छा को दबाना; उ.—उसे मन मार कर माँ के साथ बाज़ार जाना पड़ा।

मनका पुं. लकड़ी धातु आदि का छेद किया हुआ टुकड़ा जो माला में पिरोया जाता है, माला का दाना।

मनचाहा वि. मन के मुताबिक़, इच्छित; जैसे—मनचाहा काम, मनचाही पुस्तक।

मनमाना वि. जो मन में आए; उ.—प्रजा दुष्ट राजा के मनमाने व्यवहार से तंग आ गई।

मनमानी स्त्री. दूसरों की परवाह किए बिना अपने मन के अनुसार किया गया काम; उ.—हमारी कक्षा का मॉनीटर सदा मनमानी करता रहता है।

मनमुटाव पुं. मन में गाँठ पड़ना, अनबन; उ.—बँटवारे को ले कर दोनों भाइयों में आजकल मनमुटाव है।

मनमौजी वि. अपने मन की लहर के मुताबिक़ काम करनेवाला।

मना (I) पुं. रोक, निषेध; उ.—मैंने उसे मना कर दिया है कि वह बाज़ार नहीं जाए। **(II)** वि. निषिद्ध मनाही; उ.—इस बाग में फूल तोड़ना मना है।

मनाना स. क्रि. **1.** रूठे हुए को प्रसन्न करना; उ.—माँ रूठे बेटे को मना रही है। **2.** राज़ी करना; उ.—बाबूजी को चिड़ियाघर चलने के लिए मना लिया है।

मनाही स्त्री. प्रतिबंध, रोक, उ.— पुस्तकालय में बातचीत करने की मनाही है।

मनीऑर्डर पुं. डाक द्वारा रुपए भेजने की व्यवस्था; उ.—वह हर महीने सौ रुपए का मनीऑर्डर घर भेजता है।

मनुज पुं. मनुष्य।

मनुष्य पुं. आदमी, मानव।

मनुष्यता स्त्री. दे. 'मानवता'।

मनोनीत वि. **1.** मन से चुना हुआ। **2.** नामज़द; उ.—राज्य-सभा में 12 सदस्य राष्ट्रपति द्वारा मनोनीत होते हैं।

मनोरंजक वि. मन को बहलाने वाला; उ.—बीरबल के क़िस्से बहुत मनोरंजक हैं।

मनोरंजन पुं. मन-बहलाव, आमोद- प्रमोद; उ.—टेलीविजन देखना आजकल मनोरंजन का मुख्य साधन बनता जा रहा है।

मनोरथ पुं. मनोकामना, इच्छा; उ.—श्रवण कुमार ने अपने माता-पिता के सारे मनोरथ पूरे किए।

मनोरम वि. सुंदर, मनोहर; उ.—यह पर्वतीय स्थान बड़ा मनोरम है।

मनोहर वि. मन को आकर्षित करनेवाला, सुंदर; जैसे—मनोहर रूप, मनोहर स्थान।

मन्नत स्त्री. मनोरथ पूरा होने पर किसी देवी-देवता की पूजा करने का निश्चय, मनौती, मानता; उ.— राम के बीमार पड़ने पर उसकी माँ ने दुर्गा जी की मन्नत माँगी।

मफ़लर पुं. गले पर लपेटी जानेवाली एक पट्टी, गुलूबंद।

ममता स्त्री. बच्चे के प्रति माँ का प्यार, अपनापन।

मरघट पुं. मुरदे जलाने का स्थान, श्मशान।

मरज़ी (मर्जी) स्त्री. इच्छा, ख़ुशी; उ.—'जब तुम्हारी मरज़ी हो तब आ जाना।'

मरण पुं. मौत, मरना।

मरना अ. क्रि. **1.** मौत हो जाना, ख़त्म हो जाना, ज़िंदा न रहना। **2.** सूखना; उ.—यह पौधा मर रहा है।

मरम्मत स्त्री. **1.** बिगड़ी हुई चीज़ को सुधारने का काम; जैसे—टूटे हुए मकान की मरम्मत, घड़ी की मरम्मत। **2.** पिटाई; उ.—शरारत करने पर रमेश की खूब मरम्मत हुई।

मरवाना स. क्रि. **1.** हत्या करवाना; उ.—मंत्री ने राज्य हड़पने के लिए राजा को मरवा डाला। **2.** मार खिलवाना, पिटवाना; उ.—दुष्ट राम ने बेचारे श्याम को गुंडों से खूब मरवाया।

मरहम (मलहम) पुं. घाव पर लगाया जानेवाला चिकना लेप; जैसे—आँख का मरहम, घाव का मरहम।

मरियल वि. दुबला-पतला, कमज़ोर; जैसे—मरियल टट्टू, मरियल आदमी।

मरीज

मरीज़ पुं. रोगी, बीमार; जैसे—दमे का मरीज़, दिल का मरीज (दे. चित्र)।

मरुभूमि पुं. रेतीला मैदान, रेगिस्तान; उ.—भारत का थार इलाक़ा मरुभूमि है (दे. चित्र 'काफ़िला')।

मरोड़ स्त्री. ऐंठन, बल; जैसे—रस्सी की मरोड़, पेट में मरोड़।

मरोड़ना स. क्रि. बल डालना, ऐंठना; उ.—उसने मेरी कलाई मरोड़ कर मेरे पैसे छीन लिए।

मर्द पुं. दे. 'पुरुष' (विलोम : औरत)।

मर्दाना वि. **1.** मर्दों का; जैसे—मर्दाना लिबास, मर्दानी बैठक। **2.** बहादुर, पुरुषोचित; उ.—'खूब लड़ी मर्दानी वह तो झाँसी वाली रानी थी।'

मर्यादा स्त्री. आचार-व्यवहार के नियम, सीमा; उ.—श्रीराम ने जीवन भर मर्यादा का पालन किया।

मल पुं. टट्टी, पाख़ाना।

मलना स. क्रि. **1.** रगड़ कर साफ़ करना, माँजना; जैसे—बरतन मलना। **2.** मालिश करना; जैसे—शरीर पर तेल मलना। **3.** पोतना; जैसे—चेहरे पर रंग मलना।

मलमल स्त्री. एक तरह का सूती महीन कपड़ा; जैसे—मलमल का कुर्त्ता।

मलहम पुं. दे. 'मरहम'।

मलाई स्त्री. गरम दूध के ऊपर जमनेवाली परत, बालाई, क्रीम।

मलिन (मलीन) वि. **1.** मैला-कुचैला, गंदा; जैसे—मलिन वस्त्र। **2.** उदास,

दुःखी; उ.—बेटी की बुरी हालत देख कर उसका मन मलिन हो गया।

मलिनता स्त्री. मैलापन।

मलेरिया पुं. जाड़ा लग कर होनेवाला बुख़ार, जूड़ी।

मल्ल पुं. दे. 'पहलवान'।

मल्लाह पुं. नाव खेनेवाला, केवट।

मवेशी पुं. पालतू पशु; जैसे—गाय, बैल, भेड़, बकरी आदि मवेशी हैं।

मशहूर वि. प्रसिद्ध; उ.—ब्रेडमैन क्रिकेट के मशहूर खिलाड़ी थे।

मशाल स्त्री. कपड़े को डंडे पर लपेट कर मसाले और तेल से तर करके जलाई जानेवाली बत्ती (दे. चित्र)।

मशालची पुं. मशाल की देखभाल करनेवाला, मशाल लेकर चलनेवाला।

मशीन स्त्री. यंत्र, कल; जैसे—सिलाई मशीन।

मसख़रा पुं. हँसी-मज़ाक करनेवाला, ठिठोलिया, जोकर; उ.—मसख़रे ने सबको हँसा-हँसा कर लोट-पोट कर दिया।

मसजिद (मस्जिद) स्त्री. मुसलमानों के नमाज़ पढ़ने और प्रार्थना करने का स्थान; जैसे—जामा मसजिद (दे. चित्र)।

मसनद पुं. गोल-लंबा तकिया, गाव तकिया; उ.—मोटूमल मसनद लगा कर बैठे हैं (दे. चित्र 'मोटा')।

मसलना स. क्रि. दबा कर रगड़ना; जैसे—फूल मसलना।

मसहरी स्त्री. दे. 'मच्छरदानी'।

मसाला पुं. **1.** कोई चीज़ बनाने की सामग्री; जैसे—दीवार बनाने का मसाला। **2.** खाने का स्वाद बढ़ानेवाली सामग्री; उ.—'धनिया, मिर्च, हल्दी आदि मसाले डाल कर सब्ज़ी बना लो।'

मसालेदार वि. जिसमें मसाला मिला हो, चटपटा; उ.—यह खाना मसाले- दार है।

मसूड़ा (मसूढ़ा) पुं. मुँह के अंदर ऊपर व नीचे का कड़ा मांस जिसमें दाँत जमे होते हैं; उ.—उसके मसूड़ों से रह-रह कर खून आता है।

मसूर पुं. एक तरह की दाल।

मस्त वि. **1.** बेफ़िक्र; उ.—वह मस्त तबीयत का आदमी है। **2.** नशे में चूर, मतवाला; उ.—वह शराब के नशे में मस्त है।

मस्तक पुं. दे. 'माथा'।

मस्ताना वि. मस्ती भरा; जैसे—मस्ताना रंग-ढंग, मस्तानी चाल।

मस्तिष्क पुं. दिमाग़, भेजा।

मस्ती स्त्री. मस्त होने का भाव, मतवालापन।

मस्सा पुं. शरीर पर उभरा हुआ काले रंग का दाना।

महँगा वि. ज़्यादा दाम का; उ.—यह कपड़ा बहुत महँगा है।

महँगाई स्त्री. चीज़ों का दाम बढ़ना।

महंत पुं. मठ का मुखिया, साधुओं का मुखिया।

महक स्त्री. भीनी सुगंध; उ.—फूलों की महक आ रही है।

महकदार वि. महकनेवाला, खुशबूदार;

जैसे—महकदार तेल, महकदार फूल।

महकना अ. क्रि. दुर्गंध या सुगंध देना; उ.—फूल महक रहा है; ओह! यह नाला कितनी ज़ोर से महक रहा है।

महत्त्व पुं. बहुत काम का या बड़े काम का होना, महत्ता।

महत्त्वपूर्ण वि. ज़रूरी महत्त्ववाला, ख़ास, बड़ा; जैसे—महत्त्वपूर्ण समाचार।

महर्षि पुं. महान ऋषि; जैसे—महर्षि वाल्मीकि, महर्षि वेदव्यास।

महल पुं. बड़ा मकान, प्रासाद; जैसे—राजा का महल, ताजमहल।

महा वि. बड़ा, विशाल; जैसे—महानगर, महापुरुष, महायुद्ध।

महादेव पुं. शंकर, शिव।

महाद्वीप पुं. बहुत बड़ा द्वीप; उ.—भारतवर्ष एशिया महाद्वीप का एक भूखंड है।

महान वि. बहुत बड़ा, उच्च कोटि का।

महापुरुष पुं. बड़ा आदमी, श्रेष्ठ पुरुष; उ.—गांधी जी एक महापुरुष थे।

महामारी स्त्री. भयानक छुतहा रोग; उ.—प्लेग की महामारी में हज़ारों लोग मर जाते हैं।

महाराज पुं. **1.** बड़ा राजा। **2.** रसोई बनानेवाला ब्राह्मण। **3.** साधु।

महावत पुं. हाथी पालने और चलाने वाला, हाथीवान।

महासागर पुं. बहुत बड़ा समुद्र; जैसे—हिंद महासागर, प्रशांत महासागर।

महिमा स्त्री. बड़ाई, प्रताप; उ.—दान की बड़ी महिमा है।

महिला स्त्री. औरत।

महीन वि. बारीक, पतला; जैसे—महीन सूत, महीन कपड़ा (विलोम : मोटा)।

महीना पुं. मास; उ.—एक साल में बारह महीने होते हैं।

महुआ पुं. रोएँदार चौड़े पत्तों और सफ़ेद व पीले रसदार फूलों वाला एक पेड़।

महोत्सव पुं. बहुत बड़ा उत्सव; जैसे—वन महोत्सव।

महोदय वि. महानुभाव, श्रीमान।

माँ स्त्री. माता, जननी।

माँग स्त्री. **1.** अधिकार से कुछ पाने का दावा; उ.—मज़दूरों ने मिल मालिक से मज़दूरी बढ़ाने की माँग की है। **2.** किसी चीज़ को खरीदने की चाह; उ.—बाज़ार में त्योहार के समय चीनी की माँग बढ़ जाती है।

माँग स्त्री. सिर पर बालों के बीच की रेखा; उ.—सुधा ने माँग में सिंदूर भर रखा है।

माँगना स. क्रि. कुछ पाने के लिए प्रार्थना करना; उ.—'मैं किसी से रुपए उधार माँगना नहीं चाहता।'

माँजना स. क्रि. रगड़ कर साफ़ करना; उ.—उसने बरतनों को माँज कर एकदम चमकीला बना दिया है।

माँद स्त्री. जंगली जानवर का गुफा जैसा घर; जैसे—शेर की माँद, भेड़िए की माँद।

मांस पुं. गोश्त (दे. चित्र)।

माचिस स्त्री. दियासलाई, तीली; उ.— 'मोमबत्ती जलाने के लिए माचिस लाओ (दे. चित्र)।'

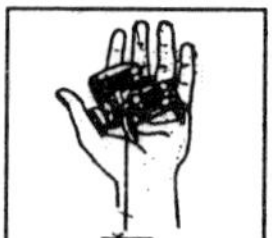
मॉडल

मॉडल पुं. किसी चीज़ का नमूना, प्रारूप; उ. –'यह हमारी नई गाड़ी का मॉडल है (दे. चित्र)।'

माता स्त्री. माँ।

माता-पिता पुं. (बहु.) माँ-बाप।

मातृभाषा स्त्री. अपने घर में बोली जानेवाली भाषा; उ.–बच्चे की प्रारंभिक शिक्षा मातृभाषा में ही होनी चाहिए।

माथा पुं. मस्तक, ललाट।

मादा स्त्री. स्त्री जाति का प्राणी; जैसे–मादा चीता (विलोम : नर)।

मान पुं. प्रतिष्ठा, इज़्ज़त। मु. **मान बढ़ाना** इज़्ज़त बढ़ाना; उ.–आपने यहाँ आ कर हमारी संस्था का मान बढ़ाया है।

मानक पुं. एक निश्चित स्तर, स्टैंडर्ड; उ.–तौल के मानक किलोग्राम, पौंड आदि माने जाते हैं।

मानचित्र

मानचित्र पुं. नक़्शा; उ.–भारत का मानचित्र बनाओ (दे. चित्र)।

मानचित्रावली

मानचित्रावली स्त्री. ऐसी किताब जिसमें मानचित्र हों, एटलस (दे. चित्र)।

मानना स. क्रि. 1. स्वीकार करना, क़बूल करना; उ.–अंत में उसने अपनी ग़लती मान ली। 2. आदर करना; उ.–मैं प्रधानाचार्य जी को बहुत मानता हूँ।

मानव स्त्री. मनुष्य, इंसान।

मानसून पुं. 1. हिंद महासागर से उठनेवाली हवाएँ जो गर्मियों में दक्षिण-पश्चिम से और जाड़े में उत्तर-पूर्व की दिशा से चलती हैं; उ.–भारत में दक्षिणी-पश्चिमी मानसून से वर्षा होती है। 2. वर्षा का मौसम।

माप स्त्री. नाप, मान; उ.–कमीज़ बनाने के लिए मुन्ने का माप ले लो।

मापना स. क्रि. वस्तु की लंबाई चौड़ाई या वज़न आदि मालूम करना; जैसे–कपड़ा मापना, दूध मापना।

माफ़ (करना) स. क्रि. क्षमा करना; उ. –ग़लती मान लेने से मास्टर जी ने मुझे माफ़ कर दिया।

माफी स्त्री. क्षमा; उ.–अपनी गलती के लिए माफ़ी माँग लेनी चाहिए।

मामला पुं. 1. बात, विषय; उ.–'तुम हमारे घरेलू मामलों में मत पड़ो।' 2. मुकदमा; उ.–आज अदालत में शांतनु के मामले की सुनवाई होगी।

मामा पुं. माँ का भाई (स्त्री. : मामी)।

मामूली वि. साधारण; जैसे–मामूली चोट, मामूली बुख़ार।

मायका पुं. पीहर, नैहर।

मार स्त्री. 1. चोट, प्रहार; जैसे–ग़रीबी की मार, किस्मत की मार। 2. पिटाई; उ.–झूठ बोलने के कारण सोनाली को मार पड़ी।

मारना स. क्रि. 1. जान ले लेना; जैसे–साँप मारना, शत्रु को मारना। 2. पीटना; उ.–लोगों ने चोर को खूब मारा।

मार्ग पुं. रास्ता।

माल पुं. सामान, चीज़।

मालदार वि. धनवान।

मालपूआ पुं. एक मीठा पकवान।

माला स्त्री. हार; जैसे—फूलमाला।

मालामाल वि. बहुत पैसेवाला; उ.—डाकुओं का खज़ाना लूट कर अलीबाबा मालामाल हो गया।

मालिक पुं. स्वामी; उ.—कुत्ता अपने मालिक के प्रति बहत वफ़ादार होता है।

मालिश स्त्री. मलने का काम, मर्दन; जैसे—सिर की मालिश, बदन की मालिश।

माली पुं. पेड़-पौधे फूल आदि लगानेवाला और उनकी देखभाल करनेवाला, बाग़वान।

मालूम वि. जाना हुआ, ज्ञात; उ.— 'क्या आपको मेरे घर का पता मालूम है ?'

मावा पुं. खोया।

मास पुं. महीना।

मासिक वि. **1.** महीने का; जैसे—मासिक आय, मासिक व्यय। **2.** महीने में एक बार निकलनेवाला पत्र; जैसे—मासिक पत्रिका।

मास्टर पुं. शिक्षक, अध्यापक, उस्ताद।

माह पुं. महीना, मास।

मिचना अ. क्रि. (आँखों का) बंद होना; उ.—नींद के मारे ऋतु की आँखें मिच रही हैं।

मिचलाना अ. क्रि. मतली आना।

मिज़ाज पुं. **1.** मन की स्थिति, मूड, तबीयत; उ.—आज माँ का मिज़ाज बिगड़ा हुआ है। **2.** स्वभाव; उ.—दुर्गा बहुत गरम मिज़ाज की औरत है।

मिटना अ. क्रि. नष्ट हो जाना; उ.— इस चिट्ठी के कई अक्षर मिट गए हैं।

मिटाना स. क्रि. नष्ट कर देना; उ.—'बोर्ड पर लिखा हुआ सवाल मिटा दो।'

मिट्टी स्त्री. माटी, धूल।

मिठाई स्त्री. मीठा पकवान, मिष्ठान।

मिठास स्त्री. मीठापन; उ.—इस आम में मिठास कम है।

मित्र पुं. दोस्त, सखा।

मित्रता स्त्री. दे. 'दोस्ती'।

मिनट पुं. साठ सेकंड, एक घंटे का साठवाँ भाग।

मिर्च स्त्री. **1.** एक लाल या हरी तीखी फली। **2.** काले रंग का तीखा गोल दाना जो मसाले के रूप में काम आता है।

मिल पुं. कारख़ाना; जैसे—कपड़ा मिल, जूट मिल।

मिलता-जुलता वि. एक जैसा, समान, सदृश्य; जैसे—मिलता-जुलता स्वभाव, मिलती-जुलती शक्ल।

मिलन पुं. भेंट, मुलाक़ात।

मिलनसार वि. मेलजोल रखनेवाला।

मिलना अ. क्रि. **1.** एक होना, जुड़ना उ.—दो में दो मिलने से चार हो जाते हैं। **2.** प्राप्त होना; उ.—'मुझे होली पर दस रुपए मिले।' **3.** मुलाक़ात होना; उ.—'मेरा खुशवंत से मिलना होता रहता है।'

मिला-जुला वि. कई तरह की चीज़ों का एक साथ मिला होना, मिश्रित; जैसे—मिला-जुला अनाज।

मिलाना स. क्रि. एक करना, जोड़ना; जैसे—दूध में चीनी मिलाना।

मिलाप पुं. **1.** किसी बिछुड़े हुए से मुलाकात; उ.—चित्रकूट में राम से

भरत का मिलाप हुआ था। **2.** मेल, प्रेम; उ.—आजकल राम और श्याम में बड़ा मिलाप है।

मिलावट स्त्री. बढ़िया चीज़ में घटिया चीज़ का मिलाया हुआ रूप; उ. —आजकल अक्सर घी, दूध आदि में मिलावट रहती है।

मिश्रण पुं. विभिन्न चीज़ों का मेल।

मिश्रित वि. जिसमें कुछ मिला हो, मिलाया हुआ; जैसे—मिश्रित भाषा, मिश्रित संस्कृति।

मिस्तरी पुं. कारीगर; जैसे—काठ मिस्तरी, राजमिस्तरी।

मिस्री (मिसरी) स्त्री. शुद्ध करके जमाई हुई चीनी।

मीचना स. क्रि. (आँख) बंद करना; उ. —कबूतर ने बिल्ली को देखकर आँखें मीच लीं।

मीटर पुं. **1.** पानी, बिजली आदि खर्च का हिसाब रखनेवाला यंत्र, मापक-यंत्र (दे. चित्र)। **2.** एक सौ सेंटीमीटर का एक माप; जैसे—एक मीटर कपड़ा।

मीटिंग स्त्री. सभा, बैठक।

मीठा वि. जिसमें मिठास हो, मधुर (विलोम : कड़वा)।

मीन पुं. दे. 'मछली'।

मीनाकारी स्त्री. किसी धातु पर की जानेवाली रंग-बिरगी नक़्क़ाशी, जड़ाऊ काम।

मीनार स्त्री. **1.** बुर्ज; जैसे—क़िले की मीनारें। **2.** स्तम्भ के रूप में बनी हुई इमारत; जैसे—क़ुतुब मीनार (दे. चित्र)।

मील पुं. दूरी की एक नाप, 1760 गज़।

मुंड पुं. कटा हुआ सिर।

मुंडन पुं. **1.** सिर को उस्तरे से मूँड़ना। **2.** बच्चों के सिर के बाल उतारने का एक संस्कार।

मुंडेर पुं. **1.** छत के चारों ओर की नीची दीवार; उ.—श्याम पतंग पकड़ने की कोशिश में मुँड़ेर से गिर पड़ा। **2.** खेत की मेंड़।

मुंसिफ़ वि. छोटी अदालत का जज।

मुँह पुं. बोलने और खाने का अंग, मुख (दे. चित्र)

मुँहफट वि. जो मुँह में आए बक देनेवाला, बदज़बान; उ.— मुँहफट होने के कारण राम की नौकरी छूट गई।

मुँहमाँगा वि. मनोनुकूल, इच्छानुसार; उ. —राजा ने सेनापति से खुश हो कर उसे मुँहमाँगा इनाम दिया।

मुहलगा वि. सिरचढ़ा, लाड़ला।

मुक़दमा (मुक़द्दमा) पुं. अदालत में झगड़े का मामला; उ.—'आज मेरे मुकदमे की तारीख़ है।'

मुक़ाबला पुं. **1.** बराबरी, तुलना; उ.—पढ़ाई में तुम्हारा और उसका कोई मुक़ाबला नहीं है। **2.** आमना-सामना; जैसे—डाकुओं और पुलिस के बीच मुक़ाबला। **3.** प्रतियोगिता; जैसे—कुश्ती के मुक़ाबले।

मुकुट पुं. राजाओं और रानियों द्वारा सिर पर पहना जानेवाला गहना, ताज;

जैसे—रतनजटित मुकुट, सोने का मुकुट।

मुक्का पुं. मारने के लिए बंधी मुट्ठी।

मुक्त वि. जिसके कोई बंध न हो, छूटा हुआ, खुला हुआ।

मुक्ति स्त्री. छुटकारा, आज़ादी।

मुख पुं. दे. 'मुँह'।

मुखड़ा पुं. चेहरा, मुँह; जैसे—चाँद-सा मुखड़ा।

मुखिया पुं. प्रधान, सरदार; जैसे-गाँव का मुखिया।

मुख्य वि. प्रधान, सबसे बड़ा।

मुख्यमंत्री पुं. किसी राज्य के मंत्रियों का प्रधान या मुखिया।

मुगदर पुं. भारी मुंगरियों की जोड़ी जो व्यायाम के काम आती है।

मुग्ध वि. मोहित; उ.—दृष्यंत शकुंतला की सुंदरता पर मुग्ध हो गया।

मुछंदर पुं. बड़ी-बड़ी मूँछोंवाला।

मुझ सर्व. 'मैं' का एक विकारी रूप; जैसे—मुझको, मुझसे, मुझे।

मुट्ठी स्त्री. बाँधी हुई हथेली; उ.—'रमेश ! बताओ मेरी मुट्ठी में क्या है ?'

मुड़ना अ. क्रि. दिशा बदलना, घूम जाना; उ.—छड़ मुड़ गई; लड़का सीधे चलते-चलते बाएँ मुड़ गया।

मुद्रण पुं. छपाई; उ.—इस किताब में मुद्रण की बहुत भूलें हैं।

मुद्रा स्त्री. **1.** दे. 'मुहर'। **2.** सिक्का, करेंसी; उ.—हमारे देश की मुद्रा रुपया है। **3.** चेहरे, हाथ, पैर आदि से सुख-दुख क्रोध आदि प्रकट होने की स्थिति; जैसे—गुस्से की मुद्रा, प्रसन्न मुद्रा।

मुनक्का पुं. सुखाया हुआ बड़ा अंगूर।

मुनाफ़ा पुं. नफ़ा, लाभ; उ.—मुझे इस सौदे में बहुत मुनाफ़ा होगा।

मुनाफ़ाख़ोर पुं. उचित से अधिक दामों में बेच कर मुनाफा कमानेवाला।

मुनि पुं. तपस्वी, मननशील महात्मा।

मुनीम पुं. हिसाब-किताब रखनेवाला।

मुन्ना पुं. **1.** छोटा बच्चा। **2.** दुलार का शब्द।

मुफ़्त वि. जिसमें पैसा न लगे, निःशुल्क; उ.—चिकित्सा और शिक्षा मुफ़्त मिलनी चाहिए।

मुफ़्तख़ोर पुं. बिना मेहनत किए दूसरे की कमाई खानेवाला।

मुबारक वि. शुभ, अच्छा; जैसे—ईद मुबारक, शादी मुबारक।

मुबारकबाद स्त्री. बधाई, शुभकामना।

मुमकिन वि. संभव; उ.—मुमकिन है कि वह कल यहाँ आए।

मुरग़ा (मुर्ग़ी) पुं. एक पक्षी जिसके सिर पर कलग़ी होती है, कुक्कुट; उ.—"मुरग़ा बोला कुकड़ू कूँ, सुबह हुई है सोता क्यूँ।"

मुर्गी

मुरग़ी (मुर्ग़ी) स्त्री. अंडे देनेवाली मुरग़े की मादा (दे. चित्र)।

मुरझाना अ. क्रि. कुम्हलाना; उ.—फूल मुरझा गए।

मुरब्बा पुं. चीनी डाल कर बनाया हुआ सब्ज़ी फल आदि का पाक।

मुरली स्त्री. वंशी, बाँसुरी।

मुर्दा (मुरदा) **(I)** पुं. लाश, शव; उ.—श्मशान में मुर्दे जलाए जाते हैं। **(II)** वि. जिसमें जान न हो, बेजान, निष्प्राण; जैसे—मुर्दादिल इन्सान।

मुलाक़ात स्त्री. भेंट।

मुलायम वि. नरम, कोमल (विलोम : सख़्त)।

मुल्क पुं. दे. 'देश'।

मुल्ला पुं. मौलवी, मुसलमान पुरोहित।

मुश्किल **(I)** वि. कठिन, दुष्कर; जैसे—मुश्किल काम। **(II)** स्त्री. कठिनाई; उ.—'लगता है वह किसी मुश्किल में पड़ गया हैं, नहीं तो अवश्य आता।'

मुसकराना अ. क्रि. होठों-ही-होठों में हँसना।

मुसकान स्त्री. मुसकराहट, मंद हँसी; जैसे—बच्चे की मुसकान।

मुसाफ़िर पुं. दे. 'यात्री'।

मुसाफ़िरख़ाना पुं. यात्रियों के ठहरने की जगह।

मुसीबत स्त्री. आफ़त, संकट।

मुहब्बत स्त्री. प्रेम, स्नेह।

मुहर

मुहर (मोहर) स्त्री. **1.** सील, छाप; जैसे—डाक की मुहर, राज्य की मुहर (दे. चित्र)। **2.** अशरफ़ी।

मु. **मुहर लगाना** पक्का कर देना।

मुहल्ला (मोहल्ला) कई घरों का समूह, टोला; उ.—हमारा मुहल्ला बाज़ार के एकदम नज़दीक है।

मुहावरा पुं. ऐसा वाक्यांश जो शब्दों के साधारण अर्थ से भिन्न कोई ख़ास अर्थ प्रकट करे।

मूँगफली

मूँग स्त्री. एक तरह का दलहन।

मूँगफली स्त्री. एक फली जिसके दानों से तेल भी निकलता है, चीना बादाम, सींगदाना (दे. चित्र)।

मूँड़ना स. क्रि. **1.** सिर या दाढ़ी के बालों को उस्तरे से साफ़ करना। **2.** ठगना; उ.—दुकानदार ने हमें मूँड़ लिया।

मूँदना स. क्रि. बंद करना; जैसे—आँख मूँदना।

मूठ स्त्री. किसी चीज़ का वह हिस्सा जो मुट्ठी में पकड़ा जाता है, दस्ता; जैसे—तलवार की मूठ, चाकू की मूठ।

मूड पुं. दे. 'मिज़ाज'।

मूत्र पुं. दे. 'पेशाब'।

मूँगा पुं. एक तरह का क़ीमती समुद्री लाल रत्न।

मूँगिया वि. मूँग के रंग का, हरा।

मूँछ स्त्री. पुरुषों के होठों के ऊपर उगनेवाले बाल।

मूँज स्त्री. एक तरह की घास जिससे रस्सी बनती है।

मूर्ख वि. बेवक़ूफ़, नासमझ।

मूर्खता स्त्री. बेवक़ूफ़ी, नासमझी।

मूर्च्छा स्त्री. बेहोशी; जैसे—मूर्च्छा आना, मूर्च्छा खा कर गिर पड़ना।

मूर्च्छित वि. बेहोश; उ.—कमज़ोरी के कारण रोगी मूर्च्छित हो गया।

मूर्ति स्त्री. किसी के रूप जैसी गढ़ी हुई वस्तु, प्रतिमा; जैसे—विष्णु की मूर्ति, गाँधी जी की मूर्ति।

मूल पुं. **1.** पेड़-पौधों का वह हिस्सा जो ज़मीन के नीचे रहता है, जड़। **2.** नींव, बुनियाद; उ.—इन भाइयों के झगड़े का मूल कारण एक अँगूठी है।

मूलभूत वि. बुनियादी, आधार रूप; उ.—अहिंसा गांधी जी का मूलभूत

सिद्धांत था।

मूली स्त्री. एक लंबोतरा कंद।

मूल्य पुं. **1.** दाम, क़ीमत।

मूल्यवान वि. क़ीमती; उ.—यह हीरा बहुत मूल्यवान है।

मूल्यांकन पुं. **1.** किसी चीज़ की क़ीमत आँकना; जैसे—मकान का मूल्यांकन। **2.** गुण-दोष योग्यता आदि परखना, उ.—नौकरी पर रखने से पहले उम्मीदवार का मूल्यांकन किया जाएगा।

मूषक पुं. चूहा।

मूसल पुं. धान मसाला आदि कूटने का मोटा-सा डंडा।

मूसलाधार वि. तेज़ (बारिश); उ.—कल यहाँ मूसलाधार बारिश हुई।

मृग पुं. हिरन, हरिण (स्त्री. मृगी)।

मृगछाला पुं. हिरन की खाल; उ.—साधु मृगछाला पर बैठा है।

मृगछौना पुं. हिरन का बच्चा।

मृत्यु स्त्री. जीवन का अंत, मौत, मरण (विलोम : जन्म)।

मेखला स्त्री. करधनी, तागड़ी।

मेघ पुं. दे. 'बादल'।

मेज़ स्त्री. टेबल।

मेज़पोश पुं. मेज़ को ढकनेवाला कपड़ा।

मेडल पुं. पदक, तमग़ा।

मेथी स्त्री. एक पौधा जिसकी पत्तियों का साग बनता है।

मेम स्त्री. गोरी जाति की स्त्री।

मेमना पुं. बकरी या भेड़ का बच्चा (दे. चित्र 'भेड़')।

मेरा सर्व. 'मैं' का संबंधवाचक रूप; जैसे—मेरा स्कूल, मेरे कपड़े (स्त्री. मेरी)।

मेल पुं. **1.** मिलने या मिले हुए होने की अवस्था; उ.—लाल और नीले रंग के मेल से बैंगनी रंग बनता है। **2.** प्रीति, प्रेम; उ.—दोनों भाइयों में बहुत मेल है। **3.** जोड़ या तुलना; उ.—ध्यानचंद के मेल का हॉकी खिलाड़ी मिलना मुश्किल है।

मेल पुं. डाकगाड़ी।

मेलजोल पुं. मित्रता, घनिष्ठता।

मेला पुं. किसी ख़ास समय और स्थान पर होनेवाला लोगों का जमाव; जैसे—नौचंदी का मेला, कुंभ का मेला।

मेवा पुं. सुखाए हुए फल; जैसे— किशमिश, बादाम, अखरोट आदि मेवे हैं।

मेहँदी पुं. एक झाड़ी की पत्ती जिसे पीस कर हाथ-पैर में लगाया जाता है।

मेह पुं. बादल, मेघ।

मेहतर पुं. सफ़ाई का काम करनेवाला।

मेहनत स्त्री दे. 'परिश्रम'।

मेहनताना पुं. मेहनत के बदले दिया जानेवाला पैसा; जैसे—वकील का मेहनताना।

मेहमान पुं. पाहुना, अतिथि; उ.—कल हमारे घर मेहमान आएँगे।

मेहरबान वि. मेहरबानी करनेवाला, कृपालु; उ.—आजकल राम मुझ पर मेहरबान है।

मेहरबानी स्त्री. कृपा, अनुग्रह; उ.—आप मेहरबानी करके कल ज़रूर आइएगा।

मैं सर्व. खुद के लिए बोला जानेवाला शब्द।

मैच पुं. मुक़ाबला, खेल की बाज़ी; जैसे—क्रिकेट मैच।

मैत्री स्त्री. दोस्ती, मित्रता।

मैदा पुं. गेहूँ का बहुत बारीक आटा।

मैदान पुं. लंबी-चौड़ी समतल ज़मीन; जैसे—खेलने का मैदान।

मैना स्त्री. मधुर आवाज़वाली एक चिड़िया।

मैल पुं. गंदगी; जैसे—कान का मैल, कपड़े का मैल।

मैला वि. गंदा; जैसे—मैला कपड़ा, मैला शरीर।

मोक्ष पुं. छुटकारा;. मुक्ति।

मोची स्त्री. शरीर के किसी अंग की नसों का मुड़ने के कारण खिंच जाना; उ. —सुबोधं के पैर में मोच आ गई है।

मोच पुं. जूते बनाने और मरम्मत करनेवाला।

मोज़ा पुं. पाँवों में पहनने की थैली जैसी एक चीज़।

मोटर स्त्री. **1.** कार, गाड़ी। **2.** बिजली या तेल से चलनेवाली वह मशीन जो दूसरी मशीनों को चलाए।

मोटरसाइकिल स्त्री. इंजन से चलनेवाली साइकिल।

मोटा वि. स्थूल; जैसे—मोटा कपड़ा, मोटा आदमी। (दे. चित्र)।

मोटाताज़ा वि. हृष्ट-पुष्ट, तगड़ा।

मोटाई स्त्री. मोटापन।

मोड़ पुं. घुमाव; जैस—गली का मोड़।

मोड़ना स. क्रि. दिशा बदलना, घुमाना; उ.—गाड़ी दाहिने मोड़ो।

मोती पुं. सीप में होनेवाला एक रत्न, मुक्ता; जैसे—मोतियों की माला (दे. चित्र 'सीप')।

मोदक पुं. दे. 'लड्डू'।

मोम पुं. मिट्टी के तेल से बनाया हुआ और मधुमक्खी के छत्तों से प्राप्त गर्मी से पिघनेवाला एक सफेद पदार्थ।

मोमबती स्त्री. मोम की बत्ती जिसको रोशनी के लिए जलाया जाता है।

मोर पुं. सुंदर पंखवाला एक पक्षी जो वर्षा ऋतु में पंख फैला कर नाचता है, मयूर; उ. —मोर भारत का राष्ट्रीय पक्षी है (दे. चित्र)।

मोरचा पुं. **1.** वह स्थान जहाँ से सेना युद्ध करती है। **2.** लोहे का जंग; लोहे को मोरचा लगना।

मोरचाबंदी स्त्री. खुद को बचाते हुए दुश्मन से लड़ने का प्रबंध करना।

मोरी स्त्री. गंदे पानी की नाली।

मोल पुं. मूल्य, दाम, क़ीमत।

मोहक वि. मोहनेवाला, मनोहर; उ.—नाटक में राम का अभिनय बड़ा मोहक था।

मोहताज वि. दूसरे पर निर्भर, ज़रूरतमंद; उ.—जुए के कारण वह पैसे-पैसे को मोहताज हो गया है।

मौका पुं. **1.** अवसर; उ.—मुझे कलकत्ता जाने का मौक़ा नहीं मिला। **2.** घटना-स्थल; उ.—संवाददाता ख़बर पा कर मौके पर पहुँच गए।

मौखिक वि. मुँह से बोला हुआ, ज़बानी; जैसे—मौखिक परीक्षा।

मौज स्त्री. **1.** लहर; जैसे—समुद्र की मौज। **2.** सुख, आनंद; उ.—वह आजकल बड़ी मौज में है।

मौन (I) स्त्री. न बोलना, चुप्पी; उ.—गाँधी जी सोमवार को मौन रखते थे।

(II) वि. चुप; उ.—मेरे प्रश्न का उत्तर न दे कर वह मौन रहा।

मौर पुं. 1. एक तरह का मुकुट जो वर को पहनाया जाता है, कलगी। 2. दे. 'बौर'।

मौला पुं. ईश्वर।

मौलाना पुं. अरबी, फ़ारसी, उर्दू आदि के विद्वान की उपाधि।

मौसम पुं. ऋतु; जैसे—बारिश का मौसम।

मौसी स्त्री. माँ की बहन (पुं.—मौसा)।

मौसेरा पुं. मौसी का पुत्र; जैसे—मौसेरा भाई, मौसेरी बहन।

म्यान पुं. तलवार कटार आदि रखने का खोल।

म्लान वि. दे. 'मलिन'।

य

यंत्र पुं. 1. मशीन, कल; उ.—क्रेन जैसा यंत्र खूब भारी वस्तु को भी उठा सकता है। (दे. चित्र 'क्रेन')। 2. दे. 'औज़ार'।

यंत्रणा स्त्री. पीड़ा, दुख।

यकीन पुं. दे. 'विश्वास'।

यजमान पुं. ब्राह्मण से पूजा-पाठ यज्ञ आदि करवा कर उसको दान-दक्षिण देनेवाला।

यज्ञ पुं. एक अनुष्ठान जिसमें हवन होता है, होम; जैसे— अश्वमेध यज्ञ, राजसूय यज्ञ (दे. चित्र)।

यज्ञ

यज्ञोपवीत पुं. 1. यज्ञ द्वारा संस्कार करके कंधे पर पहनी जानेवाली कच्चे सूत की माला, जनेऊ, उपनयन; उ.—मेरे पिता यज्ञोपवीत पहनते हैं। 2. हिंदुओं के सोलह संस्कारों में से एक; उ.—आज जनार्दन का यज्ञोपवीत (संस्कार) है।

यतीम पुं. 1. अनाथ। 2. जिसके माँ-बाप या अभिभावक न हों।

यथा अ. जिस प्रकार, जैसे; उ.—प्रतिभा की तेज बुद्धि देख, सबने कहा ''यथा नाम तथा गुण।''

यथाविधि अ. क्रि. नियम के अनुसार, विधिपूर्वक।

यथाशक्ति अ. जितना कोई कर सके उतना, अपनी शक्ति भर, भरसक; उ.—मुसीबत के दिनों में बलराम ने मेरी यथाशक्ति सहायता की।

यथाशीघ्र अ. जल्द से जल्द; उ.—'पत्र का उत्तर यथाशीघ्र देना।'

यथासंभव अ. जहाँ तक हो सके; उ.—'तुम यथासंभव तुरंत आने की कोशिश करना।'

यथार्थ (I) पुं. सच, वास्तविकता; उ.—यह गप नहीं, यथार्थ है। (II) वि. सच, वास्तविक; जैसे—यथार्थ बात।

यथोचित वि. जैसा होना चाहिए वैसा, मुनासिब; उ.—राजा जनक ने ऋषि विश्वामित्र को यथोचित सम्मान देते हुए ऊँचे आसन पर बैठाया।

यदि अ. अगर, जो; उ.—'यदि तुम पढ़ोगे तो ज़रूर पास हो जाओगे।'

यम पुं. हिंदू मान्यता के अनुसार मृत्यु का देवता।

यश पुं. अच्छे कामों के लिए फैला नाम, नेकनामी, कीर्ति; उ.—सम्राट् अशोक का यश चारों ओर फैला हुआ था।

यशस्वी वि. जिसका खूब नाम हो।

यह सर्व. वि. निकट के आदमी या वस्तु के लिए काम में लिया जानेवाला शब्द; जैसे—यह आदमी, यह किताब।

यहाँ अ. इस स्थान पर; उ.—पहले यहाँ खूब पेड़ थे, और अब कारख़ाना है।

यहीं अ. इसी स्थान पर; उ.—'तुम यहीं रुको, मैं आता हूँ।'

यही सर्व., वि. निश्चित रूप से यह, यह ही; उ.—'यही तो मैं कहता था'; 'यही बात सुभाष भी कह रहा था।'

या अ. अथवा; उ.—रमेश या उमेश में से कोई भी चला जाएगा।

याचक पुं. माँगनेवाला, भिखारी।

यातना स्त्री. पीड़ा, कष्ट; उ.—जेल में क़ैदियों को बहुत यातना दी जाती है।

यात्रा स्त्री. एक स्थान से दूसरे स्थान को जाना, सफ़र; जैसे—कलकत्ता से दिल्ली की यात्रा।

यात्री पुं. यात्रा करनेवाला, मुसाफ़िर।

याद स्त्री. 1. स्मरण; उ.—मुझे अक्सर अपना गाँव याद आता है। 2. कंठस्थ; उ.—मोहिनी को बहुत सारी कविताएँ याद हैं।

यादगार स्त्री. याद की निशानी, स्मृति-चिह्न; उ.—ताजमहल शाहजहाँ के प्रेम की यादगार है।

यार पुं. दे. 'दोस्त'।

यारी स्त्री. दे. 'दोस्ती'।

युग पुं. 1. एक विशेष काल; उ.—श्रीराम त्रेता युग में और श्रीकृष्ण द्वापर में हुए थे। 2. ज़माना, समय; उ.—आधुनिक युग को विज्ञान का युग कहते हैं। 3. बारह वर्ष की अवधि।

युद्ध पुं. लड़ाई, रण, संग्राम; जैसे—महाभारत का युद्ध, द्वितीय विश्वयुद्ध।

युद्ध-क्षेत्र पुं. लड़ाई का मैदान।

युद्ध-बंदी पुं. लड़ाई में पकड़ा गया शत्रु-सैनिक।

युवक पुं. जवान आदमी, युवा।

युवराज पुं. राजा का बड़ा बेटा जो राजगद्दी का हक़दार होता है।

युवा वि. जवान, युवक; उ.—इस व्यायामशाला की देख-रेख हमारे मुहल्ले का युवा वर्ग करता है।

यूनिफ़ॉर्म पुं. वरदी; जैसे— स्कूल का यूनिफ़ार्म, सिपाही का यूनिफ़ार्म (दे. चित्र)।

योग पुं. 1. जोड़, मेल; उ.—दो और दो के योग से चार बनता है। 2. मन को स्थिर करने की साधना, ध्यान।

योगदान पुं. 1. सहायता करना, हाथ बँटाना; उ.—इस बार वार्षिक जलसे की तैयारी में रमा का बहुत योगदान रहा। 2. देन; उ.—हिंदी साहित्य में

भारतेंदु हरिश्चंद्र का योगदान बहुमूल्य है।

योगफल पुं. जोड़ने से प्राप्त संख्या; उ.—दो और तीन का योगफल पाँच होता है।

योगी पुं. योग की साधना करनेवाला।

योग्य वि. क़ाबिल, लायक; उ.—शारदा अपने गुणों के कारण इस पद के योग्य है।

योग्यता स्त्री. वह गुण जिसके होने से व्यक्ति किसी काम के लायक माना जाए, काबिलियत, लियाकत; उ.—'तुम्हारी योग्यता का पता तुम्हारे परीक्षाफल से चलेगा।'

योजना स्त्री. आगे के काम की व्यवस्था या कल्पना, प्लान; जैसे— पंचवर्षीय योजना, दामोदर घाटी योजना।

योद्धा पुं. युद्ध में लड़नेवाला, सैनिक; उ.—महाराणा प्रताप एक महान योद्धा थे।

यौवन पुं. दे. 'जवानी'।

र

रंक पं. गरीब, दरिद्र, निर्धन।

रंग पुं. **1.** किसी चीज़ का वह गुण जो उसकी आकृति और बनावट से अलग हो और जो केवल आँखों से ही देखा जा सके, वर्ण; जैसे—लाल, काला, सफ़ेद, पीला, हरा रंग। **2.** जिससे कोई चीज़ रंगी जाए, पेंट; जैसे—तेल रंग, जल रंग।

रँगना स. क्रि. रंग करना; जैसे—साड़ी रँगना, दीवार रँगना।

रंगबिरंगा वि. कई रंगों का; उ.— बगीचे में रंगबिरंगे फूल खिले हैं।

रंगरूप पुं. शक्ल-सूरत।

रंगरेज़ पुं. कपड़ा रँगनेवाला।

रँगरूट पुं. नया भरती होनेवाला सिपाही।

रँगवाना प्रे. क्रि. किसी से रँगने का काम करवाना।

रँगाई स्त्री. **1.** रँगने का काम; उ.— इस साड़ी की रँगाई अच्छी नहीं हुई है। **2.** रँगनेकी मज़दूरी; उ.—इस साड़ी की रँगाई बीस रुपए है।

रंगीन वि. रंगा हुआ, रंगदार; जैसे—रंगीन चित्र।

रँगीला वि. शौकीन स्वभाव का, रसिया।

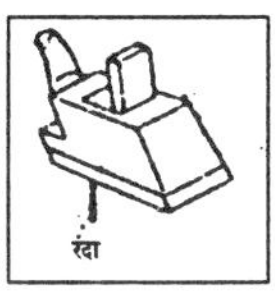

रंदा पुं. लकड़ी को छील कर चिकना बनाने का एक औज़ार (दे. चित्र)।

रंभाना अ. क्रि. गाय का बोलना।

रईस पुं. अमीर, धनी, प्रतिष्ठित व्यक्ति।

रक़म स्त्री. धन, रुपए-पैसे की निश्चित राशि; उ.—'बही में यह रक़म सुबोध के नाम जमा कर लो।'

रक्त पुं. खून, लहू।

रक्तपात पुं. खून-ख़राबा, मारकाट; उ.–कलिंग युद्ध के भयानक रक्तपात को देख कर सम्राट अशोक बौद्ध बन गए।

रक्षक पुं. रक्षा करनेवाला, बचानेवाला; उ.–हमारे जवान हमारी सीमाओं के रक्षक हैं।

रक्षा स्त्री. बचाव, हिफ़ाज़त; उ.–हमारी सेनाएँ देश की रक्षा करती हैं।

रक्षाबंधन पुं. श्रावण पूर्णिमा के दिन मनाया जानेवाला त्योहार जब बहनें भाइयों को राखी बाँधती हैं, राखी।

रखना स. क्रि. **1.** टिकाना, धरना; उ.–'यह घड़ी मेज पर रख दो'। **2.** नष्ट न होने देना, बचाना; उ.–ये रुपए ठीक से रखना, काम आएँगे। **3.** नियुक्त करना; उ.–मैंने दुबे पहलवान को चौकीदारी के लिए रखा है।

रखवाला पुं. रक्षा करनेवाला, चौकीदार, पहरेदार।

रखवाली स्त्री. चौकीदारी, पहरेदारी, रक्षा।

रगड़ स्त्री. दो चीज़ों का आपस में घर्षण; उ.–कुएँ की जगत पर रस्सी की रगड़ से निशान पड़ गया है।

रगड़ना स. क्रि. घर्षण करना, घिसना; उ.–'बरतन रगड़-रगड़ कर माँजो।'

रज स्त्री. मिट्टी, धूल।

रजत पुं. चाँदी, रूपा।

रजत जयंती स्त्री. पच्चीस वर्ष पूरे होने पर मनाया जानेवाला उत्सव।

रज़ाई स्त्री. रूई से भरा हुआ ओढ़ना, लिहाफ; उ.–ठंड बढ़ रही है, रज़ाई ओढ़ लो।

रजिस्टर पुं. जिल्दवाली लंबी कॉपी जिसमें कोई विवरण या हिसाब लिखा जाता है, पंजी; उ.–इस रजिस्टर में सदस्यों के नाम पते लिखे हुए हैं (दे. चित्र)।

रज्जु स्त्री. रस्सी, डोर।

रज्जुमार्ग पुं. (प्रायः पहाड़ पर) लोहे के तारों से बट कर बनाए हुए रस्सों को बाँध कर बनाया हुआ मार्ग, रोप वे।

रट स्त्री. एक ही बात को बार-बार कहते रहना; उ.–राघव ने पिताजी के साथ शहर जाने की रट लगा रखी है।

रटना स. क्रि. बार-बार बोल कर याद करना; उ.–'मुझे यह कविता रटनी है।'

रण पुं. लड़ाई, युद्ध।

रणक्षेत्र पुं. लड़ाई का मैदान।

रत वि. लगा हुआ, लीन; जैसे–कार्यरत।

रतजगा पुं. **1.** रात भर का जागरण **2.** रात भर जाग कर मनाया जानेवाला उत्सव।

रतौंधी स्त्री. एक रोग जिसमें रात को दिखाई नहीं देता।

रत्ती स्त्री. **1.** एक माशे के आठवें हिस्से के बराबर का तौल। **2.** एक तरह का आधा लाल और आधा काला बीज, गुंजाफल।

रत्ती भर पुं. बहुत थोड़ा, जरा-सा, नगण्य।

रत्न पुं. क़ीमती पत्थर; उ.–हीरा, पन्ना, माणिक, नीलम आदि रत्न हैं।

रत्नगर्भा स्त्री. जिसके गर्भ में रत्न होते हैं, पृथ्वी।

रथ पुं. घोड़े से खींची जानेवाली पुराने ज़माने की एक गाड़ी जिसमें दो या चार पहिए हुआ करते थे (दे. चित्र)।

रद्दी वि. फ़ालतू, बेकार; जैसे—रद्दी काग़ज़, रद्दी कपड़ा।

रन पुं. क्रिकेट में बल्लेबाज़ों द्वारा अंक बनाने के लिए एक सिरे से दूसरे सिरे तक लगाई जानेवाली दौड़।

रपट स्त्री. सूचना, रिपोर्ट; उ.—थाने में चोरी की रपट लिखवा दो।

रपटना अ. फिसलना; उ.—मैं काई पर रपट कर गिर पड़ा।

रफ़ू पुं. फटे हुए कपड़े को इस तरह सिलना कि जोड़ दिखाई न दे।

रफ़ूचक्कर वि. चंपत, ग़ायब।

रफ़्तार स्त्री. चाल, गति; उ.—'इतनी तेज रफ़्तार से गाड़ी मत चलाओ।'

रबड़ (रबर) पुं. एक ख़ास पेड़ के रस से बना हुआ लचीला पदार्थ; जैसे—रबड़ का टायर, रबड़ के जूते।

रबड़ी स्त्री. दूध औटा कर बनाई हुई एक मलाईदार मिठाई।

रबी स्त्री. वसंत ऋतु में काटी जानेवाली फ़सल।

रमज़ान पुं. हिजरी वर्ष का नौवाँ महीना जिसमें मुसलमान रोज़ा रखते हैं।

रमणी स्त्री. सुंदर स्त्री।

रमणीक वि. मनोहर, सुंदर; जैसे— रमणीक दृश्य।

रमना अ. क्रि. तल्लीन होना, पूरी तरह लग जाना; उ.—रमेश चित्र बनाने में रमा हुआ है।

रवानगी स्त्री. रवाना होने की क्रिया, प्रस्थान; उ.—बरात की रवानगी शाम छह बजे होगी।

रवाना वि. जो चल चुका हो, चला हुआ; उ.—रमेश कलकत्ता रवाना हो गया है।

रवि पुं. दे. 'सूरज'।

रविवार पुं. शनिवार के बाद और सोमवार के पहले आनेवाला दिन, इतवार; उ.—रविवार को हमारा स्कूल बंद रहता है।

रवैया पुं. तौर-तरीक़ा, रुख; उ.—नए अफ़सर का रवैया ठीक नहीं है, वह अपने मातहतों पर झुँझलाता रहता है।

रस पुं. **1.** किसी चीज़ का तरल सार; जैसे—आम का रस, ईख का रस। **2.** आनंद; उ.—राम को कविता पढ़ने में बहुत रस आता है।

रसायन पुं. किसी ख़ास गुणवाले वे पदार्थ जो कई चीज़ें बनाने के काम आते हैं; उ.—दवा, साबुन आदि में कई रसायन पड़ते हैं।

रसायनशास्त्र पुं. विज्ञान की एक शाखा जिसमें पदार्थों के गुण और उसकी यौगिक क्रियाओं का वर्णन रहता है, केमिस्ट्री।

रसीद स्त्री. दिए हुए पैसे की प्राप्ति का काग़ज़, पावती; जैसे—चंदे की रसीद, माल की रसीद।

रसोइया पुं. रसोई बनानेवाला, खाना बनानेवाला।

रसोई स्त्री. **1.** खाना बनाने की जगह; उ.—हमारी रसोई छत पर है। **2.** भोजन; उ.—'रसोई तैयार है, खाना

खा लो।

रस्म स्त्री. प्रथा, चलन, रीति; जैसे—विवाह की रस्म।

रस्सा पुं. मोटी रस्सी; उ.—साँड़ रस्सा तुड़ा कर भाग गया।

रस्सी स्त्री. धागों को बँट कर बुनी हुई डोरी (दे. चित्र 'गाँठ')।

रहँट (रहट) पुं. कुएँ से पानी निकालने का एक दाँतेदार यंत्र।

रहन-सहन पुं. रहने का ढंग, तौर-तरीका; जैसे--सादगी भरा रहन- सहन, ऐयाशी का रहन सहन।

रहना अ. क्रि. **1.** निवास करना; उ.—आजकल रघुवीर जी दिल्ली में रहते हैं। **2.** बचना; उ.—मेरे पास अब केवल दो ही रुपए रह गए हैं।

रहम पुं. दया।

रहस्य पुं. भेद, राज; उ.—ख़ज़ाने के रहस्य का पता केवल राजा को था।

रहित वि. बिना, हीन, बग़ैर; जैसे—तृण-रहित भूमि, चिंता-रहित मन।

राँगा पुं. एक नरम सफ़ेद धातु, टिन; उ.—बरतनों पर राँगे की क़लई करवाई जाती है।

राइफ़ल स्त्री. एक तरह की बंदूक़।

राई स्त्री. छोटी सरसों।

रॉकेट पुं. **1.** गैस के ज़ोर से तेज़ी से ऊपर उठ कर पृथ्वी की सीमा के बाहर जानेवाला यंत्र। **2.** रॉकेट की तरह का एक पटाख़ा (दे. चित्र)।

राक्षस पुं. दैत्य, असुर, दानव।

राख स्त्री. दे. 'भस्म'।

राखी स्त्री. रक्षाबंधन के त्योहार पर बहन द्वारा भाई की कलाई पर बाँधी जानेवाली डोरी।

राज पुं. हुकूमत, शासन; जैसे—ब्रिटिश राज।

राजकुमार पुं. राजा का बेटा, राजपुत्र।

राजधानी स्त्री. किसी भी देश या प्रदेश का वह शहर जहाँ से शासन चलाया जाता है; जैसे—दिल्ली भारत की, और कलकत्ता प. बंगाल की राजधानी है।

राजनीति स्त्री. राज्य या शासन चलाने की नीति।

राजनीति वि. राजनीति संबंधी; जैसे—राजनीतिक दल।

राजभवन पुं. राज्यपाल के रहने का मकान।

राजमहल पुं. राजा के रहने का भवन।

राजमिस्त्री. पुं. मकान बनाने का काम करनेवाला, राजगीर (दे. चित्र)।

राजर्षि पुं. वह ऋषि जो राजवंश या क्षत्रिय कुल का हो; जैसे—राजर्षि विश्वामित्र, राजर्षि जनक।

राजा पुं. रियासत या राज्य का मालिक, बादशाह।

राज़ी वि. कही गई बात मानने को तैयार, सहमत; उ.—वह हमारे कहने पर दिल्ली जाने को राजी हो गया।

राजी-खुशी सही-सलामत, अच्छी तरह; उ.—राम राज़ी-खुशी दिल्ली पहुँच गया है।

राज्य पुं. **1.** एक राजा के शासन में रहनेवाला इलाक़ा, एक शासन व्यवस्था में रहनेवाला इलाका; जैसे—अकबर का राज्य, भारत का राज्य।

2. राष्ट्रदेश; उ.—भारत एक राज्य है। 3. प्रांत; उ.— मध्यप्रदेश क्षेत्रफल के हिसाब से भारत का सबसे बड़ा राज्य है।

रात स्त्री. रात्रि, निशा।

रातरानी स्त्री. रात को खिलनेवाला एक छोटा खुशबूदार सफ़ेद फूल और उसका पौधा।

रात्रि स्त्री. रात।

रानी स्त्री. राजा की पत्नी।

रामनवमी स्त्री. चैत्र शुक्ला नवमी को मनाया जानेवाला श्रीराम का जन्म दिन।

राम-राम अ. 1. अभिवादन के लिए कहा जानेवाला शब्द; नमस्ते। 2. आश्चर्य और दुख प्रकट करनेवाला शब्द; उ.—'राम-राम ! बहुत ही बुरा हुआ'।

रामलीला स्त्री. राम के जीवन पर आधारित लोक-नाटक; उ.— रामलीला में कल्लू हनुमान बना है।

राय स्त्री. सलाह, मत; उ.—'क्या आपकी भी राय है कि मैं मकान- मालिक से समझौता कर लूँ ?'

रायता पुं. दही में मसाला, साग आदि डाल कर बनाया गया व्यंजन।

राल स्त्री. 1. एक सदाबहार पेड़ से निकाला गया गोंद, धूप। 2. पतला लसदार थूक, लार; उ.—इस बच्चे के मुँह से राल गिरती है।

राशन पुं. सरकार द्वारा उचित मूल्य पर निश्चित मात्रा में मिलनेवाली चीज़ें; उ.—आजकल राशन में मिट्टी का तेल भी मिलता है।

राष्ट्र पुं. 1. एक स्वतंत्र राज्य, देश। 2. वह स्वतंत्र देश जिसके लोग सांस्कृतिक समानता के कारण एक दूसरे से जुड़े हों।

राष्ट्रगान पुं. किसी देश का राष्ट्रगीत; उ.—भारत का राष्ट्रगान 'जन गण मन' रवींद्रनाथ ठाकुर का लिखा हुआ है।

राष्ट्रध्वज पुं. देश का झंडा; उ.—भारत का राष्ट्रध्वज तिरंगा है।

राष्ट्रपति पुं. देश का प्रधान; उ.—भारत के प्रथम राष्ट्रपति डॉ. राजेंद्र प्रसाद थे।

राष्ट्रभाषा स्त्री. किसी राष्ट्र की मुख्य प्रचलित भाषा; उ.—हमारी राष्ट्रभाषा हिंदी है।

राष्ट्रीय वि. राष्ट्र का, देश का; उ.—भारत का राष्ट्रीय पक्षी मोर है।

राष्ट्रीयता स्त्री. 1. किसी राष्ट्र से जुड़े होने का भाव, राष्ट्रप्रेम। 2. नागरिकता।

रासायनिक वि. रसायन संबंधी।

रास्ता पुं. मार्ग, राह।

राह स्त्री. रास्ता। मु. **राह देखना** इंतज़ार करना; उ.—'कल देर तक हम तुम्हारे आने की राह देखते रहे, पर तुम नहीं आए।'

राहत स्त्री. 1. आराम, चैन; उ.—खोए हुए बच्चे के मिलते ही माँ ने राहत की साँस ली। 2. सहायता; जैसे—बाढ़-पीड़ितों को राहत पहुँचाना।

रिक्शा

रिक्शा पुं. दो या तीन पहियों वाली एक सवारी जिसे एक आदमी चलाता है; जैसे—साइकिल रिक्शा,

हाथ रिक्शा, ऑटोरिक्शा (दे. चित्र)।

रिझाना स. क्रि. मोहित करना, लुभाना; उ.—कुमार गंधर्व ने अपने मधुर गायन से सबको रिझा लिया।

रिपु पुं. शत्रु, बैरी।

रिपोर्ट स्त्री. दे. 'रपट'।

रिमझिम स्त्री. बारिश की छोटी-छोटी बूँदों का गिरना, हलकी फुहार पड़ना।

रियायत (रिआयत) स्त्री. छूट; उ.—दीपावली के उपलक्ष्य में कपड़ों पर बीस प्रतिशत रियायत दी जाएगी।

रियासत स्त्री. **1.** राज्य। **2.** आज़ादी के पहले देशी राजाओं के अधीन इलाक़े; जैसे—जयपुर रियासत, जोधपुर रियासत, ग्वालियर रियासत।

रिवाज पुं. चलन, दस्तूर, प्रथा; उ.—दहेज लेने का रिवाज बंद होना चाहिए।

रिश्ता पुं. नाता, संबंध।

रिश्तेदार पुं. संबंधी, नातेदार; उ.—'ये हमारे रिश्तेदार हैं, इनकी बेटी मेरी बहू है।'

रिश्वत स्त्री. घूस; उ.—पुलिस को रिश्वत दे कर उसने अपना मामला दबवा दिया।

रिसना अ. क्रि. किसी तरल चीज़ का धीरे-धीरे बहना; जैसे—दीवार से पानी रिसना, घाव से खून रिसना।

रीछ पुं. दे. 'भालू'।

रीठा पुं. काली गुठलीवाला एक फल जिसके झाग से कपड़े बाल आदि धोए जाते हैं।

रीढ़ स्त्री. गरदन से क़मर तक की पीठ की हड्डी, मेरुदंड।

रीति स्त्री. **1.** दे. 'प्रथा'। **2.** तरीक़ा, ढंग; उ.—उसके काम करने की रीति ठीक नहीं।

रुआँसा वि. रोने-रोने को हो जाना; उ.—बेवजह इतनी डाँट पड़ने से रमेश रुआँसा हो गया।

रुकना अ. क्रि. **1.** ठहरना; उ.—कलकत्ते जाते हुए मुझे इलाहाबाद में भी रुकना है। **2.** बंद होना; उ.—पानी बरसना रुक गया है।

रुकवाना स. क्रि. रोकने का काम कराना; उ.—बाबू जी से चुगली खाकर उसने मेरा चिड़ियाघर जाना रुकवा दिया।

रुकावट स्त्री. अड़चन, विघ्न, बाधा।

रुख़ पुं. **1.** चेहरा। **2.** चेहरे से प्रकट होनेवाले भाव, रवैया; उ.—उनके रुख़ से ही मैं जान गया था कि वे मुझसे नाराज़ हैं।

रुखाई स्त्री. रूखापन, कोमलता-रहित व्यवहार; उ.—दारोग़ा किसानों से बड़ी रुखाई से मिला।

रुचि स्त्री. पसंद, इच्छा, दिलचस्पी; उ.—उसकी रुचि विज्ञान पढ़ने में है।

रुचिकर वि. मन को भानेवाला, मनपसंद; जैसे—रुचिकर भोजन।

रुदन पुं. रोना।

रुद्राक्ष पुं. एक प्रकार का खुरदरा भूरा बीज जिसकी माला बनाई जाती है।

रुनझुन स्त्री. पायल या घुँघरू से होनेवाली धीमी मधुर आवाज़।

रुपया पुं. **1.** हमारे देश की मुद्रा; जैसे—सौ पैसों का एक रुपया होता है। **2.** पैसा, धन; उ.—वह बहुत रुपएवाला है।

रुपया-पैसा पुं. धन-दौलत, संपत्ति।

रुपहला वि. चाँदी के रंग का; जैसे—रुपहला गोटा।

रुलाई स्त्री. रोना आना।

रुलाना स. क्रि. ऐसा करना कि दूसरा रोने लगे; उ.—बड़कू छोटू को चिढ़ा कर रुला रहा है।

रूई (रुई) स्त्री. कपास; उ.—रूई से तार कात कर सूती कपड़ा बनाया जाता है।

रूईदार वि. रूई भर कर बनाया हुआ; जैसे—रूईदार जाकिट, रूईदार गद्दा।

रूखा वि. **1.** जो चिकना न हो, सूखा; जैसे—रूखी रोटी। **2.** जो मधुर न हो; जैसे—रूखा व्यवहार।

रूखा-सूखा वि. एकदम साधारण भोजन; उ.—गरीब किसान रूखा-सूखा खाकर अपना जीवन बिताता है।

रूखापन पुं. दे. 'रुखाई'।

रूठना अ. क्रि. मान करना, नाराज़ होना; उ.—मिठाई न देने पर बच्चा माँ से रूठ गया।

रूढ़ वि. **1.** (व्या.) वह शब्द जो (यौगिक शब्दों की तरह) तोड़ा न जा सके; जैसे—घोड़ा, पानी, कुर्सी। **2.** (गणित) वह संख्या जो विभक्त न हो; जैसे—तीन, सात, ग्यारह, तेरह। **3.** वह शब्द जो अपना मूल अर्थ खोकर दूसरे अर्थ में प्रचलित हो गया है; जैसे—मास्टर का मूल अर्थ मालिक है, किंतु अब शिक्षक के अर्थ में रूढ़ हो गया है।

रूप पुं. **1.** सूरत, शक्ल; जैसे—कुरूप और सुरूप। **2.** सौंदर्य; उ.—पद्मिनी का रूप अद्भुत था।

रूमाल पुं. हाथ-मुँह पोंछने का छोटा चौकोर कपड़ा।

रूसी (I) पुं. रूस देश का निवासी; उ.—महान लेखक तोलस्तोय रूसी थे। **(II)** स्त्री. रूस देश की भाषा; उ.—तोल्सतोय ने रूसी में लिखा है। **(III)** वि. रूस देश का; जैसे—रूसी माल, रूसी जहाज़।

रूसी वि. सिर में सूखेपन के कारण जमनेवाली पपड़ी।

रेंकना अ. क्रि. **1.** गधे का बोलना। **2.** बेसुरेपन से गाना; उ.—'क्यों बिना ताल सुर के रेंक रहे हो ?'

रेंगना अ. क्रि. पेट के बल सरकना; जैसे—साँप का रेंगना।

रेकॉर्ड

रेकॉर्ड पुं. **1.** पुरानी बातों का लेखाजोखा, अभिलेख; उ.—यह हमारे हिसाब का रेकॉर्ड है। **2.** ग्रामोफ़ोन पर बजाने की तश्तरीनुमा चीज़ (दे. चित्र)।

रेखा स्त्री. लकीर, लाइन।

रेखागणित पुं. ज्यामिति, ज्यॉमेट्री।

रेखाचित्र **1.** रेखाओं से बना हुआ चित्र, स्केच। **2.** लिखा हुआ चित्रात्मक वर्णन।

रेगिस्तान पुं. बालू का मैदान, मरुस्थल (दे. चित्र 'काफ़िला')।

रेज़गी स्त्री. रेज़गारी, छुट्टे पैसे।

रेट पुं. दर, भाव।

रेडियो

रेडियो पुं. बिना तार का एक विद्युत यंत्र जिससे रेडियो-स्टेशन से प्रसारित संगीत समाचार आदि

सुने जा सकते हैं (दे. चित्र)।

रेत स्त्री. दे. 'बालू'।

रेती स्त्री. चीज़ों को घिसकर चिकना करने वाला एक दानेदार औज़ार (दे. चित्र)।

रेतीला वि. बालूवाला; जैसे– रेतीला प्रदेश।

रेफ पुं. 'र' का वह आधा रूप जो अक्षर के सिर पर लगाया जाता है; जैसे–सर्प, दर्प, गर्व।

रेल स्त्री. **1.** रेलगाड़ी, ट्रेन (दे. चित्र 'इंजिन')। **2.** लोहे की पटरी जिस पर रेलगाड़ी चलती है।

रेल-पेल स्त्री. भीड़-भाड़, धक्कम-धक्का; उ.–मेले की रेल-पेल में मुन्ना खो गया।

रेला पुं. **1.** धक्का; जैसे–भीड़ का रेला। **2.** प्रबल प्रवाह; उ.–पानी के रेले में बच्चा बह गया।

रेवड़ी स्त्री. तिल और चीनी की बनी एक मिठाई।

रेशम पुं. ख़ास कीड़ों द्वारा बुने हुए रेशों से बनाया हुआ कपड़ा; उ.– रेशम का कपड़ा मुलायम होता है।

रेशमी वि. **1.** रेशम का; जैसे–रेशमी कपड़ा। **2.** रेशम जैसा मुलायम; जैसे–रेशमी बाल।

रेशा पुं. बारीक सूत, तंतु; जैसे–पाट का रेशा।

रोआँ पुं. शरीर के छोटे बाल, रोम।

रोक स्त्री. प्रतिबंध, मनाही, निषेध।

रोकना स. क्रि. आगे न बढ़ने देना; उ.–सिपाही ने लॉरी को रोक दिया।

रोग पुं. बीमारी; उ.–राजेंद्र को फेफड़े का रोग है।

रोगग्रस्त वि. रोग से पीड़ित।

रोग़न पुं. **1.** तेल; जैसे–बादाम रोग़न **2.** दीवार, काठ आदि पर लगाया जानेवाल लेप, पेंट; जैसे–रंग-रोग़न।

रोगनाशक वि. बीमारी दूर करनेवाला; जैसे–रोगनाशक दवा।

रोगाणु पुं. रोग पैदा करनेवाले एकदम छोटे कीड़े।

रोगी पुं. दे. 'बीमार'।

रोचक वि. दिलचस्प, रुचिकर; उ.– 'अंधेर नगरी चौपट राजा' बड़ा रोचक नाटक है।

रोज़ **(I)** पु. दिन, दिवस; उ.–रमेश चार रोज़ से नहीं आया **(II)** अ. प्रतिदिन, नित्य; उ.–उसे रोज़ आना पड़ता है।

रोज़-रोज़ अ. प्रतिदिन का, नित्य; जैसे–रोज़-रोज़ का झगड़ा।

रोज़गार पुं. कमाई का साधन, धंधा; जैसे–कपड़े का रोज़गार, लकड़ी का रोज़गार।

रोज़ा पुं. रमज़ान में किया जानेवाला महीने भर का उपवास।

रोज़ाना अ. प्रतिदिन, हर रोज़; उ.–वह रोज़ाना सुबह चार बजे उठ जाता है।

रोज़ी स्त्री. जीने का साधन, जीविका।

रोटी स्त्री. **1.** तवे पर सेंकी जानेवाली आटे की बनी हुई खाने की एक गोल चीज़। **2.** चपाती।

रोड़ा पुं. **1.** ईंट या पत्थर का छोटा टुकड़ा; उ.–सड़क पर आज ही रोड़े बिछाए गए हैं। मु. **रोड़ा अटकाना** बाधा डालना; उ.–उसने अफ़सर से

चुग़ली करके मेरे काम में बहुत रोड़े अटकाए, पर सफल न हो सका।

रोना अ. क्रि. आँसू बहाना, विलाप, रुदन।

रोपना स. क्रि. 1. जमाना, लगाना; जैसे—खंभा रोपना, खूँटा रोपना। 2. पौधे को एक जगह से उखाड़ कर दूसरी जगह लगाना; जैसे—धान रोपना। 3. बीज डालना या बोना; उ.—यह खेत रोप दिया गया है।

रोब पुं. दबदबा, धाक; उ.—गीदड़ ने शेर की खाल पहन कर सब जानवरों पर रोब जमाना चाहा।

रोबदार वि. रोबवाला, दबदबेवाला; जैसे—रोबदार व्यक्तित्व।

रोम पुं. दे. 'रोआँ।'

रोमांच पुं. डर, आश्चर्य या खुशी से रोएँ खड़े होना, पुलक; उ.—साहसिक कहानियाँ सुन कर राम को रोमांच हो जाता है।

रोशन वि. 1. प्रकाशमान; उ.—दीवाली पर पूरा शहर रोशन हो जाता है। 2. उज्ज्वल, मशहूर; उ.—उसने पूरे ज़िले में प्रथम आ कर अपने गाँव का नाम रोशन किया है।

रोशनदान पुं. दीवार में ऊपर की ओर बनी हुई छोटी खिड़की; उ.— रोशनदान खोलते ही कमरे में रोशनी हो गई।

रोशनाई स्त्री. दे. 'स्याही'।

रोशनी स्त्री. प्रकाश, उजाला।

रोष पुं. गुस्सा, क्रोध।

रौंदना स. क्रि. कुचलना।

रौनक़ स्त्री. 1. चहल-पहल; उ.—मेले की रौनक़ देखते ही बनती है। 2. चमक-दमक, कांति; उ.—अनजान शहर में अपने मित्र रमेश को देखते ही सुरेश के चेहरे पर रौनक़ आ गई।

ल

लँगड़ा वि. जिसका एक पाँव बेकार या टूटा हुआ हो।

लँगड़ा पुं. एक प्रसिद्ध आम; उ.— लँगड़ा आम बड़ा स्वादिष्ट होता है।

लंगर पुं. 1. जहाज़ों और नावों को खड़ा करने के काम आनेवाला एक भारी काँटा (दे. चित्र)। 2. वह स्थान जहाँ मुफ़्त भोजन बाँटा जाता है; उ.—स्वर्ण मंदिर के लंगर में बड़ी भीड़ होती है।

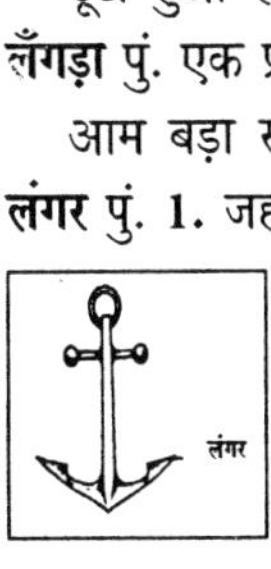
लंगर

लंगूर पुं. लंबी पूँछ और काले मुँह का बंदर (दे. चित्र)।

लंगूर

लँगोट पुं. पुरुषों का एक रूमाल-नुमा जाँघिया; उ.—दोनों पहलवान लँगोट बाँध कर अखाड़े में उतर आए हैं।

लंबा वि. 1. जिसके दोनों सिरों के बीच चौड़ाई से ज़्यादा दूरी हो; जैसे—लंबी सड़क, लंबा कमरा (विलोम-चौड़ा) (दे. चित्र 'चौड़ा')। 2. ऊँचा; जैसे—लंबा आदमी, लंबा पेड़। (विलोम : छोटा)।

लंबा-चौड़ा वि. जिसकी लंबाई-चौड़ाई दोनों ही अधिक हों, विशाल; जैसे—लंबा-चौड़ा मैदान।

लंबाई स्त्री. 1. लंबे होने की अवस्था, लंबापन; उ.—अभी बच्चे की लंबाई बढ़ रही है। 2. किसी वस्तु का वह पक्ष जो चौड़ाई और मोटाई से भिन्न होता है; उ.—इस अलमारी की लंबाई चार फ़ुट, चौड़ाई दो फ़ुट और मोटाई डेढ़ फुट है।

लकड़बग्घा पुं. भेडिये की जाति का एक जानवर (दे. चित्र)।

लकड़हारा पुं. लकड़ी काटकर बेचनेवाला।

लकड़ी स्त्री. पेड़ का कटा या टूटा हुआ सूखा भाग, काठ; जैसे—लकड़ी की आलमारी, जलाने की लकड़ी।

लकीर स्त्री. रेखा, लाइन; उ.—यह लकीर सीधी नहीं टेढ़ी है।

लक्ष वि. एक लाख।

लक्षण पुं. 1. पहचान के चिह्न, संकेत, आसार; उ.—कँपकँपी आ कर बुख़ार होना मलेरिया का लक्षण है।

लक्ष्मी स्त्री. विष्णु की पत्नी, धन की देवी; उ.—दीवाली के दिन लक्ष्मी की पूजा की जाती है।

लक्ष्य पुं. 1. वह मंज़िल जहाँ पहुँचना हो, उद्देश्य; उ.—मेरा लक्ष्य डॉक्टर बनना है। 2. निशाना; उ.—अर्जुन का लक्ष्य अचूक था।

लखपती पुं. लाखों रुपयों की संपत्ति का मालिक, धनी।

लगन (I) स्त्री. लौ, धुन; उ.—उसे पढ़ने की बहुत लगन है। (II) (लग्न) पुं. विवाह का मुहूर्त्त; उ.—अगले महीने कोई लगन नहीं है।

लगना अ. क्रि. 1. जुड़ना, सटना; उ.—इंजन रेल से लग गया है। 2. जान पड़ना; उ.—'लगता है कि वह नहीं आएगा।' 3. महसूस होना; उ.—'मुझे जाड़ा लग रहा है।'

लगवाना स. क्रि. 1. लगाने का काम कराना; उ.—मैंने तस्वीर लगवा दी है। 2. नियुक्त करवाना; उ.—मैंने उसकी नौकरी लगवाई है।

लगभग अ. क़रीब-करीब़; उ.—वे कलकत्ते में लगभग चार महीने रहे।

लगातार अ. बिना रुके, निरंतर; उ.—चार दिनों से लगातार बारिश हो रही है।

लगान पुं. खेतों पर लगनेवाला कर; उ.—इस बार सूखा पड़ने के कारण लगान माफ़ कर दिया गया है।

लगाना स. क्रि. 1. जड़ना; जैसे—चौखटे में शीशा लगाना, लिफ़ाफ़े पर टिकट लगाना, आरोप लगाना। 2. सिलसिलेवार रखना; उ.—'किताबों को ठीक से लगा कर रख दो।'

लगाम स्त्री. 1. घोड़े के मुँह पर लगाने का ढाँचा जिसके दोनों ओर रस्सी या चमड़े का फ़ीता बँधा रहता है। (दे. चित्र)। 2. नियंत्रण, अंकुश; उ.—वह बड़ा मुँहफट है,

लगाम

उसकी ज़बान पर कोई लगाम नहीं है।

लगाव पुं. 1. संबंध, वास्ता, ताल्लुक़। 2. प्रेम, ममता; उ.—उसे अपनी बेटी से बड़ा लगाव है।

लघु वि. छोटा, थोड़ा; जैसे—लघु मात्रा, लघु उद्योग।

लघुशंका स्त्री. पेशाब।

लचक स्त्री. आसानी से झुक जाने का गुण; जैसे—कमर में लचक, डाली की लचक, स्वभाव में लचक।

लचकना अ. क्रि. किसी चीज़ का हलके से झुकना या मुड़ना।

लचकीला वि. आसानी से झुकने या मुड़नेवाला, लचकवाला; जैसे—लचकीला बेंत, लचकीला रबड़।

लच्छा पुं. 1. पतले-पतले धागों का गुच्छा; जैसे—ऊन का लच्छा, सूत का लच्छा। 2. लंबे पतले बारीक कटे हुए टुकड़े; जैसे—आलू के लच्छे।

लजाना अ. क्रि. शरमाना; उ.—नई दुल्हन लजा रही है।

लज्जा स्त्री. शरम, हया।

लज्जालु वि. जो ज़्यादा शरमाता हो, शरमीला।

लज्जित वि. शर्मिंदा; उ.—'मैं अपनी ग़लती पर लज्जित हूँ।'

लट स्त्री. बालों का गुच्छा, अलक; उ.—उसके माथे पर बालों की लटें झूल रही हैं।

लटकन स्त्री. लटकती हुई कोई वस्तु; जैसे—नथ में मोती की लटकन।

लटकना अ. क्रि. 1. नीचे की ओर झूलना, टँगना; जैसे—छत से झूले का लटकना, खूँटी पर कमीज़ लटकना। 2. किसी काम का अधूरा रहना; उ.—उसका मामला अदालत में दो साल से लटका हुआ है।

लटकाना स. क्रि. 1. किसी चीज़ के सहारे झुलाना; जैसे—चाबी का गुच्छा लटकाना, फूल की माला लटकाना। 2. इतंजार कराना, लटका कर रखना; उ.—'तुम तो समय पर आए नहीं और मैं तुम्हारे लिए लटका रहा।'

लट्टू पुं कील पर गोल घूमनेवाला लकड़ी का एक छोटा खिलौना।

लट्ठ पुं. मोटी लाठी; उ.—दरबान हाथ में लट्ठ लिए पहरा दे रहा है।

लट्ठा पुं. 1. लकड़ी का बड़ा और मोटा टुकड़ा। 2. एक प्रकार का मोटा कपड़ा।

लठैत पुं. लाठी चलाने में निपुण, लट्ठबाज़; उ.—ठाकुर के साथ हमेशा दस लठैत रहते हैं।

लड़कपन पुं. 1. बचपन; उ.—लड़कपन में वह बहुत शरारती था। 2. बचकानी हरकत; उ.—इस उम्र में भी लड़कपन करता हुआ वह बहुत ही फूहड़ लगता है।

लड़का पुं. 1. कम उम्रवाला पुरुष, बालक; उ.—इस कक्षा में पचास लड़के हैं। 2. बेटा, पुत्र; उ.—मेरे लड़के का नाम राम है।

लड़खड़ाना अ. क्रि. पैर सीधे न पड़ना, डगमगाना; उ.—राम नशे के कारण लड़खड़ा रहा है।

लड़ना अ. क्रि. झगड़ा करना।

लड़ाई स्त्री. 1. झगड़ा; उ.—माँ से चुग़ली

करने के कारण आज मेरी श्याम से लड़ाई हो गई। **2.** युद्ध; उ.—इराक़ और ईरान के बीच वर्षों तक लड़ाई चली।

लड़ाका वि. **1.** लड़नेवाला। **2.** जिसे झगड़ा करने की आदत हो।

लड़ाना स. क्रि. किसी की किसी से लड़ाई करवा देना; जैसे—दोस्तों को लड़ाना, भाइयों को आपस में लड़ाना।

लड़ी स्त्री. माला, लड़; जैसे—मोती की लड़ी, पटाख़ों की लड़ी।

लड्डू पुं. एक गोल मिठाई, मोदक; उ. —गणेश जी को लड्डूओं का भोग लगाया जाता है।

लता स्त्री. वह पौधा जिसे ऊपर उठने के लिए सहारे की जरूरत होती है, बेल; जैसे—अंगूर की लता।

लताड़ स्त्री. डाँट, फटकार; उ.—स्कूल का काम पूरा न करने पर उसे लताड़ पड़ी।

लताड़ना स. क्रि. ज़ोरों से डाँटना-फटकारना।

लतीफ़ा पुं. चुटकुला; उ.—गुल्लू के लतीफ़ा सुनाते ही सारे बच्चे हँसते-हँसते लोटपोट हो गए।

लथपथ वि. सना हुआ; जैसे—कीचड़ से लथपथ, खून से लथपथ, पसीने से लथपथ .

लदना अ. क्रि. **1.** सामान का रखा जाना, बोझ भरा जाना; उ.—लॉरी में सामान लद गया है। **2.** बीतना, समाप्त हो जाना; उ.—बाल-विवाह, सती प्रथा आदि कुरीतियों के दिन अब लद गए हैं।

लदवाना अ. क्रि. लादने का काम करवाना; उ.—'लॉरी पर सामान लदवा दो।'

लपकना अ. क्रि. फुरती से आगे बढ़ना; उ.—कटी पतंग को पकड़ने के लिए बच्चे तेज़ी से लपके।

लपट स्त्री. **1.** (आग की) लौ; उ.—आग की लपटों ने देखते-देखते बुढ़िया की झोंपड़ी को जला डाला। **2.** गंध लिए हुए हवा का झोंका; उ.—हवा में बेला के फूलों की लपट आ रही है।

लपसी स्त्री. आटे का पतला हलुआ।

लपेट स्त्री. **1.** किसी चीज़ पर किसी चीज़ का फेरा; जैसे—चकरी पर सूत की लपेट। **2.** चक्कर; जैसे—मुक़दमे की लपेट में आना, बीमारी की लपेट में आना।

लपेटना स. क्रि **1.** किसी चीज़ पर कुछ इस तरह घुमा कर चढ़ाना कि अंदर की चीज़ ढक जाए या उस पर दूसरी चीज़ आ जाए; जैसे—लटाई पर माँझा लपेटना, कपड़े में किताब लपेटना। **2.** घेर लेना; जैसे—बाँहों में लपेटना।

लप्पड़ पुं. थप्पड़, चाँटा, तमाचा।

लय स्त्री. धुन, ताल; उ.—इस गीत की लय मधुर है।

ललक स्त्री. ज़बरदस्त चाह, तीव्र लालसा; जैसे—बच्चे की खिलौने के लिए ललक।

ललकार स्त्री. लड़ने के लिए दी गई चुनौती।

ललकारना स. क्रि. किसी को लड़ने के लिए चुनौती देना।

ललचना अ. क्रि. लोभ या लालच से आतुर होना; उ.—रमा का मन मिठाई

खाने के लिए ललच रहा है।

ललचाना स. क्रि. लोभ देना, लुभाना; उ. —नंदू मिठाई दिखा कर लल्लू को ललचा रहा है।

लवण पुं. नमक।

लश्कर पुं. **1.** सेना, फ़ौज। **2.** बड़ा दल, कारवाँ; जैसे—बरातियों का लश्कर, तीर्थ-यात्रियों का लश्कर।

लस्सी स्त्री. दही का शरबत।

लहँगा पुं. कम घेरवाला घाघरा, पेटीकोट, साया।

लहर स्त्री. **1.** तरंग, मौज; जैसे—समुद्र की लहर (दे. चित्र)।

लहराना अ. क्रि. हवा के झोंके से हिलना-डुलना; उ.—मैदान में झंडा लहरा रहा है।

लहलहाना अ. क्रि. हरा-भरा होना; उ.—बारिश होने के बाद खेत लहलहाने लगे हैं।

लहसुन पुं. सफ़ेद छोटा और तेज़ गंधवाला एक कंद।

लहू पुं. दे. 'खून'।

लहू-लुहान वि. खून से लथपथ।

लाँघना स. क्रि. छलाँग लगा कर पार करना; उ.—हनुमान जी समुद्र लाँघ कर लंका पहुँच गए थे।

लांछन पुं. दोष, कलंक; जैसे—चोरी का लांछन, चरित्र पर लांछन।

लाइन स्त्री. **1.** पंक्ति, कतार; उ.—'सब लाइन में खड़े हो जाओ।' **2.** रेखा, लकीर; उ.—यह लाइन टेढ़ी है।

लाइब्रेरी स्त्री. पुस्तकालय।

लाइसेंस पुं. व्यापार धंधा आदि करने या किसी चीज़ को चलाने का अनुमति-पत्र; जैसे—दुकान का लाइसेंस, मोटर का लाइसेंस।

लॉकेट पुं. हार के बीच में लटकनेवाली बड़ी लटकन।

लाख (I) वि. एक लक्ष, सौ हज़ार। **(II)** स्त्री. लाह, चपड़ा; जैसे—लाख की चूड़ियाँ, लाख के खिलौने।

लागत स्त्री. किसी चीज़ को बनाने में लगनेवाला ख़र्च; उ.—इस मशीन की लागत पाँच हज़ार रुपए है।

लागू वि. जारी; जैसे—कर्फ़्यू लागू करना, नियम लागू करना।

लाचार वि. मजबूर, विवश।

लाचारी स्त्री. मजबूरी, विवशता।

लाज स्त्री. लज्जा, शर्म; उ.—'चोरी पकड़े जाने पर भी तुम्हें लाज नहीं आती।'

लाट (I) स्त्री. मीनार; जैसे—अशोक की लाट, क़ुतुब की लाट। **(II)** पुं. चीज़ों का समूह जो एक साथ बेचा या नीलाम किया जाए; उ.—मैंने सौ किताबों का लाट ख़रीदा है।

लॉटरी स्त्री. भाग्य से मिल जानेवाला पैसा या सामान।

लाठी स्त्री. लंबा डंडा; उ.—भीड़ को तितर-बितर करने के लिए पुलिस ने लाठी चलाई।

लाड़ पुं. प्यार, दुलार; उ.—माँ के अत्यधिक लाड़ ने बच्चे को बिगाड़ दिया है।

लाड़ला वि. प्यारा, दुलारा; जैसे—लाड़ला बेटा।

लात स्त्री. **1.** पाँव, टाँग। **2.** पाँव से किया जानेवाला आघात।

लादना स. क्रि. **1.** ऊपर बोझ रखना;

उ.—'ट्रक पर सामान लाद दो।' **2.** ज़बरदस्ती भार डालना, जबरदस्ती काम थोपना; उ.—'पूरी क्लास से **चंदा उगाहने** का काम मुझ पर क्यों **ला॰ रहे हो** ?'

लॉन पुं. कटी-छँटी घासवाला समतल छोटा मैदान।

लाना स. क्रि. ले आना; जैसे—बाज़ार से सामान लाना।

लापता वि. जिसका कोई पता न चले, ग़ायब; उ.—कल्लू का बेटा कल से लापता है।

लापरवाह वि. ध्यान से काम न करनेवाला; उ.—'तुम इतने लापरवाह हो कि हर बार यही भूल करते हो।'

लाभ पुं. दे. 'फ़ायदा'।

लाभकारी वि. जिससे लाभ हो, फ़ायदेमंद, लाभदायक।

लाभदायक वि. दे. 'लाभकारी'।

लायक़ वि. योग्य, क़ाबिल; उ.— नटखट महेश बड़ा हो कर बहुत लायक़ निकला।

लार स्त्री. मुँह से तार की तरह निकलनेवाला थूक; उ.—'रूमाल से बच्चे की लार पोंछ दो।'

लॉरी

लॉरी स्त्री. माल ढोनेवाली बड़ी मोटर गाड़ी; उ. —लॉरी में सामान लद कर दिल्ली जा रहा है (दे. चित्र)।

लाल (I) वि. सुर्ख; जैसे—लाल झंडा, लाल साड़ी। **(II)** पुं. एक तरह का क़ीमती पत्थर, माणिक।

लालच पुं. लोभ; उ.—'लालच बुरी बला है।'

लालची वि. लालच करनेवाला।

लालटेन स्त्री. मिट्टी के तेल से जलनेवाली एक चिमनीदार बत्ती; उ. —हरि लालटेन की रोशनी में पढ़ रहा है (दे. चित्र)।

लालटेन

लालसा स्त्री. तीव्र इच्छा; जैसे—धन की लालसा।

लालिमा स्त्री. लाली, ललाई; जैसे—आकाश की लालिमा, चेहरे की लालिमा।

लाली स्त्री. दे. 'लालिमा'।

लावा पुं. **1.** खील, भूजा। **2.** ज्वालामुखी के फटने पर निकलनेवाला द्रव।

लावारिस वि. **1.** (आदमी) जिसका कोई उत्तराधिकारी न हो। **2.** (वस्तु) जिसका कोई मालिक न हो।

लाश स्त्री. मुर्दा, शव।

लिए अ. वास्ते; उ.—'मैं आपके लिए फल लाया हूँ।'

लिखना स. क्रि. कागज़ पर किसी बात को उतारना, लिपिबद्ध करना।

लिखवाना (लिखाना) स. क्रि. लिखने का काम कराना; उ.—मास्टर जी श्रुतिलेख लिखवा रहे हैं।

लिखाई स्त्री. लिखावट; उ.—उसकी लिखाई बड़ी घिचपिच है।

लिखित वि. लिखा हुआ; उ.—राम ने लिखित माफ़ी माँगी है।

लिटाना स. क्रि. लेटा देना; उ.— 'सीता को बुख़ार है, उसे लिटा दो।'

लिपटाना अ. क्रि. सटकर घेर लेना, आलिंगन करना; जैसे—लता का पेड़ से लिपटना, पुत्र का पिता से लिपटना।

लिपटना स. क्रि. सटाना, आलिंगन करना; उ.—माँ बेटी को छाती से लिपटा कर रो पड़ी।

लिपाई स्त्री. किसी घोल से लेपना।

लिपा-पुता वि. अच्छी तरह लीपा हुआ; जैसे—लिपा-पुता आँगन, लिपा-पुता चेहरा।

लिपि स्त्री. लिखने की पद्धति; जैसे—देवनागरी लिपि, बंगला लिपि, रोमन लिपि।

लिफ़ाफ़ा पुं. कागज़ का खोल; उ.—'यह

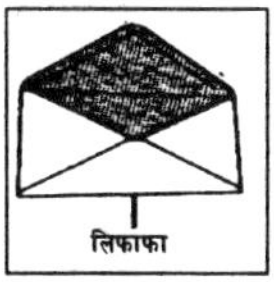

चिट्ठी टिकटवाले लिफ़ाफे में डाल कर डाक के बंबे में डाल आओ' (दे. चित्र)।

लिबास पुं. दे. 'पोशाक'।

लिहाज़ पुं. **1.** विचार, ख़याल; उ.—आबादी के लिहाज़ से कलकत्ता देश का सबसे बड़ा शहर है। **2.** आदर, अदब; उ.—बड़ों का लिहाज़ करना चाहिए।

लिहाफ़ पुं. **1.** रज़ाई **2.** खोल।

लीक स्त्री. **1.** रेखा, लाइन; जैसे—लीक खींचना। **2.** आने-जाने से बने चिह्न; जैसे—पहिए की लीक, पगडंडी की लीक। **3.** परंपरा; उ.—पुरानी लीक पर चलनेवाले पर्दाप्रथा, बालविवाह आदि कुरीतियों को सही मानते हैं।

लीची स्त्री. दानेदार छिलकेवाला एक छोटा फल; उ.—मुज़फ्फ़रपुर की लीचियाँ मशहूर हैं।

लीडर पुं. नेता।

लीद स्त्री. गधे, घोड़े, हाथी आदि पशुओं का मल।

लीन वि. मगन, तल्लीन; उ.—वह गाना सुनने में लीन है।

लीपना स. क्रि. लेप करना, पोतना; उ.—सुभद्रा गोबर से आँगन लीप रही है।

लीला स्त्री. **1.** अद्‌भुत और रहस्यपूर्ण काम; उ.—भगवान की लीला को कोई समझ नहीं सकता। **2.** खेल; जैसे—कृष्ण की बाल-लीला।

लुंगी स्त्री. सिली हुई छोटी धोती, तहमद; उ.—मदारी ने लुंगी पहन रखी है।

लुकना अ. क्रि. आड़ में होना, छिपना।

लुकाछिपी स्त्री. बच्चों का एक खेल जिसमें सारे बच्चे छिप जाते हैं और एक बच्चा उन्हें ढूँढ़ता है।

लुगदी स्त्री. किसी चीज़ को गला कर और कूट कर बनाया हुआ पिंड या लोंदा; उ.—बाँस की लुगदी से कागज़ बनता है।

लुगाई स्त्री. स्त्री, औरत।

लुच्चा वि. लफ़ंगा, बदमाश।

लुटना अ. क्रि. लूट लिया जाना, बरबाद होना; उ.—दंगे में हज़ारों लोग लुट गए।

लुटाना स. क्रि. बरबाद करना, नष्ट करना; उ.—उसने अपनी सारी संपत्ति जुए में लुटा दी।

लुटेरा पुं. लूटनेवाला, डाकू; उ.—महमूद गज़नवी 'लुटेरा बादशाह' के नाम से प्रसिद्ध हुआ।

लुढ़कना अ. क्रि. ढुलकना; उ.—एक बड़ा पत्थर पहाड़ से लुढ़क कर रास्ते पर आ गिरा।

लुढ़काना स. क्रि. ढुलकाना।

लुप्त वि. गायब; उ.—सूर्य के लुप्त होते ही अँधेरा छाने लगा।

लुभाना स. क्रि. **1.** लालच देना, ललचाना, बहकाना; उ.—कई लोग बच्चों को पैसा, मिठाई, आदि से लुभा कर उठा ले जाते हैं। **2.** मोहित करना; उ.—मुझे बर्फ़ के पहाड़ बहुत लुभाते हैं।

लुहार (लोहार) पुं. लोहे का काम करनेवाला; उ.—लुहार कड़ाही बना रहा है।

लू स्त्री. तेज़ गरम हवा; उ.—राम लू लगने से बेहोश हो गया।

लूट स्त्री. ज़बरदस्ती छीनी हुई चीज़ उ.—डाकुओं ने यात्रियों का सारा माल लूट लिया।

लूट-खसोट स्त्री. छीना-झपटी, नोचना-खसोटना; उ.—इस सुनसान रास्ते पर अक्सर लूट-खसोट होती रहती है।

लूट-पाट स्त्री. बड़े पैमाने पर की गई लूट-खसोट; जैसे—दंगों में लूट-पाट।

लूटमार स्त्री. लूट-खसोट।

लूटना स. क्रि. ज़बरदस्ती छीनना; उ.—डाकुओं ने यात्रियों को लूट लिया।

लूला वि. बिना हाथ का, लुंज।

लेई स्त्री. मैदा या आटे को घोल कर पकाई हुई चिपचिपी चीज़; उ.—'फटी पतंग को लेइ लगाकर चिपका लो।'

लेकिन अ. मगर, परंतु; उ.—मैंने उसे बहुत समझाया, लेकिन वह नहीं माना।

लेख पुं. **1.** लिखी हुई बात, निबंध; उ.—हमारी पुस्तक में गाय पर एक लेख है। **2.** लिखावट; जैसे—सुलेख।

लेखक पुं. कहानी, उपन्यास, निबंध आदि लिखनेवाला (स्त्री. :.लेखिका)

लेखन पुं. लिखने की कला, लिखने का काम।

लेखनी स्त्री. क़लम।

लेखपाल पुं. गाँव के खेतों का हिसाब-किताब रखनेवाला, पटवारी।

लेटना अ. क्रि. बिस्तर या किसी सतह पर लंबी मुद्रा में आराम करना; उ.—राम सोया हुआ नहीं है, यों ही आँख मूँद-कर लेटा हुआ है।

लेन-देन पुं. लेना-देना, आदान-प्रदान, हिसाब-किताब; उ.—व्यापार में सोहन के साथ हमारा लेन-देन चलता रहता है।

लेना स. क्रि. प्राप्त करना, ग्रहण करना; जैसे—दान लेना, किताब लेना।

लेप पुं. लीपने-पोतने के लिए तैयार किया गया गीला घोल।

लेपना स. क्रि. दे. 'लीपना'।

लेमन-चूस पुं. चूसने की खट्टी-मीठी गोली।

लैंप पुं. **1.** एक बत्ती जिस पर एक टोपीनुमा ढक्कन होता है (दे. चित्र)। **2.** बल्ब।

लैस वि. सज्जित; उ.—सैनिक हथियारों से लैस खड़े हैं।

लोक पुं. **1.** ज़न, समाज; जैसे— लोकगीत, लोक-चर्चा, लोक-भाषा। **2.** दुनिया; जैसे—पृथ्वी लोक, स्वर्गलोक।

लोक-कल्याण पुं. जनता की भलाई।

लोकतंत्र पुं. जनता द्वारा चुने गए प्रतिनिधियों का शासन, जनता का राज; उ.—भारत में लोकतंत्र है।

लोकप्रिय वि. जो बहुत सारे लोगों को प्रिय हो; उ.—सुभाष चंद्र बोस एक लोकप्रिय नेता थे।

लोकसभा स्त्री. संसद का निचला सदन; उ.—लोकसभा में बहुमत प्राप्त दल का नेता प्रधानमंत्री बनता है।

लोग पुं. जन, आदमी; उ.—सभा में बहुत सारे लोग उपस्थित थे।

लोग-बाग पुं. आम लोग, जनता; उ.—शहर में लोग-बाग कल के अग्निकांड की चर्चा कर रहे हैं।

लोच स्त्री. दे. 'लचक'।

लोटना अ. क्रि. लेट कर एक ओर से दूसरी ओर लुढ़कना, लेट कर करवटें बदलना; उ.—गधा धूल में लोट रहा है।

लोटपोट वि. लुढ़क-पुढ़क, उलटा-पुलटा; जैसे—हँसते-हँसते लोटपोट, धूल में लोटपोट।

लोटा पुं. पानी रखने का धातु का छोटा गोल बरतन (लघु : लुटिया)।

लोप पुं. ग़ायब, ओझल।

लोभ पुं. दे. 'लालच'।

लोभी वि. लालची।

लोमड़ी स्त्री. गीदड़ की जाति का एक चतुर जानवर; उ.— लोमड़ी ने कौए को फुसला कर उसकी रोटी हड़प ली (दे. चित्र)।

लोरी स्त्री. बच्चे को सुलाने के लिए गाया जानेवाला गीत; उ.—माँ लोरी गा रही है।

लोहा पुं. काले रंग की एक धातु जिससे अस्त्र, औज़ार, मशीन आदि अनेक चीज़ें बनती हैं।

लौंग पुं. दवा और मसाले के काम आनेवाली एक तीखी कली (दे. चित्र)।

लौ स्त्री. 1. शिखा; जैसे—दीपक की लौ। 2. धुन, लगन; जैसे—देशप्रेम की लौ, भक्ति की लौ।

लौकी पुं. कद्दू, घिया; उ.—लौकी की बेल छप्पर पर छाई हुई है।

लौटना अ. क्रि. वापस आना; उ.— सुलेमान कल तक लौट आएगा।

लौटाना स. क्रि. वापस करना; उ.— विमल ने मेरी किताबें लौटा दी हैं।

व

वंदना स्त्री. स्तुति।

वंश पुं. कुल, परिवार, खानदान; जैसे—मौर्यवंश, ख़िलज़ी वंश।

वंशी स्त्री. दे. 'बंसी'।

व अ. और, तथा; जैसे—राम व श्याम, अमीर व ग़रीब।

वकालत स्त्री. 1. क़ानून की पढ़ाई; उ.—राम ने वकालत पास कर ली है।

2. वकील का पेशा; उ.—अशोक की वकालत अच्छी चल निकली है। 3. पक्ष लेना; उ.—आप ग़लत आदमी की वकालत मत कीजिए।

वकील पुं. क़ानून की पढ़ाई पास किया हुआ वह व्यक्ति जो अदालत में दूसरों का मुक़दमा लड़ता है।

वक़्त पुं. समय।

वक्ता पुं. बोलनेवाला, भाषण देनेवाला; उ.—आज की सभा के मुख्य वक्ता चतुर्वेदी जी हैं।

वग़ैरह अ. आदि, इत्यादि; उ.—रोज़ शाम को राम, शिव, श्याम वग़ैरह आते थे।

वचन पुं. 1. कथन, बात, वाणी; जैसे—संतों के वचन। 2. प्रण, वादा; उ.—'रघुकुल रीति सदा चलि आई, प्रान जाईं बरु वचनु न जाई।'

वचनबद्ध वि. जो अपने वादे से बँधा हो; उ.—राजा दशरथ कैकेयी की बात मानने को वचनबद्ध थे।

वज़न पुं. बोझ, भार; उ.—गेहूँ के इस बोरे का वज़न तीस किलो है।

वज़नदार वि. 1. भारी; जैसे—वज़नदार बक्सा। 2. महत्त्वपूर्ण; जैसे— वज़नदार बात।

वजह स्त्री. कारण; उ.—'कल अपने स्कूल न आने की वजह बताओ ?'

वज़ीफा पुं. पढ़ने के लिए छात्रों को हर महीने दिया जानेवाला रुपया, छात्रवृत्ति।

वज़ीर पुं. 1. मंत्री। 2. शतरंज का एक मुख्य मोहरा।

वज्रपात पुं. 1. बिजली गिरना। 2. भारी मुसीबत आ पड़ना; उ.— पिता की मृत्यु से उस पर वज्रपात हो गया।

वतन पुं. स्वदेश।

वध पुं. हत्या।

वधिक (बधिक) पुं. 1. हत्यारा। 2. कसाई। 3. जल्लाद।

वधु स्त्री. दुल्हन, बहू।

वन पुं. जंगल।

वनमानुष पुं. आदमी से मिलता जुलता एक बड़ा बंदर, चिपांजी (दे. चित्र)।

वनवास पुं. जंगल में रहना; उ.—राम को चौदह वर्ष का वनवास मिला।

वनवासी पुं. जंगल में रहनेवाला।

वनस्पति पुं. पेड़-पौधे, घास आदि।

वन्य वि. वन का, जंगली; जैसे—वन्य पशु।

वयस्क पुं. जिसकी उम्र 18 वर्ष हो गई हो, सयाना, बालिग; उ.—यह फ़िल्म वयस्कों के लिए है।

वर पुं. दूल्हा।

वर पुं. किसी देवता से माँग कर लिया हुआ फल।

वरदान पुं. 1. किसी देवता या महापुरुष का प्रसन्न हो कर मनचाही चीज़ देना; उ.—ध्रुव की तपस्या से प्रसन्न हो कर भगवान ने उसे वरदान दिया कि तारे के रूप में उसका नाम अमर रहेगा।

वरदी स्त्री. काम करने के दौरान कर्मचारियों के पहनने की ख़ास पोशाक।

वरिष्ठ वि. उच्च, बड़ा, सीनियर; जैसे—वरिष्ठ अधिकारी।

वर्ग पुं. 1. कक्षा; जैसे—छठे वर्ग के छात्र। 2. एक जैसे लोगों का समूह;

जैसे—उच्चवर्ग, निम्नवर्ग, दलित-वर्ग **3.** वह चतुर्भुज जिसकी चारों भुजाएँ बराबर हों और चारों कोण समकोण हों।

वर्ण पुं. **1.** अक्षर; उ.—हिंदी की वर्णमाला 'अ' वर्ण से शुरू हो कर 'ह' पर ख़त्म होती है। **2.** रंग; उ.—कृष्ण श्याम वर्ण के थे। **3.** हिंदू समाज के चार विभाग; ब्राह्मण, क्षत्रिय, वैश्य और शूद्र।

वर्णमाला स्त्री. स्वर-व्यंजन सहित 'अ' से 'ह' तक के सभी अक्षर।

वर्णन पुं. किसी चीज़ के बारे में बताई गई पूरी बात, वृत्तांत, बयान; उ.—'तीस पंक्तियों में अपनी यात्रा का वर्णन लिखो।'

वर्तमान वि. अभी का, मौजूदा; जैसे—वर्तमान काल, वर्तमान दशा।

वर्ष पुं. साल।

वर्षगाँठ स्त्री. जन्मदिन, सालगिरह; उ.—आज मेरी दसवीं वर्षगाँठ है।

वर्षा स्त्री. बरसात, बारिश।

वसंत पुं. फाल्गुन के बाद चैत्र में आनेवाली ऋतु, बहार; उ.—वसंत ऋतु में चारों ओर रंग-बिरंगे फूल दिखाई देते हैं।

वस्तु स्त्री. चीज़, पदार्थ।

वस्तुतः अ. दरअसल, असल में; उ.—'वस्तुतः उसके न आने का कारण कुछ और ही है, ये सब तो बहाने हैं।'

वस्त्र पुं. कपड़ा।

वह सर्व., वि. अन्य पुरुष या वस्तु के लिए इस्तेमाल किया जानेवाला शब्द; जैसे—'मैं राम के घर गया था पर वह नहीं मिला'; वह किताब, वह आदमी।

वहाँ अः उसी जगह; उ.—'तुम वहाँ अकेले ही चले जाना।'

वहीं सर्व. वहाँ ही, उसी जगह।

वही सर्व. वह चीज़ जिसके बारे में पहले कहा जा चुका हो; जैसे—वही आदमी, वही क़लम।

वांछित वि. चाहा हुआ, इच्छित; जैसे—वांछित वस्तु, वांछित फल।

वाक्य पुं. वह शब्द-समूह जिससे कोई पूरी बात प्रकट हो; जैसे—'वह दिल्ली चला गया' एक वाक्य है।

वाचनालय पुं. पत्र-पत्रिकाएँ और पुस्तकें पढ़ने का स्थान।

वाणी स्त्री. **1.** बोली, कथन; उ.—उसकी वाणी मधुर है। **2.** देवी सरस्वती।

वातावरण पुं. **1.** आसपास की स्थिति, माहौल; उ.—कलह के कारण उसके घर का वातावरण बहुत ख़राब है। **2.** वायुमंडल; उ.—कारख़ानों के धुएँ से वातावरण दूषित हो रहा है।

वाद-विवाद पुं. दे. 'बहस'।

वादा पुं. वचन, प्रतिज्ञा; उ.—उसने परसों किताब लौटाने का वादा किया है।

वानर पुं. बंदर; उ.—श्रीराम ने वानरों की सहायता से लंका जीती थी।

वापस वि. लौटा हुआ, फेरा हुआ उ.—उनकी किताबें वापस भेज दो।

वापसी **(I)** वि. वापस आनेवाली, जवाबी; जैसे—वापसी डाक, वापसी तार। **(II)** स्त्री. लौटने की क्रिया; उ.—पिता जी की दिल्ली से वापसी पर ही कुछ बात पक्की होगी।

वायु स्त्री. हवा।

वायुयान पुं. हवाई-जहाज़।

वारंट पुं. गिरफ़्तारी का आज्ञा-पत्र।

वार पुं. दिनों के नाम के अंत में लगनेवाला शब्द; जैसे–रविवार, सोमवार।

वार पुं. आघात, प्रहार, हमला; उ.–विनोद ने श्याम पर लाठी से वार किया।

वारनिश (वार्निश) स्त्री. चमक लानेवाला एक रोग़न; उ.–'इस काठ के फ्रेम पर वारनिश करवा लाओ।'

वारिस पुं. उत्तराधिकारी; उ.–इस सारी संपत्ति की वारिस मेरी बेटी मीरा है।

वार्ड पुं. **1.** अलग कमरा या विभाग; जैसे–अस्पताल में प्राइवेट वार्ड, जेल में राजनीतिक क़ैदियों का वार्ड। **2.** नगर में कई मुहल्लों का समूह; उ.–हमारे वार्ड में एक सरकारी दवाख़ाना है।

वार्ता स्त्री. **1.** बातचीत; जैसे–दो देशों के प्रतिनिधियों में वार्ता, शांति-वार्ता। **2.** किसी विषय का ज्ञान कराने के लिए दिया गया भाषण; जैसे–रेडियो में बाल-साहित्य पर वार्ता।

वार्षिक वि. साल भर का, सालाना; जैसे–वार्षिक रिपोर्ट, वार्षिक परीक्षा।

वास पुं. **1.** घर, निवास; जैसे–वास-स्थान। **2.** रहना; उ.–वे पटना में वास करते हैं।

वास्तविकता वि. सच्चाई, असलियत; उ.–इस घटना की वास्तविकता का पता मुझे पिता जी से चला।

वास्ते अ. लिए; उ.–यह किताब मैं तुम्हारे वास्ते लाया हूँ।

वाह अ. ख़ुशी और आश्चर्य प्रकट करनेवाला शब्द; उ.–'वाह, तुमने तो कमाल ही कर दिया !'

वाह-वाह अ. प्रशंसा प्रकट करनेवाला शब्द, शाबाश; उ.–उसके मधुर गीतों को सुन कर लोग वाह-वाह कर उठे।

वाह-वाही स्त्री. प्रशंसा, तारीफ़ भरी धूम; उ.–क्रिकेट में विश्व कप जीतने पर भारतीय टीम की ख़ूब वाहवाही हुई थी।

वाहन पुं. यात्री, माल आदि को ढोनेवाली चीज़, सवारी; उ.–पहले के लोगों के वाहन घोड़े, रथ आदि थे, आजकल गाड़ी, लॉरी, बस आदि हैं।

विकसित वि. जिसका विकास हुआ हो, खिला हुआ; जैसे–विकसित फूल, विकसित देश।

विकार पुं. **1.** बदलना, परिवर्तन; उ.–शब्दों में विकार आने से उनका रूप बदल जाता है; जैसे–'मैं' से मुझे, मेरा; 'तुम' से तुम्हारा, तुम्हें आदि। **2.** ख़राबी, बिगाड़; जैसे– शरीर में विकार, मन का विकार।

विकास पुं. बढ़ना, खिलना, उन्नति करना; जैसे–बच्चे का विकास, देश का विकास।

विक्रेता पुं. बेचनेवाला; जैसे–पुस्तक-विक्रेता, फल-विक्रेता।

विख्यात वि. प्रसिद्ध, मशहूर।

विचार पुं. सोच, खयाल; उ.–मेरे विचार से तुम्हें परीक्षा अवश्य देनी चाहिए।

विचारवान वि. सोच-विचार करनेवाला, समझदार।

विचित्र वि. असाधारण, अद्भुत, अजीब;

जैसे—विचित्र दृश्य, विचित्र लोग, विचित्र घटना।

विजय स्त्री. जीत, जय; उ.—महाभारत के युद्ध में पांडवों की विजय हुई।

विजयादशमी स्त्री. दशहरा।

विज्ञान पुं. देख कर और प्रयोग करके प्राप्त किया जानेवाला ज्ञान।

विज्ञापन पुं. किसी चीज़ की सूचना देने और बिक्री बढ़ाने के लिए किया जानेवाला प्रचार; जैसे—सभा का विज्ञापन, साबुन का विज्ञापन (दे. चित्र)।

वितरण पुं. बाँटना; जैसे—पुरस्कार वितरण करना।

विदित वि. ज्ञात, जाना हुआ, मालूम; उ.—मुझे राम से श्याम का सारा हाल विदित हुआ।

विदुषी स्त्री. विद्वान स्त्री. उ.—मैत्रेयी वैदिक युग की एक प्रसिद्ध विदुषी थी।

विदूषक पुं. मसख़रा, मज़ाक करनेवाला, जोकर; जैसे—नाटक का विदूषक, सरकस में विदूषक।

विदेश पुं. दूसरा देश, परदेश, पराया देश।

विद्यमान वि. उपस्थित, मौजूद; उ.—आज सभा में शास्त्री जी विद्यमान थे।

विद्या स्त्री. शिक्षा, ज्ञान; जैसे—शस्त्र-विद्या, नृत्य-विद्या।

विद्यार्थी (विद्या+अर्थी) पुं. पढ़नेवाला, शिक्षार्थी, छात्र।

विद्यालय (विद्या+आलय) पुं. वह स्थान जहां पढ़ाया जाता है, स्कूल, पाठशाला।

विद्युत स्त्री. दे. 'बिजली'।

विद्रोह पुं. किसी के विरोध में की जानेवाली ज़ोरदार कार्रवाई, बग़ावत, बलवा; उ.—सेना में विद्रोह होने पर सरकार अक्सर उलट जाती है।

विद्वान (I) वि. बहुत पढ़ा-लिखा, ज्ञानी; उ.—विद्वान व्यक्ति का हर जगह सम्मान होता है। **(II)** पुं. बहुत पढ़ा-लिखा व्यक्ति; जैसे— विद्वानों की सभा।

विधवा स्त्री. वह स्त्री जिसका पति मर गया हो।

विधाता पुं. दुनिया को बनानेवाला, सृष्टिकर्ता, ब्रह्मा।

विधान पुं. **1.** नियम, तरीका, विधि। **2.** कानून।

विधान सभा स्त्री. राज्य के जन-प्रतिनिधियों की वह सभा जो क़ानून बनाती है।

विधि स्त्री. **1.** रीति, तरीका; जैसे—दवा बनाने की विधि। **2.** कानून; उ.—यह विधि-मंत्रालय का मामला है। **3.** विधाता, ब्रह्मा।

विध्वंस पुं. पूरा नाश, विनाश; उ.—एटम बम से नागासाकी और हीरोशिमा का विध्वंस हो गया था।

विनम्र वि. जिसमें घमंड न हो, विनयशील, विनयी।

विनय स्त्री. **1.** नम्रता। **2.** प्रार्थना; उ.—'मैं आपसे विनय करता हूँ कि मुझे यह नौकरी दे दें।'

विनाश पुं. दे. 'विध्वंस'।

विनीत वि. **1.** विनम्र, शिष्ट। **2.** आवेदन या चिट्ठि के अंत में

दस्तख़त करने के पहले लिखा जानेवाला शब्द।

विनोद पुं. हँसी-मज़ाक, मनोरंजन।

विनोदी वि. हँसी-मज़ाक करनेवाला, हँसोड़।

विपक्ष पुं. **1.** विरोधी पक्ष; उ.—श्याम हमारे विपक्ष का आदमी है। **2.** विरोध में; उ.—वह हमेशा मेरे विपक्ष में बोलता है।

विपत्ति स्त्री. संकट, आफ़त, मुसीबत; उ.—पिता की मृत्यु से उस पर भारी विपत्ति आ पड़ी है।

विपरीत वि. **1.** उलटा; उ.—दुख-सुख एक-दूसरे के विपरीत हैं। **2.** विरुद्ध; उ.—मेरी इच्छा के विपरीत वह कलकत्ता चला गया।

विभाग पुं. किसी बड़ी चीज़ का अलग किया हुआ भाग; जैसे— विश्वविद्यालय का हिन्दी विभाग।

विभाजन पुं. हिस्से करना, बँटवारा; उ.—सन् 1947 में भारत का विभाजन हुआ।

विभिन्न वि. अलग-अलग, भिन्न-भिन्न, तरह-तरह के; जैसे—विभिन्न दिशाएँ, विभिन्न लोग।

विमल वि. साफ, शुद्ध।

विमान पुं. हवाई-जहाज।

विमुख वि. जिसने किसी ओर से मुँह फेर लिया हो, उदासीन; उ.—'छाँड़ि मन हरि विमुखन को संग।'

वियोग पुं. विरह, बिछोह; उ.—बेटे के वियोग में दशरथ ने प्राण त्याग दिए।

विरल वि. कम मिलनेवाला।

विरला वि. कोई एकाध, दुर्लभ; उ.—कर्ण-सा दानी कोई विरला ही होता है।

विराजमान वि. विद्यमान, मौजूद; उ.—सभा में बड़े-बड़े विद्वान विराजमान थे।

विराम पुं. ठहराव, रोक; जैसे—युद्ध-विराम।

विराम-चिह्न पुं. वाक्य में लगाए जानेवाले चिह्न; जैसे—पूर्णविराम (।) अर्धविराम (,) प्रश्नचिह्न (?)।

विरासत स्त्री. **1.** उत्तराधिकार; उ.—यह घर मुझे विरासत में मिला है। **2.** परंपरा।

विरुद्ध वि. खिलाफ़, प्रतिकूल; उ.—उसने सबको मेरे विरुद्ध भड़का दिया।

विरोध पुं. **1.** सहमत न होना, विपक्ष में होना; उ.—मैंने उसकी गलत बात का विरोध किया। **2.** मेल न होना, अंतर; उ.—'तुम्हारी कथनी और करनी में बहुत विरोध है।'

विलंब पुं. देर; उ.—'मुझे आने में विलंब हो गया, क्षमा करें।'

विलाप पुं. रोना-धोना; उ.—क्रौंच पक्षी का विलाप सुन कर वाल्मीकि ऋषि के मुँह से रामायण का पहला छंद फूट पड़ा।

विलायत पुं. **1.** विदेश। **2.** इंग्लैंड।

विलीन वि. जो किसी दूसरे पदार्थ में गल या घुल गया हो और जिसका अलग से पता न चले; जैसे—नदी का समुद्र में विलीन होना।

विलोम पुं. उलटा, विपरीत; उ.—सुख का विलोम दुख है।

विवश वि. मजबूर, लाचार; उ.—गरीबी के कारण विवश हो कर उसे भीख

माँगनी पड़ी।

विवाह पुं. ब्याह, शादी।

विवाहित वि. जिसका विवाह हो गया हो, शादीशुदा।

विविध वि. नाना प्रकार का, कई तरह का; जैसे–विविध व्यंजन, विविध कार्यक्रम।

विवेक पुं. अच्छाई बुराई का फ़र्क समझने की बुद्धि; उ.–पैसे चुराने पर जब उसके विवेक ने उसे धिक्कारा, तो उसने माँ को सच्चाई बता दी।

विशाल वि. बहुत बड़ा; जैसे–विशाल भवन, विशाल मैदान।

विशेष वि. ख़ास, असाधारण।

विशेषतः क्रि. वि. ख़ास तौर से, विशेषतया, विशेषकर; उ.–'ये आम मैंने विशेषतः आपके लिए ही मँगवाए हैं।'

विशेषण पुं. जो शब्द संज्ञा की विशेषता बताए; जैसे–अच्छा आदमी में 'अच्छा' विशेषण है।

विश्राम पुं. आराम; उ.–'अब आप विश्राम कीजिए।'

विश्व पुं. ब्रह्मांड, संसार।

विश्वकोश पुं. एक ग्रंथ जिसमें सारे विषयों की जानकारी दी जाती है, एनसाइक्लोपीडिया।

विश्वनाथ पुं. शिव; उ.–काशी में विश्वनाथ का प्रसिद्ध मंदिर है।

विश्वविद्यालय पुं. उच्चतम शिक्षा की संस्था, यूनिवर्सिटी।

विश्वस्त वि. विश्वास करने योग्य, भरोसा करने लायक; जैसे–विश्वस्त समाचार।

विश्वास पुं भरोसा, यकीन।

विश्वासघात पुं. गद्दारी करना, धोखा देना; उ.–मीरज़ाफ़र ने सिराजुद्दौला से विश्वासघात किया।

विष पुं. दे 'ज़हर'।

विषम वि. **1.** असमान; जैसे–विषम कोण। **2.** वह संख्या जिसे दो से भाग न दिया जा सके (गणित); जैसे–तीन, पाँच, सात। **3.** कठिन; जैसे–विषम परिस्थिति।

विस्तार पुं. फैलाव; उ.–सम्राट अशोक ने अपने राज्य का विस्तार करने के लिए कलिंग पर चढ़ाई की थी।

विस्तीर्ण वि. फैला हुआ, विस्तृत; जैसे–विस्तीर्ण मैदान।

विस्फोट पुं. भारी आवाज के साथ फटना; जैसे–ज्वालामुखी का विस्फोट, बम का विस्फोट।

विस्मय पुं. आश्चर्य, अचरज।

विहार पुं. **1.** मौज में घूमना; जैसे–नौका-विहार, वन-विहार। **2.** साधुओं का मठ; जैसे–बौद्ध-विहार।

वीणा स्त्री. तारोंवाला एक वाद्य यंत्र उ.–सरस्वती के हाथ में वीणा रहती है (दे. चित्र)।

वीर (I) वि. शूर, बहादुर। **(II)** पुं. भाई।

वीरगति स्त्री. लड़ते-लड़ते मर जाना, युद्ध में मृत्यु होना; उ.–भारत चीन युद्ध में हज़ारों जवानों ने वीरगति पाई।

वीरांगना स्त्री. वीर स्त्री; उ.–झाँसी की रानी एक वीरांगना थी।

वृक्ष पुं. दे. 'पेड़'।

वृत्त पुं. गोल घेरा।

वृत्तांत पुं. वर्णन, हाल; जैसे–किसी यात्रा का वृत्तांत, युद्ध का वृत्तांत।

वेणी स्त्री. स्त्रियों के बालों की चोटी।

वेतन पुं. तनख्वाह, पगार, तलब।

वेताल पुं. भूत, प्रेत।

वेद पुं. भारत के चार आदि ग्रंथ—ऋग्वेद, यजुर्वेद, सामवेद और अथर्ववेद।

वेदना स्त्री. कष्ट, पीड़ा, दुःख।

वेश पुं. **1.** पहनावा, पोशाक; जैसे—कोट, पैंट। **2.** भेस, रूप; उ.—आज के नाटक में रमा ने लड़के का वेश बना रखा है।

वैकुंठ पुं. स्वर्ग।

वैज्ञानिक (I) विज्ञान का पंडित; उ.—जगदीश चंद्र बसु हमारे देश के प्रसिद्ध वैज्ञानिक थे। **(II)** वि. विज्ञान संबंधी, जैसे—वैज्ञानिक खोज।

वैदिक वि. वेद संबंधी; जैसे—वैदिक साहित्य।

वैद्य पुं. आयुर्वेद के अनुसार चिकित्सा करनेवाला।

वैर पुं. दुश्मनी, शत्रुता।

वैरागी वि. संसार के सुख-दुख से विरक्त, वीतराग।

वैशाख पुं. चैत्र के बाद और ज्येष्ठ के पहले का महीना।

वैश्य पुं. हिंदुओं का एक वर्ण, बनिया।

वैसा वि. उस तरह का।

वैसे अ. **1.** उस तरह से; उ.—'मैंने जैसे बताया है वैसे ही बोलना।' **2.** यों; उ.—'वैसे, यदि तुम चाहो तो कल आ सकते हो।'

वोट पुं. मत; उ.—वह सिर्फ एक वोट से हार गया।

व्यंजन पुं. **1.** पकवान; उ.—राजा ने राजकुमारी के विवाह पर सैंकड़ों व्यंजन बनवाए। **2.** 'क' से 'ह' तक के अक्षर।

व्यक्त वि. प्रकट; जैसे—विचार व्यक्त करना।

व्यक्ति पुं. मनुष्य, आदमी।

व्यतीत वि. बीता हुआ, गुज़रा हुआ; उ.—हमने पिछली छुट्टियाँ पहाड़ पर व्यतीत कीं।

व्यय पुं. ख़र्च; जैसे—मासिक व्यय, वार्षिक व्यय।

व्यर्थ वि. बेकार, फिजूल; उ.—सुबह से शाम तक कुछ न कर तुमने अपना पूरा दिन व्यर्थ गँवाया।

व्यवस्था स्त्री. इंतज़ाम, प्रबंध; जैसे—शासन-व्यवस्था, घर की व्यवस्था।

व्यवहार पुं. आचरण, बर्ताव; उ.—नौकरों के साथ उसका व्यवहार बहुत ख़राब है। **2.** प्रयोग; जैसे—शब्दों का व्यवहार।

व्यस्त वि. किसी काम में उलझा या लगा हुआ; उ.—आजकल मैं पढ़ाई करने में व्यस्त हूँ।

व्याकरण पुं. भाषा के प्रयोग के नियम बतानेवाली विद्या, ग्रामर।

व्याख्या स्त्री. अर्थ स्पष्ट करने के लिए किया गया वर्णन, टीका; जैसे— कविता की व्याख्या, मंत्र की व्याख्या।

व्याख्यान पुं. भाषण, प्रवचन।

व्यापार पुं. कारोबार, व्यवसाय, धंधा।

व्यापारिक वि. व्यापार का, व्यापार संबंधी; जैसे—लंका और भारत के व्यापारिक संबंध।

व्यापारी पुं. व्यापार करनेवाला, व्यवसाय करनेवाला, व्यवसायी।

व्यायाम पुं. कसरत, वरज़िश।

व्यूह पुं. सेना की किलेबंदी; उ.—कौरवों

ने अभिमन्यु को घेरने के लिए चक्र के आकार में व्यूह की रचना की थी।

व्रत पुं. **1.** उपवास; जैसे—एकादशी का व्रत। **2.** प्रतिज्ञा, दृढ़ निश्चय; जैसे—देश-सेवा का व्रत।

श

शंका स्त्री. कुछ बुरा घटने का भय, खटक; उ.—उसकी लापरवाही देख कर उसके पास होने में मुझे शंका होती है।

शंख पुं. **1.** एक समुद्री घोंघे का खोल जिसे पूजा उत्सव आदि अवसरों पर बजाया जाता है (दे. चित्र)। **2.** एक लाख करोड़ की संख्या।

शंख

शक पुं. संदेह; उ.—कल उमेश के घर हुई चोरी के बारे में पुलिस को रमेश पर शक है।

शकरकंद पुं. मोटी गाजर की तरह का एक मीठा कंद।

शक्कर स्त्री. चीनी, कच्ची चीनी, खाँड।

शक्की वि. हर बात में शक करनेवाला।

शक्ति स्त्री. ताकत, बल, ज़ोर।

शक्ल स्त्री. चेहरा, रूप।

शतक पुं. **1.** सौ का समूह। **2.** क्रिकेट के खेल में सौ रन; उ.—गावस्कर ने टेस्ट मैचों में सबसे ज़्यादा शतक बनाए हैं।

शताब्दी स्त्री. सौ साल का समय, सदी, शती; उ.—सन् 2001 इक्कीसवीं शताब्दी का पहला वर्ष है।

शती स्त्री. दे. 'शताब्दी'।

शत्रु पुं दुश्मन, वैरी।

शनि पुं. **1.** नौ ग्रहों में से सातवाँ ग्रह। **2.** शुक्रवार के बाद और रविवार के पहले आनेवाला दिन।

शब्द पुं. **1.** अक्षरों का ऐसा समूह जिसका कोई अर्थ हो; उ.—इस बाल-कोश में लगभग पाँच हज़ार शब्द हैं। **2.** आवाज़, ध्वनि; उ.— कल रात बिजली कड़कड़ शब्द करती हुई इसी खेत पर गिरी थी।

शब्दकोश पुं. जिस पुस्तक में शब्दों का अर्थ दिया गया हो; उ.—सही अर्थ जानने के लिए शब्दकोश देखना चाहिए।

शयनकक्ष पुं. सोने का कमरा।

शय्या स्त्री. पलंग, खाट, बिस्तर।

शरण स्त्री. पनाह, आश्रय।

शरत् स्त्री. आश्विन से कार्तिक तक रहनेवाली ऋतु।

शरबत (शर्बत) पुं. मीठा पेय।

शरम (शर्म) स्त्री. लज्जा, संकोच।

शरमाना अ. क्रि. लजाना, झेंपना।

शराब स्त्री. एक नशीला पेय, मदिरा, दारू, सुरा; उ.—शराब पीनेवाला आदमी बरबाद हो जाता है।

शरारत स्त्री. परेशानी पैदा करनेवाली हरकत, बदमाशी, ऊधम।

शरारती वि. शरारत करनेवाला, ऊधमी।

शरीफ़ वि. सभ्य, सुशील, नेक।

शरीफ़ा पुं. उभरी हुई चित्तियों वाला एक मीठा फल, सीताफल।

शरीर पुं. **(I)** देह, बदन; उ.—मेरा पूरा शरीर दुख रहा है; **(II)** वि. शरारती; उ.—विपिन बहुत शरीर लड़का है।

शर्त स्त्री. **1.** ऐसी बाजी जिसमें हार-जीत के अनुसार लेन-देन हो; उ.—राम ने मुझसे पाँच रुपए की शर्त लगाई है कि इस मैच में पाँचवीं कक्षा की टीम जीतेगी। **2.** किसी काम को कराने के लिए बनाया हुआ नियम; उ.—मुझे इस सौदे में बहुत मुनाफा होगा, पर शर्त यह है कि मैं इसे इसी माह पूरा करूँ।

शर्म स्त्री. लज्जा; उ.—'तुम्हे झूठ बोलने में जरा भी शर्म नहीं आती ?'

शलजम (शलगम) पुं. एक सफेद गोलाकार कंद जिससे तरकारी, सलाद, अचार आदि बनाए जाते हैं (दे. चित्र)।

शल्य-चिकित्सा स्त्री. चीर-फाड़ द्वारा किया गया इलाज, ऑपेरशन (दे. चित्र)।

शशि पु. चंद्रमा, चाँद।

शस्त्र पुं. हाथ में पकड़ कर चलाया जानेवाला हथियार; जैसे—तलवार, बंदूक।

शहतूत पुं. लम्बोतरे आकार का एक छोटा मीठा फल।

शहद पुं. मधु-मक्खियों द्वारा फूलों के रस से बनाया हुआ एक मीठा और गाढ़ा तरल पदार्थ, मधु।

शहनाई स्त्री. मुँह से फूँक कर बजाया जानेवाला बाँसुरी जैसा एक बाजा; उ.—शादी-ब्याह या किसी शुभ अवसर पर शहनाई बजाई जाती है (दे. चित्र)।

शहर पुं. दे. 'नगर'।

शहरी वि. **1.** शहर का; जैसे—शहरी रंग-ढंग। **2.** शहर में रहनेवाला; जैसे—शहरी लोग।

शहीद वि. किसी आदर्श के लिए अपने प्राण न्यौछावर करने वाला; उ.—भगतसिंह देश की आजादी के लिए शहीद हो गए।

शांति स्त्री. **1.** कोई परेशानी या झमेला न होने की स्थिति, अमन, चैन; जैसे—नगर में शांति, मन में शांति। **2.** चुप्पी, नीरवता; उ.—मास्टर जी के आते ही कक्षा में शांति छा गई।

शाकाहारी पुं. मांस-मछली न खानेवाला; उ.—हाथी शाकाहारी होता है।

शाखा स्त्री. **1.** पेड़ की डाल, टहनी। **2.** मुख्य कार्यालय के अधीन दूसरे कार्यालय; उ.—मैं स्टेट बैंक की भवानीपुर शाखा में नौकरी करता हूँ।

शादी स्त्री. विवाह।

शान स्त्री तड़क-भड़क, ठाट-बाट उ.—पहले के राजा-महाराजा बहुत शान से रहते थे।

शानदार वि. भव्य, भड़कीला; जैसे—

शानदार महल।

शाबाश अ. तारीफ़ करते हुए बढ़ावा देने के लिए कहा जानेवाला शब्द, वाह-वाही; उ.—'शाबाश, क्या बढ़िया निशाना लगाया है।'

शाबाशी स्त्री. उत्साह बढ़ानेवाली प्रशंसा; उ.—बच्चे की जान बचाने के लिए सबने रामू को शाबाशी दी।

शाप पुं. कोसना, धिक्कार, बददुआ।

शाम स्त्री. संध्या, सायंकाल।

शामिल वि. मिला हुआ, सम्मिलित; उ.—बुखार होने के कारण मैं कल खेल में शामिल न हो सका।

शायद अ. हो सकता है, संभवतः उ.—महेश शायद शाम तक आ जाए।

शारीरिक वि. शरीर संबंधी; जैसे—शारीरिक कष्ट, शारीरिक व्यायाम।

शॉल पुं. ऊनी या रेशमी चादर।

शाला स्त्री. किसी ख़ास काम के लिए बनाया गया मकान या स्थान; जैसे—पाठशाला, गोशाला।

शालीनता स्त्री. विनम्रता, शिष्टता।

शासक पुं. शासन करनेवाला।

शासन पुं. हुकूमत, सरकार; उ.—सन् 1947 के पहले हमारे देश में अंगरेज़ों का शासन था।

शास्त्र पुं. **1.** ज्ञान-विज्ञान की गंभीर चर्चा से संबंधित ग्रंथ; उ.—वेद हिंदुओं के सबसे पुराने शास्त्र हैं। **2.** ज्ञान-विज्ञान की कोई शाखा (विद्या); जैसे—भौतिक शास्त्र, अर्थशास्त्र।

शास्त्री वि. शास्त्रों का जानकार, विद्वान।

शाही वि. बादशाह से संबंधित, राजसी; जैसे—शाही महल, शाही पोशाक, शाही ठाट-बाट।

शिकायत स्त्री. **1.** बुराई दोष बताना, चुग़ली; उ.—'घर चलो, माँ से शिकायत करके तुम्हें पिटवाऊँगा।' **2.** असंतोष; उ.—नौकर को मालिक के व्यवहार से शिकायत है।

शिकार पुं. **1.** पशु पक्षियों को मारना आखेट; जैसे—शेर का शिकार (दे. चित्र)। **2.** किसी बुरी स्थिति में फँसा हुआ आदमी, ग्रस्त; जैसे—ग़लत आदतों का शिकार।

शिकारी (I) पुं. शिकार करनेवाला; उ.—शिकारी ने निशाना साध कर गोली चलाई (दे. चित्र)। **(II)** वि. शिकार संबंधी; जैसे—शिकारी राइफल, शिकारी कुत्ते।

शिक्षक पुं. सिखानेवाला, अध्यापक, मास्टर; जैसे—संगीत के शिक्षक, हिंदी के शिक्षक।

शिक्षा स्त्री. **1.** पढ़ाई, तालीम; जैसे—प्राथमिक शिक्षा। **2.** सबक; उ.—हमें अपनी गलतियों से शिक्षा लेनी चाहिए।

शिक्षाप्रद वि. जिससे सीख मिले; उ.—हितोपदेश में शिक्षाप्रद कहानियाँ हैं।

शिक्षित वि. पढ़ा-लिखा।

शिखर पुं. ऊपरी सिरा, चोटी; जैसे—पर्वत का शिखर, मंदिर का शिखर।

शिला स्त्री. चट्टान।

शिलालेख पुं. चट्टान पर खुदा हुआ लेख; जैसे—अशोक के शिलालेख।

शिव पुं. शंकर, महादेव।

शिविर पुं. खेमा, कैंप, उ.—यह शिविर

बाढ़-पीड़ितों के लिए लगाया गया है।

शिशिर पुं. माघ और फाल्गुन मास में आनेवाली ऋतु।

शिशु पुं. बच्चा।

शिष्टाचार पुं. सभ्य आचरण और व्यवहार, तहजीब, शिष्टता।

शिष्य पुं. शिक्षक से शिक्षा प्राप्त करनेवाला, सीखनेवाला, चेला; उ.–अर्जुन द्रोणाचार्य का प्रिय शिष्य था।

शीघ्र अ. जल्दी से, तुरंत; उ.–मरीज को शीघ्र अस्पताल ले चलो।

शीघ्रता स्त्री. जल्दी, तेजी।

शीत पुं. जाड़ा, ठंड।

शीतल वि. ठंडा; जैसे–शीतल जल, शीतल पवन।

शीतलता स्त्री. ठंडक।

शीतलपाटी स्त्री. महीन बुनाई की चटाई।

शीतला स्त्री. चेचक।

शील पुं. 1. आचरण, चरित्र। 2. विनम्र स्वभाव।

शीर्ष पुं. सिर, मस्तक।

शीर्षक पुं. लेख कहानी आदि के ऊपर लिखा जाने वाला उनका नाम, हेडिंग।

शीश पुं. सिर।

शीशमहल पुं. चारों ओर शीशे जड़ा हुआ मकान या कमरा।

शीशा पुं. 1. काँच; जैसे–शीशे का गिलास। 2. आईना, दर्पण; उ.– 'ज़रा शीशे में अपना मुँह तो देखो ?'

शीशी स्त्री. छोटी बोतल; जैसे–दवा की शीशी, तेल की शीशी।

शुक्र पुं. एक ग्रह।

शुक्रवार पुं. शनिवार के पहले और बृहस्पतिवार के बाद आनेवाला दिन।

शुक्रिया पुं. धन्यवाद।

शुद्ध वि. 1. जिसमें मिलावट न हो, खालिस; जैसे–शुद्ध घी, शुद्ध दूध। 2. जो गलत न हो; जैसे–शुद्ध उच्चारण, शुद्ध भाषा। 3. पवित्र; जैसे–शुद्ध मन, शुद्ध आचरण।

शुद्धता स्त्री. शुद्ध होने की स्थिति; जैसे–दूध की शुद्धता, भाषा की शुद्धता, आचरण की शुद्धता।

शुद्धि स्त्री. शुद्ध करने का काम, सफाई।

शुभ वि. मंगलमय, अच्छा; जैसे–शुभ दिवस, शुभ कामना।

शुरू पुं. आरंभ; उ.–कल से मेरी परीक्षा शुरू होगी।

शुल्क पुं. 1. फीस, चंदा; जैसे–प्रवेश-शुल्क, पत्रिका का वार्षिक शुल्क।

शूद्र पुं. हिंदुओं के चार वर्णों में से चौथा वर्ण।

शून्य वि. 1. रहित, खाली; जैसे–जन-शून्य स्थान। 2. पुं. गणित का बिंदु, जीरो, सिफ़र, सुन्ना; उ.–एक के सामने शून्य लगा देने से दस हो जाता है।

शूर पुं. वीर, बहादुर।

शृंखला स्त्री. 1. लड़ी, कड़ी; जैसे–क्रिकेट टेस्ट मैचों की शृखंला। 2. जंजीर; उ.–राजा के हुक्म से देशद्रोही को शृंखलाओं में बाँध दिया गया।

शृंगार पुं. सिंगार, सजावट।

शेर पुं. सिंह; उ.–शेर को जंगल का राजा कहा जाता है (दे. चित्र)।

शेरवानी स्त्री. घुटने के नीचे तक का बंद गले का कोट, अचकन।

शेष **(I)** वि. बचा हुआ, बाकी; उ.– शेष कहानी फिर कभी सुनाऊँगा। **(II)** पुं. समाप्ति, अंत, खत्म; उ.–अब यह कहानी शेष हुई।

शैतान पुं. दुष्ट, पाजी, शरारती।

शैतानी स्त्री दुष्टता, पाजीपन, शरारत।

शैली स्त्री. किसी काम को करने का तरीक़ा, ढंग, रीति; उ.–उसकी निबंध लिखने की शैली बहुत अच्छी है।

शोक पुं. किसी प्रिय व्यक्ति के बिछुड़ जाने से होनेवाला गहरा दुख, ग़म; उ.–राम के वन जाने के शोक में दशरथ ने प्राण त्याग दिए।

शोध वि. खोज, अनुसंधान।

शोभा स्त्री. कांति, चमक, सुंदरता; जैसे–चंद्रमा की शोभा, पर्वतमाला की शोभा।

शोर पुं. हल्ला, कोलाहल; उ.–मास्टर जी के छड़ी फटकारते ही कक्षा में शोर बंद हो गया।

शोरगुल पुं. गुल-गपाड़ा, हल्ला-गुल्ला; उ.–इस शोरगुल में मुझे कुछ भी सुनाई नहीं दे रहा।

शोला पुं. आग की लपट; उ.–गोदाम में लगी आग के शोले दूर-दूर तक दिखाई दे रहे थे।

शौक पुं. ऐसा काम जिसमें मन लगता हो, अभिरुचि, पसंद; जैसे–ताश खेलने का शौक, टिकट इकट्ठा करने का शौक।

शौक़ीन वि. **1.** शौक़ रखनेवाला; उ.–लालाजी ताश खेलने के शौक़ीन हैं। **2.** ठाट-बाट और बनाव-सिंगार पसंद करनेवाला।

शौच पुं. **1.** शुद्धि। **2.** टट्टी जाना, पाख़ाना जाना।

शौचालय पुं. पाख़ाना करने के लिए बनाया हुआ स्थान।

श्रद्धा स्त्री. प्रेम और भक्ति का मिला हुआ भाव; उ.–प्रकाश के मन में अपनी माँ के प्रति बहुत श्रद्धा है।

श्रद्धालु वि. भक्ति और आदर का भाव रखनेवाला; उ.–श्रद्धालु भक्तों से मंदिर खचाखच भरा है।

श्रम पुं. मेहनत, परिश्रम।

श्रमिक पुं. मजदूर; उ.–इस कारखाने में तीन सौ श्रमिक काम करते हैं।

श्रीमती **(I)** वि. स्त्रियों के नाम के पहले जोड़ा जानेवाला आदरसूचक शब्द; जैसे–श्रीमती महादेवी वर्मा। **(II)** स्त्री. पत्नी; उ.–कलक्टर की श्रीमती आनेवाली हैं।

श्रीमान वि. पुरुषों के नाम के पहले जोड़ा जानेवाला आदरसूचक शब्द।

श्रेय पुं. यश, बड़ाई।

श्रोता पुं. सुननेवाला।

श्लोक पुं. संस्कृत का पद्य; जैसे–गीता के श्लोक।

श्वसुर पुं. पति या पत्नी का पिता, ससुर।

श्वान

श्वान पुं. कुत्ता (दे. चित्र)।

श्वान-निद्रा स्त्री. जरा सी आहट होते ही कुत्ते की नींद की तरह तुरंत खुल जानेवाली नींद।

श्वास पुं. सांस।

श्वेत वि. सफेद, उजला।

ष

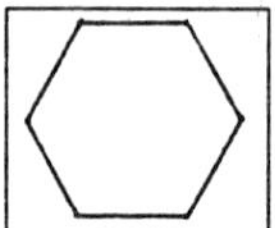
षट्कोण

षट्कोण वि. छह कोनों-वाला (दे. चित्र)।

षडयंत्र पुं. किसी का बुरा करने के लिए उससे छिपा कर किया हुआ काम, भीतरी चाल; उ.—कौरवों ने षडयंत्र रच कर पांडवों से जुए में सब कुछ छीन लिया।

षष्ठ वि. सोलहवाँ।

षोड़शी वि. सोलह वर्ष की लड़की।

स

संकट पुं. विपत्ति, मुसीबत; उ.—बाढ़ आने के कारण हमारे गाँव के लोग बहुत संकट में पड़ गए हैं।

संकर पुं. अलग-अलग जातियों के मेल से उत्पन्न, मिश्रित; जैसे—संकर पौधा, संकर जातियाँ।

संकलन पुं. चुन कर इकट्ठी की हुई चीज़ें, संग्रह; जैसे—गीतों का संकलन, लेखों का संकलन।

संकेत पुं. इशारा; उ.—उन्होंने संकेत से मुझे अपने पास बुलाया।

संकेतचिह्न पुं. शब्द का संक्षिप्त रूप जो नाम पद आदि का सूचक होता है; जैसे—संयुक्त राष्ट्रसंघ का संकेत चिह्न सं. रा. और अकर्मक क्रिया का अ. क्रि. है।

संकोच पुं. हिचकिचाहट, झिझक; उ.—मुझे उससे रुपए माँगने में संकोच हो रहा है।

संकोची वि. संकोच करनेवाला, लज्जालु।

संक्रांति स्त्री. **1.** सूर्य का एक राशि से दूसरी राशि में जाने का समय; जैसे—मकर संक्रांति। **2.** एक स्थिति का दूसरी स्थिति में बदलने का समय; उ.—भारतेंदु काल आधुनिक हिंदी साहित्य का संक्रांति काल माना जाता है।

संक्रामक वि. छूत से फैलनेवाला, छुतहा; उ.—हैज़ा, चेचक आदि संक्रामक रोग हैं।

संक्षिप्त वि. छोटा; उ.—आज की सभा में उसका भाषण सबसे संक्षिप्त था।

संक्षेप पुं. छोटा रूप, थोड़ा; उ.—इस कविता का अर्थ संक्षेप में लिखो।

संख्या स्त्री. गिनती, तादाद, गणना; उ.—मेरी कक्षा में छात्रों की संख्या 53 है।

संग पुं. साथ; उ.—भीड़ में तुम माँ के संग ही रहना।

संगी-साथी पुं. यार-दोस्त।

संगठन पुं. 1. इकट्ठा और व्यवस्थित करने का काम; उ.—मार्टिन लूथर किंग ने अमेरिका के काले लोगों का संगठन कर के उन्हें अपने अधिकारों के प्रति सचेत किया। 2. विशेष उद्देश्य के लिए बनाई गई संस्था; जैसे—दहेज-विरोधी संगठन, दलित-उद्धार संगठन।

संगति स्त्री. साथ, संपर्क; उ.—अच्छे लोगों की संगति से लाभ होता है।

संगम पुं. मिलन; उ.—प्रयाग में गंगा और यमुना नदियों का संगम होता है।

संगमरमर पुं. एक सफ़ेद चिकना पत्थर; उ.—ताजमहल संगमरमर से बना है।

संगीत पुं. गाने-बजाने की कला।

संगीतज्ञ पुं. संगीत कला में प्रवीण; उ.—तानसेन अकबर के जमाने के प्रसिद्ध संगीतज्ञ थे।

संग्रह पुं. 1. इकट्ठा की गई चीज; जैसे—पुस्तकों का संग्रह। 2. इकट्ठा करना, जमा करना; जैसे—धन संग्रह करना।

संग्रहालय पुं. वह स्थान जहाँ ऐतिहासिक और अनोखी वस्तुओं का संग्रह किया गया हो, म्यूज़ियम; जैसे—नई दिल्ली का राष्ट्रीय संग्रहालय, कलकत्ते का भारतीय संग्रहालय।

संग्राम पुं. युद्ध, लड़ाई; जैसे—स्वतंत्रता-संग्राम।

संघ पुं. समूह, संगठन, समिति; जैसे—मज़दूर-संघ, महिला-संघ, संयुक्त राष्ट्र संघ।

संघर्ष पुं. 1. झगड़ा; उ.—कल शहर में दो दलों के आपसी संघर्ष में तीन व्यक्ति मारे गए। 2. जूझना; जैसे—कठिनाइयों से संघर्ष करना, अधिकारों के लिए संघर्ष करना।

संचय पुं. 1. इकट्ठा करना, संग्रह; जैसे—धन का संचय, ज्ञान का संचय। 2. बचत।

संचार पुं. 1. किसी चीज़ का प्रवाह; जैसे—विद्युत संचार, मन में आशा का संचार। 2. समाचार या संदेश देने की क्रिया, कम्युनिकेशन; उ.—टेलीफोन, तार, डाक, रेडियो, टेलीविजन आदि संचार के साधन हैं।

संचालक पुं. चलानेवाला या गति देनेवाला।

संचालन पुं. चलाने का काम; जैसे—संस्था का संचालन, समारोह का संचालन।

संचित वि. जमा किया हुआ, इकट्ठा किया हुआ; जैसे—संचित धन, संचित ज्ञान।

सँजोना स. क्रि. किसी चीज़ को सँभाल कर रखना; जैसे—कला- कृतियाँ सँजोना।

संज्ञा स्त्री. 1. वह शब्द जो किसी व्यक्ति, वस्तु, स्थान आदि का नाम हो; जैसे—राम, किताब, घर, दिल्ली आदि संज्ञा है। 2. होश, चेतना; उ.—दुर्घटना में बेहोश होने के बाद अभी तक रमेश की संज्ञा नहीं लौटी है।

संड़सी स्त्री. एक कैंचीनुमा औजार जो ज़्यादातर गरम बरतनों को पकड़ने के काम में आता है।

संडास पुं. पाख़ाना, टट्टी-घर।

संत पुं. साधु महात्मा।

संतरा पुं. नारंगी (दे. चित्र 'नारंगी')।

संतरी

संतरी पुं. पहरेदार, दरबान (दे. चित्र)।

संतान स्त्री. बाल-बच्चे, औलाद।

संताप पुं. 1. भारी दुख, गहरा कष्ट; उ.—कैकेयी के कड़वे वचन सुन कर दशरथ को बहुत संताप हुआ। 2. पछतावा; उ.—अब उसे अपनी करनी पर संताप हो रहा है।

संतुलन पुं. दोनों तरफ़ भार को बराबर रखना; उ.—रस्सी पर चलते नट का संतुलन देख कर मुन्ना दंग रहा गया।

संतुलित वि. जिसमें किसी एक चीज़ की अधिकता न हो, जिसमें संतुलन हो; जैसे—संतुलित भोजन, संतुलित विचार।

संतोष पुं. कोई कमी महसूस न होना, संतुष्टि, तृप्ति; उ.—मुझे तुम्हारे काम से पूरा संतोष है।

संतोषी वि. थोड़े में भी खुश रहनेवाला, सब्र करनेवाला।

संदूक

संदूक पुं. बड़ा बक्सा (दे. चित्र)।

संदेश पुं. 1. समाचार, खबर; उ.— उसने संदेश भेजा है कि वह कल आएगा। 2. छेने की एक बंगाली मिठाई।

संदेह पुं. भरोसा न होना, शक, संशय; उ.—मुझे उसकी ईमानदारी पर संदेह है।

संधि स्त्री. 1. जोड़; जैसे—शरीर में हड्डियों की संधि। 2. व्याकरण में दो अक्षरों का मेल; जैसे—विद्या+ आलय= विद्यालय। 3. समझौता, सुलह; उ.—कृष्ण कौरवों और पांडवों के बीच संधि करवाना चाहते थे।

संध्या स्त्री. 1. शाम, सायंकाल। 2. मंत्र आदि से की जानेवाली एक वैदिक उपासना।

संन्यासी पुं. जिसने घर-बार छोड़ दिया हो, साधु।

संपत्ति स्त्री. धन-दौलत, जायदाद।

संपदा स्त्री. धन-संपत्ति, वैभव, ऐश्वर्य; जैसे—वन-संपदा, खनिज-संपदा।

संपन्न वि. 1. धनी, समृद्ध; उ.—नेहरू जी का जन्म एक संपन्न परिवार में हुआ था। 2. (किसी चीज़ से) युक्त; उ.—डॉ. अंबेडकर गुण-संपन्न व्यक्ति थे। 3. पूरा; उ.—विवाह का कार्य संपन्न हो गया।

संपन्नता स्त्री. धन, वैभव, समृद्धि।

संपर्क पुं. संबंध, ताल्लुक; उ.—आजकल रमेश से मेरा कोई संपर्क नहीं है।

संपादक पुं. कहानी लेख खबर आदि को चुन कर और सुधार कर छपने के योग्य बनानेवाला; उ.—आचार्य महावीर प्रसाद द्विवेदी 'सरस्वती' पत्रिका के संपादक थे।

संपूर्ण वि. 1. पूरा; जैसे—हिन्दी साहित्य का संपूर्ण इतिहास। 2. ख़त्म; जैसे—काम संपूर्ण करना।

सँपेरा

सँपेरा पुं. साँपों को पकड़ कर उनका खेल दिखानेवाला; उ.—सँपेरा बीन बजा कर साँपों को नचा रहा है (दे. चित्र)।

संबंध पुं. 1. लगाव, संपर्क, जुड़ाव; उ.—उस संस्था से मेरा कोई संबंध नहीं है। 2. रिश्ता; उ.—मेरी बेटी का

संबंध अशोक के साथ तय हो गया है।

संबंधी (I) पुं. रिश्तेदार। (II) वि. संबंध का; जैसे—विवाह संबंधी बातें, संस्था संबंधी काम।

संबोधन पुं. वह शब्द जिसे पुकारने के लिए इस्तेमाल किया जाता है; उ.—'राम ! यहाँ आओ' इस वाक्य में 'राम' संबोधन है।

सँभलना अ. क्रि. किसी चोट या हानि से बचाव करना; उ.—बच्चा ठोकर लगने पर भी सँभल गया।

संभव वि. जो हो सके, मुमकिन; उ.—यदि हम सब एकजुट हो कर खेलें तो संभव है कि यह मैच जीत लें।

सँभालना स. क्रि. 1. सहेज कर रखना; जैसे—किताबें सँभाल कर रखना। 2. गिरते हुए को बचाना; जैसे—बिगड़ते कारोबार को सँभालना। 3. जिम्मेदारी लेना; जैसे—संस्था सँभालना, घर सँभालना।

संयम पुं. मन पर क़ाबू रखना; उ.—खाने-पीने पर संयम रखने से स्वास्थ्य ठीक रहता है।

संयुक्त वि. जुड़ा हुआ, मिला हुआ; जैसे—संयुक्त परिवार, संयुक्त अक्षर (क्ष, त्र, ज्ञ, श्र)।

संयोग पुं. 1. मेल; उ.—क और 'ष' के संयोग से 'क्ष' बनता है। 2. इत्तफ़ाक़; उ.—आज रास्ते में संयोग से रजनी मिल गई।

संरक्षक पुं. अविभावक, सँभाल करने वाला; जैसे संस्था के संरक्षक, बच्चे का संरक्षक।

संरक्षण पु. देखभाल और हिफ़ाज़त; जैसे—वन-संरक्षण, भूमि-संरक्षण।

संवाद पुं. बातचीत, वार्तालाप; जैसे—नाटक में पात्रों का संवाद।

संवाददाता पुं. ख़बरें देनेवाला, रिपोर्टर; जैसे—अख़बार का संवाददाता।

सँवारना स. क्रि. सजाना, ठीक करना; जैसे—बाल सँवारना।

संविधान पुं. राज्य के संगठन और संचालन संबंधी नियम; जैसे—भारत का संविधान, अमरीका का संविधान।

संसद स्त्री. जनता के प्रतिनिधियों की पूरे राष्ट्र के लिए कानून बनानेवाली सभा, पार्लियामेंट; उ.—हमारी संसद के दो सदन हैं—लोकसभा और राज्यसभा।

संसार पुं. जगत, दुनिया।

संसारी वि. गृहस्थ, दुनियादार।

संस्करण पुं. किताब की एक बार की छपाई, आवृत्ति; उ.—इस किताब के बीस संस्करण छप चुके हैं।

संस्कार पुं. 1. शिक्षा, धर्म, वातावरण, परिवार आदि का मन पर पड़ा प्रभाव। 2. शास्त्रों द्वारा बताई गई रस्में; जैस—विवाह संस्कार, दाह संस्कार।

संस्कृति स्त्री. किसी देश या काल के आचार-विचार और व्यवहार का सभ्य रूप, कल्चर; जैसे—भारतीय संस्कृति।

संस्था स्त्री. 1. किसी काम के लिए बनाया गया संगठन; उ.—स्कूल, अस्पताल आदि संस्थाएँ हैं।

सकना अ. क्रि. करने योग्य होना; उ.—मैं तैर सकता हूँ।

सकपकाना अ. क्रि. अचकचाना, घबरा जाना; उ.—परीक्षा में नकल करते हुए पकड़े जाने पर लड़का सकपका गया।

सकुचाना अ. क्रि. झिझकना, हिचकिचाना।

सक्रिय वि. काम में लगा रहनेवाला, फुरतीला; जैसे—किसी पार्टी का सक्रिय कार्यकर्ता।

सखा पुं. साथी, मित्र।

सख़्त वि. कड़ा; जैसे—सख़्त दिल, सख़्त पत्थर।

सगा वि. 1. एक ही माँ-बाप से पैदा हुआ; जैसे—सगा भाई, सगी बहन। 2. एक ही परिवार में पैदा हुआ; जैसे—सगा चाचा, सगा मामा।

सगाई स्त्री. दे. 'मँगनी'।

सघन वि. बहुत घना, गाढ़ा; जैसे—सघन अंधकार।

सच (I) पुं. सत्य, वास्तविकता; उ.—'मैं सच बोल रहा हूँ।' (II) वि. सही, वास्तविक; उ.—'सच बात बताओ।'

सचमुच अ. असल में, वास्तव में; उ.—'जब सचमुच भेड़िया आ गया तो कोई गड़रिये को बचाने नहीं आया।'

सचाई (सच्चाई) स्त्री. वास्तविकता, सत्यता; उ.—तुम्हारी बातों में ज़रा भी सचाई नहीं है।

सचित्र वि. चित्रों के साथ; उ.—यह बालकोश सचित्र है।

सचेत वि. सावधान, सतर्क, सजग, चौकन्ना।

सच्चरित्र वि. अच्छे चरित्रवाला।

सच्चा वि. 1. सच बोलनेवाला, ईमानदार; जैसे—सच्चा आदमी। 2. असली; जैसे—सच्चा हीरा।

सजग वि. दे. 'सचेत'।

सजधज स्त्री. सजावट, बनाव-शृंगार; जैसे—विवाह में मकान की सजधज, दुल्हन की सजधज।

सजना अ. क्रि. 1. सँवरना, बनना-ठनना; जैसे—दुल्हन का सजना। 2. फबना; उ.—यह साड़ी तुम पर बहुत सज रही है।

सजल वि. जलयुक्त, भीगा हुआ; जैसे—सजल नेत्र।

सज़ा स्त्री. दंड; उ.—हत्यारे को मौत की सज़ा सुनाई गई।

सजाना स. क्रि. सँवारना, बनाव-शृंगार करना; जैसे—मंडप सजाना, दुल्हन को सजाना।

सजावट स्त्री. सज्जा; जैसे—पंडाल की सजावट।

सजीव वि. जिसमें प्राण हों, जानदार; उ.—पेड़-पौधे भी सजीव होते हैं।

सज्जन पुं. भला और अच्छा आदमी।

सज्जनता स्त्री. भलमनसाहत, शिष्टता।

सटना अ. क्रि. साथ होना, चिपकना; उ.—राम और श्याम के घर सटे हुए हैं।

सटाना स. क्रि. जोड़ना, मिलाना; उ.—'कुर्सियाँ सटा कर लगा दो।'

सड़क स्त्री. रास्ता, मार्ग, पथ।

सड़ना अ. क्रि. गलना या ख़राब होना; उ.—सारे आम सड़ गए हैं।

सड़सठ वि. साठ और सात का जोड़, 67।

सड़ाना स. क्रि. किसी चीज़ का इस्तेमाल न कर उसे खराब और बदबूदार बन

जाने देना; उ.—तुमने लापरवाही से सब्जियों को सड़ा दिया।

सतह स्त्री. किसी चीज़ का ऊपरी भाग, ऊपरी स्तर; उ.—समुद्र की सतह पर नौकाएँ तैर रही हैं (दे. चित्र)।

सतहत्तर वि. सत्तर और सात का जोड़, 77।

सत्ताईस वि. बीस और सात का जोड़, 27।

सतानवे वि. नब्बे और सात का जोड़, 97।

सताना स. क्रि. कष्ट देना, परेशान करना; जैसे—पशु या पक्षी को सताना।

सतावन वि. पचास और सात का जोड़, 57।

सतासी वि. अस्सी और सात का जोड़, 87।

सती स्त्री. **1.** पतिव्रता स्त्री। **2.** पति के शव के साथ जल कर मर जानेवाली स्त्री।

सत्तर वि. साठ और दस का जोड़, 70।

सत्तरह वि. दस और सात का जोड़, 17।

सत्ता पुं. सात बूटियों वाला ताश का पत्ता।

सत्ता स्त्री. **1.** अस्तित्व, हस्ती; उ.—अंग्रेजों के राज में भारत की कोई स्वतंत्र सत्ता नहीं थी। **2.** अधिकार, प्रभुत्व, शक्ति; उ.—लोकतंत्र में सत्ता जनता के हाथ में होती है।

सत्तू पुं. भुने हुए जौ और चने का आटा।

सत्य पुं. दे. 'सच'।

सत्यवादी वि. सच बोलने वाला; जैसे—सत्यवादी हरिश्चन्द्र।

सत्याग्रह पुं. सत्य और न्याय के लिए किया जानेवाला ऐसा आंदोलन जिसमें अत्याचारी पक्ष पर हिंसा के बजाय न्याय और प्रेम की भावना से विजय प्राप्त की जाती है; उ.—गांधीजी ने सत्याग्रह आंदोलन चला कर विश्व को नई दिशा दी।

सत्यानाश पुं. बरबादी, सर्वनाश; उ.—ज़ोरों से ओले गिरने के कारण सारी फ़सल का सत्यानाश हो गया।

सत्संग पुं. **1.** अच्छे लोगों के साथ उठना-बैठना; उ.—सत्संग ने दुष्ट रमेश को सुधार दिया। **2.** भजन-कीर्तन; उ.—आज हमारे यहाँ एकादशी का सत्संग है।

सदमा पुं. दुख से मन पर लगा धक्का, चोट, आघात; उ.—भाई की मृत्यु से उसे गहरा सदमा पहुँचा है।

सदर वि. मुख्य; जैसे—शहर का सदर बाज़ार।

सदर वि. प्रमुख या प्रधान सभापति; जैसे—रियासत का सदर, कमेटी का सदर।

सदस्य पुं. किसी सभा या संस्था में शामिल व्यक्ति, मेंबर; जैसे—क्लब का सदस्य, राजनीतिक दल का सदस्य।

सदा क्रि. वि. हमेशा, सर्वदा; उ.—'सदा सच बोलो।'

सदाबहार **(I)** पुं. वह पौधा या फूल जो हर ऋतु में फूलता हो। **(II)** वि. हमेशा हरा-भरा और खिला रहनेवाला; जैसे—सदाबहार पेड़, सदाबहार आदमी।

सदाचार पुं. अच्छा आचरण; उ.—गांधी जी सदाचार पर बहुत बल देते थे।

सदुपयोग पुं. उचित उपयोग, अच्छा इस्तेमाल; उ.—छुट्टियों में संस्कृत पढ़ कर उसने अपने समय का सदुपयोग किया।

सदैव अ. हमेशा, सदा ही।

सद्गति स्त्री. मुक्ति, मोक्ष।

सद्गुण पुं. अच्छे गुण।

सद्भाव पुं. अच्छी भावना, मैत्री भाव; उ.—'वसुधैव कुटुंबकम्' का अर्थ है सबके प्रति सद्भाव रखना।

सधना अ. क्रि. **1.** काम बन जाना; उ.—उनकी मदद से मेरा काम सध गया। **2.** पक्का होना, सिद्ध होना; उ.—अब मेरा हाथ गाड़ी चलाने में सध गया है। (दे. चित्र)।

सन् पुं. साल; जैसे—ईस्वी सन्।

सन का पौधा

सन पुं. एक पौधा जिसकी छाल के रेशों से रस्सी, बोरे आदि बनाए जाते हैं। जूट (दे. चित्र)।

सनना अ. क्रि. **1.** लथपथ होना; जैसे—धूल से सनना, खून से सनना। **2.** गुँधना; जैसे—आटा सनना।

सनसनी स्त्री. डर, खलबली; उ.—दंगे की अफ़वाहों से शहर में सनसनी फैल गई।

सन्न वि. भौंचक्का, हक्का-बक्का, जड़वत; उ.—बेटे की मृत्यु की ख़बर सुन कर माँ सन्न रह गई।

सन्नाटा पुं. चुप्पी, मौन, निस्तब्धता; उ.—मास्टर जी के आते ही क्लास में सन्नाटा छा गया।

सन्मति स्त्री. अच्छी बुद्धि, सुबुद्धि; उ.—"ईश्वर अल्लाह तेरे नाम, सबको सन्मति दे भगवान।"

सपना पुं. **1.** नींद में दिखाई देनेवाली दुनिया, स्वप्न; उ.—कल रात सपने में परी ने मुझे उड़नखटोले में आकाश की सैर करवाई। **2.** कल्पना; जैसे—हमारे सपनों का भारत।

सपूत पुं. योग्य पुत्र, सुपुत्र।

सप्त वि. सात; जैसे—सप्त + ऋषि = सप्तर्षि।

सप्तमी स्त्री. पखवारे की सातवीं तिथि।

सप्तर्षि

सप्तर्षि पुं. सात तारों का समूह (दे. चित्र)।

सप्ताह पुं. सात दिन का समय, हफ़्ता।

सफल वि. जो अपना काम पूरा कर सकता हो, कामयाब; उ.—एवरेस्ट चोटी पर सर्वप्रथम तेंजिग और हिलैरी चढ़ने में सफल हुए।

सफलता स्त्री. कामयाबी

सफ़ाई स्त्री. **1.** स्वच्छता, निर्मलता; उ. —हमारे स्कूल में बहुत सफाई है। **2.** साफ़ करने का काम; जैसे—मकान की सफ़ाई करना **3.** अपने पक्ष में कही गई बात, बचाव; उ.—अभियुक्त ने अपनी सफ़ाई में बयान दिया।

सफ़ाचट वि. बिलकुल साफ; उ.—बाल उड़ जाने से उसकी खोपड़ी सफ़ाचट हो गई है।

सफ़ाया पुं. किसी चीज़ का पूरी तरह से नष्ट होना, नाश; जैसे—शत्रु का सफ़ाया।

सफ़ेद वि. दूध के रंग का, श्वेत; जैसे—सफ़ेद दाँत, सफ़ेद कपड़े।

सफ़ेदी स्त्री. **1.** सफ़ेदपन; उ.—बुढ़ापे में भी उसके बालों में सफ़ेदी नहीं आई है। **2.** दीवार आदि पर की जानेवाली कलई; उ.—सफ़ेदी हो जाने से कमरा अच्छा लग रहा है।

सब (I) वि. सारा, कुल; जैसे—सब लोग, सब बातें। **(II)** सर्व. सारे; उ.—वहाँ सब बैठे हैं।

सबक़ पुं. **1.** पाठ; उ.—राम ने आज अपना सबक़ याद नहीं किया। **2.** सीख, शिक्षा; उ.—हमें अपनी गलती से सबक लेना चाहिए।

सबब पुं. कारण, वज़ह; उ.—आखिर तुम्हारे यहाँ आने का सबब क्या है ?

सबल वि. बलवान, ताक़तवर; जैसे—सबल देह।

सबूत पुं. प्रमाण; उ.—अपराध का कोई सबूत न मिलने के कारण क़ैदी को छोड़ दिया गया।

सब्ज़ी स्त्री. तरकारी, साग।

सभा स्त्री. बैठक, मीटिंग, गोष्ठी, मजलिस; जैसे—संस्था की सभा, पार्टी की सभा, मित्रों की सभा।

सभापति पुं. मीर्टिंग या सभा का प्रधान; सभाध्यक्ष।

सभी (I) सर्व. सारे, सब ही; जैसे—वहाँ सभी हाज़िर थे **(II)** वि. कुल उ.—वहाँ सभी व्यापारी मौजूद थे।

सभ्य वि. अच्छे आचार-व्यवहारवाला, शिष्ट, शालीन; जैसे—सभ्य व्यक्ति, सभ्य व्यवहार।

समक्ष अ. सामने।

समझ स्त्री. बुद्धि, अक़्ल; उ.—तुम्हारी एक भी बात मेरी समझ में नहीं आई।

समझना (I) अ. क्रि. किसी बात का अच्छी तरह मन और बुद्धि में बैठना; उ.—हाँ, मैं समझ गई। **(II)** स. क्रि. किसी बात को अच्छी तरह जानना; उ.—मैं आपके विचारों को ठीक से समझना चाहता हूँ।

समझाना स. क्रि. किसी बात को दूसरे के मन में अच्छी तरह बैठना; उ.—शिक्षक छात्रों को सवाल समझा रहा है।

समझौता पुं. आपसी निपटारा, संधि; उ.—दोनों देशों के बीच सीमा के बारे में समझौता हो गया है।

समतल वि. जो ऊबड़-खाबड़ न हो, सपाट; जैसे—समतल भूमि।

समय पुं. वक़्त, काल; उ.—बीता समय वापस नहीं आता।

समर्थक वि. समर्थन करनेवाला, पक्षधर; उ.—दोनों नेताओं के समर्थक आपस में लड़ पड़े।

समर्थन पुं. किसी मत या पक्ष का साथ देना, अनुमोदन; उ.—मैं आपके प्रस्ताव का समर्थन करती हूँ।

समर्पण पुं. अर्पित करना, भेंट करना।

समस्या स्त्री. कठिनाई, उलझन; उ.—हमारे देश की सबसे बड़ी समस्या गरीबी है।

समाचार पुं. ख़बर, संवाद; उ.—राम के दिल्ली पहुँचने का समाचार आ गया है।

समाचार-पत्र पुं. दे. 'अख़बार'।

समाज पुं. एक जैसे रीति-रिवाज आचार-व्यवहार और नियम माननेवाले लोगों

का समूह, सोसाइटी; जैसे—मलयाली समाज, मारवाड़ी समाज, आर्य समाज।

समाजवाद पुं. वह सिद्धांत जिसके अनुसार संपत्ति पर व्यक्ति का नहीं समाज का अधिकार होता है।

समाजवादी वि. ऐसे समाज में विश्वास करनेवाला जिसमें संपत्ति का मालिक कोई व्यक्ति न होकर समाज होता है।

समान वि. एक जैसा, बराबर; उ.— इन दोनों थैलों का वज़न समान है।

समानता स्त्री. **1.** बराबरी; जैसे—वज़न में समानता। **2.** सादृश्य; उ.—इन दोनों भाइयों के चेहरे में बड़ी समानता है।

समाना अ. क्रि. **1.** अँटना; उ.—इस बक्से में यह सामान नहीं समाएगा। **2.** विलीन होना; उ.—सीता जी श्रीराम की बातें सुन कर धरती में समा गईं।

समाप्त वि. खत्म; उ.—मेरे सारे पैसे समाप्त हो गए हैं।

समारोह पुं. **1.** उत्सव, जलसा; जैसे—स्कूल का वार्षिक समारोह। **2.** धूमधाम; उ.—राम की शादी बड़े समारोह के साथ हुई।

समास पुं. दो या अधिक शब्दों का जोड़; जैसे—सीता और राम = सीताराम।

समिति स्त्री. किसी ख़ास काम के लिए नियुक्त या निर्वाचित कुछ लोगों की मंडली या सभा, कमेटी; जैसे—विद्यालय की प्रबंध-समिति।

समीप अ. पास, नज़दीक, निकट; उ.—मेरे घर के समीप ही राम का घर है।

समुद्र पुं. सागर, समंदर।

समूचा वि. पूरा, सारा का सारा; जैसे—समूचा परिवार।

समूह पुं. दल, झुंड, समुदाय; जैसे—हिरनों का समूह, लोगों का समूह।

समृद्ध वि. धनवान, संपन्न; जैसे—समृद्ध व्यक्ति, समृद्ध देश।

समेटना स. क्रि. बिखरी या फैली चीज़ों को इकट्ठा करना; जैसे— सामान समेटना, बिस्तर समेटना।

समोसा पुं. एक तिकोना नमकीन पकवान; उ.—हड़बड़ी में गरम समोसा खाने से मेरी जीभ जल गई।

सम्मान पुं. इज़्ज़त, आदर; उ.—बड़ों का सम्मान करना चाहिए।

सम्मिलित वि. साथ मिला हुआ, शामिल; उ.—इन रुपयों में तुम्हारे जेब-ख़र्च के रुपए भी सम्मिलित हैं।

सम्मुख अ. सामने, प्रत्यक्ष।

सम्राट पुं. साम्राज्य का मालिक, बड़ा राजा, शहंशाह; जैसे—सम्राट अशोक, सम्राट अकबर।

सयाना वि. **1.** बुद्धिमान, अनुभवी; उ.—'चलो, किसी सयाने आदमी से राय लें।' **2.** बालिग; उ.—'लड़का सयाना हो गया है, अब इसका विवाह कर दो।'

सरकना अ. क्रि. धीरे-धीरे हटना, खिसकना।

सरकार स्त्री. किसी देश या प्रदेश पर शासन करनेवाला संगठन, शासन, सत्ता, गवर्नमेंट; जैसे—केंद्रीय सरकार, तमिलनाडु की सरकार।

सरकारी वि. सरकार का, सरकार से संबंधित; जैसे—सरकारी अफ़सर, सरकारी काम-काज।

सरगम पुं. संगीत के सात स्वर—सा रे ग म प ध नि।

सरदार पुं. मुखिया, प्रधान, अगुआ; जैसे—क़बीले का सरदार, डाकुओं का सरदार।

सरदी स्त्री. 1. जाड़ा, ठंड; उ.—बहुत सरदी पड़ रही है। 2. ज़ुकाम; उ.—मुझे बहुत ज़ोरों की सरदी हो गई है।

सरपंच पुं. पंचायत का प्रधान।

सरपट अ. तेज़, उ.—घोड़ा सरपट दौड़ रहा है।

सरल वि. 1. आसान, सहज; उ.—यह सवाल बड़ा सरल है। 2. सीधा, निष्कपट; वह लड़का बड़ा सरल है।

सरलता स्त्री. 1. आसानी; जैसे— सरलता से होने वाला काम। 2. सहजता; जैसे—स्वभाव में सरलता।

सरसों स्त्री. राई से कुछ बड़े पीले दानोंवाला एक तिलहन; उ.—सरसों पेर कर कड़ुआ तेल निकाला जाता है।

सरस्वती स्त्री. विद्या की देवी शारदा (दे. चित्र वीणा)।

सराय स्त्री. यात्रियों के टिकने का स्थान, मुसाफ़िर ख़ाना।

सरासर वि. बिलकुल, एकदम; जैसे—सरासर ज्यादती, सरासर झूठ।

सराहना स्त्री. प्रशंसा, तारीफ; उ.—जलती झोंपड़ी से बच्चे को निकाल लाने पर सबने श्याम की सराहना की।

सराहनीय वि. प्रशंसा के योग्य प्रशंसनीय।

सरिता स्त्री. नदी।

सरीसृप पुं. रेंग कर चलनेवाले जंतु; जैसे— छिपकली, साँप (दे. चित्र)।

सरोकार पुं. वास्ता, ताल्लुक।

सरोवर पुं. तालाब, झील।

सरौता पुं. सुपारी काटने का औजार।

सर्कस (सरकस) पुं. जहाँ जानवरों और मनुष्यों के विचित्र करतब दिखाए जाते हैं।

सर्जन पुं. बनाना, रचना करना, निर्माण।

सर्जन पुं. ऑपरेशन करनेवाला डॉक्टर, शल्य चिकित्सक।

सर्द वि. ठंड़ा; जैसे—सर्द मौसम।

सर्प पुं. साँप।

सर्पाकार वि. साँप की कुंडली की तरह घुमावदार या साँप की चाल की तरह टेढ़ा-मेढ़ा; जैसे—सर्पाकार सीढ़ियाँ।

सर्राफ़ पुं. सोने-चाँदी का व्यापारी।

सर्व वि. सब, समस्त; जैसे—सर्वजन, सर्वसाधारण।

सर्वदा अ. हमेशा, सदा; उ.—वह सर्वदा सच बोलता है।

सर्वनाम पुं. संज्ञा के स्थान पर आनेवाला शब्द; जैसे—'मैं' 'वह', 'तुम', 'वे', इत्यादि।

सर्वनाश पुं. दे. 'सत्यानाश'।

सर्वभक्षी वि. सब कुछ खा जानेवाला; उ.—बचपन में काले पहाड़ पर रहनेवाले एक सर्वभक्षी राक्षस की कहानी सुन कर हमें बहुत डर लगा था।

सर्वेक्षण पुं. किसी ख़ास इलाके या समस्या की व्यापक और गहरी छानबीन, सर्वे; जैसे—जमीन का सर्वेक्षण, खेती की समस्याओं का सर्वेक्षण।

सर्वोच्च वि. सबसे ऊँचा, सबसे बड़ा; जैसे—सर्वोच्च न्यायालय, सर्वोच्च शिखर।

सर्वोदय पुं. 1. सबका विकास और कल्याण। 2. सबके उदय व उत्थान का गांधीवादी सिद्धांत।

सलवार स्त्री. तंग मोहरीवाला एक घेरदार पाजामा।

सलाई स्त्री. धातु या लकड़ी की बनी पतली तीली; जैसे—स्वेटर बुनने की सलाई, माचिस की सलाई।

सलाद पुं. महीन कटी हुई तरकारियों या फलों का मिश्रण।

सलाम पुं. अभिवादन, आदाब, प्रणाम।

सलामी स्त्री. सलाम करने की एक ख़ास रस्म जो फ़ौज द्वारा किसी बड़े नेता या अधिकारी के सम्मान में आयोजित की जाती है; जैसे—तोपों की सलामी, वायु-सेना द्वारा सलामी।

सलाह स्त्री. राय, परामर्श, मशविरा; उ.—मैं तुमसे अपने मुक़दमे के बारे में सलाह लेना चाहता हूँ।

सलाहकार वि. परामर्शदाता, राय देनेवाला।

सलोना वि. सुंदर, खूबसूरत; उ.—कृष्ण के साँवले-सलोने रूप पर सभी मुग्ध थे।

सल्तनत स्त्री. साम्राज्य, शासन; जैसे—मुगलिया सल्तनत।

सवा वि. एक और चौथाई, $1\frac{1}{4}$ जैसे—सवा रुपया।

सवाया वि. 1. सवा गुना; उ.—चार का सवाया पाँच है। 2. बढ़ कर, अधिक; उ.—विजय तुमसे बहादुरी में सवाया ही है, कम नहीं।

सवार पुं. गाड़ी घोड़े आदि की सवारी करने-वाला; जैसे—घुड़सवार (दे. चित्र)।

सवारी स्त्री. 1. वह चीज़ जिस पर चढ़कर कहीं जाया जाए, वाहन, गाड़ी; जैसे—इक्का, ताँगा, मोटर आदि। 2. यात्री; उ.—सवारियों की कमी के कारण बस देर से छूटेगी।

सवेरा पुं. सुबह, प्रातःकाल, भोर।

ससुर पुं. पति या पत्नी का पिता।

ससुराल पुं. पति या पत्नी के माँ-बाप का घर।

सस्ता वि. कम दाम का; जैसे—सस्ता कपड़ा।

सहकार पुं. सहयोग, आपसी सहायता।

सहकारी संगठन पुं. आपसी सहयोग के आधार पर बना (आर्थिक) संगठन, को-ऑपरेटिव सोसाइटी; जैसे—किसानों का सहकारी संगठन।

सहज वि. 1. सरल, आसान; जैसे—सहज प्रश्न-पत्र। 2. सीधा; जैसे—सहज स्वभाव।

सहधर्मी वि. एक ही धर्म या समान आदर्शों को माननेवाला, सहमना।

सहन पुं. आँगन; उ.—हमारे सहन में आम का पेड़ है।

सहन पुं. बरदाश्त; जैसे—कष्ट सहन करना।

सहनशील वि. जिसमें सहने की शक्ति हो, धैर्यवान।

सहना स. क्रि. बरदाश्त करना, झेलना; जैसे—कष्ट सहना।

सहपाठी पुं. साथ पढ़नेवाला; उ.—राम

और श्याम स्कूल में ही नहीं, कॉलेज में भी सहपाठी थे।

सहमत वि. **1.** एक राय रखनेवाला, एकमत; उ.—हम दोनों इस बात पर सहमत हैं कि हमें आज ही कलकत्ते चले जाना चाहिए। **2.** राजी; उ.—वह विवाह करने के लिए सहमत हो गया है।

सहयोग पुं. साथ मिल कर काम करने का भाव, सहकारिता, सहायता; उ.—यदि हमें आपका सहयोग मिल जाए तो हम यह काम जरूर पूरा कर लेंगे।

सहलाना स. क्रि. प्यार से धीरे-धीरे हाथ फेरना; उ.—माँ बच्चे की पीठ सहला रही है।

सहसा अ. अचानक, एकाएक; उ.—आज सड़क पर सहसा राम से मेरी मुलाकात हो गई।

सहस्र वि. हजार; उ.—विष्णु सहस्रनाम में भगवान विष्णु के हजार नाम दिए गए हैं।

सहानुभूति स्त्री. किसी दूसरे के दुख से दुखी होना, किसी के दुख को महसूस करना, हमदर्दी; उ.—दंगा-पीड़ितों से हम सबको सहानुभूति होनी चाहिए।

सहायक वि. सहायता करनेवाला; जैसे—सहायक अधिकारी।

सहायता स्त्री. मदद।

सहारा पुं. आधार, आश्रय, अवलंब; जैसे—दीवार के सहारे छड़ी टिकाना, किसी को मुसीबत में सहारा देना।

सहित अ. के साथ, समेत; उ.—उसने परिवार-सहित गाँव छोड़ दिया है।

सही वि. ठीक, दुरुस्त; उ.—उसकी बात सही निकली।

सही स्त्री. हस्ताक्षर; उ.—'इस काग़ज़ पर अपनी सही कर दो।'

सहूलियत स्त्री. दे. 'सुविधा'।

सहेजना स. क्रि. संभालना, व्यवस्थित करना।

सहेली स्त्री. सखी; उ.—मेरी सहेली राधा बंबई गई है।

सहोदर वि. सगा, एक माता से उत्पन्न।

साँकल स्त्री. जंजीर, कुंडी; जैसे—दरवाजे में साँकल लगाना।

साँचा पुं. वह ढाँचा जिसमें किसी गीली चीज को भरने से खास शक्ल या रूप बन जाए; जैसे—मूर्ति बनाने का साँचा।

साँझ स्त्री. शाम, संध्या।

साँड़ पुं. वह बैल जो बछड़े-बछड़ी पैदा कराने के काम आता है।

सांत्वना स्त्री. ढाढ़स, दिलासा; उ.—बेटे की मृत्यु पर सभी ने उन्हें सांत्वना दी, पर उनका जी टिकता ही न था।

साँप पुं. रेंग कर चलनेवाला एक जंतु जिसकी कई जातियाँ जहरीली होती हैं, सर्प।

साँवला वि. कुछ-कुछ काला, श्यामल; उ.—राम और कृष्ण दोनों ही साँवले थे।

साँस स्त्री. नाक या मुँह से अंदर खींची जानेवाली और बाहर निकाली जानेवाली हवा, श्वास।

सा अ. समान, के बराबर; जैसे—फूल-सा कोमल।

साइकिल

साइकिल स्त्री. पैरों से चलाई जानेवाली दो पहियों की गाड़ी,

बाइसिकिल (दे. चित्र)।

साइनबोर्ड पुं. नाम-पता बतानेवाली तख़्ती, नामपट्ट।

साईस पुं. घोड़ों की देखभाल करनेवाला नौकर।

साक्षात् अ. आँखों के सामने, प्रतयक्ष।

साक्षात्कार पुं. भेंट, मुलाक़ात, इंटरव्यू।

साग पुं. **1.** पत्तियोंवाली सब्जी। **2.** तरकारी।

सागर पुं. समुद्र; जैसे–अरब सागर।

साझा पुं. हिस्सा, भागीदारी; उ.–इस खेत में हम दोनों भाइयों का साझा है।

साठ वि. पचास और दस का जोड़, 60।

साड़ी स्त्री. भारतीय स्त्रियों का एक पहनावा जो लगभग छः गज लंबा और सवा गज़ चौड़ा होता है, स्त्रियों की धोती।

साढ़े वि. आधा (यह किसी पूरी संख्या के साथ जुड़ कर ही काम में आता है); जैसे–साढ़े सात।

सात वि. छह और एक का जोड़, 7।

साथ **(I)** पुं. संग; उ.–राम का साथ तुम्हारे लिए अच्छा है। **(II)** अ. के संग; उ.–मैं उनके साथ नहीं जाऊँगा।

साथी पुं. संगी, दोस्त, मित्र।

सादगी स्त्री. जिसमें दिखावा न हो, सादापन; उ.–उनके रहन-सहन में बड़ी सादगी है।

सादर अ. आदर-सहित; उ.–उन्हें मेरा सादर प्रणाम कहें।

सादा वि. **1.** बिना सजावट या बनावट का, सादगी भरा; जैसे–सादा रहन-सहन। **2.** जिस पर कुछ लिखा न हो, कोरा; जैसे–सादा काग़ज़।

साधन पुं. **1.** ऐसा जरिया जिससे काम सिद्ध हो; उ.–कोई साधन न होने के कारण मैं आपकी किताब भेज नहीं पाया। **2.** औजार, उपकरण; उ.–अब खेती के लिए भी तरह-तरह के वैज्ञानिक साधन काम में लाए जा रहे हैं।

साधना **(I)** स्त्री. किसी कार्य की सिद्धि के लिए अनुशासन के साथ किया गया परिश्रम, तपस्या; उ.–उसकी सफलता के पीछे वर्षों की साधना है। **(II)** स. क्रि. **1.** सिद्ध और पक्का करना; उ.–उसने सबसे बातचीत करके अपना काम साध लिया; मालती ने रोज रियाज करके पक्का गाना गाने के लिए गला साध लिया है। **2.** (निशाना) लगाना; उ.–शेर को देखते ही उसने निशाना साधा।

साधारण वि. मामूली, सामान्य।

साधारणतया अ. आमतौर पर, सामान्यतः; उ.–विमला साधारणतया पाँच बजे पुस्तकालय में आती है।

साधु पुं. **1.** हिंदू फ़कीर, बाबा (दे. चित्र)। **2.** सच्चा और नेक आदमी।

सानंद अ. प्रसन्नता के साथ, आनंदपूर्वक; उ.–हम लोग सानंद दिल्ली पहुँच गए हैं।

सानना स. क्रि. **1.** सूखे चूरे में पानी मिला कर गूँधना, माँड़ना; जैसे–आटा सानना। **2.** लपेटना, मिलाना; उ.–मुझे इन सब झमेलों में मत सानो।

साप्ताहिक वि. 1. सप्ताह में एक बार होनेवाला; जैसे–साप्ताहिक परीक्षा। 2. सप्ताह में एक बार निकलने वाला; जैसे–साप्ताहिक पत्रिका।

साफ़ वि. 1. जिसमें मैल न हो, स्वच्छ; जैसे–साफ़ कपड़ा। 2. स्पष्ट; जैसे–साफ़ लिखावट, साफ बात।

साफ़ा पुं. सिर पर लपेटा जानेवाला वस्त्र, पगड़ी।

साफ़ी स्त्री. छानने का कपड़ा।

साबित वि. सिद्ध किया हुआ, प्रमाण से सही ठहराया हुआ, प्रमाणित; उ.–अपराध साबित हो जाने पर उसे चार साल की सज़ा दी गई।

साबुत वि. पूरा, समूचा; जैसे–साबुत बिस्कुट, साबुत आम।

साबुन पुं. तेल, सोडे आदि से बनी हुई वह चीज जो शरीर कपड़े आदि साफ़ करने के काम में आती है।

सामग्री स्त्री. 1. सामान, चीज़ें 2. किसी ख़ास काम के लिए ज़रूरी तरह-तरह की चीज़ें; जैसे–रसोई की सामग्री, हवन की सामग्री।

सामना पुं. 1. मुलाक़ात, भेंट। 2. मुक़ाबला, भिड़ंत; जैसे–रण में शत्रु से सामना।

सामने अ. 1. सम्मुख, प्रत्यक्ष, रूबरू; उ.–वह मेरे सामने खड़ा था। 2. सीध में, आगे; उ.–सामने जाने पर पान की दुकान मिलेगी। 3. मुक़ाबले में; उ.–'चुनाव में उसके सामने कौन उम्मीदवार खड़ा हुआ है ?'

सामाजिक वि. समाज का, समाज से संबंधित; जैसे–सामाजिक कार्य, सामाजिक दशा।

सामान पुं. 1. चीज, वस्तु, सामग्री; जैसे–घर का सामान, इमारत बनाने का सामान। 2. असबाब; उ.–'जल्दी सामान उठाओ, रेल छूटनेवाली है।'

सामान्य वि. मामूली, साधारण; जैसे–सामान्य भूल, सामान्य चोट।

सामान्य ज्ञान जीवन से जुड़ी साधारण बातों का ज्ञान, जनरल नॉलेज।

सामूहिक वि. समूह संबंधी, समूह द्वारा किया जानेवाला; जैसे–सामूहिक आयोजन।

साम्य पुं. समानता, मेल।

साम्यवाद पुं. मार्क्स का एक सिद्धांत जिसके अनुसार सम्पत्ति पर समाज का अधिकार होना चाहिए, कम्युनिज़म।

साम्राज्य पुं. एक राजा या देश के अधीन कई देशों या प्रदेशों का क्षेत्र; उ.–1947 के पहले भारत अंग्रेज़ों के साम्राज्य का एक हिस्सा था।

सायंकाल पुं. शाम, संध्या; उ.–आज सायंकाल छः बजे गांधी मैदान में जनसभा है।

सारंगी स्त्री. तारों का एक सुरीला बाजा जिसे कमान से बजाया जाता है।

सार पुं. किसी चीज़ का निचोड़, थोड़े में कही गई पूरी बात, तत्व; उ.–'इस लेख का सार अपने शब्दों में लिखो।'

सारणी स्त्री. तालिका, सूची, टाइमटेबल; जैसे–रेलवे की समय-सारणी।

सारथी पुं. रथ चलानेवाला; उ.– महाभारत के युद्ध में कृष्ण अर्जुन के सारथी बने थे।

सारस

सारस पुं. हंस की तरह का लंबी चोंचवाला एक पक्षी (दे. चित्र)।

सारा वि. पूरा, संपूर्ण, कुल; जैसे—सारा सामान, सारा भारत।

सारिका स्त्री. मैना पक्षी।

सार्थक वि. **1.** अर्थपूर्ण; जैसे—सार्थक शब्दों का प्रयोग। **2.** सफल; उ.—आपसे मिल कर मेरा इतनी दूर आना सार्थक हो गया।

सार्वदेशिक वि. **1.** सारे देशों का; जैसे—विश्व-शांति के लिए सार्वदेशिक सम्मेलन। **2.** पूरे देश का; जैसे—सार्वदेशिक नियम।

साल पुं. वर्ष।

सालगिरह स्त्री. वर्षगाँठ, जन्म-दिन।

साला पुं. पत्नी का भाई।

सालाना वि. हर साल का, वार्षिक; जैसे—सालाना इम्तहान, सालाना चंदा।

सावधान वि. किसी काम या घटना के लिए पहले से तैयार, चौकन्ना, सचेत, सतर्क।

सावधानी स्त्री. सतर्कता, होशियारी, चौकन्नापन; उ.—'यह शीशा सावधानी से उठा कर दूसरे कमरे में ले जाओ।'

सावन पुं. आषाढ़ के बाद और भादों के पहले का महीना, श्रावण।

सास स्त्री. पति या पत्नी की माँ।

साहब पुं. **1.** मालिक, स्वामी। **2.** आदरसूचक शब्द; जैसे—डॉक्टर साहब, वकील साहब। **3.** अंग्रेज, गोरी नस्ल का आदमी।

साहस पुं. हिम्मत, निडरपना; उ.—मँगरू ने साहस के साथ डाकुओं का सामना किया।

साहसिक वि. हिम्मत का; जैसे— साहसिक कार्य।

साहसी वि. निडर, हिम्मतवाला, निर्भीक।

साहित्य पुं. गद्य या पद्य में लिखी गई रचना; जैसे—हिन्दी साहित्य, उपन्यास साहित्य।

साही

साही स्त्री. एक छोटा जानवर जिसके शरीर पर लंबे-लंबे काँटे होते हैं (दे. चित्र)।

साहूकार पुं. पैसों के लेन-देन का काम करनेवाला, महाजन; उ.—साहूकार का ब्याज सुरसा राक्षसी के मुँह-सा बढ़ता ही जाता है।

सिंगार पुं. दे. 'शृंगार'।

सिंगारदान पुं. शृंगार का सामान रखने का डिब्बा।

सिंघाड़ा पुं. **1.** पानी में होनेवाला एक काँटेदार तिकोना फल, पानीफल। **2.** एक नमकीन पकवान, समोसा।

सिंचाई स्त्री. **1.** वनस्पति में पानी डालने का काम। **2.** खेत सींचने का काम; उ.—नहर, नलकूप आदि सिंचाई के साधन हैं।

सिंदूर पुं एक लाल चूरा जिससे विवाहित स्त्रियाँ माँग भरती हैं, ईंगुर।

सिंदूरी वि. सिंदूर जैसे लाल रंग का; जैसे—सिंदूरी चुनरी।

सिंधु पुं. सागर, समुद्र।

सिंहासन

सिंह पुं. बब्बर शेर।

सिंहनाद पुं. शेर की गरज या दहाड़।

सिंहासन पुं. राजा या

देवता का आसन, राजगद्दी (दे. चित्र)।

सिकुड़ना अ. क्रि. सिमट कर छोटा होना; जैसे—कपड़ा सिकुड़ना।

सिकोड़ना स. क्रि. समेट लेना; उ.—किसी के छूते ही कछुआ अपने पैर सिकोड़ लेता है।

सिकोरा पुं. मिट्टी का कटोरा, कसोरा, चुक्कड़, कुल्हड़।

सिक्का पुं. धातु की मुद्रा; जैसे—पच्चीस पैसे का सिक्का, एक रुपये का सिक्का।

सिख पुं. गुरु नानक द्वारा चलाए गए धर्म को माननेवाला।

सिखाना स. क्रि. कोई काम करने का तरीका समझाना या बताना, शिक्षा देना; जैसे—सिलाई सिखाना, हिसाब सिखाना।

सिझाना स. क्रि. आँच पर पका कर गलाना।

सिटपिटाना अ. क्रि. शरमा कर या घबरा कर कुछ न कर पाना, सहम जाना; उ.—सिपाही को देखते ही चोर सिटपिटा गया।

सितंबर पुं. ईसवी साल का नौवाँ महीना।

सितार स्त्री. तारों को छेड़ कर बजाया जानेवाला एक बाजा।

सितारा पुं. **1.** तारा; उ.—आकाश में सितारे जगमगा रहे हैं। **2.** भाग्य; उ.—आजकल उसका सितारा बुलंदी पर है।

सिद्ध वि. **1.** पूरा, संपन्न; उ.—मेरा कार्य सिद्ध हो गया है। **2.** प्रमाणित; उ.—'अपनी बात उदाहरण देकर सिद्ध करो।'

सिद्ध पुं. ज्ञानी, योगी।

सिद्धांत पुं. **1.** जीवन को सही दिशा देने के लिए बनाए गए नियम, उसूल; उ.—सत्य, अहिंसा, करुणा, अपरिग्रह, अस्तेय—ये पंचशील के सिद्धांत हैं। **2.** किसी व्यक्ति की अपनी मान्यता और विश्वास; उ.—उसके जीवन का सिद्धांत गरीबों की सेवा करना है।

सिनकना **(I)** अ. क्रि. नाक से पानी का बहार निकलना। **(II)** स. क्रि. नाक से पानी का बाहर निकलना; उ.—वह नाले पर नाक सिनक रहा है।

सिनेमा पुं. परदे पर दिखनेवाले चलते-बोलते चित्र, चलचित्र।

सिपहसालार पुं. दे. 'सेनापति'।

सिपाही पुं. **1.** सैनिक; उ.— 'नन्हा-मुन्ना राही हूँ, देश का सिपाही हूँ'। **2.** पुलिस; उ.—चौराहे पर सिपाही खड़ा है।

सिफर **(I)** पुं. शून्य, ज़ीरो; उ.—प्रबोध को गणित में सिफ़र मिला है। **(II)** वि. अयोग्य, निकम्मा; उ.—गौतम एकमद सिफ़र है, उसे कुछ भी नहीं आता।

सिफ़ारिश स्त्री. किसी के पक्ष में कुछ कहना, संस्तुति; उ.—राम को यह नौकरी मंत्री जी की सिफ़ारिश से मिली है।

सिमटना अ. क्रि. फैलाव का कम होना, सिकुड़ना, बटुरना।

सियार पुं. गीदड़।

सिर पुं. शरीर का सबसे ऊपरी भाग जिस पर बाल होते हैं।

सिरका पुं. ख़मीर उठाया हुआ किसी

चीज़ का रस; जैसे—जामुन का सिरका।

सिरमौर (I) पुं. सिरताज, शिरोमणि, मुकुट; जैसे—दूल्हे का सिरमौर। (II) वि. सबसे ऊपर, श्रेष्ठ; उ.—अशोक भारत के सिरमौर सम्राट थे।

सिरहाना पुं. खाट या पलंग का वह हिस्सा जिस तरफ़ सिर रखकर सोया जाता है; उ.—दुर्योधन भगवान कृष्ण के सिरहाने बैठे थे और अर्जुन पायताने।

सिरा पुं. छोर, किनारा; जैसे—रस्सी का सिरा।

सिर्फ़ अ. केवल, महज़; उ.—सभा में सिर्फ़ दस आदमी उपस्थित थे।

सिल स्त्री. पत्थर की पटिया; उ.—सिल पर मसाला पीस लो।

सिलसिला पुं. क्रम, कड़ी, ताँता; जैसे—बातों का सिलसिला।

सिलाई स्त्री. 1. सीने का काम; उ.—मेरी माँ सिलाई कर रही है। 2. सीने की मज़दूरी; उ.—इस कोट की सिलाई सौ रुपए है।

सिल्क पुं. रेशम।

सिल्ली स्त्री. छोटी और मोटी पटिया; जैसे—चाँदी की सिल्ली, बर्फ़ की सिल्ली।

सिवा (सिवाय) अ. छोड़कर अलावा, अरितक्त; उ.—तुम्हारे सिवा सभी लोग सभा में आए थे।

सिसकना अ. क्रि. छोटी-छोटी सांसें लेकर धीरे-धीरे रोना, खुल कर न रो पाना; उ.—माँ से मार खाने के बाद मुन्नी घंटों सिसकती रही।

सिहरना अ. क्रि. जाड़े या डर से राएँ खड़े होना, काँपना।

सींक स्त्री. पतली तीली, जैसे—सींक की झाड़ू।

सींग पुं. जानवरों के सिर पर निकली हुई नुकीली हड्डियाँ।

सींचना पुं. पेड़-पौधों या खेत में पानी देना, सिंचाई करना।

सीख स्त्री. शिक्षा, उपदेश।

सीखना स. क्रि. यह जानना कि किसी काम को कैसे किया जाए; उ.—मैं तुमसे सिलाई सीखना चाहती हूँ।

सीट स्त्री. बैठने का स्थान, आसन।

सीटी स्त्री. 1. तंग सूराख़ से हवा या भाप के निकलने की आवाज; जैसे—मुंह से सीटी बजाना, कुकर या इंजन की सीटी बजना। 2. सीटी जैसी आवाज निकालनेवाला छोटा बाजा; उ.—सिपाही की सीटी की आवाज सुनते ही चोर भाग गया।

सीढ़ी

सीढ़ी स्त्री. ऊपर चढ़ने के लिए बनाए गए कदमचे, जीना (दे. चित्र)।

सीध स्त्री. सीधी लंबाई; उ.—'इस रास्ते की सीध में चले जाओ, तीन किलोमीटर के बाद कलकत्ता आ जाएगा।'

सीधा वि. 1. जो टेढ़ा या घुमावदार न हो; जैसे—सीधा रास्ता। 2. सरल, भोला; जैसे—सीधा आदमी।

सीधा-सादा वि. भोला, निष्कपट।

सीना (I) छाती; उ.—सीने में गोली लगने से डाकू मर गया। (II) स. क्रि. सिलाई करना; उ.—दरजी कपड़े सी रहा है।

सीप पुं. एक समुद्री कीड़े का कड़ा और चमकता हुआ खोल; उ.—किसी-किसी सीप में मोती भी होता है (दे. चित्र)।

सीमा स्त्री. हद, अंतिम छोर; जैसे—भारत की पश्चिमी सीमा या पूर्वी सीमा।

सीमित वि. कम, अल्प; जैसे—सीमित आमदनी, सीमित बुद्धि, सीमित क्षेत्र।

सीमेंट पुं. एक महीन चूरा जिसके घोल से चिनाई और पलस्तर किया जाता है।

सीलन स्त्री. नमी; उ.—सीलन से दीवार का चूना झड़ गया है।

सीसा पुं. एक वजनी धातु।

सुंघाना स. क्रि. नाक के पास कोई चीज़ ले जा कर उसकी गंध दिलवाना; जैसे—फूल सुँघाना।

सुंदर वि. जो मन और आँखों को अच्छा लगे, सूबसूरत, मनोहर।

सुंदरता स्त्री. ख़बूसूरती।

सुख पुं. चैन, आराम, आनंद; उ.—बेटे की सफलता से माँ को बहुत सुख मिला।

सुखाना स. क्रि. गीलापन दूर करना, नमी दूर करना; जैसे—बाल सुखाना, कपड़े सुखाना।

सुखी वि. जो मजे में हो, जो आनंद में हो, जिसे दुख न हो; जैसे—सुखी परिवार, सुखी व्यक्ति।

सुगंध स्त्री. अच्छी गंध, खुशबू।

सुगंधित वि. अच्छी गंधवाला, ख़ुशबूदार; जैसे—सुगंधित तेल।

सुगम वि. सरल, आसान।

सुघड़ वि. **1.** सुगठित, सुडौल; जैसे—सुघड़ शरीर। **2.** गुणसंपन्न, निपुण, कुशल; जैसे—सुघड़ स्त्री।

सुचारु वि. सुंदर, बढ़िया; उ.—विवाह का काम सुचारु रूप से संपन्न हो गया।

सुझाना स. क्रि सुझाव देना, उपाय बताना; जैसे—नई बात सुझाना, उपाय सुझाना।

सुझाव पुं. कुछ करने के लिए बताया गया उपाय, सलाह; उ.—स्कूल को सुधारने के लिए शिक्षकों से सुझाव माँगे गए हैं।

सुड़कना अ. क्रि. **1.** सुड़-सुड़ आवाज करके पीना; जैसे—चाय सुड़कना। **2.** नाक की सिनक को भीतर की ओर खींचना।

सुडौल वि. सुघड़ और सुंदर आकार का; जैसे—सुडौल शरीर।

सुतली स्त्री. पतली रस्सी, डोरी।

सुथरा वि. साफ, स्वच्छ, निखरा हुआ; जैसे—साफ-सुथरा घर।

सुदर्शन **(I)** वि. देखने में सुंदर; जैसे—सुदर्शन व्यक्तित्व। **(II)** पुं. भगवान श्रीकृष्ण के चक्र का नाम।

सुदूर वि. बहुत दूर का; जैसे—सुदूर देश।

सुध स्त्री. **1.** याद, ध्यान; उ.—परदेस जा कर सोनू ने घरवालों की कोई सुध न ली।

सुध-बुध स्त्री. होश-हवास, ज्ञान; उ.—पिता की मृत्यु की खबर सुन कर वह सुध-बुध खो बैठा।

सुधरना अ. क्रि. बिगाड़ का ठीक होना, बिगड़े हुए का बनना; जैसे— हालत सुधरना, आदतें सुधरना।

सुधा स्त्री. अमृत।

सुधार पुं. बिगाड़ के दूर होने का भाव, ठीक होने लगना; उ.—रोगी की हालत सुधार पर है।

सुधारना स. क्रि. बिगड़ी चीज़ को ठीक करना, दोष दूर करना; जैसे—गलती सुधारना।

सुनना स. क्रि. कान से आवाज़ ग्रहण करना, श्रवण करना; जैसे—बातें सुनना, गाना सुनना।

सुनवाई स्त्री. **1.** शिकायत का सुना जाना; उ.—इस दुष्ट राजा के राज में प्रजा की जरा भी सुनवाई नहीं है। **2.** मुक़दमे का सुना जाना; उ.—आज मेरे मुक़दमे की सुनवाई है।

सुनसान वि. जहाँ कोई न हो, निर्जन, वीरान; जैसे—सुनसान जंगल, सुनसान सड़क।

सुनहरा (सुनहला) वि. सोने के रंग जैसा चमकदार और पीला; उ.—नाटक में राजा का मुकुट सुनहरे रंग का था, सोने का नहीं।

सुनाना स. क्रि. **1.** किसी को कुछ कहना; जैसे—कहानी सुनाना। **2.** धिक्कारना, फटकारना; उ.—आज मुझे बिना बात श्याम बहुत कुछ सुना गया।

सुनार पुं. सोने के गहने बनानेवाला।

सुन्न वि. **1.** स्तब्ध, जड़वत; उ.—बेटी के मरने की खबर सुनकर माँ सुन्न हो गई। **2.** बेहोश; उ.—डॉक्टर शरीर को सुन्न करके चीर-फाड़ करते हैं।

सुन्ना पुं. सिफर, शून्य, जीरो।

सुपारी स्त्री. एक छोटा कड़ा फल जिसके टुकड़े पान में भी खाए जाते हैं; जैसे—मीठी सुपारी, चिकनी सुपारी।

सुपुर्द (सिपुर्द) वि. हवाले किया हुआ, सौंपा हुआ; उ.—'चोर को हवलदार के सुपुर्द कर दो।'

सुबह स्त्री. प्रातः, सवेरा, भोर।

सुबोध वि. जो आसानी से समझ में आए; उ.—पंडित जी ने बहुत ही सरल और सुबोध भाषा में व्याकरण का तीसरा पाठ पढ़ाया।

सुमन पुं. फूल, पुष्प।

सुरंग स्त्री. **1.** धरती के नीचे या पहाड़ों के बीच बनाया गया रास्ता, टनल (दे. चित्र)। **2.** समुद्र या ज़मीन के अंदर बिछा कर रखे गए बारूद के गोल, माइन।

सुरंग

सुर पुं. **1.** स्वर; उ.—सीता मधुर सुर में गाती है। **2.** देवता।

सुरक्षा स्त्री. रखवाली, हिफ़ाज़त; उ.—नागरिकों के जान-माल की सुरक्षा करना पुलिस का काम है।

सुरभि स्त्री. सुगंध, ख़ुशबू।

सुरमा पुं. आँखों में लगाया जानेवाला भुरभुरा महीन चूरा, अंजन।

सुरसुरी स्त्री. शरीर पर चींटी या कीड़े के रेंगने जैसा अनुभव, चुनचुनाहट।

सुरा स्त्री. शराब।

सुराही स्त्री. धातु या मिट्टी का बना हुआ लंबी गरदनवाला पानी रखने का एक बरतन।

सुरीला वि. मधुर सुरवाला, सुनने में मीठा; उ.—कांता ने हमें अपनी सुरीली आवाज़ में भजन सुनाया।

सुर्ख़ वि. लाल।

सुलगना अ. क्रि. धुआँ देते हुए धीमे-धीमे जलना; जैसे—तंबाकू सुलगना, उपले सुलगना।

सुलगाना स. क्रि. **1.** आग जलाना; उ.—'भट्ठी सुलगा दो।' **2.** भड़काना, उकसाना; उ.—राम ने श्याम को मेरे ख़िलाफ सुलगाया है।

सुलझना अ. क्रि. उलझन का दूर होना; जैसे—झगड़ा सुलझना, गुत्थी सुलझना, बाल सुलझना।

सुलझाना स. क्रि. उलझन को दूर करना; जैसे—लट सुलझाना, मामला सुलझाना।

सुलह स्त्री. मेल, समझौता; जैसे—दो देशों में सुलह होना।

सुलाना स. क्रि. नींद दिलाना; उ.—माँ ने लोरी गा कर बच्चे को सुला दिया है।

सुलूक (सलूक) पुं. बरताव, व्यवहार; उ.—सबसे अच्छा सुलूक करने के कारण इस नए अफ़सर से सब खुश हैं।

सुवास स्त्री. सुंगध, ख़ुशबू।

सुविधा स्त्री. सुभीता, सहूलियत; उ.—'आप यदि दस बजे आएँ तो मुझे सुविधा होगी।'

सुस्त वि. **1.** ढीला, मंद; उ.—'क्या कछुए की तरह सुस्त चाल चल रहे हो ?' **2.** उदास; उ.—अच्छे नंबर न आने के कारण राम आज सुस्त दिखाई पड़ रहा है।

सुस्ताना अ. क्रि. थकान दूर करने के लिए कुछ देर काम रोक कर आराम करना।

सुस्ती स्त्री. **1.** आलस्य। **2.** काम न करने की इच्छा, उत्साहहीनता।

सुहाना अ. क्रि. अच्छा लगना, भला मालूम पड़ना, उ.—जाड़े में धूप बहुत सुहाती है।

सुहावना वि. जो सुहाए या अच्छा लगे; उ.—आज मौसम बड़ा सुहावना है।

सूँघना स. क्रि. नाक से गंध लेना।

सूँड़ स्त्री. हाथी की लंबी नाक; उ.—हाथी ने सूँड़ उठा कर राजू को सलाम किया (दे. चित्र)।

सूअर पुं. **1.** एक स्तनपायी जानवर जो पालतू और जंगली दो प्रकार का होता है (दे. चित्र)। **2.** एक गाली।

सूई स्त्री. **1.** सिलाई के काम आनेवाली छोटी छेदवाली लोहे की एक बारीक तीली। **2.** शरीर में तरल दवाएँ पहुँचाने की धातु या प्लास्टिक की बनी हुई एक छेददार महीन तीली जिसमें छोटी पिचकारी लगी रहती है।

सूखना अ. क्रि. **1.** गीलापन दूर होना, नमी दूर होना; जैसे—कमीज़ सूखना। **2.** दुबला होना; उ.—बीमारी के कारण चंदर एकदम सूख गया है।

सूखा (I) वि. रसहीन, शुष्क; जैसे—सूखा फल। **(II)** पुं. **1.** बारिश न होना, अनावृष्टि; उ.—इस साल देश के पश्चिमी इलाके में सूखा पड़ा है। **2.** एक रोग जिसमें बच्चे का शरीर सूख जाता है, और हड्डियाँ नर्म हो जाती हैं।

सूचना स्त्री. **1.** ख़बर, जानकारी; उ.—मैंने मास्टर जी को तुम्हारी बीमारी की सूचना दे दी है। **2.** नोटिस;

उ.—क्लब की साधारण सभा की सूचना सबको दे दी गई है।

सूची स्त्री. तालिका, लिस्ट; जैसे— किताबों की सूची।

सूजन स्त्री. किसी अंग का फूल जाना; उ.—मोच आ जाने के कारण उसके पैर में सूजन आ गई है।

सूझ स्त्री. कल्पना, नया विचार, उपज; उ.—भाप से उठता ढक्कन देख कर जेम्स वाट को इंजन बनाने की सूझ आई।

सूझना अ. क्रि. किसी नए विचार या नए उपाय का दिमाग में आना; जैसे—उपाय सूझना, नई बात सूझना।

सूझबूझ स्त्री. होशियारी, चतुराई, समझदारी।

सूट पुं. कोट-पतलून का यूरोपीय पहनावा।

सूत पुं. **1.** काता हुआ धागा; जैसे—रेशम का सूत, रूई का सूत। **2.** रूई का तागा।

सूती वि. रूई के सूत का बना हुआ; जैसे—सूती कपड़ा।

सूद पुं. उधार दिए गए रुपयों पर मिलनेवाला पैसा (दे. ब्याज)।

सूदख़ोर पुं. ब्याज का धंधा करनेवाला।

सूना वि. सुनसान, निर्जन, खाली; जैसे—सूनी सड़क।

सूप पुं. तरकारियों का पकाया हुआ रस; जैसे—टमाटर का सूप।

सूप पुं. तीलियों से बना अनाज फटकने का एक पात्र, छाज; उ.—माया सूप से चावल फटक रही है।

सूम पुं. कंजूस, मक्खीचूस।

सूरज पुं. दे. 'सूर्य'।

सूरत स्त्री. चेहरा, शक्ल, मुख।

सूरमा पुं. बहादुर, योद्धा, शूरवीर।

सूराख़ पुं. छेद, छिद्र उ.—जलियाँवाला बाग़ की दीवारों पर आज भी गोलियों के सूराख़ हैं।

सूर्य पुं. आकाश में जलता एक गोला जिसका चक्कर पृथ्वी लगाती है और जिससे हमें प्रकाश और ताप प्राप्त होता है।

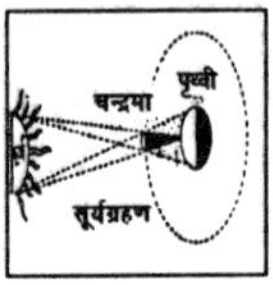

सूर्यग्रहण पुं. पृथ्वी और सूर्य के बीच में चंद्रमा के आ जाने के कारण सूर्य का न दिखना (दे. चित्र)।

सूर्यास्त पुं. (सूर्य+अस्त) सूर्य का डूबना।

सूर्योदय पुं. (सूर्य+उदय) सूर्य का उगना।

सूली स्त्री. लोहे की छड़ पर टाँग कर फाँसी देने का तरीका, सलीब।

सेंकना स. क्रि. **1.** सीधे आग पर पकाना; जैसे—चूल्हे पर रोटी सेंकना। **2.** ताप पहुँचाना; जैसे—फोड़े या दर्द की जगह को सेंकना। **3.** तापना; जैसे—जाड़े में धूप या आग सेंकना।

सेंटीमीटर स्त्री. एक मीटर के सौवें हिस्से के बराबर एक नाप।

सेंवई स्त्री. मैदे से बनाए हुए सूत जैसे लच्छे; उ.—ईद पर राम ने जावेद के घर सेंवइयाँ खाईं।

सेकंड पुं. एक मिनट का साठवाँ हिस्सा।

सेज स्त्री. बिछौना, शय्या, पलंग।

सेट पुं. एक ही तरह की कई चीजों का समूह; जैसे—चाय का सेट, गहनों का सेट।

सेठ पुं. साहूकार, धनी।

सेतु पुं. पुल।

सेना स्त्री. फ़ौज, पलटन।

सेना स. क्रि. अंड़ों को गरमी पहुँचा कर उनसे बच्चे निकालना; उ.—चिड़िया अपने घोंसले में बैठी अंडे से रही है।

सेनापति पुं. सेना का मुख्य अधिकारी।

सेब पुं. एक प्रसिद्ध फल; उ.—कश्मीर से सेब मशहूर हैं।

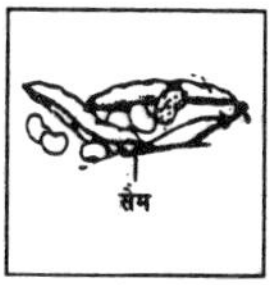

सेम स्त्री. एक फली जिसकी सब्जी बनाई जाती है (दे. चित्र)।

सेमल पुं. एक बड़ा पेड़ जिसके फलों से रूई निकलती हैं।

सेर पुं. किलो से कुछ कम वज़न का एक तौल जो सोलह छटाँक का होता था।

सेवक पुं. सेवा करनेवाला, नौकर।

सेवन पुं. इस्तेमाल, व्यवहार; उ.—वे जाड़ों में आँवले का सेवन करते हैं।

सेवा स्त्री. **1.** टहल, खिदमत, परिचर्या; जैसे—रोगी की सेवा करना। **2.** सरकार का कोई विशेष विभाग, जैसे—डाक तार सेवा। **3.** नौकरी (सर्विस) जैसे—भारतीय प्रशासनिक सेवा।

सेवार (शैवाल) स्त्री. पानी में होनेवाली एक घास।

सेहत स्त्री. तंदुरुस्ती, स्वास्थ्य; उ.—रोज कसरत करने के कारण राम की सेहत अच्छी है।

सैंकड़ा पुं. एक सौ।

सेहरा पुं. दूल्हे का मुकुट।

सैंतालीस वि. चालीस और सात का जोड़, 47।

सैंतीस वि. तीस और सात का जोड़, 37।

सैनिक पुं. सिपाही, फ़ौजी।

सैर स्त्री. मौज-मस्ती में घूमना।

सैरगाह स्त्री. सैर की जगह, रमणीय स्थान।

सैलानी वि. सैर करनेवाला, घुमक्कड़।

सोंटा पुं. मोटी छड़ी, लाठी; उ.—पंडित जी अपने साथ हमेशा सोंटा रखते हैं।

सोंठ स्त्री. सुखाई हुई अदरक।

सोखना स. क्रि. पानी या तरल पदार्थ को चूस लेना; उ.—'गिरी हुई स्याही को स्याहीचूस से सोख दो।'

सोख़्ता पुं. स्याहीचूस, ब्लॉटिंग पेपर।

सोच स्त्री. **1.** विचार, फ़िक्र; उ.— 'भाई ! तुम किस सोच में डूबे हो ?'

सोचना स. क्रि. विचार करना; उ.— 'परीक्षा में प्रश्नों का जवाब सोच कर देना।'

सोड़ा पुं. सज्जी से बनाया हुआ एक क्षार।

सोता पुं. पानी का स्रोत, झरना।

सोना पुं. पीले रंग की एक कीमती धातु, कंचन।

सोना अ. क्रि. नींद लेना; उ.—मैं दो घंटे सोना चाहता हूँ।

सोफ़ा पुं. गद्देदार कुर्सी (दे. चित्र)।

सोमवार पुं. सप्ताह के सात दिनों में से एक दिन जो रविवार के बाद और मंगलवार के पहले पड़ता है।

सोयाबीन स्त्री. एक तरह की फली का दाना; उ.—सोयाबीन का तेल बहुत पौष्टिक होता है।

सोलह वि. दस और छह का जोड़ 16।

सौंदर्य पुं. सुंदरता, ख़ूबसूरती।

सौंपना स. क्रि. हवाले करना, जिम्मे लगाना, सुपुर्द करना; जैसे– ज़िम्मेदारी सौंपना, धन सौंपना।

सौ वि. नब्बे और दस का जोड़, 100।

सौगंध स्त्री. शपथ, क़सम।

सौत स्त्री. पति की दूसरी पत्नी।

सौतेला वि. **1.** जो अपनी माँ की सौत से संबंधित हो; जैसे–सौतेला भाई, सौतेली बहन। **2.** अन्यायपूर्ण; उ.– यह अफ़सर मुझसे सौतेला व्यवहार करता है।

सौदा पुं. **1.** ख़रीद-फरोख़्त का काम; उ.–मैंने इस रेडियो का सौदा पाँच सौ रुपए में तय किया है। **2.** घर-गृहस्थी का सामान, माल; उ.–मैं सौदा खरीदने बाज़ार गया था।

सौदागर पुं. व्यापारी।

सौभाग्य पुं. **1.** अच्छा भाग्य, अच्छी क़िस्मत; उ.–सौभाग्य से मैं इस रेल-दुर्घटना में बच गया। **2.** सुहाग; उ.–बड़ों ने नववधु को आशीर्वाद दिया कि उसका सौभाग्य बना रहे।

सौम्य वि. भद्र, शांत।

स्काउट पुं. बालचर।

स्कूटर पुं. एक हलका फटफटिया।

स्कूल पुं. विद्यालय, पाठशाला।

स्क्रू पुं. पेच।

स्टॉप पुं. रुकने की जगह, पड़ाव; जैसे–बसस्टॉप।

स्टाफ़ पुं. एक जगह के कर्मचारियों का समूह; जैसे–बैंक का स्टाफ़, स्कूल का स्टाफ़।

स्टीमर पुं. भाप से चलनेवाला पानी का जहाज़।

स्टूडियो पुं. फोटो खींचने या चित्र आदि बनाने का स्थान।

स्टूल पुं. बिना पीठ की छोटी चौकी।

स्टेज पुं. दे. 'मंच'।

स्टेशन पुं. रेलगाड़ियों के पहुँचने ठहरने और रवाना होने का स्थान, पड़ाव।

स्टोर पुं. **1.** भंडार। **2.** बड़ी दुकान।

स्टोव पुं. मिट्टी के तेल से जलनेवाला चूल्हा।

स्तंभ पुं. खंभा।

स्तन पुं. मादा की छाती, थन।

स्तनपायी वि. वे जीव जो माँ का दूध पीकर बड़े होते हैं।

स्तब्ध वि. सुन्न, हक्का-बक्का; उ.–रेल दुर्घटना में अपने जवान दोस्त के मरने की ख़बर सुन कर हम सब स्तब्ध रह गए।

स्तर पुं. **1.** दरजा, स्टैंडर्ड; जैसे–शिक्षा का स्तर। **2.** सतह; जैसे–जल का स्तर।

स्तुति स्त्री. प्रशंसा, बड़ाई।

स्तूप पुं. **1.** ऊँचा टीला, ढूह। **2.** किसी की स्मृति में बनाया गया ऊँचे टीले जैसा स्मारक; उ.– साँची का स्तूप भगवान बुद्ध की स्मृति में बना था (दे. चित्र)।

स्तूप

स्त्री स्त्री. **1.** नारी, औरत; जैसे–भारतीय स्त्री. (दे. चित्र)। **2.** पत्नी।

स्त्री

स्त्रीलिंग पुं. स्त्रीवाचक शब्द; उ.–छत, बिजली, मूँछ आदि शब्द स्त्रीलिंग हैं।

स्थल पुं. 1. ज़मीन, थल; जैसे—स्थल सेना। 2. स्थान; जैसे—दुर्घटना-स्थल, क्रीड़ा-स्थल।

स्थान पुं. जगह।

स्थानीय वि. उस स्थान पर जिसका जिक्र हो, लोकल; जैसे—स्थानीय समाचार, कंपनी का स्थानीय कार्यालय।

स्थापना स्त्री. स्थापित करना, कायम करना; उ.—आज हमारे स्कूल का स्थापना-दिवस है।

स्थापित वि. बनाया हुआ, जमाया हुआ, कायम किया हुआ; उ.—हमारा स्कूल सन् 1903 में स्थापित हुआ था।

स्थित वि. बना हुआ, टिका हुआ; उ.—साबरमती आश्रम नदी किनारे स्थित है।

स्थिति स्त्री. अवस्था, हालत; उ.— आजकल प्रबोध की आर्थिक स्थिति अच्छी नहीं है।

स्थिर वि. ठहरा हुआ, टिका हुआ, अचल, दृढ़; उ.—हवा न बहने के कारण पेड़ के पत्ते स्थिर हैं।

स्थूल वि. मोटा; उ.—भीम का शरीर स्थूल था।

स्नातक पुं. विश्वविद्यालय की पहली डिग्री प्राप्त किया हुआ व्यक्ति, ग्रैजुएट।

स्नान पुं. पानी से सारे शरीर को धोना, नहान।

स्नेह पुं. प्यार, प्रेम; उ.—बहन जी हमसे बहुत स्नेह करती हैं।

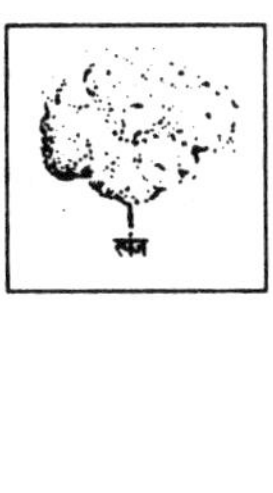

स्नेही वि. स्नेह करेवाला, प्रेम करनेवाला।

स्पंज पुं. पानी को सोखनेवाली एक महीन छेदोंवाली नरम चीज़ (दे. चित्र)।

स्पर्श पुं. छूना; जैसे—चरण स्पर्श करना।

स्पष्ट वि. साफ; जैसे—स्पष्ट विचार, स्पष्ट बात।

स्फूर्ति स्त्री. फुरती, चुस्ती; उ.—व्यायाम करने से शरीर में स्फूर्ति आती है।

स्मरण पुं. याद; उ.—उसकी स्मरण-शक्ति इतनी अच्छी है कि एक ही बार पढ़ने पर उसे सारा पाठ याद हो जाता है।

स्मारक पुं. किसी की याद में बनाया गया कोई चिह्न, स्तंभ, भवन आदि; उ.—कन्याकुमारी में विवेकानंद के ज्ञान प्राप्ति स्थान पर स्मारक बनाया गया है।

स्मृति स्त्री. याद।

स्याह वि. काला।

स्याही स्त्री. लिखने के काम आनेवाला एक रंगीन तरल पदार्थ, रोशनाई।

स्रोत पुं. 1. उत्पत्ति स्थान; जैसे—नदी का स्रोत। 2. सोता, झरना। 3. ज़रिया, साधन; उ.—रिक्शा चलाना ही उसकी आमदनी का एकमात्र स्रोत है।

स्लेट स्त्री. पतले पत्थर की एक छोटी पटिया; उ.—'खड़िया से स्लेट पर सवाल लिखो।'

स्वच्छ वि. साफ, निर्मल; जैसे—स्वच्छ वस्त्र, स्वच्छ जल।

स्वच्छता स्त्री. सफ़ाई।

स्वतंत्र वि. जो किसी का गुलाम न हो, स्वाधीन आज़ाद; उ.—हम स्वतंत्र देश के नागरिक हैं।

स्वतंत्रता स्त्री. स्वाधीनता, आजादी; उ.—'स्वतंत्रता हमारा जन्मसिद्ध अधिकार है।'

स्वदेश पुं. अपना देश।

स्वप्न पुं. दे. 'सपना'।

स्वभाव पुं. मूल गुण, सहज प्रकृति, मिज़ाज; जैसे—मीठा स्वभाव, चिड़चिड़ा स्वभाव।

स्वभावतः अ. सहज रूप से, स्वाभाविक रूप से; उ.—तुम्हारे बिगड़ने पर स्वभावतः उसे भी गुस्सा आ गया।

स्वयं अ. खुद, अपने आप; उ.—उसने स्वयं ही अपनी गलती मान ली।

स्वयंवर पुं. प्राचीन काल का एक समारोह जिसमें कन्या मनपसंद वर का चुनाव करती थी जैसे—सीता स्वयंवर, संयोगिता-स्वयंवर।

स्वयंसेवक पुं. बिना पैसे लिए सेवा करनेवाला, वॉलंटियर।

स्वर पुं. **1.** वह ध्वनि जिसका उच्चारण करने में ज़रा भी ज़ोर न लगे और जो किसी व्यंज़न के उच्चारण के लिए जरूरी हो; उ.—अ, आ, इ, ई, आदि स्वर हैं। **2.** आवाज; उ.—माँ मीठे स्वर में लोरी गा कर बच्चे को सुला रही है।

स्वराज (स्वराज्य) पुं. अपना राज्य; उ.—हमें 1947 में स्वराज मिला।

स्वर्ग पुं. **1.** पुराणों के अनुसार देवताओं के रहने की जगह, देवलोक, बैकुंठ। **2.** वह स्थान जहाँ कोई दुख न हो।

स्वर्गवास पुं. स्वर्ग जाना, मरना; उ.—दस वर्ष पहले मेरे पिता जी का स्वर्गवास हो गया।

स्वर्गीय वि. जिसकी मृत्यु हो गई हो; उ.—मेरे स्वर्गीय पिता इस स्कूल के हेडमास्टर थे।

स्वर्ण पुं. एक कीमती पीली धातु, सोना।

स्वर्णकार पुं. सोने के गहने बनानेवाला, सुनार।

स्वर्ण-पदक पुं. सोने का तमगा या मेडल; उ.—खेलों में प्रथम आने के कारण उसे स्वर्ण-पदक मिला।

स्वर्ण-युग पुं. सुख-समृद्धि का चरम काल, उन्नत समय; उ.—गुप्त काल को भारत का स्वर्ण-युग कहते हैं।

स्वस्थ वि. तंदुरुस्त, नीरोग।

स्वांग पुं. **1.** रूप बदलना, भेस धरना; उ.—होली पर लालू लड़की का स्वांग भर कर खूब नाचा। **2.** ढोंग; उ.—वह आज बीमारी का स्वांग रच कर दफ्तर नहीं गया।

स्वागत पुं. अगवानी, सत्कार; जैसे—मेहमानों का स्वागत, बरातियों का स्वागत।

स्वाद पुं. किसी चीज़ के रस का अनुभव, जायका; जैसे—खाने का स्वाद, गप्पों का स्वाद।

स्वादिष्ठ (स्वादिष्ट) वि. बहुत स्वादु, जायकेदार, जैसे—स्वादिष्ठ जलेबी।

स्वाधीन वि. दे. 'स्वतंत्र'।

स्वाधीनता स्त्री. दे. 'स्वतंत्रता'।

स्वाभाविक वि. स्वभाव से उत्पन्न, सहज, प्राकृतिक उ.—इतनी कड़वी बात सुन कर उनको गुस्सा आना स्वाभाविक था।

स्वाभिमान पुं. अपनी इज़्ज़त का ख़याल रखना, आत्मसम्मान; उ.—'स्वाभिमान अच्छा है, अभिमान बुरा।'

स्वाभिमानी पुं. अपनी इज़्ज़त का ख़याल रखनेवाला; उ.—स्वाभिमानी राजू ने

मुसीबत के वक्त भी किसी के आगे हाथ नहीं पसारे।

स्वामिभक्त वि. मालिक के प्रति वफ़ादार; उ.—स्वामिभक्त पन्ना दाई ने राजकुमार की रक्षा के लिए अपने बेटे का बलिदान कर दिया।

स्वार्थ पुं. अपना मतलब, अपना फायदा; उ.—अपने स्वार्थ के कारण उसने अपने देश के भेद शत्रु को बता दिए।

स्वार्थी वि. हर चीज़ में अपना ही फ़ायदा देखनेवाला, मतलबी।

स्वावलंबन पुं. अपने भरोसे रहना, आत्मनिर्भरता।

स्वावलंबी वि. अपने ही भरोसे काम करनेवाला या रहनेवाला, आत्मनिर्भर; उ.—हर व्यक्ति को स्वावलंबी होना चाहिए।

स्वास्थ्य पुं. तंदुरुस्ती, आरोग्य; उ.—कसरत करने से स्वास्थ्य ठीक रहता है।

स्वाहा (I) वि. 1. जल कर राख के समान; उ.—कल रात रामू का घर जल कर स्वाहा हो गया। 2. नष्ट; उ.—बदमाश बेटे ने थोड़े ही समय में पिता की सारी संपत्ति स्वाहा कर दी। (II) अ. हवन में आहुति देते समय बोला जानेवाला शब्द; जैसे—ओम् स्वाहा।

स्वीकार पुं. 1. मान्य, मंजूर; जैसे—गलती स्वीकार करना। 2. ग्रहण; उ.—मैं आपका यह उपहार कृतज्ञतापूर्वक स्वीकार करती हूँ।

स्वीकृति स्त्री. हाँ, मंजूरी।

स्वेच्छा स्त्री. अपनी इच्छा, मनमर्ज़ी; उ.—मैंने यह मकान स्वेच्छा से दान किया है।

स्वेटर पुं. बनियान या गंजी की तरह का ऊन से बुना हुआ एक पहनावा।

ह

हंगामा पुं. लड़ाई-झगड़ा, शोरगुल, उपद्रव।

हंडा पुं. 1. धातु मिट्टी आदि से बना हुआ पानी रखने का घड़े जैसा एक बड़ा बरतन। 2. बत्ती के ऊपर लगा हुआ काँच का गोल ढक्कन।

हँड़िया स्त्री. बड़े लोटे के आकार का मिट्टी का बरतन, मिट्टी की देगची; उ.—हँड़िया में दाल पक रही है।

हंस

हँस पुं. एक सफ़ेद जलपक्षी; उ.—हँस देवी सरस्वती का वाहन है (दे. चित्र)।

हँसना अ. क्रि. मुँह खोल कर खुशी-भरी आवाज निकालना, खिलखिलाना; उ.—बंदर को आदमी की नकल करते देख बच्चे जोर-जोर से हँसने लगे।

हँसमुख वि. जिसके चेहरे पर हमेशा खुशी

छलकती रहे, खुशमिजाज; उ.—हँसमुख बच्चा सबको प्यारा लगता है।

हँसाना स. क्रि. ऐसा करना कि दूसरे लोग हँस पड़ें; उ.—नत्थू चुटकुले सुना-सुना कर सबको हँसाता रहता है।

हँसिया स्त्री. फसल काटने का एक अर्ध गोलाकार औजार (दे. चित्र) (पुं.—हँसुआ)।

हँसी स्त्री. **1.** हँसने की क्रिया; उ.—जोकर की अटपटी हरकतें देख कर दर्शकों को हँसी आ गई। **2.** मज़ाक, दिल्लगी; उ.—बुद्धन की बेवकूफ़ी भरी बातें सुन सब उसकी हँसी उड़ाने लगे।

हँसी-खुशी अ. प्रसन्नतापूर्वक।

हँसी-खेल पुं. खिलवाड़, ठट्टा; उ.—'क्या तुमने परीक्षा को हँसी-खेल समझ रखा है, जो थोड़ी देर भी नहीं पढ़ते ?'

हँसोड़ वि. हँसानेवाला, मज़ाकिया।

हक़ **(I)** अधिकार; उ.—इस मकान पर सोहन का भी हक़ है। **(II)** वि. न्याय, उचित, सही; उ.—हक़ की बात तो यह है कि यह अँगूठी रमण की ही है।

हकलाना अ. क्रि. अटक-अटक कर बोलना; उ.—मास्टर जी के सवाल पूछने पर राम घबरा कर हकलाने लगा।

हकला वि. अटक-अटक कर बोलनेवाला।

हकीम पुं. यूनानी पद्धति से इलाज करनेवाला।

हक्का-बक्का वि. चकित, दंग; उ.—प्रवीण की चालबाज़ी देख कर मैं तो हक्का-बक्का रह गया।

हज़म वि. पचा हुआ।

हज़म करना स. क्रि. **1.** पचाना। **2. मु. हड़प लेना;** जैसे—पैसा हज़म करना, जायदाद हज़म करना।

हज़रत पुं. **1.** पूज्य या प्रतिष्ठित व्यक्ति के नाम के आगे लगाया जानेवाला एक विशेषण; जैसे— हज़रत मुहम्मद, हज़रत ईसा। **2.** सम्मान-सूचक संबोधन, श्रीमान, महोदय; उ.—'आइए हज़रत, तशरीफ रखिए।'

हजामत स्त्री. सिर के बाल काटना और दाढ़ी मूँड़ना; उ.—नाई मोहन की हजामत बना रहा है।

हज़ार वि. गिनती में दस सौ, 1000; उ.—इस जड़ाऊ हार की कीमत तीन हजार रुपए है।

हज्जाम पुं. हजामत बनानेवाला, नाई, नापित।

हटना अ. क्रि. एक जगह से दूसरी जगह सरकना, खिसकना या दूर चले जाना; उ.—'सड़क से हटकर फुटपाथ पर चलो, गाड़ी आ रही है।'

हटाना सं. क्रि. एक जगह से खिसकाना या सरकाना; जैसे—भीड़ हटाना, चौकी हटाना। **2.** निकाल देना; जैसे—नौकरी से हटाना।

हट्टा-कट्टा वि. हृष्ट-पुष्ट, मोटा-ताज़ा, बलवान; उ.—हट्टे-कट्टे नंदू को सामने देख मरियल लखन का दम निकलने लगा।

हठ पुं. ज़िद, दुराग्रह; उ.—चंद्रमा को खिलौना समझ कर बाल-कृष्ण उसे

लेने का हठ करने लगे।

हठीला वि. ज़िद्दी, हठी; उ.—माँ के अधिक दुलार के कारण ननकू बहुत हठीला हो गया है।

हड़ताल स्त्री. किसी अन्याय का विरोध करने या कोई माँग पूरी कराने के लिए काम बंद करना; उ.—कल शहर में विद्यार्थियों के जुलसू पर पुलिस द्वारा गोली चलाने के विरोध में हड़ताल रही।

हड़पना स. क्रि. किसी का हक़ मारना, किसी की चीज़ को जबरदस्ती या गलत तरीके से अपने कब्जे में ले लेना; उ.—हरिलाल बाप-दादा की जायदाद में से अपने भाई ईश्वरी लाल का हिस्सा भी हड़प गया।

हड़बड़ाना अ. क्रि. जल्दबाज़ी या घबराहट में कुछ करना; उ.— इंस्पेक्टर के सवाल पूछने पर राम हडबड़ा कर गलत जवाब दे बैठा।

हड़बड़ी स्त्री. जल्दीबाज़ी, व्यग्रता; उ.—हड़बड़ी में किया गया काम ठीक नहीं होता।

हताश वि. जिसके मन में कोइ आशा न बची हो, बिलकुल निराश।

हताहत वि. घायल और मारे गए; उ.—कल रेल दुर्घटना में पाँच सौ आदमी हताहत हुए।

हत्था पुं. किसी औज़ार का वह हिस्सा जिसे हाथ में पकड़ा जाता है, मूठ, हैंडल।

हत्या स्त्री. जान से मार डालना, वध, खून; उ.—जनवरी 1948 को गोडसे ने गोली मार कर गाँधी जी की हत्या कर दी।

हत्यारा पुं. हत्या करनेवाला, जान से मारनेवाला।

हथकड़ी

हथकड़ी स्त्री. कैदी के हाथ में पहनाया जानेवाला लोहे का एक विशेष कड़ा (दे. चित्र)।

हथियार पुं. अस्त्र-शस्त्र; जैसे—छुरा, तलवार, बंदूक़, बम आदि।

हथेली स्त्री. कलाई के आगे का चिकना और चौड़ा गद्दीदार भाग जिससे उँगलियाँ जुड़ी रहती हैं; उ.—दुल्हन की हथेलियों पर रची मेंहदी सुंदर लग रही है।

हथौड़ा पुं. ठोंकने-पीटने के काम आनेवाला एक औज़ार, घन; उ.—लोहार हथौड़े से लोहा पीट रहा है (लघु.—हथौड़ी)।

हद स्त्री. सीमा, सरहद, छोर; जैसे—खेत की हद, किसी देश की हद।

हदबंदी स्त्री. सीमा का निर्धारण, हद बाँधना।

हफ्ता पुं. सात दिन, सप्ताह; उ.—मुझे हफ़्ते-भर की छुट्टी चाहिए।

हबशी पुं. अफ्रीका का आदमी जो काले रंग कर होता है, नीग्रो।

हम सर्व. 'मैं' का बहुवचन; उ.—हम कल ताजमहल देखने गए थे।

हमजोली वि. मित्र, साथी; उ.—राम मेरा हमजोली है, बचपन से ही हम साथ खेले और पढ़े हैं।

हमदर्द वि. सहानुभूति रखनेवाला।

हमला पुं. आक्रमण, धावा; उ.—डाकुओं ने यात्रियों पर हमला कर उन्हें लूट लिया।

हमेशा अ. सदैव, सदा, हर, समय; उ.—राम हमेशा ध्यान से काम करता है।

हरजाना पुं. नुकसान के बदले दी जानेवाली रक़म, क्षतिपूर्ति, मुआवज़ा; उ.—काम करते वक्त मशीन में हाथ कट जाने पर मालिक ने नत्थू को दस हज़ार रुपए का हरजाना दिया।

हरण पुं. 1. ज़बरदस्ती उठा ले जाना, लूटना, छीनना; जैसे—सीता-हरण, संयोगिता-हरण।

हरा वि. घास या पत्ते जैसा रंग, सब्ज़।

हरा-भरा वि. हरियाली से भरा; उ.—वर्षा ऋतु में यह बगीचा हरा-भरा हो जाता है।

हराना स. क्रि. किसी को किसी काम में पीछे छोड़ देना, पराजित करना; जैसे—दौड़ में हराना, पढ़ाई में हराना।

हराम पुं. 1. पाप, अधर्म, बुरा। 2. मुफ़्त; उ.—हराम की रोटियाँ मत तोड़ो। 3. मुश्किल; उ.—महँगाई ने लोगों का जीना हराम कर दिया है।

हरिजन पुं. हिंदुओं में अछूत माने जानेवाले लोगों को गाँधी जी द्वारा दिया गया नाम; उ.—हरिजन का मूल अर्थ है—ईश्वर के अपने आदमी।

हरिण पुं. दे. 'हिरन'।

हरियाली स्त्री. हरे-भरे पेड़-पौधों का फैलाव, उ.—असम के जंगलों में बहुत घनी हरियाली है।

हर्ष पुं. प्रसन्नता, आनंद; उ.—बिछुड़े बेटे को देख कर माँ के हर्ष का ठिकाना न रहा।

हल पुं. खेत जोतने का एक औज़ार या यंत्र; उ.—किसान खेत में हल चला रहा है।

हल पुं. किसी समस्या का समाधान, सवाल का उत्तर।

हलका वि. 1. जो भारी न हो; जैसे—हलका बक्सा। 2. कम; जैसे—हलका बुख़ार, हलका गुलाबी रंग। 3. कम मूल्य का; उ.—कुछ हलका माल दिखाइए।

हलचल स्त्री. खलबली; जैसे—विवाह की हलचल, शहर में हलचल।

हलदी स्त्री. पीले रंग की अदरख जैसी एक गाँठ जिसे पीस कर मसाले के काम में लाया जाता है।

हलवा (हलुआ) पुं. आटे, सूजी, दाल आदि में घी-चीनी डाल कर बनाया गया एक मीठा पकवान।

हलवाई पुं. मिठाई, पकवान आदि बनानेवाला।

हल्ला पुं. 1. शोर, कोलाहल; उ.—लड़के कक्षा में हल्ला मचा रहे हैं। 2. धावा, हमला; उ.—शत्रु सेना ने अचानक हल्ला बोल दिया।

हवन पुं. होम, यज्ञ; उ.—हवन में मंत्र पढ़ कर आहुति दी जाती है।

हवलदार पुं. पुलिस में एक छोटा अफ़सर जिसके अधीन कुछ सिपाही होते हैं।

हवा स्त्री. वायु, पवन; उ.—हवा में झंडा फहरा रहा है।

हवाई वि. 1. हवा से संबंधित; जैसे—हवाई हमला, हवाई छतरी, हवाई- जहाज़। 2. बिना किसी आधार का, शेखचिल्ली जैसा; जैसे— हवाई बातें करना, हवाई क़िले बनाना।

हवाई-अड्डा पुं. हवाई-जहाज़ के उतरने,

उड़ान भरने और ठहरने की जगह; उ.—कलकत्ते का हवाई अड्डा दमदम में है।

हवाई-जहाज

हवाई-जहाज़ पुं. आकाश में उड़नेवाला जहाज़, वायुयान (दे. चित्र)।

हवाई-हमला पुं. हवाई-जहाज़ों द्वारा की गई बम-वर्षा।

हवादार वि. जहाँ चारों ओर से हवा आती हो; जैसे—हवादार कमरा।

हवालात स्त्री. थाने का वह हिस्सा जहाँ तुरंत गिरफ्तार किए गए लोगों को रखा जाता है, हिरासत।

हवेली स्त्री. बड़ा और पक्का मकान; उ.—राजस्थान में कई हवेलियों पर बहुत सुंदर चित्र बने हुए हैं।

हस्ताक्षर पुं. दस्तख़त, सही; उ.—'इस रिपोर्ट पर कल पिता जी से हस्ताक्षर करवा लाना।'

हाँ अ. स्वीकृति-सूचक शब्द; उ.—'हाँ, तुम्हारी बात सही है।'

हाँक स्त्री. किसी को बुलाने के लिए ऊँचे स्वर में लगाई गई आवाज; उ.—अपने साईस की हाँक सुनते ही घोड़ा दौड़ता हुआ आया।

हाँकना स. क्रि. जानवरों को आगे बढ़ाना; जैसे—भेड़ बकरी हाँकना, बैल हाँकना। **2.** बड़ी-बड़ी बातें करना, डींग मारना; उ.—वह अपनी बहादुरी की बातें हाँक रहा था लेकिन चूहा देखते ही भागा।

हाँड़ी स्त्री. दे. 'हँड़िया'।

हाँफना अ. क्रि. जल्दी-जल्दी साँस लेना, दम फूलना; उ.—दौड़ने के कारण राम हाँफ रहा है।

हॉकी

हॉकी स्त्री. मुड़ी हुई छड़ी और गेंद से खुले मैदान में खेला जानेवाला एक खेल; उ.—ध्यानचंद हॉकी के प्रसिद्ध खिलाड़ी थे (दे. चित्र)।

हाज़िर वि. दे. 'उपस्थित'।

हाज़िरी स्त्री. दे. उपस्थिति।'

हाट स्त्री. बाज़ार; उ.—हमारे गाँव में हर रविवार को हाट लगती है।

हाथ पुं. कंधे से ले कर उँगलियों तक का हिस्सा, विशेष रूप से कलाई का आगे के हिस्सा।

हाथापाई स्त्री. झगड़ा बढ़ने पर होनेवाली मारपीट; उ.—देखते-देखते दोनों में हाथापाई होने लगी।

हाथी

हाथी पुं. लंबी सूँड़ और विशाल शरीरवाला एक जानवर (स्त्री. : हथिनी) (दे. चित्र)।

हाथों-हाथ अ. तुरंत, झट से; उ.—तुम्हारा सारा माल हाथों-हाथ बिक गया।

हानि स्त्री. नुकसान, क्षति; जैसे—धन की हानि, स्वास्थ्य की हानि।

हाय अ. दुःख या दर्द के कारण मुँह से निकलनेवाला शब्द; उ.—दर्द के (मारे) कारण मरीज़ सारी रात हाय-हाय करता रहा।

हार (I) स्त्री. पराजय; उ.—कल कुश्ती में असलम चंदगीराम से हार गया (विलोम : जीत)। **(II)** पुं. लंबी माला; उ.—वधु ने वर के गले में फूलों का

हार पहनाया।

हारना अ. क्रि. 1. परास्त होना; जैसे—मुक़दमे या लड़ाई में हारना। 2. थकना; उ.—मैं उसे समझाते-समझाते हार गया, पर उसने मेरी बात नहीं मानी।

हारमोनियम पुं. एक पेटी-बाजा; उ.—सीता हारमोनियम पर भजन गा रही है।

हार्दिक वि. हृदय से निकला हुआ, दिली; जैसे—हार्दिक आशीर्वाद, हार्दिक इच्छा।

हॉर्न पुं. भोंपू; उ.—अस्पताल के आस-पास हॉर्न बजाना मना है।

हाल पुं. 1. स्थिति, दशा, अवस्था; उ.—मैं मरीज़ का हाल पूछने अस्पताल गया था। 2. वर्णन, वृत्तांत; उ.—क्रिकेट मैच का आँखों-देखा हाल आकाशवाणी से सुनाया जा रहा है।

हॉल पुं. बड़ा कमरा; उ.—आज स्कूल के हॉल में वाद-विवाद प्रतियोगिता होगी।

हालत स्त्री. दशा; उ.—रोगी की हालत सुधर रही है।

हालाँकि अ. यद्यपि; उ.—रमेश सुरेश से लड़ ही पड़ा हालाँकि मैंने उसे बहुत समझाया था।

हाशिया पुं. किनारा, (बॉर्डर, मार्जिन); उ.—इस किताब में हर पन्ने के हाशिए पर कठिन शब्दों के अर्थ लिखे हैं।

हासिल वि. पाया हुआ, प्राप्त; उ.—मैंने बड़ी मेहनत से यह डिग्री हासिल की है।

हाहाकार पुं. भय और दुःख के कारण मचा हुआ रोना-चिल्लाना; उ.—आग लगते ही पूरे बाजार में हाहाकार मच गया।

हिंद पुं. भारतवर्ष, हिंदुस्तान।

हिंदी (I) स्त्री. भारतवर्ष की एक भाषा जो प्राय; सारे देश में समझी जाती है **(II)** वि. हिंदुस्तान का रहेनवाला, भारतीय; उ.—'हिंदी हैं हम वतन है हिंदोस्तां हमारा।'

हिंदू (I) वि. वैदिक मान्यताओं पर आधारित धर्म। **(II)** पुं. हिंदूधर्म को माननेवाला।

हिंसा स्त्री. प्राण लेना, हत्या करना।

हिचक स्त्री. झिझक, संकोच; उ.—'अपनी ग़लती जान लेने पर भी तुम्हे मास्टर जी से माफी माँगने में हिचक क्यों हो रही है ?'

हिचकना (हिचकिचाना) अ. क्रि. संकोच करना, झिझकना।

हिज्जे पुं. शब्द के अक्षरों और मात्राओं को अलग-अलग कहना, स्पेलिंग।

हित पुं. भलाई, कल्याण; उ.—'परहित सरिस धरम नहिं भाई।' (तुलसीदास)

हितैषी पुं. भला चाहनेवाला, शुभचिंतक; उ.—हमारे हितैषी मित्रों की कोशिशों से ही हमें यह मकान मिला है।

हिनहिनाना अ. क्रि. घोड़े का मुँह से आवाज़ करना।

हिफ़ाज़त स्त्री. रक्षा, सँभाल; उ.— अब्दुल भाई ने ही दंगों में हमारी हिफ़ाज़त की।

हिमालय पुं. भारतवर्ष की उत्तरी सीमा पर फैली हुई संसार की सबसे ऊँची पर्वत माला।

हिम्मत स्त्री. साहस, वीरता; उ.—मन में

हिम्मत हो तो हर काम आसान है।

हिरन पुं. मृग, हरिण; उ.–हिरन कुलाँचें भरता हुआ शकुंतला के पास आ गया।

हिलना अ. क्रि. **1.** इधर से उधर डोलना; उ.–पेड़ के पत्ते हवा से हिल रहे हैं। **2.** हेलमेल होना; उ.–रोज़ पार्क में मिलने के कारण यह बच्चा मुझसे हिल गया है।

हिलाना स. क्रि. डोलाना, कँपाना; जैसे–पैर हिलाना।

हिलोर स्त्री. लहर, तरंग।

हिसाब पुं. **1.** दे. 'गणित' **2.** कमाई और ख़र्च का लेखाजोखा; उ.–यह मेरे साल भर के ख़र्चे का हिसाब है।

हिस्सा पुं. **1.** भाग; उ.–खेत का यह हिस्सा मेरे ताऊ जी का है। **2.** साझा; उ.–इस दुकान में मुरारी का भी हिस्सा है।

हिस्सेदार पुं. भागीदार, साझीदार उ.–इस कंपनी में पाँच हिस्सेदार हैं।

हींग स्त्री. तीव्र गंधवाला एक पदार्थ जो मसाले, दवा आदि के काम आता है।

हीन वि. **1.** रहित, शून्य; जैसे–नेत्रहीन, बुद्धिहीन। **2.** तुच्छ; जैसे–दीन-हीन लोग।

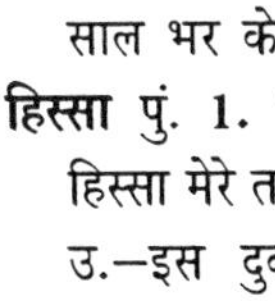

हीरा पुं. एक चमकीला कीमती रत्न (दे. चित्र)।

हुंकार स्त्री. गर्जना, ललकार; जैसे–पहलवानों की हुंकार, योद्धाओं की हुंकार।

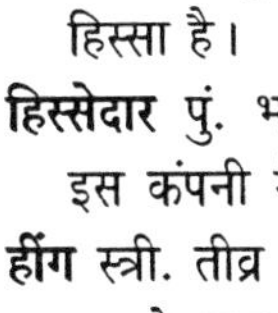

हुक़्क़ा पुं. तंबाकू पीने का एक उपकरण, गुड़गुड़ी (दे. चित्र)।

हुक्म पुं. आदेश, आज्ञा; उ.–राजा का हुक्म सुनते ही मंत्री उड़नखटोले की खोज में निकल पड़ा।

हुज़ूर पुं. आदरसूचक संबोधन, जनाब; जैसे–जी हुज़ूर ! अभी आया।

हुड़दंग पुं. हुल्लड़, ऊधम; जैसे–होली का हुड़दंग।

हुलिया पुं. चेहरे की बनावट, शक्ल-सूरत; उ.–'दाढ़ी बढ़ा कर तुमने अपना हुलिया क्यों बिगाड़ रखा है ?'

हुल्लड़ पुं. उछलकूद के साथ शोरगुल; उ.–मास्टर जी को देखते ही हुल्लड़ मचानेवाले बच्चे चुप हो कर बैठ गए।

हूबहू वि. बिलकुल एक जैसा, ज्यों का त्यों; उ.–इन दोनों जुड़वाँ भाइयों की शक्ल हूबहू मिलती है।

हृदय पुं. **1.** दिल, कलेजा; जैसे–हृदय से प्यार करना। **2.** मन; उ.–रमा कान्ता को हृदय से प्यार करती है।

हृष्ट-पुष्ट वि. दे. 'हट्टा-कट्टा'।

हेकड़ी स्त्री. ऐंठ, अकड़ उ.–फ़ेल होने पर घमंडी सरजू की सारी हेकड़ी निकल गई।

हेडमास्टर पुं. प्रधानाध्यापक; उ.–नए हेडमास्टर जी ने स्कूल में कई नई चीज़ें शुरू की हैं।

हेरफेर पु. अदल-बदल करने का काम, परिवर्तन; उ.–मैंने तुम्हारे लेख में कुछ हेर-फेर किया है।

हेराफेरी स्त्री. इधर का माल उधर करना, चालबाजी।

हेलमेल पुं. मेल-जोल, प्यार-मुहब्बत;

उ.—इन दोनों भाइयो में बहुत हेलमेल है।

हैं **(I)** अ. क्रि. 'है' का बहुवचन रूप; उ.—ये दस पेंसिलें हैं। **(II)** अ. आश्चर्यसूचक शब्द; उ.—'हैं ! क्या कहा ?'

है अ. क्रि 'होना' का एकवचन वर्तमान कालिक रूप, उ.—वह घर गया है; किताब मेरी है।

हैज़ा पुं. दस्त और कै होने की एक भयंकर बीमारी।

हैरान वि. **1.** चकित; उ.—इस छोटे-से बच्चे की बुद्धिमानी भरी बातें सुन कर मैं हैरान रह गया। **2.** तंग, परेशान; उ.—भाई की बीमारी ने मुझे बहुत हैरान कर रखा है।

हैसियत स्त्री. योग्यता, सामर्थ्य, औकात; उ.—सुदामा की इतनी ही हैसियत थी कि वह श्रीकृष्ण को जरा-से चावल ही दे सके।

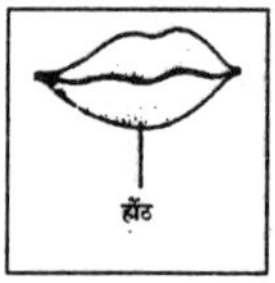

होंठ पुं. दाँतों को ढँकनेवाली माँस की दो कोमल पत्तियाँ; उ.—बच्ची के होंठ गुलाबी हैं (दे. चित्र)।

होड़ स्त्री. मुक़ाबला, बाज़ी, प्रतिस्पर्धा।

होनहार **(I)** जो हो कर रहेगा; उ.—होनहार के आगे किसी का वश नहीं चलता। **(II)** वि. जिसके बहुत सफल होने की आशा हो; उ.—'होनवार बिरवान के होत चीकने पात'।

होना अ. क्रि. **1.** किसी चीज़ का मौजूद रहना; है, हैं, हूँ, हो आदि भी इसके प्रयोग हैं; जैसे—पेड़ में फल हैं; मैं काम कर रहा हूँ। **2.** किसी बात का घटना; जैसे—रात के बाद दिन होना। **3.** काम का पूरा हो जाना; जैसे—विवाह होना।

होली स्त्री. वसंत ऋतु का एक रंगारंग त्योहार जो फाल्गुन की पूर्णिमा को मानाया जाता है; उ.—होली पर सलमा ने झुनिया के मुँह पर अबीर मला और उसे रंग से नहला दिया।

होश पुं. **1.** चेतना, सुध; उ.—आज मरीज़ को तीन दिन के बाद होश आया है। **2.** बुद्धि, समझ; उ.— 'उसे कुछ होश ही नहीं है कि वह क्या कर रहा है !'

होशियार वि. **1.** सावधान; उ.—इस ख़तरनाक रास्ते में बहुत होशियार रहने की ज़रूरत है। **2.** चतुर, अक्लमंद; उ.—हरवंश इतना होशियार है कि उसने चोर को कमरे में बंद कर सबको बुला लिया।

होहल्ला पुं. शोरगुल; उ.—बच्चों का होहल्ला सुन कर मास्टर जी जल्दी से कक्षा में आए।

हौआ पुं. एक काल्पनिक डरावनी वस्तु।

हौज़ पुं. पानी जमा करने का चहबच्चा, टंकी, कुंड।

हौसला पुं. हिम्मत, साहस; उ.—खेल शुरू होते ही गोल कर देने से हमारा हौसला दूना हो गया।